社会法学研究

主　编　左　菁
副主编　胡大武

2023年 第1卷 总第5卷

SOCIAL LAW STUDIES

西南政法大学劳动社会保障法制研究中心
重庆市民政法治研究基地　合办

法律出版社
LAW PRESS·CHINA
北京

图书在版编目（CIP）数据

社会法学研究. 2023年. 第1卷：总第5卷 / 左菁主编. -- 北京：法律出版社，2025. -- ISBN 978-7-5197-9955-7

Ⅰ. D90-53

中国国家版本馆CIP数据核字第2025RV7412号

社会法学研究（2023年第1卷　总第5卷）
SHEHUI FAXUE YANJIU（2023 NIAN DI-1 JUAN ZONG DI-5 JUAN）

左　菁　主编

策划编辑　徐　菲
责任编辑　徐　菲
装帧设计　汪奇峰

出版发行　法律出版社
编辑统筹　法律出版社
责任校对　晁明慧
责任印制　胡晓雅
经　　销　新华书店

开本　787毫米×1092毫米　1/16
印张　19.5　　**字数**　342千
版本　2025年2月第1版
印次　2025年2月第1次印刷
印刷　河北虎彩印刷有限公司

地址：北京市丰台区莲花池西里7号（100073）
网址：www.lawpress.com.cn
投稿邮箱：info@lawpress.com.cn
举报盗版邮箱：jbwq@lawpress.com.cn

销售电话：010-83938349
客服电话：010-83938350
咨询电话：010-63939796

书号：ISBN 978-7-5197-9955-7　　**定价**：86.00元

凡购买本社图书，如有印装错误，我社负责退换。电话：010-83938349

社会法学研究

SOCIAL LAW STUDIES

2023年 第1卷 总第5卷

卷首语

夏早日初长，南风草木香。距上一卷《社会法学研究》发行已两年有余，这两年来，我们跨过了病痛与灾难，经历了寒冬凛冽又感受了春日暖阳，《社会法学研究》2023 年第 1 卷（总第 5 卷）也终于在今年与大家见面。本卷在延续"理论争鸣""域外社会法观察""民政法治与政策研究专题""青年法苑"四个板块基础上，增设"实证研究"一栏，更好展示社会法领域有关理论与实践的丰富研究。

"理论争鸣"栏目收录文章三篇，都围绕劳动法相关问题展开。陈鑙林学者从工时制度出发，结合我国各省市有关待命时间的文件规定及司法判决，厘清待命时间的内涵与外延。江欣炎学者将目光着眼于数字经济发展模式对劳动者身心健康的影响，分析目前劳动者休息权的保障现状，同时梳理域外情况，并结合我国实际状况构建数字经济时代劳动者休息权保障的实现机制。李斌学者通过分析"严重违反用人单位规章制度"这一条款的司法适用情况，探究其适用效力的程序标准、合理性审查、"严重性"认定及审查标准方面存在的问题，为该条款适用探索可行解决路径。

"实证研究"为本卷新增栏目，收录文章一篇。周立学者通过分析国内外劳动者预告解除劳动合同的适用条件，结合经济学理论为提高劳动力资源配置效率完善法律进路。

"域外社会法观察"栏目收录文章五篇。李帛霖学者翻译了日本学者菊池勇夫于 1967 年发表的文章《劳动法的名称概述》，展示"劳动法"一词在日本、德国、法国、英国、美国的演变路径。左菁学者、杨雅云学者翻译了《德国社会法院法》第 60 条至第 220 条，详细梳理德国社会法院应遵循的诉讼程序。于浩学者以《日本社会福祉法》为对象阐述中日社会保障制度在制度设计、服务主体、违法成本三个方面的情况，找寻完善社会保障制度进路。杨雅云学者在梳理欧盟法和官方公开资料的基础上，为读者呈现欧盟普通立法程序的具体运行机制。李喜燕学者、蒋利平学者全面分析英国慈善组织信息公开制度的演变、体系及运行模式,并为增强我国慈善组织透明度提出建议。

“民政法治与政策研究专题”收录文章三篇。左菁学者基于对我国加速进入深度老龄化社会,失能老人照护需求日益多样及传统养老模式难以为继的现状考量,通过调研,结合理论、分析难题等,为完善老年人长期护理服务政策体系提供学术思路,启人深邃之思。杨复卫学者、黄圣丹学者研究“时间银行”这一新型养老模式在我国的发展情况,指出公共信用对其运行的重要性及当前存在的制约环节,提出了法治塑造其公共信用的洞见与具体制度措施。蓝滢学者则针对个人求助型网络众筹的发展制约困境,基于其法律属性,提出包括设定各方义务、构建监管机制等针对性规制方案,为我国民政法治研究添新彩。

最后“青年法苑”收录龙雨帆学者、应思杰学者的社会法作品各一篇,龙雨帆学者揭示养老机构防治困境,呼吁特别立法规定,强化保护,见解独到,展现青年学者的学术温度。应思杰学者则针对我国长期护理保险试点现状,以公共服务均等化为视角,研究农村居民长期护理权益保障不足问题,从立法和具体制度两方面对农村长期护理保险制度构建提出设想,意涵深远。

本卷付梓,承前启新。我们满怀诚意献上新作,期待不负诸位的期望。诚邀各位学者和专家持续关注,支持《社会法学研究》发展,共襄社会法学科繁荣。

左 菁

2025年于重庆

社会法学研究（2023年第1卷　总第5卷）

目　　录

【理论争鸣】

【实证研究】

【域外社会法观察】

【民政法治与政策研究专题】

【青年法苑】

【理论争鸣】

劳动法上待命时间之分析

陈锗林*

摘　要:待命时间与劳动者的工作时间息息相关,但当前对待命时间的内涵、构成要件既无法律上的明确规定,亦无学理上的统一意见,解决因待命时间引发的一系列问题,其实质是解决何为待命时间、待命时间性质为何的问题。基于当下通行的二元工时制度,本文从工时制度的价值取向和二元工时制排斥第三类时间两个角度对“待命时间是工作时间与休息时间的过渡阶段”这一观点提出异议,将待命时间限定在工作时间与休息时间的框架之内,并将待命时间的构成要件作为界定待命时间外延的标准。对待命时间大致分析后,本文对我国各省市有关待命时间的文件规定及司法判决作出评析,并揭示其中存在的问题。在分析各省市的司法文件及法院裁判的基础上,笔者提出关于待命时间的两个问题:一是对待命时间的规制缺乏统一标准,劳动者向法律寻求权益保护易陷入混乱;二是现有规定难以解决待命期间工资支付问题。为解决以上问题及待命时间性质问题,本文从工作时间角度对待命时间定性,提出工作时间判定标准为“劳动者因用人单位而受拘束”。在这一基础上分析待命时间的本质,即劳动者的待命状态系其对自身时间支配权的让渡。劳动者处于待命状态时其劳动强度与正常工作不同是客观存在的,应在工作时间的层面承认此种差异,待命时间正是工作时间中的非正常工作时间。在厘清待命时间的外延与性质后,本文对劳动法上典型待命时间进行了详细的法律分析,为待命时间在实践中的运用提供更详细的参考。

关键词:二元工时制　待命时间　工作时间　认定标准　工资支付

引言

作为最主要的劳动条件之一,工作时间在劳资关系中占据着核心地位。就

* 陈锗林,西南政法大学经济法学院硕士研究生。

用人单位而言,工作时间即为生产时间;就劳动者而言,则为付出劳动力,借以获得工资维持其生活所需时间。[①] 对工作时间加以论述、规范,是各国劳动法的重点之一。

我国1995年前后颁布的有关工时制度的系列法律法规及相关政策文件促进了现行工时制度的完善,对工时标准作出了明确的规定,但立法欲达到的规范工时目的却与劳动者实际工作时间形成鲜明对比。时至今日,社会和经济均发生了重大变迁,劳动关系在经济社会的不断发展中逐渐显示出新的特征,"996""007"工作制、大小周工作制等新型工时类型被不断创设出来。在实践中,大多数劳动者的劳动输出时间远远不足以用8小时覆盖,8小时以外的时间被企业通过规章制度拆分为等待工作时间、工作前的准备工作时间、工作结束后的收尾时间等,劳动者在此类时间内虽无实际从事主要劳动之义务,却不能自由支配自己的时间,否定此类时间在劳动法上的劳动价值于劳动者不公。

在新业态不断涌现和社会岗位结构不断变化的情况下,上述处于模糊地带的劳动者时间被含糊地称为待命时间。而现行的工时基准法律在调整已有的工时制度时已然表现出低效,对新出现的工时种类更是应对不及。由此,因待命时间产生的劳动纠纷层出不穷,待命时间所折射的我国工时制度构建上的不足也引发了理论界与实务界的思考。研究待命时间的最终目的是使其在实践中能够得到合理运用,以缓解劳资冲突,平衡劳资利益。笔者检索了各省市有关待命时间的案例,发现各地对待命时间的认定较为粗略,且多数法院以"工作强度"来确定待命时间内的工资支付问题。这一认定标准,在案情简单、权利义务关系明显的案件中能够有效协调劳资双方矛盾,但又引发了对工作强度认定标准的争议。此外,企业培训时间、晨会时间等特殊时间的认定难以通过工作强度标准解决。在此情况下,笔者希望通过对待命时间认定标准进行研究,为司法裁判中认定待命时间是否属于工作时间、具体认定路径提供借鉴,以真正平衡劳资利益,实现劳资双方的双赢。

一、劳动法上待命时间之界定

(一)二元工时制下的待命时间

《劳动法》第四章以"工作时间和休息休假"为标题,规定了劳动法上劳动者

---

① 参见侯岳宏:《日本工作时间与待命时间之认定的启示与发展》,载《台北大学法学论丛》第75期(2010年)。

的时间。可见,我国的法律认为劳动者的时间仅分为工作上的时间和休息上的时间,不存在除此之外的第三类时间。我国学者黄越钦在其论著中亦提出工时分为两大部分:一是劳动者受雇主指挥命令而提供劳务的时间,此时间为工作时间;二是劳动者可以自由支配的休息时间。① 这样的立法倾向并非我国独有。《日本劳动基准法》第四章规定了"劳动时间、休息、休息日及年度带薪休假",其中也未承认工作时间与休息时间之间可能存在的灰色地带。

以劳动时间与休息时间为要素的二元工时制度的形成,是劳动者争取自身权益的结果。掌握社会上大部分资本的企业家倾向于以低微的报酬换取劳动者的劳动,并将工作时间尽可能地延长。劳动者最初的休息时间,严格来说,应该称为工作时间外的休整时间。两百年前的工人运动中,为摆脱过长时间的劳动枷锁,工人们要求限制每天工作时间的上限。工人对劳动时间权益的在意,源于满足生存需要后对更好发展的追求。正如学者冯彦君所说,就劳动者个体而言,生存是发展的基础,生存是初级理念,发展则为高级理念。② 根据工时制度所追求的价值,是希望通过对劳动者休息权的保护,为劳动者发展权提供基础,而休息权保护的实现路径则是对工作时间作出上限规定。③ 劳动者除去其劳动之身份,更有社会之身份,休息权是劳动者从事各种政治、社会和文化活动,全面锻炼和完善自己的前提。二元工时制度的确立,是为了保障劳动者的休息权。诚如艾伦·布坎南所言,在某些方面可以说,摆脱劳作而扩大自由(闲暇)比扩大消费更可取。④ 在此工时制度下,对第三类时间的排除,虽几乎采取的是"一刀切"的方式,却能有效保障劳动者不至于陷入被用人单位无偿支配大部分时间的境地。但是,现实情况很复杂,将待命时间置于二元工时制下进行归类绝非易事。

二元工时制下,劳动者的时间只能归属于工作时间或休息时间,但立法并未对这两类时间进行明确的界定,因而在二元工时制下,对存在一定自由活动与工作可能性的待命时间,其既无在立法上独立存在的空间,也很难根据现行的法律规定被归于工作时间和休息时间中的一类。对待命时间进行定性,或许只能借助学理上的分析。

---

① 参见林佳和:《待命时间应否为工作时间之认定》,载《台湾法学杂志》第122期(2009年)。

② 参见冯彦君:《当代劳动法的理念:体面生存与和谐发展》,载《光明日报》2010年11月11日,第9版。

③ 参见曲益良:《劳动法上过渡时间法律性质之认定》,吉林大学2017年硕士学位论文,第3页。

④ 参见[美]艾伦·布坎南:《伦理学、效率与市场》,廖申白、谢大京译,中国社会科学出版社1991年版,第39页。

(二)劳动法上待命时间之构成要件

待命时间是根据特性被集合在一起的劳动者的时间类型,它既是学理上对某类时间的指代,也是司法中对劳动者时间模糊地带的称谓。我国立法在工时的界定方面缺乏明确的规定,与其他国家相比较为粗糙,因而在涉及对工时的裁判时,司法为弥补立法关于工时界定的缺失暨工时制度之粗糙与落后,更为偏重个案中的具体判断,关注重点从某种时间是否属于工作时间的定性分析,转向衡量加班报酬是否适当,表现出结果导向的裁判思维,由此司法创建出了工作时间与休息时间之间的第三类时间,即劳动者参与了用人单位的劳动过程,但因劳动强度或连续性与常规劳动不同,不认定为工作时间而成为一类独立的时间类型。① 在二元工时制下讨论待命时间应当归属于工作时间或是休息时间前,为保证“待命时间”这一概念具有普适性,应首先对其进行界定。

德国劳动法学界讨论了几种不完全被视为工作的活动:其一,工作准备状态,德国联邦法院将这种情况称为“在放松的状态下保持警醒”;其二,随时待命状态,即雇主要求雇员在某个地方等待,收到他的命令之后能够立即投入工作,判断雇员是否处于该状态的关键在于,雇员必须在特定地点等候,而且能够立即开始工作,但是在等待期间无须完成其他工作任务;其三,呼叫待命状态,雇员此时可以自由选择等待的地点,但是可以在较短时间内,比如半小时内,开始工作。美国工时制度中有关过渡时间的分类主要有三种:穿衣服的时间、等待时间和待命时间。② 我国学者林更盛提出,待命时间是劳动者根据劳动契约、团体协约的约定或者雇主的指示,在必要时随时处理工作的等待时间。

待命时间是一类具有特殊性质的劳动者时间的集合,故根据上述有关待命时间类型的国内外研究,在实践的基础上,从构成要件上对待命时间进行分析。

1. 存在等待状态且劳动者与用人单位事先对等待状态有约定

待命时间的一个典型特征即劳动者在此段时间内处于等待状态,而这种状态并非劳动者的自发行为,而是其与用人单位在此前就已经约定的。一是等待状态系用人单位与劳动者在劳动合同中以明确条文的方式约定;二是等待状态虽未在劳动合同中约定,但是该等待是其劳动给付义务的附随义务,且是完成其主要劳动义务所不可或缺的;三是等待状态系用人单位在劳动给付

① 参见赵红梅:《论我国工时制度的缺陷、价值功能及其完善》,载《环球法律评论》2020 年第 1 期。
② 参见曲益良:《劳动法上过渡时间法律性质之认定》,吉林大学 2017 年硕士学位论文,第 16 页。

义务之外对劳动者的要求,此时基于劳资力量的悬殊,即使劳动者不愿意,也不得不接受。对于用人单位与劳动者的约定,前两种情况属于合意行为,用人单位与劳动者对等待状态明知且认可;第三种情况中,等待状态非劳动合同义务,但系在劳动合同之外用人单位要求劳动者承担且劳动者接受的任务。

2. 劳动者在此期间负有注意义务

劳动者在待命时段内,除获悉用人单位工作指令之外,无须采取积极行为以提供劳动给付,但是仍需要保持注意义务,如确保通讯顺畅,注意随时接听用人单位电话(通知)以接受其工作部署。① 此状态下的注意义务所对应之工作强度有别于正常工作时间内的工作强度,甚至大部分时间劳动者可以做自己的事情而不会被认为违反单位规章制度,也正是因为劳动者处于待命状态时未完全丧失对时间的支配性,理论和实践中才会对待命时间的性质产生争议。尽管劳动者可以在一定程度上自由安排时间,但用人单位可以随时决定并通知要求劳动者由待命状态转为工作状态。② 此期间劳动者负有注意义务的证明,主要是通过用人单位所施加的惩罚体现的,如劳动者脱离事先约定之待命地点、因个人原因未及时接收到用人单位在此期间之命令等,则视为劳动者违反注意义务,其将受到用人单位的惩罚。

3. 劳动者具有实际提供劳动的可能性

与直接处于用人单位的指挥监督下实际提供劳动的时间不同,劳动者在待命时间内系准备随时接受用人单位可能交付的任务,或在遇有与用人单位实现约定之情形时提供实际劳动。待命时间不将实际提供劳务给付之有无作为是否成立待命时间之必要依据,③实际提供劳动的可能性,使劳动者在此期间虽可以处理自己的事情,但不能进入放松状态,用人单位仍掌握劳动者时间的控制权,因而劳动者实际上处于不自由状态。如果后续工作任务及其时间均已确定,就不再属于待命时间。④

---

① 参见杨佩尧:《工作场所外待命时间劳动法属性认定的困境突破:劳动基准法和劳动合同法的共同应对》,载《时代法学》2021 年第 1 期。

② 参见杨佩尧:《工作场所外待命时间劳动法属性认定的困境突破:劳动基准法和劳动合同法的共同应对》,载《时代法学》2021 年第 1 期。

③ 参见谢棋楠:《法院认定待命时间为工作时间之规范——美国判例之启示》,载《中国技术学院学报》2004 年第 26 期。

④ 参见杨佩尧:《工作场所外待命时间劳动法属性认定的困境突破:劳动基准法和劳动合同法的共同应对》,载《时代法学》2021 年第 1 期。

总的来说,在待命时间内,劳动者享有的自由有限,其虽得从事自己之私事,却不能摆脱用人单位的指挥监督。判断待命时间时,重点在于关注劳动者“受雇主指挥监督之下之特定状态”,而非其可能从事之劳务是否与本职工作相关。①如前文所述,于劳动者而言,待命时间内的大部分时间其处于等待状态,实际提供劳动仅是一种可能性,若以其是否实际提供劳动甚至以其在此期间所负的注意义务是否是基于本职工作进行判断,将延长劳动者为用人单位服务的时间且无报酬可言。工时制度的价值取向是通过保障劳动者的休息权以实现劳动者的发展权,对待命时间的认定应当符合这一价值取向。

(三)对“待命时间是工作时间与休息时间的过渡阶段”观点的质疑

在对待命时间进行定性时,我国一些学者认为“待命时间之时段实为工作时间与休息时间的中间状态或过渡阶段”②。持有此观点的学者提出,工作时间是指劳动者提供完全劳动给付义务的时间,休息时间则是指劳动者可以自由作为、不向任何人负有义务的时间。而在待命时间内,劳动者没有提供实际的劳动,与传统意义上的工作时间不同,但又存在随时提供劳务的可能性,因此又不能等同于休息时间。③ 虽待命时间的定性模糊,但“中间状态”“过渡阶段”的说法在现行工时制度框架下显然站不住脚。

1.“过渡阶段”观点与工时制度的价值取向相悖

工作时间作为劳动条件原本是契约自由的范畴,但工作日有一个上限,这个上限取决于劳动者的身体界限和道德界限,前者是为了满足正常的生理需要,后者是为了满足精神和社会需要。④ 换言之,工时制度建立的目的是从精神和社会层面来保障劳动者的人身权益,国际劳工组织将其称为“体面劳动”。各国基本上已经确立了八小时工作制,且主张劳资双方的平等。在通过劳动时间保护劳动者的措施中,立法无非有两种:限制工作时间以确保休息时间,或者对超出的工作时间规定相应的超时报酬。前者系对劳动者人身权益之自由的保障,后者则侧重于通过支付经济利益的方式来补偿劳动者,同时从经济利益上遏制超时工作。当前多数国家的立法,均对工作时间的上限作了明确规定。如《德国工作

① 参见孙国平:《劳动法上待命时间争议的认定》,载《法学》2012年第5期。

② 孙国平:《劳动法上待命时间争议的认定》,载《法学》2012年第5期。

③ 参见孙国平:《劳动法上待命时间争议的认定》,载《法学》2012年第5期。

④ 参见[德]马克思:《资本论》(第1卷),中共中央马克思恩格斯列宁斯大林著作编译局编译,人民出版社2018年版,第126页。

时间法》第3条规定，将雇员每天的工作时间限制在8小时内，《日本劳动基准法》第32条规定，除休息时间外，一周40小时、一日8小时为最长劳动时间等。在此基础上，德国和日本的立法还详细规定了超时工作的限制，德国以“劳动时间的具体时段安排和灵活化”指称，而《日本劳动基准法》第32条之三规定弹性时间制。而在对劳动者超时工作的工资给付上，法律规定了比正常工作时间更高的劳动报酬。一方面，该部分劳动报酬是劳动对价，意在补偿劳动者为用人单位利益而放弃的休息时间；另一方面，更高的劳动报酬是对雇主的警示——尽量在正常工作时间内安排工作，否则应当为此付出更高的代价，这种警示的目的在于减少用人单位延长劳动者工作时间的次数，尽管此类延长在满足法律规定的情况下是被允许的。工时制度建立的首要任务即是保障劳动者的休息权，规定超时报酬的目的是确保劳动者的休息权能够得到保证。

现代劳动法强调劳资双方平等，并在此基础上就劳动条件达成一致意见。但实际情况是，用人单位利用自身优势经济地位，实质改变了劳资平等的法律秩序，劳动者所签订的契约并非自身本意。[①] 在资方强大、劳动者处于弱势地位的客观事实下，资方利用其强者地位对劳动者进行压榨是其追逐经济利益的首要选择。劳动者未实际工作或工作强度较低的待命时间，因性质模糊，为用人单位无偿利用劳动者赚取收益提供了可能。劳动者在待命状态下，仅是存在提供劳务的可能性，大部分时间或者全部时间都处于可以自由活动的状态，并未受到用人单位的拘束，故用人单位据此将此段时间定义为非工作状态或非正常工作状态。若立法上也承认待命时间为工作时间与休息时间外的第三类时间，那么用人单位对劳动者的此种时间上的压榨就会合法化，劳动者的休息权势必受到侵害，“体面劳动”则变成一纸空文。因而，从工时制度的价值取向来看，将待命时间定性为工作时间与休息时间的“过渡阶段”与保障劳动者休息权相背离。

2. 二元工时制排斥第三类时间

工人运动最初对工时的抗争是基于健康原因，到20世纪初，则将抗争角度切换至人性，具体来说，就是劳动者要求获得足够的休息以满足其社会生活及获得发展权。时间是人类能够得到发展的基础，如果一个人的一生除纯生理上的需要所引起的间断外，其余时间都为资本家劳作，那么他不过是一台为别人生产

① 参见黄越钦：《劳动法新论》，中国政法大学出版社2003年版，第197页。

财富的机器。[①] 若不对此加以限制,任由掌握绝大多数财富的资本家凭借经济地位支配劳动者的时间,那么工人阶级将会陷入极端退化的境地,人类社会也会随之陷入混乱。二元工时制度的建立,就是为了在劳动者的工作时间和休息时间之间划出一道明显的界限:在工作时间之内,劳动者负有提供劳动的义务,并遵从用人单位的指挥、命令,接受用人单位的管理与控制;而在工作时间之外,用人单位不能对劳动者施以束缚,劳动者可自由支配此段自由时间,可以有效处理自己的私事而不因用人单位原因有所中断。自由时间是劳动者可以任意支配的时间,它为自由活动和发展提供空间,并不属于生产劳动的一部分,也不被其所吸收。[②] 二元工时制以约束工作时间的形式,缩短劳动者工作时间,确立并保障劳动者休息权,将劳动者的劳动部分与参与家庭生活、其他社会性活动的部分区分开来。因而,在二元工时制下,劳动时间与休息时间系非此即彼的关系,即工作时间与休息时间在法律上严格区分,不存在重叠之处,所谓“介于工作时间与休息时间之间的过渡时间”说法无法套入二元工时制框架之中。因而在二元工时制下,待命时间不会超出工作时间和休息时间的范围。

二、劳动法上待命时间之现状及问题

(一)我国各省市有关待命时间之法律规定

理论上的争议源自实践中的问题,针对劳动者的待命时间所引发的困惑,部分省市司法机关出台了法律文件(见表 1),以解决现实问题。

表 1　我国部分省市有关待命时间之法律规定

名称	条文	内容
北京市高级人民法院、北京市劳动争议仲裁委员会《关于劳动争议案件法律适用问题研讨会会议纪要》(已失效)	第 22 条	下列情形中,劳动者要求用人单位支付加班工资的,一般不予支持:……(2)用人单位安排劳动者从事与其本职工作有关的值班任务,但值班期间可以休息的。在上述情况下,劳动者可以要求用人单位按照劳动合同、规章制度、集体合同等支付相应待遇

① 参见中共中央马克思恩格斯列宁斯大林著作编译局编:《马克思恩格斯选集》(第 2 卷),人民出版社 1972 年版,第 194 页。

② 参见中共中央马克思恩格斯列宁斯大林著作编译局编:《马克思恩格斯选集》(第 2 卷),人民出版社 1972 年版,第 194 页。

续表

名称	条文	内容
江苏省高级人民法院、江苏省劳动争议仲裁委员会《关于审理劳动争议案件的指导意见》(已失效)	第 24 条第 2 款	对于劳动者工作时间长,但劳动强度与工作时间明显不一致的;或者长期处于等待状态且等待期间有休息场所可以休息、完全认定为工作时间明显不合理的,在认定时可以根据用人单位规章制度或者劳动合同的约定,对工作时间进行合理的折算
吉林省高级人民法院《关于审理劳动争议案件法律适用问题的解答(二)》	第 9 条第 3 项	门卫、仓储、安保等特殊岗位,用人单位安排了休息场所和休息时间的,休息时间可以不认定为加班时间
天津市高级人民法院关于印发《天津法院劳动争议案件审理指南》的通知	第 35 条	【加班和值班】用人单位因安全、消防、节假日值守等需要,安排劳动者从事与本职工作无直接关系的值班任务,劳动者要求用人单位支付加班费的,不予支持,但劳动者可以要求用人单位依照劳动合同、规章制度、集体合同的规定给予相应待遇
广东省中山市中级人民法院《关于审理劳动争议案件若干问题的参考意见》	第 4.2 条	(三)对劳动者在岗时间长,但劳动强度与工作时间明显不一致或者长期处于等待状态且等待期间有休息场所可以休息、将在岗时间完全认定为工作时间明显不合理的特殊情况或者特殊岗位,在认定加班时间时,应充分考虑上述岗位的工作性质和当地劳动力价格水平,并尊重该行业和岗位工资支付的行规惯例,从严掌握和判断劳动者主张在标准工作时间以外的加班工资和加班时间
广州市中级人民法院《关于审理劳动争议案件的参考意见》	第 4 条	对于在岗时间较长、劳动强度不大、工作时间灵活或间断性、具有提成性工资性质的特殊行业岗位,人民法院应当充分考虑上述岗位的工作性质和当地劳动力价格水平,且尊重该行业和岗位工资支付的行规惯例,对于劳动者主张在标准工作时间以外的加班时间,从严掌握
云南省高级人民法院、云南省人力资源和社会保障厅《关于审理劳动人事争议案件若干问题的座谈会纪要》	第 5 条	全天 24 小时吃住在单位的保安、传达室门卫、仓库保管员等人员主张加班工资的,如确因工作所需和单位要求,不能睡眠休息的,应认定为工作时间;如工作场所中同时提供了住宿或休息设施的,应合理扣除可以睡眠休息的时间,即劳动者正常上班以外的时间不应计算为工作时间
上海市高级人民法院《关于审理劳动争议案件若干问题的解答》	第 3 条	关于单位值班的若干问题 (一)以下情形中,劳动者要求单位支付加班待遇的,劳动争议处理机构不予支持: 1. 因单位安全、消防、假日等需要担任单位临时安排或制度安排的与劳动者本职工作无关的值班;2. 单位安排劳动者从事与其本职工作有关的值班任务,但值班期间可以休息的; (二)上述情形中,劳动者可以要求单位按照规章制度、集体合同、单项集体协议、劳动合同或惯例等支付相应待遇

续表

名称	条文	内容
山东省高级人民法院、山东省劳动争议仲裁委员会、山东省劳动人事争议仲裁委员会《关于适用〈中华人民共和国劳动争议调解仲裁法〉和〈中华人民共和国劳动合同法〉若干问题的意见》	第37条	下列情形不属于用人单位应当支付加班费的范围: (1)用人单位因安全、消防、节假日等特殊需要,经劳动者同意安排劳动者从事与本职工作无关的值班任务;(2)用人单位安排劳动者从事与本职工作有关的值班任务,但值班期间可以休息的。 上述情形,劳动者可以要求用人单位按照劳动合同、规章制度、集体合同或惯例等支付相应待遇

从表1可以看出,地方司法文件中待命时间分为三类:(1)用人单位因安全、消防、节假日等需要,安排劳动者从事与本职工作无关的值班任务;(2)用人单位安排劳动者从事与本职工作有关的值班任务,且提供住宿或休息设施,劳动者值班期间可以休息;(3)劳动者在岗时间长,但劳动强度与工作时间明显不一致或者长期处于等待状态且等待期间有休息场所可以休息的特殊情况或特殊岗位。对于第一类,劳动者从事与本职工作无关的任务的时间,具有偶然性和非常规性,可以按照劳动合同、规章制度或行业惯例等支付相应的待遇。第二、三类时间则是本文讨论的待命时间。对第二类时间,各省市未规定该时间是否应当被认定为工作时间,仅从“不认定为加班时间”角度进行规制,并说明可以按照劳动合同、用人单位的规章制度或行业惯例等支付相应的待遇。对第三类时间,则以劳动者实际提供劳动的时间为工作时间,其间的休息时间等应当扣除,对工作时间采取折算方式计算。

在计算待命时间的工资报酬时,要求用人单位按照劳动合同、规章制度、集体合同或行业惯例等标准支付。在各地的司法文件中,将待命时间认定为工作时间的省市,其认定标准也有所不同。江苏省规定根据规章制度或者劳动合同的约定,进行合理的折算,若无约定,则由裁审机构酌情折算;浙江省、云南省要求扣除可以睡眠休息的时间;广州市、中山市的规则是,将该段时间认定为工作时间,但法院应当考虑岗位的工作性质和工资支付的行业惯例,从严掌握劳动者所主张的加班时间。

(二)法院有关待命时间之认定

笔者以中国裁判文书网中的裁判文书为样本,以“待命”“劳动争议”“加班”“值班”“工作时间”“工资”“劳动争议”为关键词,截至2023年1月20日,共检索到法院判决书780份,裁判文书网可显示文书为600份,剔除与本文主题无关的文书127份后，得到473份判决书作为研究对象。

1. 裁判结果

在检索到的473份判决书中，有419份判决书认为保安、司机、宿管人员、电工等职工的待命时间不属于加班性质，不支持加班工资，54份判决书认为待命时间应当认定为加班时间。在以上判决书中，有19份判决书表明对于劳动者工作时间长但工作强度与工作时间明显不一致，或者长期处于等待状态且等待期间有休息场所可以休息的时间，应当进行折算，将折算后的工作时间作为判断是否超过正常工作时间的标准。综合法院的判决，法院对工作时间进行折算以工作性质、工作内容、工作强度及工作环境为前提，主要有两种方式：一是直接进行折算，如对处于保安岗位的劳动者，原本有18个小时待在保安室，法院根据相关情况直接将工作时间折算为14个小时；二是计算实际工作时间，即扣除劳动者处于待命状态的时间，仅计算劳动者实际从事体力或脑力劳动的时间。

2. 裁判理由

裁判结果为“不支持加班工资”的理由如表2所示。

表2 “不支持加班工资”裁判理由

理　由	文书数量/件
工作内容处于不饱和状态	97
劳动者不能就加班事实提供证明	27
可以通过补休或值班津贴等获得补偿	166
工作性质具有特殊性	236
劳动者主张的上班时长与人的正常体力和认知不符	20
提供了休息设施	56
处于待命状态，可休息	312
工时类型实际属于不定时工作制	13
劳动者认同工作模式	177

对裁判结果为“不支持加班工资”的判决书进行分析，总结出9类裁判理由。其中，超过一半的法院认为在待命时间内，劳动者处于待命状态，可以休息或劳动者所从事的工作本身具有特殊性，因而此段时间即使持续时间长，超过正常工作时间的时长亦不应认定为加班时间。此外，法院认为，对于长时间处于待命状态的工作模式，其劳动报酬的给付在劳动合同中已经约定，系劳动者与用人单位真实的意思表示，或者劳动者长期履行，未提出过异议，故在此种工作模式下劳

动者不能主张延时加班工资。另有部分法院以“工作内容处于不饱和状态”“劳动者主张的上班时长与人的正常体力和认知不符”“工时类型实际属于不定时工作制”为由认定劳动者的工作时间不属于加班时间。在进行裁判时,有的法院首先对值班与加班进行区分,认为值班期间值守人员承担的是非生产经营任务工作,与其本职工作并无直接关联。而需要支付正常加班工资的工作延长时间应当是基于生产经营需要,劳动者在正常工作时间之外继续从事其本职工作。因此,法院认为值班与加班是两个不同的概念,值班并不能直接等同于劳动法意义上的加班。

可见,大多数法院在对涉及待命时间的劳动争议进行裁判时,“实际提供劳动”仍然是认定工作时间的标准。对于劳动者的待命状态,法院以“可休息”“未连续工作”“工作内容处于不饱和状态”为由指出待命时间与正常工作时间不同,由此认定其不属于正常的工作时间。法院将裁判的重点放在待命时间内劳动者能否休息、劳动强度的大小、劳资双方的约定上,并将劳动者提供劳动的时间解释为实际从事体力、脑力劳动的时间,虽多有提及“待命状态”,但对此种状态下劳动者的时间属于何种性质并未作出解释,仅仅以“不支持加班工资”作结论,其目的是平衡劳资双方利益。

对裁判结果为“支持加班工资”的判决书进行分析,法院认为即使是处于待命状态,也应当视为加班时间,或是对持续长的待命时间进行折算,折算后的时间仍然存在延时。而裁判理由主要有三类:一是在随时待命状态下,劳动者仍然受单位管理和约束,该状态下的时间系工作时间,不存在非工作状态的休息,劳动者能完全自由支配的休息才属于非工作状态;二是劳动者待命状态下的工作任务与正常工作时间并无不同,故此段时间属于正常工作时间;三是工作时间作为法律范畴,不仅包括劳动者完成一定工作的作业时间,还包括劳动中自然需要的中断时间、法定非劳动消耗时间等,据此,劳动者未实际工作的时间亦可视为工作时间,故存在延时工作时间。

(三)劳动法上待命时间认定的实践困境

综合我国司法文件的规定及法院判决,劳动法上待命时间的实践困境显而易见。

1.法律规制缺位

在各省市的司法文件中,为厘清现实争议,对不应认定为加班的情形或劳动者的工作时间计算方法进行了规定,但缺乏对待命时间的规定。一方面,有关待命时间的地方性规定缺乏国家层面的法律指引,故各地司法文件仅仅是对存在长期且明显问题的岗位作出规定,而避免对待命时间进行明确的定性。另一方面，各地司法文件中所述“劳动者在岗时间长，但劳动强度与工作时间明显不一致或者长期处于等待状态且等待期间有休息场所可以休息，将在岗时间完全认定为工作时间”实际即是劳动者的待命时间，在没有明确的法律概念作为前提的情况下，各地的规定有所不同甚至出现完全相反的情况，各地对待命时间按照自己的理解作出了截然不同的判决，说理也各不相同，使得对待命时间的认定陷入混淆，有损司法权威。

2. 现有标准难以解决待命期间工资支付问题

对待命时间的争议，很大一部分原因来自劳动者对劳动报酬的争取。工资乃劳动者提供劳动后的劳动对价。待命时间虽为工作时间，但在此期间劳动者劳动强度较低，享有一定的时间支配权必然导致劳动者所获得的劳动对价不同于正常工作时间。而在我国现有的裁判中，绝大多数法院认为工作时间的认定标准应当是实际从事工作的时间，故劳动者处于待命状态下时，由于仅存在实际从事工作的可能性，此段时间不应当计算为工作时间。法院从司法层面上确认劳动者因用人单位原因而不得自由活动之期间并不完全属于正常工作时间，这就给用人单位打开了方便之门——用人单位可以不必向劳动者支付此段时间内的工资，但即使是在劳动者自己对长时间在岗认同的情况下，过长的工作时间、过短的休息时间以及因休闲娱乐带来的心理满足感之缺失，不仅会增加工作压力，甚至会导致“过劳”这一不良后果。[①] 有学者提出，可以将待命时间视具体情况折算为一定比例的工作时间，并视情况可折算 1/2 ~ 3/4。[②] 笔者认为此种方式不妥。首先，折算，即折合、换算，意指两种不同标量之间的折兑计算。待命时间系工作时间的一种，两者之间无须转化，故不存在折算一说。其次，不同地区、不同行业甚至不同企业对同一标准的理解也存在不同，很难在这一层面上做到全国统一。最后，此时的折算是一种事后折算，是法院在劳资双方不能达成一致意见的情况下从第三者的角度所作的一项自认合理的判决，而从此类案件的上诉情况来看，事后所作的折算也很难符合劳动者与用人单位双方的真实意思表示。

3. “值班”概念被滥用

法院在对涉及待命状态的案件作出判决时，倾向于将劳动者的工作时间作出值班与加班的区分，或者指出值班期间值守人员承担的是非生产经营任务工作，或者直接陈述劳动者的待命状态属于值班而不对何为“值班”作出说明。无

① 参见谭金可：《论过度劳动的法律治理》，载《法商研究》2017 年第 3 期。

② 参见赵红梅：《论我国工时制度的缺陷、价值功能及其完善》，载《环球法律评论》2020 年第 1 期。

论采取哪种方式,均一概认为"值班"不同于加班,故不支持劳动者要求用人单位支付加班工资的请求。值班未有明确定义,其系具有某些特征的劳动者的在岗时间段的集合,内涵颇为丰富,可以将待命状态以"值班"概之,但就其性质而言,仍应从法律关系的实质要件出发进行判断。实质主义认定原则要求对法律关系的认定坚持事实优先,判断法律关系属性的根本因素应当是其所具有的特征与实质,而不在于其名称等外在形式。[①] 就法律关系而言,劳动者在值班状态下仍负有提供劳动给付的义务,劳动强度仅是劳动给付形式化的表现。值班这一工作模式的选择,正是以劳动者休息权为中心的劳动者利益与以用人单位用工自主权为表征的用人单位利益之间的冲突与博弈,双方所追求与构建的是一种更加符合人性的时间分配模式。[②] 法院"一刀切"地认为值班不同于加班、值班时间不是加班时间过于片面,是对"值班"概念的一种滥用与乱用。将法律关系的判断放在劳动给付的总量上,忽视了劳动者仍然处于用人单位支配控制之下的事实,实际已经忽略了对劳动者权益的保护。

三、劳动法上待命时间的应有定性

(一)从工作时间角度定性待命时间

对待命时间的定性,需在二元工时制框架内进行,因而在厘清工作时间的边界的基础上,可明晰待命时间的应有定性。

工作时间的认定标准主要有以下几类:(1)以实际提供劳动为标准。《日本劳动基准法》即明确规定"劳动时间是不包含休息时间在内的实际劳动时间"[③],德国的工作时间指从工作开始到工作结束的时间,休息和离开的时间不计算在内。[④] (2)以劳动者受到用人单位的指挥、命令为标准。日本学者最开始将"指挥命令下的基准说"作为认定标准,提出工作时间是劳动者在其雇主指挥、命令下从事工作的时间。[⑤] 后有学者提出"业务性"标准,并以此为"指挥命令下的基准说"的补充要件,指出劳动时间是"在雇主的指挥监督下的作业时间以及根据雇主明示、默示的指示从事其业务的时间"。此种观点相较于以劳动者实际提供劳动为标准,在对用人单位指挥命令的判断上,缺乏一个明确的标准,尤其是在

---

① 参见冯彦君、刘舸:《论"值班"的法律规制》,载《学习与探索》2021年第11期。

② 参见冯彦君:《劳动权论略》,载《社会科学战线》2003年第1期。

③ 田思路、贾秀芬:《日本劳动法研究》,中国社会科学出版社2013年版,第160页。

④ 参见[德]曼弗雷德·魏斯、[德]马琳·施米特:《德国劳动法与劳资关系》(第4版),倪斐译,商务印书馆2012年版,第103页。

⑤ 参见[日]荒木尚志:《日本劳动法》(增补版),李坤刚、牛志奎译,北京大学出版社2010年版,第71页。

默示的指挥命令应当如何认定上，该观点无法给出明确的答案。德国学者认为，劳动者可以按照自己的意愿自由支配的时间被排除在工作时间之外，但工作时间并非都是劳动者积极作为的时间，一些受雇主指示为之但劳动者处于消极状态的时间，亦被认定为工作时间。① 美国联邦最高法院则在判例中指出，当员工被要求放弃对自己时间和活动的控制时，就不需要再考察是否存在体力或脑力劳动的给付。② 当劳动者失去对某段时间的自由支配权，即其在该段时间内是受拘束的，那么就不能说该名劳动者处于休息状态。

一直以来，学理和立法上都将劳动者的时间划分为工作时间和休息时间，这一划分实际上仅是从人作为劳动者这一身份的划分，即在劳动法上的划分。而劳动者的另一面，作为一个社会上的人存在，除了工作时间，剩余的时间应当是其可自由支配的用于社会活动的时间，我们可以将其称为社会时间或自由时间。工作时间关乎劳动者的多种利益，包括工资报酬、安全保障、身体健康、自由程度等，因而被纳入劳动基准法领域。劳动基准法侧重对劳动者基本权利的保护，即确保劳动者有正常的工作时间、休息休假、应有的劳动报酬得以实现等。在此基础上，立法才去确保劳动者的发展权得到保障，在工作时间上，表现为限制最长工作时间，并要求用人单位为超时工作支付更高的对价。更少的工作时间给予劳动者更多可以自由安排的时间，进而增加了其选择的多样性，此即减少了工时对劳动者时间安排方面的影响。③ 对工作时间的限制，是为了保障劳动者的社会时间，丰富劳动者的个人生活，从而实现全面发展。由此，非工作时间理应是完全脱离用人单位管理束缚、个人享有完全自由的时间。④ 任何受用人单位指挥的、劳动者不能完全自由支配的时间，都不能纳入社会时间范围内。故从工作时间角度出发，将劳动者受拘束作为工作时间的标准，能够有效地避免用人单位凭借优势地位侵犯劳动者的时间权益，劳动者因用人单位而受拘束的时间均应为工作时间。

（二）待命时间的本质——劳动者对时间支配权的让渡

待命状态下，劳动者大部分时间处于不作为状态，但如有劳动合同规定之情形或出现用人单位指示之情形或接到用人单位的指挥、命令，劳动者须提供劳动。也就是说，在待命状态下，劳动者受到的来自用人单位的拘束使其不能自由

① 参见王益英主编：《外国劳动法和社会保障法》，中国人民大学出版社 2001 年版，第 122 页。

② 参见王天玉：《工作时间的法理重述及规范构造》，载《法学评论》2021 年第 6 期。

③ 参见林燕玲：《体面劳动——世界与中国》，中国工人出版社 2012 年版，第 104 页。

④ 参见杨佩尧：《工作场所外待命时间劳动法属性认定的困境突破：劳动基准法和劳动合同法的共同应对》，载《时代法学》2021 年第 1 期。

安排处理私事,虽然可以看书、小憩、与他人交谈,但是走亲访友、参加社会活动等事项受限,劳动者失去了此期间时间的自由支配权。劳动者在下班以后的时间(包括工作日的休息时间及节假日)被要求保持通讯工具的通畅,以方便用人单位随时向劳动者交代可能的工作,且劳动者须得因此投入工作,①这便是劳动者在休息期间丧失对时间的自由支配的典型。在待命时间内,即使劳动者处于休假期间,也不能拒绝用人单位随时可能派发的任务,若拒绝,则可能遭受来自用人单位施加的不利益,如调离本来有利可图的项目、以跟进的项目未做到及时反馈为由被训斥,更有甚者,可能被处以包括扣工资、绩效奖金、降职等在内的直接关乎劳动者利益的惩罚。此外,不强制要求、由劳动者自由选择的软性加班亦存在剥夺劳动者对休息时间的自由支配的可能。对软性加班,用人单位以未强制要求劳动者在下班时间完成为由为自己辩解,但对临近下班的时间交给劳动者一个任务,要求其在次日上班时提交,或者交给劳动者在规定完成任务期间不能完成的工作,劳动者为避免未完成工作而遭受不利益,必定会选择在休息时间工作。如此,所谓的"可自由选择"只是用人单位为掩饰其侵害劳动者时间权益的幌子,劳动者在休息时间内仍受制于用人单位,不能自由支配休息时间。此类劳动者时间因具有"受拘束性"而应为工作时间。

日本以"劳动者未获得劳动解放"来诠释劳动者时间的受拘束性。在日本的"大星楼管理事件"中,日本最高法院认为:对劳动者没有积极作为的时间,虽然用人单位没有作出命令行为,但劳动契约规定了劳动者所应提供的劳务给付,劳动者负有契约义务,受到约束,不能从劳动中解放出来,故该段时间应当是工作时间。② 待命时间内劳动者的注意义务与提供实际劳动有别,但其实质上仍然是用人单位基于某种依据而加于劳动者的一种任务,以劳动者未获得劳动解放来对这一时间进行定性判断,明晰劳动者是否受拘束,可以有效回应当下多元化、复杂化的用工形态和形势。

实际情况是复杂多样的,变化因素对待命时间定性的影响不可忽略。笔者在查阅各国文献的基础上,立足实践从包括用人单位是否提供休息设施、待命地点、是否与本职工作相关三个因素出发对待命时间定性的影响进行剖析。

1. 用人单位是否提供休息设施

在我国的司法实践中,法院以用人单位为劳动者提供了休息设施,劳动者在待命期间内具备休息的条件为由主张待命状态下劳动者系值班,或者不能算作

---

① 参见李依璇:《待命假期与劳动者休息权之探》,载《西南农业大学学报(社会科学版)》2011年第4期。

② 参见王天玉:《工作时间的法理重述及规范构造》,载《法学评论》2021年第6期。

正常工作时间。法院作出这一判断，显然将劳动者可休息与劳动者可自由支配该段时间相混淆。这背后的原因，仍然是将劳动强度作为判断是否为工作时间的标准。待命时间内的不作为状态与正常工作时间内积极的体力与脑力劳动相悖，且在待命状态下劳动者甚至可以处理自己的部分私事。而从工作时间的定义角度看，即使待命状态下劳动者的劳动强度较正常工作来说较弱，但待命时间的特性之一就是劳动者体力消耗较少。如何划分工作时间与休息时间的边界，关键在于劳动者对时间所享有的自主支配性。① 在用人单位提供休息设施的情况下，劳动者对该段时间内何时可以休息、能否离开特定地点、遇到指定情况时应当采取何种行动等安排仍然是由用人单位决定的，劳动者的行为仍然受用人单位约束。故用人单位是否提供休息设施不影响对待命时间性质的认定。

2. 待命地点

在劳动者工作场所外的地点待命，其受拘束程度是否有所下降？在工作场所内待命，劳动的活动范围被限制在办公场所，所能进行的活动有限，处理私事的范围亦有限，故该段时间理应被视为工作时间。在工作场所外的待命，需分情况讨论。若是用人单位指定的地点，劳动者在此地点内所从事的活动仍然是有限的，且用人单位指定劳动者待命地点，则说明劳动者提供实际劳动的可能性更强，用人单位一旦脱离待命地点而错过用人单位指定任务时用人单位遭受的不利益更多，故此时劳动者受拘束的强度与待在工作场所无异。若是劳动者自由决定的待命地点，劳动者可自由活动的范围较广，可从事的活动也较多，劳动者受拘束程度有所下降。在对这一问题进行分析时，尽管存在劳动者受拘束程度降低的情况，但也需认识到，与完全不受用人单位拘束、可以由劳动者自由支配的休息时间相比，待命状态下劳动者的作为或者不作为均是受用人单位指示而为，没有脱离用人单位的拘束管理，②故应认定为工作时间。

3. 劳动者处于待命状态下的行为是否与本职工作相关

劳动者的行为与本职工作相关，包括正常工作的内容及与从事工作有关的活动。有学者认为，劳动者所从事的工作具有稳定性，即在一段时间内其工作内容和工作岗位固定，因此可以通过判断劳动者的行为是否属于正常工作的内容范畴，认定其行为是否为工作行为。③ 若通过此种方式判定劳动者耗费的时间

① 参见沈同仙：《工作时间认定标准探析》，载《法学》2011 年第 5 期。

② 参见杨佩尧：《工作场所外待命时间劳动法属性认定的困境突破：劳动基准法和劳动合同法的共同应对》，载《时代法学》2021 年第 1 期。

③ 参见杨佩尧：《工作场所外待命时间劳动法属性认定的困境突破：劳动基准法和劳动合同法的共同应对》，载《时代法学》2021 年第 1 期。

是否为工作时间,则用人单位可以在正常工作时间之外以待命时间的名义自由支配劳动者时间,而劳动者无权要求工资给付。与从事工作有关的活动,包括上班前的准备及工作结束后的收尾,此类时间虽仅与工作相关,但依照劳动者受拘束标准,可推知该活动是必需的,此时间属于工作时间。工作时间系指劳动者受拘束时间,因而无论劳动者所从事的活动是否与本职工作相关,一旦劳动者因用人单位原因受拘束而不能自由支配自己的时间,则应当属于工作时间。

(三)待命时间系非正常工作时间

引发待命时间定性困难的原因之一系劳动者在该期间内未完全丧失对时间的支配权,如前所述,即使劳动者在此期间享有一定的自由,可以处理自己的事情,但其活动的范围、处理私事的范围有限,故不影响将待命时间认定为工作时间。而劳动者可在限定范围内(包括时间上和空间上)自由活动,使待命时间与正常工作时间有所差异。对此,笔者的观点是:在工作时间的层面承认此种差异,并据此对待命时间作出与正常工作时间不同的法律规定。

限制工作时间,根本目的在于确保劳动者的休息时间,进而实现对劳动者基本权益的保障,以促进劳动者的发展,衡量尺度系"劳动者是否受拘束"。仅将劳动者从事本职工作或与之相关的工作的时间视为工作时间或加班时间,潜在的观点是考量劳动者付出的劳动强度与用人单位支付的经济对价是否平衡,是否有违劳动法倾斜保护劳动者原则。应当承认,在存在待命时间的情况下,劳动者的劳动总量并不致对其身体造成危害,相反,若否认超出正常工作时间的受拘束时间为工作时间,则将导致用人单位对劳动者时间的侵害。劳动强度虽然不能作为判定工作时间的标准,但仍然是衡量待命时间的标准,且因待命时间内劳动强度较弱,在待命时间为工作时间的情况下,将该段时间完全视为工作时间而要求用人单位支付相应的工资报酬,有违公平原则。日本学者荒木尚志将工作时间分为作为劳动基准法调整对象的实际劳动时间(劳基法上的工作时间)与劳动者薪金请求权暨劳动契约义务计算基础的劳动时间(劳动契约上的工作时间),对后者又详细区分为工资时间与劳动契约上的义务存续时间。[①] 学者王天玉对劳动契约上的工作时间进行了进一步的解读:工资时间是劳动者从事本职工作的时间,针对的是劳动契约中规定的主给付义务;而劳动契约上的义务存续

① 参见[日]荒木尚志:《日本劳动法》(增补版),李坤刚、牛志奎译,北京大学出版社 2010 年版,第 179 ~ 180 页。

时间则是主给付义务以外的其他义务。[①] 王天玉提出将工作时间分为正常工作时间与非正常工作时间，后者包括本职工作开始前后的准备和收尾时间，等待时间及与工作相关的会议、培训时间等。[②] 两位学者对劳动者时间的划分，既能够保障劳动者权益，又能平衡劳资关系。故笔者认为，在涉及待命时间认定时，可借鉴学者王天玉的观点，将工作时间划分为正常工作时间与非正常工作时间，而待命时间则属于非正常工作时间。

四、劳动法上典型待命时间的法律分析

（一）监视性岗位上的待命时间

在监视性岗位中，劳动者的工作内容即是对某一区域进行监视，维护该区域的秩序，由于仅在必要时才采取积极行为，其劳动强度不高，甚至可以在不脱离岗位的情况下进行一些放松性活动。[③] 这一岗位主要包括门卫、保安、楼层管理员等。在近年的裁判中，对此类岗位工作时间的计算问题，有两种截然不同的裁判观点。在马某与宿州某物业公司案[④]中，法院认为：保安岗位具有与其他岗位不同的特殊性，即使工作岗位的时间比一般员工长，但工作强度较低，值班期间有休息时间，大部分时间处于待命状态，将待命时间认定为加班时间与加班的立法本意不符。这一案件代表的是反对方的观点，该观点以劳动强度为裁判标准，认为保安岗位不存在加班时间。而在刘某与岳阳某医用材料公司一案[⑤]中，法院首先指出，刘某的工作部分时间可以休息、睡觉，属于一种值守、预防的状态，应计入工作时间，在此期间内，劳动者的工作不间断进行，虽然劳动强度不大，但其行为仍然受到劳动合同的约束，属于劳动关系存续的一种特殊状态。在这一案件中，法院承认保安岗位的工作强度与正常工作时间不同，但并未以此为裁判标准，而是将“劳动者处于劳动合同的约束之下”作为出发点，来判断劳动者的工作时间是否合理，相较于前一案例，该案的判决与工时制度的立法本意更相符。

有学者以“值班时间”来指代监视性岗位劳动者在单位下班之后值守的时间，将此段时间表述为“用人单位为防火、防盗或为处理突发事件等原因，安排

① 参见黄越钦：《劳动法新论》，中国政法大学出版社2003年版，第87页。

② 参见黄越钦：《劳动法新论》，中国政法大学出版社2003年版，第89页。

③ 参见袁元：《待命时间的劳动法问题研究》，东北师范大学2017年硕士学位论文，第15页。

④ 参见马某诉宿州某物业公司案，宿州市埇桥区人民法院（2022）皖1302民初3223号民事判决书。

⑤ 参见刘某诉岳阳某医用材料公司案，湖南省岳阳市中级人民法院（2013）岳中民一终字第590号民事判决书。

本单位有关人员在夜间、休息日、法定节假日等非工作时间内从事的非本职工作的活动,如接听电话、看门等,期间可以休息”。在实践中,许多保安人员、宿管人员都被单位安排过“值班”,单位据此给付劳动者一定的值班费用而避免被认定为加班。值班时间与正常工作时间相结合,许多劳动者长达十几个小时不离岗,但在其所值守的单位下班之后,其随意性较大,工作轻松,且可以睡觉,这种看似可以由劳动者自由支配的时间,正是产生争议的缘由。对此,笔者认为,劳动强度不是判断工作时间的标准,以值班为名义要求劳动者留守工作岗位,也不能否认存在加班事实的可能。在该段时间之下,劳动者仍然会受到用人单位的拘束,其不能随意离开待命地点,且被要求保持一定的注意义务,故仍应当认定为工作时间,超出法律规定部分的延时时间,应当认定为加班时间。劳动关系兼具财产属性与人身属性,①其人身属性正是体现在用人单位对劳动者的约束、控制受到一定的限制,以实现体面劳动,保障劳动者的人格尊严及发展权。故对以劳动者处于待命状态为主要内容的值班来讲,用人单位可以根据实际需要进行安排,但必须遵从劳资双方意思表示一致的原则,即取得劳动者的同意。值班也需要劳动者提供劳动给付,但属于正常工作之外的劳动给付,对用人单位提出的值班要求,劳动者可以拒绝,这与劳动自由之基本权利的内涵相一致。②

(二)工作任务非连续岗位上的待命时间

此类岗位主要包括电工、司机等工作,其工作内容包含等待状态,工作任务具有非连续性,用人单位为劳动者提供了休息设施和空间,在无工作任务时,劳动者可以休息,但须得保证接到任务时及时履行。

在梁某与海特光电有限责任公司劳动争议案③中,二审法院认为,梁某的主要工作包括抄表、巡视及日常报修任务,这之外的其他时间都在配电室待岗,海特光电有限责任公司为其提供了可以休息的场所和条件,除了不能离开配电室,其余都不受限制,劳动强度已明显降低,故对其所持的加班主张不予采纳。此类判决结果认为劳动者处于待命状态下的时间系值班。很明显,其对待命状态下劳动者工作时间的认定,仍然是从劳动强度出发,忽视劳动者受用人单位拘束的状态。而在王某与盘锦武星宾馆有限公司劳动争议案④中,判决结果则完全相反,法院认为,王某在盘锦武星宾馆有限公司处做维修电工的工作,其所从事的

① 参见冯彦君:《中国特色社会主义社会法学理论研究》,载《当代法学》2013 年第 3 期。

② 参见谢增毅:《我国劳动者辞职权的法理与制度构建》,载《法学评论》2018 年第 4 期。

③ 参见梁某诉海特光电有限责任公司案,北京市第一中级人民法院(2022)京 01 民终 6579 号民事判决书。

④ 参见王某诉盘锦武星宾馆有限公司案,辽宁省盘锦市中级人民法院(2018)辽 11 民终 1309 号民事判决书。

工作任务应是保障公司所有的设备、设施正常使用及对设备、设施进行日常的维修与养护,并随时处理突发事件,应当处于守岗待命的工作状态,其工作任务白天与夜晚应当一致。在后一案件中,法院从工作内容、性质未发生变化角度得出待命状态下劳动者仍处于工作时间内的结论,对工作任务具有非连续性的岗位上的待命时间的认定有借鉴作用。

对此类岗位待命时间的争议,归根结底是对是否存在延时工作时间的争议。由于此类工作本身即包含长时间的等待,劳动者持续在岗的时间较长,且相比监视性岗位,其每次接到任务所进行的劳动强度较大,多数单位对此类工作采取"做一休一"或"做三休二"等轮休方式。对于工作期间内超过正常工作时间的部分,是否属于延时工作时间,分析起来也更加复杂。加班时间是劳动者因工作需要,额外付出劳动给付的时间。简言之,是劳动合同约定的正常工作时间之外的延长工作时间。按照常理,加班时间应是偶然性的,如因应季商品在某季节需要大量生产、为处理紧急事件而必须在某天内完成工作等,因此若劳动者的待命状态并非常态,则该段时间应为加班时间,劳动报酬按照加班工资标准计算。而对待命状态为常态的工作,具有一定的特殊性,若将电工待在休息室的时间完全视为加班时间,则用人单位支付的劳动报酬与劳动者提供的劳动不对等,故此时待命状态不视为加班,用人单位应当另行与劳动者约定此期间的工资。

(三)航空公司机组人员的"备份时间"

航空公司机组人员(包括机长、副驾驶、乘务组)有一项特殊的工作任务,即备份飞行。备份是指机组人员做好工作准备,并在指定休息地点等待可能的航班任务。① 备份分为主备和次备,主备就是完全按照飞行要求,带过夜袋、飞行资料等物品,在指定时间,在公司指定的备份地点(一般为休息室或机场附近酒店),随时保障执行航班;次备也称在家备份,不需要到公司指定的地点,可以在家,能随时前往运行地点即可,无论主备还是次备都不得在12小时内饮酒。在备份时间内,备份人员可以进行消极的活动,比如睡觉,也可以进行积极的活动,比如玩游戏、玩手机等,而在该状态下又有提供劳动的可能性,故此期间应当视为待命时间。备份期间内备份人员的活动并非完全自由,而是受到一定的限制。对主备份人员来说,只能待在航空公司指定的地点,并且需要接受航空公司的定点检查以确认其未离开待命地点;对次备份人员来说,受到的限制相对较小,但仍存在不能陷入醉酒状态、不能离开公司太远以免接到任务时不能及时赶回等限制。在备份状态下,航班公司有权在事先约定的时间(备份的航班执行飞行任

---

① 参见曲益良:《劳动法上过渡时间法律性质之认定》,吉林大学2017年硕士学位论文,第16页。

务的时间,包括飞行前的准备时间)要求备份人员立即执行飞行任务。各航空公司为保证备份人员未脱离备份状态,均制定了相应的规章制度,并附以实际的检查措施。在备份人员未遵守备份制度而误机时,会被加以扣分、三级谈话、暂缓晋级等惩罚措施。因而,在此期间,备份人员仍受制于航空公司。此外,从公平角度看待备份时间,亦能得出同样的结论。在航空飞行中,一趟飞行耗费的成本巨大,故在临飞前,除遇有必须延期或取消的情况,航空公司不会轻易取消航班。因前序航班因故不能及时返航、应当承担本次飞行任务的机组人员生病等原因,航空公司为了规避由此造成的因航班取消而产生的违约赔偿及其他损失,建立了备份制度。由此可知,备份制度的目的在于帮助航空公司规避经营风险,通过备份制度,航空公司可以获得利益。[①] 而在备份期间,航空公司与备份人员处于一种显而易见的不平等状态——备份人员履行备份义务时没有奖励,但是脱离备份状态会受到惩罚,也就是说,在航空公司明显因备份员备份而享有利益的情况下,备份人员却并不能因此获得对等的给付。故按照公平原理,备份时间应当作为工作时间,以保障劳动者的工作时间利益。

(四)随时候命类待命时间

随着科技、通讯技术的发展,现代社会发展出了一种新的待命模式——随时候命的待命。该段时间具有两个特征:(1)劳动者没有停留于特定地点的义务;(2)劳动者须告知用人单位有效的联系方式。当下,微信、QQ、钉钉等软件的开发,为用人单位即时远程指挥劳动者及劳动者远程完成工作提供了便利。某些工作人员,如房屋销售人员、中介、培训机构老师等,因其工作特性,在下班时间,随时都可能接到工作上的任务。然而对此现象,又很难认定其中存在待命时间。首先,除被用人单位交付任务的时间点及以后的时间外,劳动者处于一种自由状态,可以自由支配自己的时间,包括走亲访友、看演唱会、去外地旅游等,用人单位对此不加以干涉,劳动者未丧失对此段时间的支配权。其次,劳动者有拒绝的可能性。对用人单位在休息时间下达的此种指挥或因业务要求需要跟进的工作,劳动者并非必须接受,如对买房人的看房要求,房产中介可以以已经下班为由拒绝。对用人单位指示的任务,若劳动者因拒绝而被开除,其可以申请仲裁、提起诉讼,存在可救济措施。最后,将此时间认定为待命时间存在技术上的难点。若认为劳动者在休息时间接到用人单位的指示则为待命时间,很难理清此时间的开始点和结束点。若在周末,劳动者在周日的下午六点才接到工作任务,

① 参见喻术红、杨佩尧:《民航空勤人员备份时间:类型、性质及其工资给付》,载《北京航空航天大学学报(社会科学版)》2022年第1期。

应当如何认定待命时间的开始呢？若认为劳动者开始休息的时间为待命时间，但在周日下午六点以前，劳动者均可以自由支配自己的时间，未受到来自用人单位的丝毫拘束，将此时间视为待命时间对用人单位明显不公。若认为劳动者接到用人单位命令前某段时间为待命时间（如接到命令前半小时），但劳动者在此段时间内也未有任何准备之状态（包括生理上的和心理上的），其仍可自由支配该段时间。从结束时间来看，将劳动者接到用人单位的指示命令之时起视为待命时间结束，如前所述，劳动者在“待命时间”内享有对时间的自由支配，未受到拘束。若将劳动者完成用人单位指示的工作之时起视为结束时间，则将等待状态与实际提供劳动混淆。此外，将此认定为待命时间，实际陷入了一个逻辑谬误：并非存在提供劳动的可能性才认定为待命时间，而是因为在休息时间实际提供了劳动，故将此认定为待命时间。故笔者认为，对劳动者在休息时间偶然接到用人单位的指示命令的情况，不宜将此前后的一段时间认定为待命时间。但对用人单位预先通知劳动者，在其休息时间内的某一时间段，如下午 2 时至 4 时，会有工作安排，具体时间尚未确定，在此情形下，劳动者势必会约束自己的行为以使自己能在该段时间内随时接受工作，其处于紧张、准备状态，此段时间应视为待命时间。

综合以上劳动法上典型待命时间，可以知道待命时间引发的最直接的问题即是劳动对价的给付问题。即使期间未从事劳动，或者劳动的强度较低，劳动者在待命时间内仍然放弃了自己对时间的自由支配，转而将时间支配权交给用人单位，故此期间其应当获得相应的劳动对价。如前所述，此段时间与正常工作时间相比，劳动者的劳动强度较低，其所获得的劳动对价可以据此与正常工作时间相比有所不同。作为劳动者提供劳动的对价，工资的额度、计算标准、计算方法、支付方法等，依照当事人合意确定，即根据契约自由原则决定，报酬请求权根据合同以及团体协议、工厂协议、职务协议或经营习惯确定，①无论是正常工作时间的工资，还是待命时间的工资，都应如此。因而在待命时间的工资给付上，为平衡劳资双方利益，可以首先由用人单位与劳动者协商确定劳动报酬，并记录到劳动合同中。有学者指出，对劳动者存在待命状态的岗位，可以根据劳动契约的自由约定原则，在保证劳动者获得应有的休息的前提下，由用人单位和劳动者对劳动时间和劳动报酬进行约定，故无须适用加班费的规定。② 笔者认为此种观点有一定的可行性。工资是劳动者维系生活必不可少的保障，因此需要对劳资双方的协议作出一定的限制：用人单位与劳动者就待命期间的工资达成一致后，应

① 参见［德］雷蒙德·瓦尔特曼：《德国劳动法》，沈建峰译，法律出版社 2014 年版，第 340 页。

② 参见黄昆、李坤刚、严波：《值守岗位存在加班问题吗》，载《中国劳动》2010 年第 7 期。

当报行政部门审批,并延长保管劳动合同的期限。允许用人单位与劳动者自由约定待命期间的工资,用人单位出于对低用工成本的追逐,会以强势地位胁迫劳动者签订工资与劳动者实际付出不符的合同,对此,需要行政部门把关,避免用人单位对劳动者时间权益的侵害。此外,应当延长用人单位保管劳动合同的期限,在发生劳动争议时,不能提供劳动合同以证明工资约定的用人单位应承担举证不能的不利后果。

结语

对工作时间的讨论,源于对现代社会用工形态的思考。新型用工方式打破了传统用工的藩篱,在形式、结构、内涵上均有所创新,以适应当下的产业结构和社会发展,以工作时间与休息时间为内容的二元工时结构已属勉力支撑,以劳动者实际提供劳动来认定工作时间也不再能满足当前社会的发展需要。工作时间制度的意义在于在满足劳动者基本生存权的前提下,保障劳动者的休息权,确保劳动者的社会生活不仅在于劳动,还在于家庭生活、其他社会性活动以及自身的发展。因而,对待命时间的性质进行分析是必要的,而将其认定为工作时间正迎合了工时制度的目的,并可以有效解决新用工形式下现行工时制度对高位运行的工作时间规制不足的尴尬。待命时间并非法律术语,在立法层面,法律无此规定,在司法层面,各级各地法院也未形成统一的依据和充分的裁判标准,故在待命时间研究尚不成熟阶段,亟待国家采取措施,对这一工作时间加以规定,以平衡劳资利益,保障劳动者权益。

数字经济时代劳动者休息权保障研究

江欣炎*

摘　要:随着数字化办公形式的普及,办公时间与空间的传统界限正在发生显著变化。这种变化导致劳动者的工作与私人生活之间的界限变得模糊,劳动法规定的用于劳动者身体机能恢复的时间保护标准受到了一定程度的削弱或瓦解。因此,劳动者的休息权面临被侵害的风险,进而引发健康方面的潜在隐患。本文将探讨数字经济时代劳动者休息权保障情况的现状并且分析其中的原因,梳理出域外国家和地区关于数字经济时代休息权保障相关制度的成败得失,最后理论结合实际,衡量我国当前数字经济时代背景下劳动者休息权保障的具体需求以及和谐劳动关系的客观需要,提出完善我国数字经济时代劳动者休息权保障的实现机制。

关键词:数字经济时代　休息权　工作时间　离线权

引言

2018 年被称为“数字经济元年”,我国数字经济领域的就业岗位接近 2 亿个,增速显著高于同期全国总就业规模。[①] 毫无疑问,数字经济领域已经成为我国就业岗位中增长最快的部分,越来越多的劳动者正在转入这个领域。一方面,无处不在的网络,方便企业与员工连接在一起,大幅度提高了工作效率,让“打工人”拥有了灵活的时间表。另一方面,技术本身也异化了劳动,用人单位利用数字通信可以随时随地联系劳动者处理工作事务,从而使越来越多的劳动者成为长期性甚至永久性的“待命”员工,下班之后继续在家隐形加班,劳动者正常的生活节奏难免被扰乱,休息权受到严重侵害。随着工作边界的模糊,传统的休息权保障规则已无法确保劳动者获得充分且高效的休息时间。鉴于此,本文将

---

* 江欣炎,西南政法大学经济法学院硕士研究生。

① 参见中国信息通信研究院:《中国数字经济发展与就业白皮书(2019)》,载中国信息通讯研究院网,http://www.caict.ac.cn/kxyj/qwfb/bps/201904/t20190417_197904.htm。

深入剖析我国在劳动者休息权保障方面存在的缺陷,并探讨其背后的成因,借鉴我国有益的尝试和域外成功案例,为我国建立适应数字经济时代办公时空结构的休息权保障制度提供有益的参考和启示。

一、数字经济时代劳动者休息权保障的特殊性

(一)权利保障方式需更为灵活

首先,数字技术催生的各种新兴经济形态带来了更为灵活的劳动方式,然而,这种灵活性也带来了新的问题,即如何准确计算劳动者的实际工作时长。网红、游戏主播等新兴职业群体的劳动方式具有高度的自主性和灵活性,使工作时间和休息时间往往交织在一起,难以明确界定。在现行以工时为主要衡量标准的劳动强度制度下,这些劳动者的过劳界限变得模糊不清,传统的休息权保障标准也难以适用。因此,我们需要重新审视和调适相关制度,以适应新兴经济形态的发展,更好地保障劳动者的权益。其次,数字经济很难强制执行传统休息权保障方式。一方面,存在一些平台经济劳动者希望通过增加劳动时间以换取更多报酬的情况。对于他们的工作时间的计算方式,即按照在线时间还是实际执行任务时间计算,目前存在争议。另一方面,对于许多签订了劳动合同的员工,他们难以享受到应有的休息和休假制度保障。以"双十一"等特殊时期为例,许多互联网行业的员工不得不长时间加班,甚至需要通宵工作。在这种情况下,《劳动法》中规定的每日最长加班时间的制度限制在实际操作中很难得到落实。最后,部分企业实行了绩效考核制度,在这种以项目、业绩为主要考核依据的体系下,即便有强制下班的要求,许多员工仍会面临被迫在家加班的窘境。更为严重的是,为了逃避劳动法的约束,满足自身行业生存和发展的需要,部分企业甚至一再突破现有法律底线,自行创造出"大小周""996"等严重侵犯劳动者健康乃至生命安全的用工模式。这种行为不仅损害了劳动者的合法权益,也影响了整个社会的劳动秩序和稳定。

因此,法律应针对企业发展的实际需求进行相应调整,以最大限度地适应当前经济发展及未来可预见的变化。在保障劳动者休息权方面,应展现灵活性,以应对当前多元化生产方式和劳动方式的挑战。

(二)休息权更需被加强保护

信息通信技术的普及和应用,使远程处理、完成和对接工作任务变得轻而易举,极大地提高了工作任务的可达性和便利性。同时,这也给劳动者的休息权带来了潜在的威胁。根据《劳动法》的明文规定,劳动者享有休息和休假的权利,这一权利的保障应当得到严格的执行和解释。具体而言,劳动者的休息时间应

当具有连续性和完整性，即从规定的下班时间到下次工作时间之前，劳动者应享有充分的自主权和休息时间。然而，随着技术的发展，工作时间逐渐渗透到劳动者的休息时间中，使休息时间变得碎片化，甚至使劳动者陷入随时待命的状态，这无疑是对劳动者休息权的侵害。① 企鹅智酷在2017年发布的一份报告显示，45%的微信用户的好友数量已经超过200人。值得注意的是，近六成新增好友来自职场，其中74.3%担任企业管理岗位的受访者表示，新增的好友主要是同事或同行。此外，超过80%的用户在微信上进行过与工作相关的活动，如进度沟通、任务安排等。② 这表明，微信等信息技术工具已经成为职场人不可或缺的沟通和工作平台。同时，数字技术在工作中的广泛应用也导致了工作时间的延长。因此，我们需要在推动信息通信技术发展的同时，加强对劳动者休息权的保护，确保劳动者的合法权益得到充分保障。

综上所述，信息通信技术尽管能助力劳动者高效履职，但亦存在潜在风险。具体而言，该技术可能被用人单位用于在非工作时间向劳动者发送工作指令，进而引发工作时间的不当延长，破坏劳动者休息时间的连续性。在这种情况下，劳动者的休息权可能受到侵害。与此同时，《劳动法》明确赋予了劳动者主张加班费的权利，然而，当用人单位利用技术手段渗透劳动者休息时间，且未建立与之相匹配的加班管理制度时，劳动者延长工作时间的情况将被忽视，相应的加班工资难以得到保障。③

（三）权利保护要求的特殊性

自1994年我国确立工作时间法律制度以来，至今已近30年未曾修改。在此期间，劳动法制与劳动者主体图像的变化以及工作方式的多样化之间存在明显的偏差。面对多元、个性、灵活的就业形势，劳动法中不变的是保护劳动者合法权益的价值和理念，变的是劳动法需进行制度创新以回应社会经济的不断发展变化，适应当前的工作环境和就业形态。在算法数字化的助力下，劳动过程得以实现远程实时监控，这使得劳动者能够跨越空间界限，在不同的地理位置分散工作。这种灵活性赋予了劳动者对劳动时空的自主选择权，进一步提升了劳动的自主性和自愿性，使劳动者能够在一定程度上将劳动视为一种自由自愿的活动。随着劳动者在选择工作时间和空间上享有更大的自由度，工作场所和时间限制逐渐消解，以追求效率提升和盈利增长为核心的文化

---

① 参见班小辉：《完善法律法规　遏制数字时代隐形加班》，载《工人日报》2023年5月22日，第7版。

② 参见《【企鹅智酷最新报告】微信2017用户研究和商机洞察》，载腾讯云2018年3月5日，https://cloud.tencent.com/developer/article/1050586。

③ 参见班小辉：《完善法律法规遏　制数字时代隐形加班》，载《工人日报》2023年5月22日，第7版。

与追求正逐渐侵蚀着工作与休闲之间的界限。数字技术深度介入劳动过程，导致工作逐渐侵占闲暇时间,劳动过程无缝融入人们的日常生活。在信息通信技术广泛应用的背景下,仅依赖现有的休息权保障机制已难以有效保障劳动者的休息安宁权益。因此,如何让劳动者摆脱数字技术的束缚,享受宁静、无干扰的休息时间,成为数字经济时代劳动者对休息权保障的美好愿景。为此,劳动法应积极回应劳动者对美好生活的新兴权利需求,并在休息安宁权益保护方面作出创新的制度安排。

二、数字经济时代劳动者休息权保障的困境以及成因分析

(一)数字经济时代劳动者休息权保障面临的困境

1.“八小时工作”得不到落实

随着数字技术的迅猛发展,企业组织模式正在经历一场前所未有的变革。这场变革不仅重塑了企业的运营方式,更对劳动市场产生了深远的影响。一方面,移动设备的使用使八小时工作制难以落实。移动设备的普及和数字化、电子监控手段的广泛应用,为雇主全天候掌握员工动态、拓展剩余价值空间提供了条件。[①]《职场人加班现状调查报告2022》显示,近六成职场人表示其处于灵活的机动加班机制中,工作时间与私人时间界限模糊,即使在表面看似非高强度加班的模式下,生活仍被“隐形加班”所占据。[②] 只要劳动者使用移动电子设备,就具备了随时工作的可能性。因此,在数字时代,随着算法智能机器从生产到生活的全方位渗透,劳动者的身心压力前所未有,普遍过劳问题越发严重。[③]另一方面,现行的工时制度与新型劳动形态之间存在明显的不适配。据国家互联网信息办公室发布的报告显示,2021年我国数字经济规模达到45.5万亿元,占GDP的比例接近四成。[④] 数字技术的广泛应用进一步打破了就业的时空限制,企业纷纷推出弹性工时、远程办公等灵活多样的工作形式,推动了劳动力市场的持续发展和优化。然而,我国现有的工作时间制度,主要是在传统工业

---

① 参见褚乐阳、陈卫车等:《虚实共生:数字孪生(DT)技术及其教育应用前瞻——兼论泛在智慧学习空间的重构》,载《远程教育杂志》2019年第5期。

② 参见钟经文:《前程无忧〈职场人加班现状调查报告2022〉》,载中国日报网,https://caijing.chinadaily.com.cn/a/202204/19/WS625e5ccda3101c3ee7ad12e3.html。

③ 参见田思路、郑辰煜:《数字时代劳动者的主体性危机与社会法回应》,载《中南大学学报(社会科学版)》2023年第5期。

④ 参见《数字中国发展报告(2022年)》,载中央网络安全和信息化委员会办公室网站2024年1月25日,http://www.cac.gov.cn/rootimages/uploadimg/1686402331296991/1686402331296991.pdf? eqid=e2c646c90038057d00000003649460f1。

背景下制定的,与劳动密集型产业相适应,难以适应新经济背景下的灵活工时需求。

劳动者长期维持着超出社会平均劳动时间与强度的工作状态正逐渐演变成一种工作“新常态”和新的职场“文化”。这种现象不仅限制了劳动者在工作中获得满足感的能力,还阻碍了他们从谋生劳动向体面劳动的过渡。同时,这也给劳动者在工作与家庭生活之间寻求平衡带来了困扰,并增加了与高强度工作相关的健康风险。①

2. 用人单位规避加班补偿责任

在过去,由于互联网尚未普及,用人单位受到劳动法的制约,对劳动时间的安排相对谨慎。然而,随着互联网的迅速发展和市场竞争的加剧,企业的生存压力不断增大,企业开始调整策略,摒弃传统观念,利用互联网和移动通讯技术,使劳动者的工作时间与休息时间相互交织,从而更好地服务于企业的生产与发展。这种转变导致劳动者的休息时间被进一步压缩。

一方面,用人单位通过加强管理、绩效考核、末位淘汰等方式增大工作量,劳动者为了保住宝贵的职位,不得不忍受超时加班之苦,从而使过度工作的“加班文化”逐渐演变成了一种难以改变的隐性规则。另一方面,随着新经济的发展,许多互联网企业应运而生。这些企业通常采用以项目成果为导向的工作模式,通过股权和绩效等方式鼓励劳动者“自愿加班”。为了获取更多的绩效奖励和股权分红,劳动者往往愿意通过“自愿加班”的方式完成看似在法定工作时间内不能够完成的任务。绩效和股权奖励逐渐成为用人单位规避法律规定、促使劳动者隐形加班的有力工具。《职场人加班现状调查报告 2022》中超过六成的受访人表示需要偶尔加班,接近三成的受访人表示需要经常加班,仅有不到一成的受访人完全不需要加班。② 此外,有四成的劳动者在加班后不能够得到用人单位相对应的经济性补偿或者调休。值得注意的是,尽管面临无补偿加班或不合理加班的情况,大多数受访职场人士仍然对加班现象的常态化持接受态度,超过八成的受访者并未直接否定加班现象。③ “隐形加班”已成为一些企业任性的手段,这一现象无疑给劳动者劳动权利带来了危机,也使劳动监察的难度大大提高。

---

① 参见涂永前:《论我国劳动法治的现代化与劳动法典的编纂》,载《法学论坛》2023 年第 2 期。

② 参见钟经文:《前程无忧〈职场人加班现状调查报告 2022〉》,载中国日报网,https://caijing.chinadaily.com.cn/a/202204/19/WS625e5ccda3101c3ee7ad12e3.html。

③ 参见钟经文:《前程无忧〈职场人加班现状调查报告 2022〉》,载中国日报网,https://caijing.chinadaily.com.cn/a/202204/19/WS625e5ccda3101c3ee7ad12e3.html。

3. 劳动者安宁权得不到保护

在数字经济时代,算法的广泛应用使用人单位对劳动者的控制进一步加强。灵活的工作时间安排几乎影响所有类型的劳动者。对于互联网时代催生的知识工人,他们看似可以自主控制劳动过程,从事着有很高价值的创造性劳动,但他们不得不根据客户和领导的随机指令来调节自己的工作时间,从而在一定程度上牺牲了个人生活的平衡。对于被置于平台上的低技能劳动者,在各种"数字神经"的控制下,他们需要在极短的时间内迅速到达工作岗位,这使他们的休息和安宁权不断受到挤压。① 因此,在数字经济时代,技术进步尽管为劳动者带来了一定的灵活性,但同时也带来了新的挑战和限制。现代通讯工具如手机、电脑等的普及,雇主得以轻松地在下班时间通过网络通讯等方式向员工布置额外的工作任务。然而,由于劳动者与雇主之间存在固有的地位差异,劳动者往往处于弱势地位,难以采取合理又有效的方式拒绝这些下班后的工作要求。② 诸如涉及职场人员在下班后因未及时回复微信或未及时接听客户电话而引发的违法解除劳动关系的纠纷也常见于新闻报道中。

用人单位在下班后无故打扰劳动者,破坏了休息时间的连续性,使劳动者长期处于精神高度紧张状态,如果这种情况持续下去,劳动者可能会罹患精神类疾病,甚至出现过劳死的情况。然而劳动法并未明确规定劳动者的休息安宁权,同时非工作时间不计入加班时长,这在一定程度上引发了用人单位对于劳动者非工作时间休息权保障的漠视。因此,在信息化工作日益普及的背景下,对于劳动者的休息权保护应当给予特别的重视和关注。

4. 休息权主体难以得到保障

在数字经济的浪潮下,互联网经济、共享经济、平台经济等新型经济形态迅速崛起,催生了多样化的新就业模式。然而,我国的劳动法体系主要是在传统经济形态下构建的,劳动者权益保障依然以劳动关系的存在为基石。只有当劳动者与用人单位建立了劳动关系,他们才能享受到完整的劳动权益。数字技术的广泛应用使得劳动者与用人单位之间的依赖关系逐渐减弱甚至消失。这种变化导致许新就业形态下劳动关系难以用传统的劳动法体系来界定和保障。③ 尽管这些平台从业者与雇主之间的人格从属性相对较低,但他们作为自然人持续为

① 参见赵炜、[法]Jens Thoemmes:《谁改变了工作时间——有关工时的劳动社会学研究》,载《中国社会科学评价》2021 年第 4 期。

② 参见周湖勇、钱伟:《互联网时代劳动者离线权保障探究》,载《温州大学学报(社会科学版)》2018 年第 5 期。

③ 参见朱晓峰:《数字时代劳动者权利保护论》,载《浙江大学学报(人文社会科学版)》2020 年第 1 期。

劳务受领方提供劳务并获取报酬的核心特性并未发生根本性改变，他们依旧处于弱势地位。① 现行的调整模式存在劳动法保护范围狭窄、劳动者权利义务配置失衡以及对用人单位差异性忽视等问题。鉴于“从属性”标准难以辨识，改变传统的劳动法调整方式，寻求更加灵活的法律调整策略已成为学术界的普遍共识。②

然而，现有的学术研究未能充分回应社会生活中这类劳动者休息权保障的实际需求，导致司法实践中案件受理和纠纷裁决不畅。此外，当前根据劳动主体类型来区分劳动基准保障内容的做法，会对所有参与劳动的工作人员形成一种不公平的待遇。因此，我们需要重新审视和完善现有的劳动法体系，以更好地适应数字经济的发展和劳动者权益保障的新需求。

5. 劳动者对加班事实举证困难

现有的举证规则在解决劳动者在下班后是否因用人单位通过数字通信设备等要求额外工作而构成加班的问题上显得捉襟见肘。在当前的劳动争议诉讼中，休息权并未被确立为一个独立的案由，因此劳动者无法单独就企业违法延长工作时间提起诉讼。与休息权相关的诉讼主要围绕工时制度展开，然而现有的劳动法律、法规并未对工作时间的具体界定进行明确规定，导致实践中工作时间的界定成为诸多劳动纠纷的争议焦点，进而引发了大量关于加班时间认定与报酬计算的纠纷。关于劳动者在通信软件如钉钉、微信中完成用人单位安排的工作是否应被认定为加班，司法实践中存在显著的分歧。③ 据笔者对多个案例的检索，一些法院认为，根据法律的规定，劳动者主张加班的，应承担相应的举证责任。因此，在用人单位设有加班申请制度的情况下，如果劳动者未提出加班申请，即便劳动者在即时通信软件中为了完成用人单位的工作而牺牲了自己的休息时间，也很大可能存在不被认定为加班时间的风险。④ 而在不存在加班申请制度的情况下，劳动者仅凭借微信聊天记录也难以证明加班事实，劳动者需要辅以其他证明加班事实存在的证据才能证明其休息日加班的事实，法院综合考虑劳动者是否提供实质工作内容认定加班情况。⑤ 这一现状在即时通信软件广泛应用的背景下，实际上给劳动者赋予了更为严格的举证责任。

---

① 参见战东升：《民法典编纂背景下劳动法与民法的立法关系——以“类似劳动者型劳务提供人”的保护为切入点》，载《法学》2018 年第 10 期。

② 参见涂永前：《零工群体劳动权益保护研究：域外实践及我国的应对》，载《政法论丛》2021 年第 2 期。

③ 参见王健：《必要的消失：论劳动者的离线权》，载《上海交通大学学报(哲学社会科学版)》2023 年第 6 期。

④ 参见上海市青浦区人民法院民事判决书，(2020)沪 0118 民初 437 号。

⑤ 参见陕西省西安市中级人民法院民事判决书，(2021)陕 01 民终 8083 号。

(二)数字经济时代劳动者休息权保障困境的成因分析

1.数字经济时代下传统工时制度的失灵

(1)工作时间规定过于简略

目前,我国的立法中并没有明确工作时间的定义和分类,这导致在面对工时相关的边缘和模糊问题时,难以提供确切的法律指引。实践中,关于准备时间、待命时间、值班等工时认定已成为主要争议点。由于缺乏具体的法律规定,司法实践在这些问题上的认定难以统一。① 劳动者普遍认为工作时间的模糊部分应纳入工作时间范畴,并有权主张相应的加班报酬。雇主则认为不属于工作时间,拒绝支付加班报酬。由于缺乏法律明确规定,即使诉诸公堂,仲裁员和法官只能在双方争议的基础上,结合法理、事理和情理自由裁量。例如,在龚某与醴陵市聚诚和信息科技有限公司劳动争议纠纷一案中,法院认为美团外卖骑手的实际工作时间包括外出送餐时间和待命时间,其为餐饮产品提供配送服务的配送时间才为工作时间,等待配送的时间工作强度较低,不是工作时间,因而不能获取相对应的工资对价。② 而在北京天运达人力资源管理顾问有限责任公司、首约科技(北京)有限公司劳动争议一案中,法院认为首约科技(北京)有限公司要求司机在在线状态下不允许拒接订单,司机在待命期间并不能正常休息,劳动强度较大,因而期间的待命时间被认定为工作时间。③ 综上,我国对于待命时间等模糊地带的认定标准显得尤为严格,甚至超越了对正常工作时间的规定。具体来说,劳动者在待命期间,其劳动强度必须达到难以休息的程度,同时其工作内容还需与劳动合同中的约定或企业规章制度的规定保持高度一致,才有可能被认定为工作时间。

在数字经济时代,分散化的组织特点使劳动者没有固定工作场所,雇主的指挥和监督能力变得相对较弱,工作时间的模糊部分增加,而劳动者在此期间可能需随时准备回应雇主的各项指令,导致其休息状态难以得到全面保障。我国立法尚未对这一时间段性质的认定给出明确答案,学界对此的研究也相对匮乏。因此,在工作时间与休息时间的过渡阶段,如何界定工作时间并为劳动者提供工时基准的保护,成为劳动法面临的新挑战。

(2)特殊工时制度存在疏漏

首先,特殊工时制度主体适用范围规定滞后于现实需要,不适应数字经济时

① 参见林嘉等:《改革开放40年法律制度变迁:社会法卷》,厦门大学出版社2019年版,第189页。

② 参见湖南省株洲市中级人民法院民事判决书,(2021)湘02民终154号。

③ 参见福建省厦门市中级人民法院民事判决书,(2018)闽02民终5524号。

代新兴行业的需求。“503 号文件”是特殊工时制度的法律依据，其主要针对传统行业，而对新兴行业从业者是否适用存在不确定性。① 该规定虽然设置了兜底条款，只要岗位具有一定灵活性，就有可能被申请为不定时工作制，容易被用人单位滥用，这既无法为企业提供明确的工时管理指导，也无法为劳动者的权益保障提供稳定的预期。其次，法律法规在特殊工时制度安排方面存在漏洞，导致企业为了逐利对该制度进行误解和滥用。目前我国特殊工时制度实行行政审批制度，并未要求企业与员工协商或征得员工同意，这可能导致企业单方面决定工作时间，容易损害劳动者利益。特别是在不定时工作制下，劳动者不仅需遵从企业根据自身需求进行的工作安排，还可能面临全天候接收工作信息的情形，劳动者拒绝额外工作的难度将进一步加大，使工作更加容易侵入其私人生活空间。最后，现行特殊工时制度缺少休息时间标准，劳动者可能面临休息时间严重低于社会常规标准的情况，甚至可能连续一个月或数月无法享有法定休息日。例如，在综合计算工时制中，虽然设定了特定周期内的工时总量，但连续工作的上限和休息的限制性规定，容易导致劳动者连续工作时间过长或者在特定周期内无法获得完整的休息日的极端。② 尽管规定在原则上要求企业应保障职工的休息休假权益，但实际上仍缺乏具体的制度设计，如清算期间内的工作天数和时长的明确上限，以及两个工作日之间的最短休息时间等规定。③

(3)延长工作时间制度失灵

一是我国延长工作时间前提规定不明。尽管《劳动法》规定用人单位在延长工作时间时应基于生产经营需要，并与工会进行协商，但这一条款在实际执行中遇到了困难。④ 法律对“生产经营需要”的界定并不清晰，既未列出详尽的情形，

---

① 参见原劳动部颁布的《关于企业实行不定时工作制和综合计算工时工作制的审批办法》(劳部发〔1994〕503 号)，本文将其简称为“503 号文件”，第 4 条规定：“企业对符合下列条件之一的职工，可以实行不定时工作制。(一)企业中的高级管理人员、外勤人员、推销人员、部分值班人员和其他因工作无法按标准工作时间衡量的职工；(二)企业中的长途运输人员、出租汽车司机和铁路、港口、仓库的部分装卸人员以及因工作性质特殊，需机动作业的职工；(三)其他因生产特点、工作特殊需要或职责范围的关系，适合实行不定时工作制的职工。”第 5 条规定：“企业对符合下列条件之一的职工，可实行综合计算工时工作制，即分别以周、月、季、年等为周期，综合计算工作时间，但其平均日工作时间和平均周工作时间应与法定标准工作时间基本相同。(一)交通、铁路、邮电、水运、航空、渔业等行业中因工作性质特殊，需连续作业的职工；(二)地质及资源勘探、建筑、制盐、制糖、旅游等受季节和自然条件限制的行业的部分职工；(三)其他适合实行综合计算工时工作制的职工。”然而数字经济时代衍生的新兴行业通常情况下并不涉及这两种情况。

② 参见《关于企业实行不定时工作制和综合计算工时工作制的审批办法》第 5 条规定：“……其平均日工作时间和平均周工作时间应与法定标准工作时间基本相同……”

③ 参见王倩：《论我国特殊工时制的改造：在弹性与保障之间》，载《法学评论》2021 年第 6 期。

④ 参见《劳动法》第 41 条规定：“用人单位由于生产经营需要，经与工会和劳动者协商后可以延长工作时间，一般每日不得超过一小时；因特殊原因需要延长工作时间的，在保障劳动者身体健康的条件下延长工作时间每日不得超过三小时，但是每月不得超过三十六小时。”

也未对其内涵进行明确限定。这导致用人单位在解释“生产经营需要”时拥有较大的自由度,甚至将非紧急或非必要的活动也纳入其中,如规划、会议、团建等。在此情况下,劳动者是否有权拒绝,拒绝后是否需要用人单位同意,以及拒绝是否构成违反公司规定等问题,《劳动法》并未给出明确答案。这种模糊性使得用人单位滥用延长工作时间的权利,侵害劳动者的休息权。二是延长工作时间制度灵活性方面存在不足。我国现行加班时限标准以每天、每周为固定考量周期且每个周期上限均相同,不符合劳动者加班时间因工作任务有多有少而呈现的不规律化的特点,导致加班时限难以被广大单位普遍遵守。现行加班规则于 1994 年制定,实施至今已近 30 年,在此期间,新兴技术的快速发展和互联网公司的蓬勃兴起使得脑力劳动者的数量逐渐增多。脑力劳动者与体力劳动者在工作特点上存在差异,不容忽视。鉴于部分劳动者的工作与休息时间界限逐渐模糊,现行的加班时数限制已无法满足当前多元化的劳动模式需求。因此,对于延长劳动时间的限制规定亟须进行更新和修正。

2. 立法对劳动者休息权保障存在缺位

休息权与安宁权在内容层面有一定的交叉,且安宁权是实现休息权的重要基石。[①] 然而,在我国现行的休息权保障体系中,安宁权并未被明确列为劳动法保护的对象,这在一定程度上造成了劳动者休息权保障的制度性不足。用人单位通过即时通信工具频繁打扰、过度支配劳动者的行为,实质上已构成了对劳动者休息权的侵害,进而影响了劳动者合法权益的保护。因此,有必要对现行法律体系进行完善,保障劳动者的安宁权。第一,休息权的宗旨在于为劳动者卸下工作负担,促进职业发展与家庭和谐。然而,待命时间却给劳动者带来了精神上的束缚、紧张情绪和担心错过工作信息的焦虑,这与休息权的目标背道而驰。第二,休息权包含多个子权利,其中安宁权尤为关键。安宁权的本质在于“不受干扰”。而待命时间要求劳动者随时保持联系状态,这实质上是对其安宁权的严重侵犯。第三,从工作时间界定的角度看,工作与休息的区分关键在于对时间的支配性。在待命时间里,劳动者虽未执行具体任务,但仍处于用人单位的支配之下,只是支配强度有所差异。因此,待命时间更倾向于被认定为工作时间,而非休息时间。

劳动者在追求传统劳动权益保障的同时,亦对新兴权利有所期待,这些权利

① 参见杨健、王彤:《劳动法视域下我国休息权之完善进路》,载《天津大学学报(社会科学版)》2021 年第 1 期。

旨在维护人性尊严和提升生活质量。[①] 在数字经济蓬勃发展的当下，劳动者期望在享受休息时间时，能够避免来自电子设备的干扰，并期望免受任何不利待遇。对于这一合理的诉求，必须予以高度关注。

3. 数字化管理行为缺乏有效的劳动监察

我国现存的劳动监察措施存在一定的局限性。劳动监察部门主要依赖日常巡查和审核企业提交的材料等手段，以监管企业遵守劳动法的情况。[②] 然而，在数字经济时代下，信息技术的高速发展给劳动监察监督带来了困难。从管理层面观察，网络技术的日新月异导致部分企业摒弃了传统的人员架构控制方式，转而采用算法和远程定位来监控员工动态。从工作方式上分析，除了传统的固定时间和地点工作模式，远程办公和下班后利用移动办公设备处理工作等新型工作方式层出不穷。这些新变化使用人单位能够通过网络平台布置工作任务，从而可能侵犯劳动者下班后的居家休息权益。此类行为多通过社交平台进行单线联系，涉及个人隐私，增加了劳动监察部门通过传统巡视、巡查手段进行有效监管的难度。[③] 此外，劳动者运用信息通信技术在各类终端开展工作的现象愈发普遍，工作痕迹多以电子数据形式存在。尽管劳动者的劳动条件、工作时间等数据均以电子形式储存于用人单位内部系统，但考虑到电子数据具有易被篡改的特性，执法人员在发现、获取以及保存违法行为证据的过程中，遭遇到了前所未有的挑战与困难。[④]

三、数字经济时代劳动者休息权保障的域外实践

（一）域外工作时间精细化的制度安排

1. 在工作时间的认定方面

《德国工作时间法》对工作时间作出了细化区分，规定了一般工作时间和特殊工作时间。一般工作时间是指员工实际从事工作的时间，不包括休息时间。而特殊工作时间则涵盖工作待命、呼叫待命和值班时间。[⑤] 工作待命要求员工必须在工作岗位待命，随时准备投入工作；呼叫待命则指员工虽无须待在指定工作地点，但须保持联络畅通，随时响应工作需求；值班则是指员工在指定地点待命，

---

① 参见涂永前：《论我国劳动法治的现代化与劳动法典的编纂》，载《法学论坛》2023 年第 2 期。

② 参见《劳动保障监察条例》第 14 条第 1 款规定，“劳动保障监察以日常巡视检查、审查用人单位按照要求报送的书面材料以及接受举报投诉等形式进行”。

③ 参见孟蕊：《算法平台下劳动保障监察模式完善路径探究》，载《山东工会论坛》2023 年第 4 期。

④ 参见高严：《超时加班工作制下劳动者休息权实现路径探析》，载《北京市工会干部学院学报》2023 年第 1 期。

⑤ 参见朱晓峰：《数字时代劳动者权利保护论》，载《浙江大学学报（人文社会科学版）》2020 年第 1 期。

虽可从事其他活动,但需随时准备应对工作。根据德国主流司法实践,工作待命和值班时间应计入工作时长,而呼叫待命则仅在实际投入工作时才算作工作时间。[①] 在数字化背景下,结合法定工作时间、中间时间及休息时间保护标准,我们可以构建一个清晰的劳动者休息权保护框架,以确保劳动者的权益得到充分保障。[②] 日本也对工作时间进行了细分,除法定劳动时间外,日本还提出了工作开始前的行为和结束后的行为、待机时间和假寐时间,其中,如果工作开始前的行为和工作结束后的行为具有强制性或者必要性,其实施行为所需的时间计入法定劳动时间;待机时间和假寐时间中,劳动者还未从劳动时间中解放出来,因此,仍然被认定为法定劳动时间。[③]

2. 在延长工作时间制度方面

日本近年来针对控制加班时间的改革措施为我们提供了宝贵的经验。2018 年以前,日本允许无限制加班,导致了大量的"过劳死"现象。为了应对这一问题,日本政府修订了与工时基准有关的多部法律,以加强对加班时间的监管和控制。[④] 首先,规定了电传劳动下的拟制劳动时间,即劳动者在工作场所之外完成的难以计算为工作时间的拟制为实际的劳动时间,若超过法定劳动时间,雇主应当支付加班工资。[⑤] 其次,构建"二元"的用人单位和工会的协商机制,要求雇主必须与由多数雇员组成的工会或者多数雇员选派的代表签订加班协议,并需要提交给劳动基准监察局审核许可,防止雇主违反最长工作时间的要求而强制加班。最后,日本设立了加班上限,并针对不同时段的加班以及加班时长建立了阶梯性报酬体系,同时设置了严厉的法律责任。[⑥] 例如,劳动者一个月累计加班在 60 小时以内,或者晚上 10 点到早上 5 点进行劳动的,应当支付 125% 的工资;劳动者一个月累计加班时长超过 60 小时的,超出部分应支付 150% 的工资;休息日劳动的,应当支付 135% 的工资。[⑦] 员工每月加班时间原则上不得超过 45 小时,全年累计加班时间不得超过 360 小时。[⑧]

---

① 参见朱晓峰:《数字时代劳动者权利保护论》,载《浙江大学学报(人文社会科学版)》2020 年第 1 期。

② 参见朱晓峰:《数字时代劳动者权利保护论》,载《浙江大学学报(人文社会科学版)》2020 年第 1 期。

③ 参见田思路主编:《外国劳动法学》,北京大学出版社 2019 年版,第 430 ~ 431 页。

④ 参见王伟进、王天玉、冯文猛:《数字经济时代平台用工的劳动保护和劳动关系治理》,载《行政管理改革》2022 年第 2 期。

⑤ 参见刘一依:《日本电传劳动法律调适及对我国的启示》,载《山东工会论坛》2020 年第 3 期。

⑥ 参见王伟进、王天玉、冯文猛:《数字经济时代平台用工的劳动保护和劳动关系治理》,载《行政管理改革》2022 年第 2 期。如果违反规定,那么用人单位管理层将面临 6 个月以下监禁,或 30 万日元的罚金。

⑦ 参见田思路、贾秀芬:《日本劳动法研究》,中国社会科学出版社 2013 年版,第 340 ~ 341 页。

⑧ 参见王伟进、王天玉、冯文猛:《数字经济时代平台用工的劳动保护和劳动关系治理》,载《行政管理改革》2022 年第 2 期。

综上所述，为了迎合数字经济时代工作时间随时性、碎片化的特点，域外国家和地区通过明确劳动时间的计算、构建协商机制以及设立加班上限和阶梯性报酬体系、对加班周期限制更为宽松等，成功地减少了过度加班现象，保护了劳动者的权益，并促进了劳动关系的和谐发展。域外在工作时间精细化和控制加班时间方面的措施为我们提供了重要的参考。

（二）灵活安排工作时间制度

《德国工作时间法》充分考虑了不同劳动者群体和产业在工作时间上的独特需求，并未采取僵硬的法定工作时间保护标准。这种立法模式为应对数字化时代工作时间自由化所带来的挑战提供了坚实的法律基础与指导方向。一是设置了变形工时制度，雇员只要在 24 周或者 6 个月内每日的平均工时不超过 8 小时，部分工作日的工作时间不需要任何前置条件就可延长至 10 个小时。[①] 除此之外，该变形期间只是上限规定，雇主可以通过集体协商的相关条款来根据经营需求选择更短的变形区间，只要满足一年内至多有 60 日将日工作时间延长至 10 小时即可。[②] 二是工时账户，即劳动者可以通过工作时间账户储存其工时，利用其“工时账户”资源选择休息时间。[③] 此工时账户模式适用范围广泛，不受行业和岗位限制，能够更好地满足劳资双方对于工作时间的灵活需求。在日本，为响应劳动市场的变化与需求，政府扩大了特殊弹性工时的应用范围并引入了如变形工时制、裁量劳动制等多元化的弹性工时制度。[④] 目前主要有以 1 周、1 个月以及 1 年为单位的变形工时制，每种计时周期都详细规定了适用范围，并且随着对劳动者生活的影响程度的提升其适用要件亦逐步严格。[⑤] 针对那些具有高度自主裁量权，可自行安排工作时间的劳动形态，日本实施了裁量劳动制（类似于我国的不定时工作制）。[⑥] 为确保这一制度的有效实施，厚生劳动省明确规定了只有那些在客观上确实拥有工作方式自主裁量权的劳动者，才能被纳入这一

① 参见［德］沃尔夫冈·多伊普勒：《德国劳动法》（第 11 版），王倩译，上海人民出版社 2016 年版，第 200～201 页。

② 参见王倩：《论我国特殊工时制的改造：在弹性与保障之间》，载《法学评论》2021 年第 6 期。

③ 参见［德］沃尔夫冈·多伊普勒：《德国劳动法》（第 11 版），王倩译，上海人民出版社 2016 年版，第 197～198 页。某企业每天的工作时间为 8 小时，“核心工作时间”是上午 9 时 30 分到下午 3 时。所以，雇员 A 可以上午 6 时 30 分开始工作，经过 8 小时的工作和半小时的休息之后在下午 3 时下班。他想早上多睡一会或者上班路程比较远的，则可以从上午 8 时工作到下午 4 时 30 分，或者从上午 9 时 30 分工作到下午 6 时。

④ 参见邹庭云：《日本弹性工时制度的发展脉络及其对我国的借鉴意义》，载《经济社会体制比较》2021 年第 1 期。

⑤ 参见周祯屹：《浅析日本特殊工时制度及其对我国的启示》，载《西部学刊》2021 年第 20 期。

⑥ 参见邹庭云：《日本弹性工时制度的发展脉络及其对我国的借鉴意义》，载《经济社会体制比较》2021 年第 1 期。

制度的适用范围。① 值得注意的是,即使在实施弹性工作时间的情况下,日本每日的工作时长亦严格控制在10小时以内,且总工时数必须保持在法定劳动时间的总框架内,否则雇主则需依法支付相应的加班工资。

(三)域外离线权制度的构建

近年来,随着数字通信技术在工作领域的广泛应用,欧盟国家劳动者在休息时间继续工作的比例持续上升。雇主通过数字化手段在非工作时间向劳动者发送工作指示的情况日益普遍。为应对现代通讯技术带来的工作与生活失衡问题,法国、意大利、西班牙、比利时、斯洛伐克、希腊、葡萄牙、爱尔兰等国家已积极采取措施,保障劳动者享有离线权。② 在部分国家的立法中,这一权利也被称为"不被联系的权利"或"失联权"。此举旨在规范工作领域中数字通信设备的使用,为劳动者平衡工作时间与生活时间提供法律保护。具体而言,离线权的核心诉求包括:确保劳动者在工作时间之外不受雇主打扰,劳动者有权选择不回应非工作时间接收到的雇主信息;劳动者因不回应非工作时间信息而不应受到雇主的不利处罚。

域外劳动者离线权的保障大致有以下几种:一是结合劳动基准法或者劳动法从原则上规定离线权,对于具体的权利内容和规则,赋予劳资双方享有充分的协商自由。以西班牙为例,该国已将离线权制度纳入《个人数据与数字权利保护法》及《远程工作法》中,明确规定了权利的适用范围及雇主所承担的法律责任。然而,关于如何具体实施以保障离线权的落实,这两部法律均将决策权交给了劳资双方,让他们集体协商。③ 法国和比利时也对离线权作出特别立法,要求员工人数达到一定规模的公司应当与劳动者协商非办公时间内使用电子设备的情况,以确保雇员的休息、休假和私人生活得以被尊重。二是出台特别立法,只规定特定类别的劳动者享有离线权。例如,意大利政府提出了智能工作纪律框架的建议,并出台第2229号法案确立了智能工人离线权,离线权只涉及智能工作领域中的雇员与雇主之间签订的强制性协议。④ 类似的还有智利,只规定在远

---

① 参见田思路、贾秀芬:《日本劳动法研究》,中国社会科学出版社2013年版,第163～165页;邹庭云:《日本弹性工时制度的发展脉络及其对我国的借鉴意义》,载《经济社会体制比较》2021年第1期。目前的适用岗位包括新产品或新技术的研究开发,人文和自然科学领域的研究,信息处理系统的分析或设计,新闻出版业或节目录制中的采访编辑,服装、室内装饰、工业制品、广告等设计,电视节目或电影等制片以及其他由厚生劳动大臣指定的14类工作岗位(广告策划、信息处理顾问、室内设计、游戏软件开发、证券分析师、金融产品开发、大学中的教学研究、公认会计师、律师、建筑师、"不动产鉴定士"、"弁理士"、"税理士"、"中小企业诊断士")。

② 参见王健:《必要的消失:论劳动者的离线权》,载《上海交通大学学报(哲学社会科学版)》2023年第6期。

③ 参见班小辉、汪静雯:《数字时代我国劳动者离线权保护的规则构建——以西班牙为例》,载《长江论坛》2023年第3期。

④ 参见王健:《必要的消失:论劳动者的离线权》,载《上海交通大学学报(哲学社会科学版)》2023年第6期。

程工作中，如果员工制订了自己的工作计划，那么雇主必须尊重他们的离线权，保证他们在这段时间内不必回复工作消息。三是通过调整传统劳动法中的工作时间规则，辅之以强有力的集体协商机制来保障劳动者的离线权。如德国虽然尚未对劳动者离线权进行专门立法，但可以通过集体协议开展灵活的工作安排及保障劳动者离线权。并且依据德国的法律以及相关政策规定，明确员工下班后天然地不负有为雇主服务的义务，因此也就没必要通过立法来明确规定离线权。[①] 此外，德国在集体协商与谈判方面拥有强大的实力，这使得其能够有效地介入劳动条件的改善过程，从而实现劳资力量的相对均衡和劳资关系的自主管理。

（四）劳动者权利的扩张

发达国家为了解决从属性弱于传统劳动者，但又处于相对弱势地位的劳动者的社会保护问题，早已提出不同的方案，其中多采用三元框架和多元且可选择的指标体系。三元框架指的是，针对不属于从属劳动和独立劳动的劳动者给予一定程度的倾斜保护，即采取“类雇员”路径。以德国为例，该国依据经济从属性为标准，创建了中间类型，即为处于完全受保护的雇员与完全不受保护的独立劳动者之间为那部分劳动者设立了一个适度保护的三元框架。德国提出了“类雇员”的概念，对真正的雇员给予全面的倾斜保护，而对类雇员则给予部分倾斜保护，从而将那些依赖平台获取收益，但缺乏传统从属性的劳动者纳入劳动法的保护范畴。加拿大、西班牙、意大利也有相似的概念，这些劳动者一般都被赋予了集体行动、合理报酬、健康与安全保障等权利。[②] 同样，英国也区分工人和雇员这两个概念，前者范围更广，且能获得最低程度的劳动保护。[③]

虽然也有典型的劳动二分法国家，如美国，劳动者被区分为“雇员”与“独立承包人”，以此为基础确定劳动基准的适用范围。然而，随着数字经济时代劳动形态的演变，美国对雇员的认定进行了适时的调整。为此，美国颁布了 AB5 法案，该法案旨在解决平台从业者的劳动关系认定问题。根据 AB5 法案，平台公司需将平台从业者默认为雇员，除非雇主能提供证据证明工人属于独立承包商。[④] 这一举措体现了倾斜保护劳动者的原则，确认了平台用工的劳动关系本

① 参见王健：《必要的消失：论劳动者的离线权》，载《上海交通大学学报（哲学社会科学版）》2023 年第 6 期。

② 参见肖竹：《第三类劳动者的理论反思与替代路径》，载《环球法律评论》2018 年第 6 期。

③ 参见梁嘉羚：《平台从业者劳动权益保障的“中间路径”——英国 Uber 案之借鉴》，载《山东工会论坛》2022 年第 1 期。

④ 参见梁嘉羚：《平台从业者劳动权益保障的“中间路径”——英国 Uber 案之借鉴》，载《山东工会论坛》2022 年第 1 期。

质,并扩大了劳动关系的认定范围,从而在一定程度上适应了日益灵活化和高度自主化的劳动关系。对于未被认定为具备劳动关系的劳动者,美国纽约州通过了《自由职业者权利法》,通过要求签订书面合同等方式,为自由职业者提供了专门的保护。①

域外经验对于我们完善新就业形态的劳动法治具有以下启示:一是倾斜保护的价值取向;二是采取分类保护的模式。此举不仅能够拓宽劳动法的适用范围,使更多群体受益,还能提升劳动法规则的灵活性与适应性,实现雇主与雇员利益的合理平衡。

四、数字经济时代我国劳动者休息权保障的完善建议

(一)工作时间制度立法精细化

1. 对工作时间进行细致分类

梳理域外的工作时间分类可见,是否从事本职工作并非工作时间的关注重点。实际上,工时分类更多地聚焦于非本职工作的边缘时间,评估这些时间与本职工作的关联度,进而确定是否应将其视为工作时间,并据此判断是否应给付劳动报酬。在这一框架下,工作时间被明确划分为核心部分和边缘部分。劳动者履行劳动合同所约定的本职工作任务花费的时间,构成工作时间的核心部分,而值班、待命、候传等则需进一步细分的劳动时间,则属于工作时间的边缘部分。②这种分类方式不仅降低了将边缘时间认定为工作时间的难度,凸显了边缘工时与核心工时在劳动强度上的差异,还考虑到劳动强度是确定时间对价的基本因素,因此工作时间的分类不仅是一个单纯的时间定性问题,更是一个涉及时间对价评估的重要议题。工时制度涵盖了多重法益:时长限制以保障休息权、工资保障以捍卫财产权,以及安全保障以维护人身权。③ 在工作时间的边缘部分中仍然蕴含着劳动者的某种法益,例如在待命期间,劳动者仍需获得维持生计的收入,有休息的需要,且同样可能面临意外伤害,这些均要求工时制度提供相应保障。鉴于科技进步使劳动者能更灵活地管理休息时间与工作时间的间隔,不宜简单地将待命时间等边缘时间视为等同于工作时间在制度配套上同等对待。有学者指出,待命时间与工作时间既存在共性,也有其独特性。④ 虽然待命时间可被视

① 参见梁嘉羚:《平台从业者劳动权益保障的"中间路径"——英国 Uber 案之借鉴》,载《山东工会论坛》2022 年第 1 期。

② 参见王天玉:《工作时间的法理重述及规范构造》,载《法学评论》2021 年第 6 期。

③ 参见闫冬:《工时制度与待命时间适用关系之证成》,载《法学》2023 年第 6 期。

④ 参见闫冬:《工时制度与待命时间适用关系之证成》,载《法学》2023 年第 6 期。

为工作时间的一部分，但工时制度的各项子制度，如时长限制、工资报酬等，并不都直接适用于待命时间。若劳动者在执行工作任务时，其私人活动的自主权受到较高频率的干扰，且被要求在较短时间内进行回应，导致在待命期间私人活动无法有效进行，那么可以判断劳动者的私人时间受到了较重的负担。基于此，用人单位与劳动者可以协商，按照正常工资的一定比例给予劳动者相应的补偿。如南京市中级人民法院、南京市劳动争议仲裁委员会细化了特殊时间的分类，并且规定了工时制度与工资支付制度的衔接，当劳动者的工作强度与工作时间存在明显不一致时，双方可以就工作时间的折算进行协商。① 这种做法确保了工资能根据实际工作强度和效果进行合理分配。反之，若对劳动者休息时间的中断并未实质上影响其安排私人活动的权益，且劳动者被要求的回复时间足够充裕，不影响其以私人目的自由支配时间，则不应将这段时间认定为工作时间。长远来看，为统一法律文本和司法实践中对工作时间的认定，建议在《劳动法》总则或未来的劳动基准法中明确“工作时间”的法律定义，为解决工作时间认定的问题提供指引，在此基础上再根据劳动基准的规定或劳动合同的约定，明确争议工作时间的法律后果。②

2. 加强特殊工作时间制度完善

(1)优化特殊工时制度的细化规定

首先，要注重细化特殊工时制度的权利安排。一方面，有条件地限缩特殊工时制度的计时周期。域外对于弹性工作时间的周期计算相对来说比较短，能有效避免劳动者长期处于高强度劳动的状态，对劳动者休息权的保护更有利。另一方面，基于较长周期对劳动者的不利影响，除应履行法定审批程序之外，还应遵循劳动条件变更法理，获得劳动者同意，而非用人单位单方决定。同时，可以考虑借鉴西方国家的立法经验，如学习“工时账户制度”，劳动者与雇主共同商定固定周期，安排工作时间及确立待命、值班等非核心工作时间的折算比例，实现更合理的休息安排。③ 对于有条件的用人单位，可以“工作疲劳度”为标准框定工时，科学确定劳动者工作量和劳动强度，发挥数据技术优势，

---

① 南京市中级人民法院、南京市劳动争议仲裁委员会《关于加班工资纠纷审理的若干法律适用意见》第17条规定：“对于工作时间长，但劳动强度明显与工作时间明显不一致的，或者长期处于等待状态，等待期间有休息场所可以休息，完全认定为工作时间明显不合理的，用人单位与劳动者可以约定对工作时间进行一定的折算。如无约定的，劳动仲裁委员会、人民法院可以酌情折算。”

② 参见王天玉：《工作时间基准的体系构造及立法完善》，载《法律科学(西北政法大学学报)》2016年第1期。

③ 参见朱艳秋：《我国综合工时制工时标准之立法完善——用人单位时间支配权与劳动者休息权再界分》，载《西南政法大学学报》2020年第5期。

采用穿戴电子设备等对雇员进行实时健康监测,以适度工作、维持健康为目标保障劳动者休息权。[①]

其次,加强特殊工时制度劳动者休息权的保障。目前我国对特殊工时制度休息权保障不足,缺乏每日、每周等短期工作总量控制和休息时间,休息间隔限制。一方面,确立合理的工作时间间隔规则。这应规定劳动者每日和每周最低的连续休息时间。例如参照欧盟标准,每24小时必须保证连续11小时的休息时间。[②] 此类规定应被视作强制性的劳动基准,不能通过个别或集体协商的方式放弃这些权益。另一方面,引入健康管理时间的上限标准,确立合理周期。例如规定劳动者在1个月内的工作时间不应超过100小时,3个月内的工作时间不应超过240小时等。这些措施的实施旨在保障劳动者的身心健康,提高工作效率,并促进企业的可持续发展。

最后,建构全面并且定期动态更新的工种清单制度。针对特殊工时适用范围过于僵化的问题,我国可以尝试建构全面并且定期动态更新的工种清单制度,结合实际情况,相对应地创设劳动行政管理的规范内容,采取列举的规定形式,对于需要适用特殊工时制度的相关行业和技术工种,参照人力资源和社会保障部的标准工种目录列举清单,通过法律文件对工种目录予以公布,并定期更新明确。这里既可以直接采用以部门规章的方式更新,也可以先授权各省级政府按照当地经济和企业发展的实际需求,自行添加或删除适用的工种,再在一段时间后(比如5年),上报至国务院综合调整工种清单。

(2)优化特殊工时制度行政审批管理

目前,我国特殊工时制度的行政审批制度以行政审批的方式决定劳动条件,有无视劳动者的意愿的嫌疑。工作时间的弹性化并不等同于劳动保护的去管制化。工作时间的弹性化旨在使劳动与企业的生产组织更加协调,尊重劳动者的时间自主权,提高劳动生产率。而劳动保护的去管制化则是为了恢复劳动关系的市场机制,强调市场机制在劳动关系调整中的主导地位。因此,实现工作时间的弹性化需要在保障劳动者权利的同时,平衡工作与生产方式变革的关系,可能采取的手段包括去管制和适度管制。[③] 针对这一问题,我国已积极采取措施加以改进。2020年中共中央办公厅和国务院办公厅联合发布文件特别指出要开展特殊工时管理改革试点,允许修订经济特区法规对特殊工

---

① 参见闫冬:《劳动法的时代序章:社会化小生产时代的劳动保护研究》,中国法制出版社2020年版,第268页。

② 参见陈靖远:《自主性劳动者标准工时适用除外及其限制》,载《法学》2021年第11期。

③ 参见林嘉:《劳动法的原理 体系与问题》,法律出版社2016年版,第8页。

时制度进行探索。[①] 不久,深圳市公布《深圳经济特区优化营商环境条例》[②],对特殊工时制度实行告知承诺制,[③]企业在向人力资源部门申请特殊工时审批时,如果企业符合适用特殊工时制的构成要件,可以通过书面承诺的方式完成审批流程,并确保承诺内容的真实性、准确性,就承诺的内容接受相关行政机关的事后监督即可实行,这在特殊工时制的审批程序上实现重大突破。

因此,工作时间的弹性化与灵活化已成为未来劳动关系的必然趋势,特殊工时制的职责在于为不同行业及岗位的需求提供具体且细化的工时选择方案,平衡雇主的弹性用工需求和劳动者的权益保障的关系。为优化行政流程,建议将行政审批转变为行政备案制度,并加强事后的监管措施。这将使政府对工时的管理从事前许可向事中监管转变,以提高管理效率与灵活性。[④]

3. 完善延长工作时间制度

有学者提出,我国目前加班时数上限和加班费标准在今天也是超前的,这种脱离我国实际的高标准,并没有给劳资双方带来多少益处,一方面由于劳动监察执法不力、工会的软弱和违法成本低等,违反加班时数上限规定成为一种法不责众的普遍现象;另一方面加班费的高标准容易刺激劳动者主动延长工作时间,用人单位却又可以通过压低基本工资和实行加班审批制的方式来减少加班费的支出。[⑤] 单纯制定过高的基准无法适应现行的生产需求,也无法让劳动者的休息权得以落实,相较于单方面强制限制工作时长,实现加班成本与效益的最大化更为实际可行。[⑥] 首先,可考虑参照国际通行标准,建立适应互联网时代工作灵活性的工作时间调配制度。2018 年修订的《日本劳动基准法》规定"加班时间不能超过每月 45 小时,每年 360 小时的上限",超时加班现象得到了很好的治理。因此我国劳动法可以考虑延长加班上限周期,尽量以月或者季度为一个计量单位,并列举可以提高加班上限的特殊情况,以便适应数字经济时代工作

---

① 参见《中共中央办公厅 国务院办公厅印发〈深圳建设中国特色社会主义先行示范区综合改革试点实施方案(2020—2025 年)〉》,载中华人民共和国中央人民政府网 2020 年 10 月 11 日,https://www.gov.cn/gongbao/content/2020/content_5554505.htm。

② 参见《深圳市政府新闻办新闻发布会(〈深圳经济特区优化营商环境条例〉)》,载深圳市人民政府网,http://www.sz.gov.cn/cn/xxgk/xwfyr/wqhg/20201225/。

③ 参见《深圳经济特区优化营商环境条例》第 71 条规定:"用人单位因生产经营特点不能实行法定标准工时制度且符合特殊工时制度适用范围,经协商实行不定时或者综合计算工时工作制度的,可以实行告知承诺制。"

④ 参见林嘉:《劳动法的原理 体系与问题》,法律出版社 2016 年版,第 316 页。

⑤ 参见钱叶芳、徐顺铁:《"996 类工作制"与休息权立法——资本与法律的博弈》,载《浙江学刊》2019 年第 4 期。

⑥ 参见王伟进、王天玉、冯文猛:《数字经济时代平台用工的劳动保护和劳动关系治理》,载《行政管理改革》2022 年第 2 期。

灵活化的趋势。其次,可以尽量加大用人单位延长工作时间的成本。例如,参考加班报酬累进加倍制实现加班效益最大化,确保加班时间越长,所获得的报酬系数就越高,为雇主施加经济压力,也为员工提供相应补偿。这可以实现一种良性的循环,即通过提高加班报酬来抑制过度加班的现象,从而达到平衡工作与生活的目的。

(二)劳动监察手段与方式现代化

劳动监督检查应充分利用现有科技手段。劳动监察人员应顺应时代潮流,熟练掌握现代网络工具,以提升工作效率。劳动行政主管部门可以通过收集劳动者登录办公系统及相关作业活动的统计数据,来综合评估其实际劳动时长,从而更有效地对企业进行劳动监督。这一举措旨在确保对劳动法规的严格执行,维护劳动者的合法权益。[①] 在国外有专门用于工作的软件,这些软件不仅能够满足办公需求,还能记录劳动者的工作时间和内容,这些数据对于行政机关来说,是一个重要的参考,有助于判断雇主是否严格遵守了相关法律法规,从而加强了法律的执行力。同时,雇主也能通过这类软件为劳动者设定合理的工作时间上限,避免了劳动者因不知情而产生的加班情况。在我国,我们也拥有类似的软件,如钉钉、企业微信等。未来,劳动行政部门可以考虑将这些先进的科技手段融入劳动法的实施和执行中。通过这些在线办公软件,可以实时监控用人单位对劳动者休息权的保障情况,从技术层面减少过度劳动和工作与生活失衡的问题。这将有助于维护劳动者的权益,促进劳动关系的和谐与稳定。[②]

(三)增设离线权制度

在非工作时间,劳动者依法享有不回复工作消息的权利,并且无须承担用人单位随时召唤的义务。在当前数字化时代,工作与生活界限日益模糊,为确保劳动者的权益得到切实保障,必须将这一事实上的权利通过法律形式加以明确,并赋予其强制执行力。这样,我们才能确保劳动者的权益得到切实、有效的保护。2024 年"两会"中,有政协委员提交了《关于保障劳动者离线休息权的提案》,为劳动者免于隐形加班之困带来希望,提案建议将离线休息权入法,减少劳动者出现"休而不息"的情况,从而更好地保障劳动者权益,可见离线权入法的必要性。关于离线权入法的具体规则制定上,学者提出了三条不同的思路:一是参照德国做法,严格执行劳动法中关于最长工作时间的强制性规定,明确认定工作时间,通过集体协商机制保障劳动者能够及时获得应得的加班费。二是借鉴法国"离

① 参见包玉斌:《现代通讯技术对工作时间的冲击与应对》,载《武汉交通职业学院学报》2018 年第 3 期。
② 参见朱晓峰:《数字时代劳动者权利保护论》,载《浙江大学学报(人文社会科学版)》2020 年第 1 期。

线权”制度，将离线权法定化，纳入我国劳动基准体系中，以确保劳动者的休息权益得到充分尊重和保护。[①] 三是解释为属于民法中一般人格请求权的适用范围，确保劳动者在休息时间能够享受安宁和休息的利益。同时，防止用人单位在非工作时间随意联系劳动者，以免对劳动者造成不必要的侵扰。[②] 由于我国集体协商机制尚不发达，因此我国离线权的确立更宜采用立法模式。综合考虑劳动者在适用法律方面的便捷性，建议采用第二种方式，即法定化劳动者离线权，以更有效地保障劳动者的休息权益。

（四）适当扩大劳动基准保护范围

一方面，劳动者休息权是劳动者作为人所应当享有的基本人权和发展权，但是在现实生活中，一些劳动者受制于劳动关系的认定而无法获得休息权的保障。另一方面，在劳动法的体系内，由于各个子法律的目的和分工存在差异，因此它们的适用范围也可能各不相同。[③] 人力资源和社会保障部等 8 部门联合发布了《关于维护新就业形态劳动者劳动保障权益的指导意见》，在现行“劳动关系—民事关系”的“二分法”之外提出了“不完全符合确立劳动关系情形”，开拓了“第三类劳动形态”的制度空间。这类劳动者的工时权益保障已被提上日程，不少部门以及地方均对《关于维护新就业形态劳动者劳动保障权益的指导意见》中有关工作时间的问题进行细化规定，内容涉及劳动定额、劳动强度以及劳动报酬等方面。例如市场监管总局对于外卖送餐行业倡导管控在线送餐时长，[④]交通运输部对交通运输行业的从业人员提出科学控制工作时长和劳动强度的倡导。[⑤] 广东明确要求连续工作时长的最高标准：连续工作 4 个小时至少休息 20 分钟等。[⑥] 现实生活中，这一类劳动者的休息权保障迫在眉睫。在数字时代背景下，对于劳动权益的保障，我们应当聚焦于“劳动权益清单”，构建以劳动基准为核心的底线保障机制。

随着技术的不断进步和行业的持续发展，我们应当适时地增加和完善相关权益规范。这要求我们将法定的劳动基准从狭义的劳动关系基准扩展到广义的劳动关系基准，以确保在各类劳动者享受基本权益的同时，也能够体现出适度的

---

① 参见周湖勇、钱伟：《互联网时代劳动者离线权保障探究》，载《温州大学学报（社会科学版）》2018 年第 5 期。

② 参见朱晓峰：《数字时代劳动者权利保护论》，载《浙江大学学报（人文社会科学版）》2020 年第 1 期。

③ 参见朱晓峰：《数字时代劳动者权利保护论》，载《浙江大学学报（人文社会科学版）》2020 年第 1 期。

④ 参见《关于落实网络餐饮平台责任切实维护外卖送餐员权益的指导意见》规定，要制定科学合理的劳动定额标准和外卖送餐员接单最低报酬，确保外卖送餐员提供正常劳动的实际所得不低于当地最低工资标准。合理管控在线工作时长，对于连续送单超过 4 小时的，系统发出疲劳提示，20 分钟内不再派单。

⑤ 参见《关于加强交通运输新业态从业人员权益保障工作的意见》规定各地相关部门要督促网约车平台企业科学确定驾驶员工作时长和劳动强度，保障其有足够休息时间。

⑥ 参见《关于维护新就业形态劳动者劳动保障权益的实施意见》（粤人社规〔2022〕14 号）第 8 条。

差异性。例如,确认劳动关系的,不一定完全适用劳动基准,比如中小微企业、平台从业人员等,可以不适用带薪年休假制度。未认定劳动关系的,也可以适用休息权的部分劳动基准,比如即使是平台共享模式下的从业人员(如网约车司机),也应该适用工时、休息休假、最低工资等劳动基准,但是在具体操作层面可进行适当调整。

(五)在司法中注重倾斜保护劳动者

数字经济时代,劳动者在劳动争议案件中举证能力不足,受到各种客观因素的限制。在与休息权有关的诉讼中,证明的关键在于工作时间,一般需要提供用工记录、打卡记录等信息,然而这类证据一般是通过电子数据储存并且掌握在用人单位手中的。在我国民事诉讼中,证明标准一般遵循客观真实一元说的原则,这意味着对证明的要求相对较高。然而,忽视劳动争议案件自身特殊性,一味地追求达到客观真实的证明程度,可能会损害劳动者的合法权益,导致保护不足的问题。鉴于劳动关系存续期间,用人单位通常具备更强的证据收集、保存与举证能力,为确保劳动者休息权的公正保护,笔者建议调整劳动者休息权纠纷的举证规则,实行适度向劳动者倾斜的举证责任部分倒置制度。在司法程序中,为确保公正与效率,应将部分劳动者难以获取而用人单位易于保存和收集的证据,交由用人单位举证,具体来说,用人单位需向法庭呈交经劳动者确认的一年内用工记录、打卡记录等相关信息。[①]

此外,在对加班时间的审查中,我们应考虑到数字经济时代工作“随手可及”的特殊性。因此,在下班后依然保持在线的特定行为,不应简单地一概而论,认定或不认定为加班时间。司法中应当依据具体的工作岗位与性质、沟通的核心内容是否与工作相关,以及团队沟通的习惯等因素,来综合判断是否为加班时间。从整体性、目的性、结果性上考察用人单位真实意思表示,继而对加班认定作出合理判决。一方面,人民法院应该能动地突破传统认定加班案件中对于工作场所固定化、工作时间可量化等要求,明确将“付出实质性劳动”和“明显占用时间”规则作为“隐形加班”的认定标准,确保劳动者不因弹性工时和远程劳动的工作模式而被区别对待。另一方面,使用社交软件的“线上加班”工作时长、工作状态等往往难以量化,且部分劳动者在“线上加班”的同时可从事其他活动,用人单位亦无法客观掌握加班情况,若将全部时长作为加班时长,对用人单位而言有失公平。人民法院在确定“线上加班”加班费的数额时,以劳动者提供的劳动占用其休息时间为认定标准,综合考虑劳动者的加班频率、时长、工资标准、工作内容等因素认定加班费数额。

---

① 参见侯玲玲:《劳动争议证明责任理论思考和制度重构》,载《法学评论》2017 年第 3 期。

“严重违反用人单位规章制度”之司法适用研究

李　斌[*]

摘　要:《劳动合同法》第 39 条规定了用人单位可单方解除劳动合同的情形。但由于法律对即时解雇事由进行封闭式列举,加之劳动规章制度由用人单位主导制定,“严重违反用人单位规章制度”已然成为用人单位解雇的“口袋”事由,滥用行为时有发生,现实中因此产生的劳动争议的数量一直居高不下,而司法裁判的衡量标准又有较大差异,理论研究上亦存在分歧。通过对该条款的司法适用现状进行实证分析,可以发现劳动规章制度适用效力的程序标准存在分歧,合理性审查缺位、回避“严重性”认定及“严重性”审查标准不明等问题较为突出,因此,有必要结合相关理论,针对该条款适用中存在的主要问题探索可行的解决路径,通过完善该条款的适用,公平公正地化解劳动争议,切实保障劳资双方利益平衡。

关键词:劳动规章制度　合理性审查　严重性认定

引言

(一)研究背景

新冠病毒的冲击之下,国内经济增速放缓,劳动纠纷案件数量呈增长态势,因解雇而产生的纠纷直接涉及劳动者根本利益,在劳动纠纷案件中具有较强的代表性。为最大限度减少和规避对劳动者的相关赔偿义务,用人单位解雇时多从《劳动合同法》第 39 条用人单位可单方解除劳动合同的情形中寻找出路。对比第 39 条所列举的 6 种具体解雇事由,第 2 项“严重违反用人单位的规章制度的”因表述相对模糊,给用人单位留有较大的操作空间而被其频频使用,成为用人单位解雇劳动者的“撒手锏”。在此背景下,用人单位作为劳动规章制度的制定者和适用者,

* 李斌,上海锦天城(重庆)律师事务所。

随意解读、恶意解除劳动合同的现象频发,产生了大量争议,不仅不利于保护劳动者权益,还给用人单位增加了违法解雇的风险。该规定中"严重"系规范的构成要素,对于何谓"严重",仅凭主观感受难以达成相对统一的认识,司法解释也未对该项规定的适用给出统一标准,这就需要法官在审理案件时对其进行评价。部分地区高级人民法院的司法文件对该问题作出了相关规定,但并未从实质上解决何为"严重违规"的认定难题,常局限于劳动规章制度的制定、公示等程序性问题,而不涉及劳动者主观过错和损害后果的认定。裁判依据的缺失、模糊导致审判结果的稳定性和可预测性大打折扣,法院适用该条款时存在的诸多理念分歧导致"同案不同判"情形频发,严重危及了司法裁判的统一性、权威性和公平性。

为此,有必要对"严重违反用人单位规章制度"条款的司法适用展开实证研究,对同类案件进行归纳、分析,进一步发掘该条款适用时的突出问题,并结合相关理论,为问题的解决提供可行思路。通过本文的研究,不仅可在理论层面对严重违规相关理论进行丰富完善,修补"严重违规"的理论短板,又可在实践层面为司法难题的解决提供新方法,推动司法正义的实现。

(二)研究现状

1. 国内研究现状

根据我国《劳动合同法》第 39 条的规定,"严重违反用人单位规章制度"是即时解雇(亦被称为过错性解雇)的情形之一。即时解雇,即当劳动者具有不法、不当或不良等可归责之行为,致劳动合同继续履行已不可期待时,用人单位有权立即解除合同。[①] 梳理相关文献之后,笔者发现国内学者对该条款适用的探讨主要集中在以下几个方面。

第一,程序瑕疵对劳动规章制度效力的影响。有学者认为,用人单位解雇劳动者所依据的劳动规章制度应同时符合内容和程序合法两个方面要求,只有这样的劳动规章制度才应被劳资双方共同遵守。[②] 也有学者持相反态度,认为劳动规章制度的内容未违反法律、行政法规及政策规定,不存在明显不合理情形,已向劳动者公示或告知且没有异议的,可作为仲裁和裁判的依据。[③] 还有学者认为,劳动规章制度制定程序的规定并非禁止性强制规范,适用时应对其立法目的进行理解,权衡相关法益,以决定是否赋予违反强制规范行为以完全无效的其他效果。[④]

---

① 参见熊晖:《解雇保护制度研究》,西南政法大学 2010 年博士学位论文。

② 参见杨德敏:《浅析过失性解雇制度——兼评〈劳动合同法〉第 39 条之规定》,载《中国人力资源开发》2008 年第 6 期。

③ 参见董保华:《规章制度未经民主程序不应作"自始无效"处理》,载《中国审判》2012 年第 8 期。

④ 参见沈同仙:《试论程序瑕疵用人单位规章制度的效力判定》,载《政治与法律》2012 年第 12 期。

第二,司法机关是否应对劳动规章制度进行合理性审查。持肯定态度的学者认为审判者应对劳动规章制度的合理性展开审查,其必要性在于"规章制度有限的契约性"导致劳动者的意思无法在规章制度中得到体现。① 部分学者持类似观点,认为工会或职工代表处于相对弱势地位,内部推动劳动规章制度完善的力量过于薄弱,应由仲裁、审判机关对合理性进行审查,从外部促进劳动规章制度的完善。② 持反对态度的学者表示,一方面,法律未授予司法机关合理性审查权,工会或职工可与单位协商完善规章制度,故劳动规章制度合理性的审查主体应是工会或职工代表。另一方面,司法机关对单位缺乏了解,由其进行合理性审查不具有现实可操作性。③

第三,劳动者违规行为"严重性"的认定。部分学者从劳动者的主观状态入手,认为若劳动者对自身违反劳动规章制度的行为仅存在一般过失,则不应被认定为"严重",自然无法达到"严重违反用人单位规章制度"的程度。④ 持相同态度的学者表示,只有当劳动者主观上具有严重过错,导致工作中出现严重不当行为时,用人单位的解雇行为才属于过错性解除劳动合同。⑤ 也有学者从损害后果出发,认为对用人单位行使即时解除权的合理性审查时,需重点审查用人单位因此承受的不利后果,主要包括损失和风险。⑥ 还有学者对损失与不利后果进行了分类,例如有学者将劳动者违规行为的后果分为用人单位由此产生的利益损害和对用人单位工作的进行、工作秩序或工作任务的完成造成的影响。⑦ 也有学者主张损失类型应包括物质损害与非物质损害,这既符合损害的基本分类,也可以避免忽视资方的正当利益。⑧ 对于如何认定劳动者违规行为的"严重性",学者间并未达成相对统一的认识,在衡量标准的选取和价值评判方面仍有较大差异。

对于该条款适用存在的问题及成因,有学者认为,在即时解雇条文封闭式列

---

① 参见罗阳、李雄:《规章制度合理性审查问题研究》,载《中国劳动》2018 年第 1 期。

② 参见朱忠虎、严非:《法院可以而且应当审查用人单位规章制度的合理性——与陈伟忠同志商榷》,载《中国劳动》2013 年第 1 期。

③ 参见陈伟忠:《法院对用人单位规章制度合理性审查合法吗?》,载《中国劳动》2012 年第 8 期。

④ 参见张朴田:《惩戒解雇:案例分析与规则建构——以〈劳动合同法〉第三十九条第二款为中心》,载《法律适用(司法案例)》2017 年第 18 期。

⑤ 参见杨善长:《单方解雇制度的反思与完善——以〈劳动合同法〉第 39、40、41 条为研究内容》,载《中国劳动》2017 年第 8 期。

⑥ 参见徐尧:《"严重违反规章制度":〈劳动合同法〉第三十九条第二项的理解与适用》,载《智库时代》2019 年第 1 期。

⑦ 参见胡大武、杨芳:《严重违反单位规章制度之严重性边界的实证分析——以〈劳动合同法〉第三十九条第二款为视角》,载《中国劳动》2016 年第 24 期。

⑧ 参见朱军:《认定"严重违反劳动规章制度"的因素及规范构成——基于相关案例的实证分析》,载《法学》2018 年第 7 期。

举模式之下,用人单位对规章制度过分依赖,导致用人单位将与劳动合同履行无关的行为列举为严重违反劳动规章制度的行为,超越了劳动管理范畴。[①] 也有学者认为严重违反规章制度条款的司法适用呈现出非正面回应和裁量不一的倾向。其主要原因在于现实复杂多样、法律规定模糊、法官裁量理念存在差异。[②]

综合来看,对“严重违反用人单位规章制度”条款适用时存在的若干争议性问题,学界尚未达成统一共识,部分热点案件促使学者们对相关问题展开探讨,但也多集中于理论层面,较少有结合案例的实证分析,相关理论虽为问题的研究提供了思路,但对实践问题的解决发挥的作用十分有限。

2.国外研究现状

各国国情、历史的差异导致劳动规章制度在特定法律制度中发挥的作用存在较大差别。收集相关资料,笔者发现德国、日本及法国对劳动规章制度的规定较为详细,均以立法或司法手段构建起相对完善的规则体系。

德国对解雇制度在立法模式上采用单一的“概括条款模式”,为消除列举不全面和易滞后之缺陷,存在重大事由是正当解雇的初步条件,之后再考虑全面的劳资利益权衡问题。[③] 此外德国法律也对雇主的解雇行为作出了时间限制,《德国民法典》中限定雇主从获知对决定解雇具有重大意义的事实起两周内须作出即时解雇表示,两周的解雇宣告期属除斥期间,雇主在该期限届满时即不再具有即时解雇权。有学者表示该期限的功能在于尽快明确劳资双方法律关系,避免久拖不决,也有利于劳资关系和谐,防止资方将该事由作为要挟,给劳动者造成不当负担。[④]

法国在即时解雇制度方面采取了概括式立法和法官个案裁判相结合的方式。《法国劳动法典》规定:“所有基于个人原因的解雇都必须符合本章节所规定的条件。解雇必须符合一个真实且严肃的理由。”[⑤]如此高概括性的规定给予裁判者较大的解释空间,允许法官以判例弥补法律不可避免的缺陷。在长久的司法实践中,也因此产生了数量可观的判例,使该类型的社会矛盾不断通过司法

---

① 参见王倩:《我国过错解雇制度的不足及其改进——兼论〈劳动合同法〉第39条的修改》,载《华东政法大学学报》2017年第4期。

② 参见胡大武、杨芳:《严重违反单位规章制度之严重性边界的实证分析——以〈劳动合同法〉第39条第(二)款为视角》,载《中国劳动》2016年第24期。

③ 参见[德]沃尔夫冈·多伊普勒:《德国劳动法》(第11版),王倩译,上海人民出版社2016年版,第282~288页。

④ 参见[德]沃尔夫冈·多伊普勒:《德国雇员权益的维护》,唐伦亿、谢立斌译,中国工人出版社2009年版,第152页。

⑤ 张平:《论解雇理由的司法规制——来自法国最高司法法院判例的启示》,载《河南财经政法大学学报》2012年第5期。

判例得以消解。

日本通过最高法院的示例案件确定了综合考量案件因素的裁判模式，并通过《日本劳动基准法》的修改和后来制定的《日本劳动合同法》确定了对“解雇合理性”的审查事宜。“日本食盐制造事件”的判决认为，用人单位的解雇行为会因为缺少合理理由和不符合社会共同理念而无效，即明确了解雇应符合“社会的相当性”原则，若欠缺合理的理由或者社会共同理念，将被认为是对权利的滥用，则解雇无效。①

对域外相关经验进行考察，可发现列举式立法难以保证法律适应复杂变化的社会状况，若以此为基点构建解雇制度，也难以缓和劳资双方巨大的利益矛盾冲突。本文所探究的法律适用问题还需同时从立法和司法两方面着手，借鉴国内外相关研究的有益经验，一方面尽可能克服概括式立法列举不周全和滞后的弊端；另一方面在司法实践中充分发挥法官的裁判职能，如此才能使即时解雇制度更好地发挥作用。

一、“严重违反用人单位规章制度”司法适用现状

（一）样本案例的选取规则

本文的样本案例采取关键词搜索的方法取得，截至2022年8月16日，笔者在裁判文书网中以“严重违反规章制度”为关键词，将裁判年份限定于2021年，法院层级限定在中级人民法院，文书类型选择“判决书”，案由选择“民事案由”下的二级案由“劳动争议、人事争议”，共检索到判决文书1109篇。

适用以上检索条件的目的如下：首先，将裁判年份限定于2021年，是因为2021年度是本文成文前所能收集到的最新且完整的年度数据，能够较广泛和全面地体现“严重违反用人单位规章制度”的司法适用状况。其次，将法院层级限定于中级人民法院，原因在于和基层法院相比，中级人民法院的业务水平更高，不易受地区水平、个人意志等因素限制，且收集到的案件多在中级人民法院二审后得出终局性的裁判结果，其结论更具有稳定性，对其案例进行分析提炼，反映出的问题也更具有代表性。最后，选择“判决书”的文书类型及“劳动争议、人事争议”的案由，目的在于排除样本案件中的裁决书以及非劳动、人事争议的案例，确保案例检索结果和研究方向的一致性。

笔者以关键词定位等方法逐一阅读上述判决书，排除部分因重复上传、群体性纠纷而产生的重复判决，以及劳资双方实质争议与本文研究主题无关的案件，

① 参见战东升：《日本法上的解雇制度研究》，山东大学2009年硕士学位论文，第20~21页。

最终筛选出符合研究目的的判决书样本 111 份。

(二)解雇行为合法性认定及二审改判情况

用人单位以严重违规为由解雇劳动者所产生的争议案件中,认定解雇行为是否合法通常不是当事人的唯一诉求,因此二审改判情况作为案件多争议焦点的综合性评价,并不能准确反映出解雇行为合法性的认定状况。为契合对"严重违反用人单位规章制度"条款适用进行研究的目的,笔者将"改判"的内涵进行了针对性的限缩,即本文中仅考察案件中对解雇行为合法性的判项是否改判,以此确保对问题的分析更加精确、更具有针对性。在此基础上对相关数据进行统计(见表 1)。

表 1 解雇行为合法性改判情况统计

项目	一审情况		二审情况	
	案件数量/份	占比/%	改判案件数量/份	改判率/%
解雇行为合法	51	45.95	6	11.76
解雇行为违法	60	54.05	2[1]	3.33
合计	111	100	8	7.21

〔1〕此处二审改判案件中一例改判为"视为协商一致解除劳动合同",一例改判为解雇行为合法。

如表 1 所示,111 份样本案例均为二审判决,一审法院认为用人单位解雇行为违法的有 60 份,占比 54.05%,略高于认定用人单位解雇行为合法的比例(45.95%)。对样本案件整体二审情况进行统计,可知二审法院对一审案件中解雇行为合法性判项改判的案件共计 8 件,占比 7.21%,进一步以解雇行为合法性认定结论进行区分,一审认定解雇行为合法案件的改判率为 11.76%,明显高于认定解雇行为违法案件的改判率(3.33%)。

出于利益平衡的考量,劳动纠纷的举证责任分配中,劳动法规要求用人单位承担更重的举证责任,由其在诉讼中承担更多的风险,但从裁判结果来看,法院支持劳动者的判决比例未呈现明显偏高的样态,从改判情况来看,样本案例中认定解雇行为合法的案件改判率明显更高,这意味着实践中可能确实存在用人单位滥用该条款违法解雇劳动者的情形,但这仅是基于对相关数据的分析而产生的合理怀疑,具体情况仍需对样本案例展开更加细致的分析梳理,才能得出更加可靠的结论。

(三)劳动者严重违规行为类型

对样本案例进行统计,不难发现用人单位以劳动者严重违规为由将其解雇而产生的争议案件中,用人单位所主张的劳动者违规行为类型不同,法院在审查认定时的考量重点、倾向性也不同。为此,笔者对样本案例中用人单位主张的劳动者违规行为进行了类型化统计,具体可分为以下9类:不服从管理、滋事、违法犯罪、不诚信①、兼职、考核未通过、违反业务规范、违反考勤制度以及其他行为类型。由于各行业、岗位差异较大,且劳动者的违规行为也并非局限于某一种,常呈现综合性形态,故个案中难以绝对、精确地将劳动者的违规行为归于某类,笔者对于同时具备多个类别特征的违规行为,在数个类别中均计算一次出现频次,最终对各违规行为出现频次进行统计(见图1)。

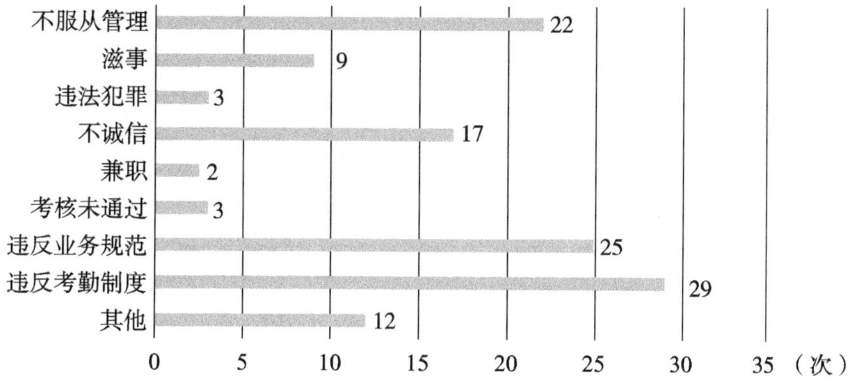

图1 劳动者违规行为出现频次统计

如图1所示,用人单位主张的劳动者违规行为中,"违反考勤制度"的出现频次最高,共出现29次,其中多数为劳动者旷工而引发的纠纷,主要包括无故旷工、因请假程序瑕疵而引发的旷工、未按规定打卡、伪造考勤记录等行为。其次为"违反业务规范",在样本案例中的出现频次为25次,常表现为工作时间睡觉、违规操作单位设备、违反工作流程等。由于各行业、领域业务规范差异较大,用人单位在判断是否违反业务规范时往往加入主观判断,具有和其他类型事由结合的倾向。法院审理此类案件时较少论证劳动者行为的严重程度,多着重审查劳动者行为是否符合劳动规章制度规定。另一出现频率较高的行为类型为"不服从管理",共出现22次。主要表现为劳动者不服从用人单位的调岗要求以及工作指示,消极怠工的行为。

此外,兼职、以欺诈手段订立合同、"严重失职,营私舞弊,给用人单位造成重大损害"、"在试用期间被证明不符合录用条件"以及"被依法追究刑事责任"几种情形本身即属于法定的合同无效或用人单位有权单方解除劳动合同的事由。

① "不诚信"解雇事由主要包括伪造证件材料、收受回扣、贿赂、虚假报销、泄露商业秘密、盗窃以及履行劳动义务过程中的其他不诚信行为。

在法律单独规定的情形下,兼职、不诚信、考核未通过、滋事、违法犯罪几类违规行为不作为本文的探究重点展开论述。

(四)劳动规章制度效力审查情况

由于用人单位自身专业性不足,我们不能对劳动规章制度中文字表述的精确性作过高要求,用人单位逐利的本质属性也决定了其不可避免地具有将解雇事由扩大化的倾向,这都将导致劳动规章制度中的解雇事由通常不够具体明确,因此判断劳动者是否“严重违规”并不是一个简单的问题。抛开违规行为是否存在这一事实判断,法院在认定劳动者是否构成“严重违规”前通常会先对劳动规章制度的合法性进行审查,在劳动规章制度合法或至少无明显违法情形时再进入下一步判断——是否严重违反用人单位规章制度。因此,笔者首先对法院审查劳动规章制度效力的情况进行了统计(见表2)。

表2 劳动规章制度效力审查情况统计

是否审查合法性	审查结果	案件数量/份	占比/%
是	有效	69	62.16
	无效	10	9.01
否	—	32	28.83
合计	—	111	100

如表2所示,针对用人单位解雇行为所依据的劳动规章制度的合法性判断,111份样本案例中共有79份对劳动规章制度进行了效力性审查,占比71.17%,其中认定劳动规章制度有效可适用的有69份,占全部案例的62.16%,认定劳动规章制度无效不能适用的有10份,占全部案件的9.01%。

总体来看,大部分法院会对劳动规章制度的效力进行审查,未进行效力审查的案例中虽未直接载明不予审查的原因,但结合说理部分,可侧面推断出不予审查的原因主要有以下几种:第一,双方当事人对劳动规章制度的效力并无争议;第二,法院审查后认为劳动者实施相关违规行为的事实依据不足,为提高审判效率而未审查劳动规章制度的效力;第三,法院认定用人单位解雇劳动者的程序违法,无须考虑劳动规章制度的效力即可认定其解雇违法;第四,部分案件中劳动者的违规行为性质恶劣,已构成违法甚至犯罪,可跳过效力审查直接得出解雇行为合法的结论。

(五)司法认定的考量因素

明确劳动规章制度的效力之后则可进入违规层面的判断,法律条文中“严重违反”的表述对劳动者的违规行为提出了更高的要求,即违规行为须达“严重”

之程度。对样本案例进行梳理,笔者发现仅有13件案例单独对违规严重性的问题展开了分析和说理,在全部样本案例中占比11.7%。多数法院对"违反"和"严重违反"在认定层面未进行严格区分,存在对"严重性"认定重视不足之嫌。另外,法院在认定"严重违规"时通常综合多种因素进行考量,极少有法院通过单一因素作出判断。为进一步厘清该问题,笔者对样本案例中法院认定是否属于"严重违规"时的考量因素进行了分类并统计(见图2)。

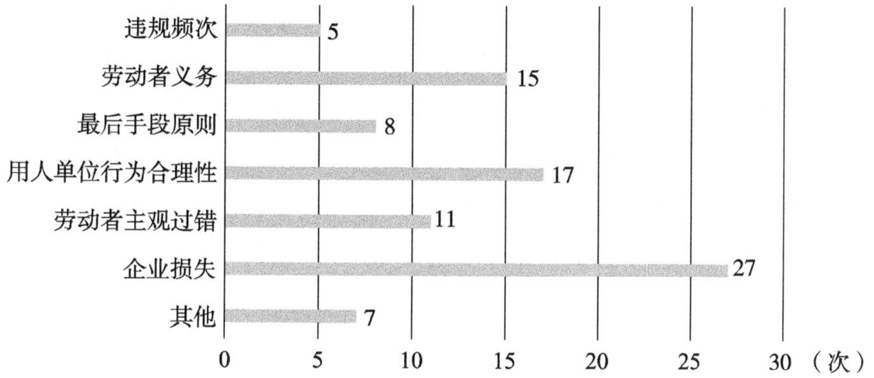

图2 司法认定考量因素统计

为方便理解图2中各考量因素的内在含义以及下一步对问题分析的展开,笔者依照样本案例中出现频次的高低顺序对各考量因素依次进行说明。第一,企业损失。此处的损失既包括用人单位因劳动者违规行为而遭受的物质损失,也包括非物质损失,法院在认定时多从违规行为造成的损失数额、对用人单位生产经营秩序、声誉产生的负面影响等角度进行衡量。第二,用人单位行为合理性。该考量因素主要出现于劳动者不服从管理这一违规行为的案件中,法院通过对用人单位管理行为的合理性进行考察以确定案涉管理行为是否超出企业用工自主权的范围。以常见的调岗行为为例,法院对该因素的考量具体包括:调岗行为是否针对特定员工;是否具有惩罚性质;调岗后工作内容及待遇的变化程度等。第三,劳动者义务。劳动者不同于一般的社会大众,他们的注意义务来源于岗位职责和行业规范的要求。[①] 不同岗位中的劳动者所承担的义务不同,故即使完全相同的违反劳动规章制度的行为,在个案中得到的评价也可能截然相反。样本案例中通常认为违规行为与劳动义务的关联程度和主观过错程度呈正相关关系。例如将烟花爆竹厂的行政人员在办公室内抽烟与该厂一线员工在生产车间抽烟两种情形进行对比,在二者均违反劳动规章制度的前提下,由于岗位职责不同,

① 参见金凌:《略论注意义务对我国侵权行为法的启示》,载《法学评论》2009年第2期。

行政人员所负行政管理义务与抽烟这一违规行为的关联程度明显更低,一般认为其主观过错程度也更低。第四,劳动者主观过错。《劳动合同法》第39条也被称为“过错解雇条款”,体现出该条款适用时劳动者的主观过错具有重要的衡量意义。劳动者的过错程度越高,其与用人单位之间信任损失程度就越高,以此推论用人单位的解雇行为也越合理。第五,最后手段原则。解雇应作为用人单位之“最后手段”,只有劳动者的违规行为导致劳动关系遭受无法修复的破坏,除解雇外无其他手段可惩戒劳动者时,用人单位的解雇行为才具有合法性。部分法院在个案中倾向于综合判断解雇是否系用人单位之“最后手段”,以作为判断解雇行为合法性的依据,将诸多具体因素汇总为抽象的原则性标准,从侧面实现审判目的。第六,违规频次。劳动者违反劳动规章制度的频率和次数也直接影响法院对“严重违反用人单位规章制度”的认定,从一般认识角度来看,劳动者连续多次违反劳动规章制度,用人单位对劳动者以后履行劳动合同义务的未来期待性利益必然遭到破坏,法院也更倾向于认定劳动者具有重大过错,构成“严重违反用人单位规章制度”。

从各考量因素的引用频次来看,“企业损失”被引用频次最高,“用人单位行为合理性”次之,但该考量因素并未普遍适用于多类解雇事由的案件中,几乎仅局限于劳动者不服从管理类案件,“劳动者义务”“劳动者主观过错”的出现频次分别列于第三、第四位“最后手段原则”、“违规频次”以及“其他”考量因素的出现频次相对较少。上述数据表明,法院认定“严重违规”时在考量因素选择方面确存在一定共同倾向,但具体到类案甚至个案,审查衡量标准仍体现出较大的差异。

二、“严重违反用人单位规章制度”司法适用中的问题及成因

(一)“严重违反用人单位规章制度”司法适用中的问题

1. 劳动规章制度适用效力的程序性标准存在分歧

通过分析样本案例,可发现大部分案件都涉及对劳动规章制度的合法性审查,且主要聚焦于程序性标准,即法律明确规定的“通过民主程序制定”和“向劳动者公示”[①]两个方面。而法院以此对劳动规章制度的适用效力进行程序层面的认定时,在具体认定标准上存在一定的分歧。

① 最高人民法院《关于审理劳动争议案件适用法律问题的解释(一)》第50条第1款规定:“用人单位根据劳动合同法第四条规定,通过民主程序制定的规章制度,不违反国家法律、行政法规及政策规定,并已向劳动者公示的,可以作为确定双方权利义务的依据。”

劳动规章制度不满足民主程序制定的要求时，并非所有法院都会因此否定其效力，部分法院会以说理的形式突破劳动规章制度民主制定程序的限制，认为劳动规章制度的内容符合特定条件时，即使其民主制定程序存有瑕疵，仍应对其效力予以肯定。例如，黄某1与东莞某电子有限公司劳动争议[①]案中，法院认为即便未经民主程序，该公司解雇黄某所依据的制度条款的内容未违反法律、行政法规及政策规定，未违反公序良俗，不存在明显不合理的情形，且已向黄某告知，应属有效条款，可作为该公司用工管理的依据。而部分法院则持相反观点，认为未经民主程序制定的劳动规章制度，因其程序不合法而不能作为解雇劳动者的有效依据。又如，姜某与北京某生物技术股份有限公司劳动争议[②]案中，法院认为该公司提交的规章制度文件会签表与员工代表确认书中员工代表姓名、人数不相符，规章制度制定的民主程序存在明显瑕疵。因此，该公司与姜某解除劳动合同缺乏事实与制度依据，属于违法解除。

2. 劳动规章制度内容的合理性审查普遍缺位

内容作为劳动规章制度的灵魂，是其发挥应有作用的根本，那么对劳动规章制度内容方面的要求也理应更为严格，应要求其同时具备合法性和合理性。用人单位制定劳动规章制度的权利由劳动立法所授予，其内容当然不能逾越法律划定的边界，对于内容违法的劳动规章制度，法院可直接作出无效认定，故劳动规章制度内容的合法性问题在司法适用层面并无太大争议。而对于劳动规章制度合理性的认定，理论界、立法界和司法界仍存在争议，法院为了避免争议的出现常刻意回避或弱化合理性审查，从而导致实践中劳动规章制度内容的合理性审查普遍缺位。

从类案的整体情况来看，多数案例中法院对劳动规章制度的合理性问题持“避而不谈”的态度，即使个别法院进行了合理性审查，判决文书中的相关表述也较为模糊，司法的公正和法律的权威难以得到保障。少数进行了合理性审查的案例中，由于不同地区、法院对合理性的认知差异，也未体现出相对统一的审查标准。例如，黄某2与江门市某家居创新用品有限公司劳动争议[③]案中，法院认为黄某在上班时间使用手机的行为符合该公司员工手册中规定的视为违反公

① 参见黄某1诉东莞某电子有限公司劳动争议案，广东省东莞市中级人民法院(2021)粤19民终14223号民事判决书。

② 参见姜某诉北京某生物技术股份有限公司劳动争议案，北京市第三中级人民法院(2021)京03民终14317号民事判决书。

③ 参见黄某2诉江门市某家居创新用品有限公司劳动争议案，广东省江门市中级人民法院(2021)粤07民终7733号民事判决书。

司规章制度、不符合录用条件的情形,故该公司单方解除与黄某的劳动关系符合双方约定及法律规定。又如,林某与某汽车配件有限公司劳动争议[①]案中,法院认为在加班期间使用手机属于严重违反用人单位的规章制度不合常理,仅以林某有两次在加班时间使用手机的行为就认为其严重违反规章制度,没有事实与法律依据,最终认定其解雇违法。内容相似的规章制度,对其合理性则出现了截然相反的评价,由此可见构建明确有效的合理性审查标准也是实践中亟待解决的问题之一。

3. 回避"严重性"认定,实质审查标准不明

从样本案例整体情况来看,法院在"严重性"问题的审查中体现出明显的回避性倾向。对劳动者的违规行为是否达到"严重"程度通常不作正面回应,也不对严重性问题单独说理或是在说理过程中尽量简化、一笔带过。少数对"严重性"进行实质审查的案例也因考量标准、价值取向的不同,在裁判倾向上呈现混乱、无序的特点。

实践中对"严重性"认定的回避主要体现在法院对劳动规章制度固有严重程度区分内容的态度方面。多数法院倾向于直接参照劳动规章制度中涉及严重程度区分的内容,重点审查行为事实是否成立,若行为事实成立,则直接以劳动规章制度中相关内容为依据对行为"严重性"展开判断。较少有法院愿意对劳动规章制度中"严重"程度的规定进行实质审查而作出独立判断。在董某与苏州某塑业有限公司劳动争议[②]案中,一审、二审法院即分别采取了以上两种不同的做法:一审法院认为该公司的员工手册中将打架行为规定为严重违纪行为,故董某的打架行为构成严重违反规章制度的情形。而二审法院认为,用人单位以劳动者严重违反规章制度为由解除劳动关系的,依法应举证证明劳动者存在相应的违纪事实并且达到严重程度,该严重程度应符合一般人的认知与预期。董某的打架行为持续时间较短,并未产生人身损害后果,未有证据表明造成生产管理秩序严重混乱,故无法认定董某的违纪行为已经达到应予作出解除劳动关系处分的严重程度,最终认定该公司解除劳动合同违法。

"严重性"认定标准的不明,导致实践中出现了诸多有争议性的案例。例如"严重违反用人单位规章制度"是否必然要求劳动者的违规行为造成严重损失?部分法院对此持肯定态度,认为只有劳动者的违规行为造成严重损失才能称之

① 参见林某诉某汽车配件有限公司劳动争议案,广东省清远市中级人民法院(2021)粤18民终5546号民事判决书。

② 参见董某诉苏州某塑业有限公司劳动争议案,江苏省苏州市中级人民法院(2021)苏05民终7585号民事判决书。

为"严重违反"。例如,马某与某生活服务集团股份有限公司劳动争议[①]案中,法院认为马某虽有不服从管理的行为,却未给该公司造成严重损失,故不应属于严重违反规章制度的行为。也有法院认为,对于违规是否"严重"的判断应当全面把握,不应将视角局限于损害结果。又如,曾某与湖南某物业管理有限责任公司劳动争议[②]案中,法院综合考量了劳动者曾某的工作年限及违规频次等,认为结合其他因素可以判断曾某行为的性质已达严重程度,是否造成严重后果不影响其行为严重性的认定。诸如此类的案例不胜枚举,法官依据裁判经验,在诸多考量因素中选择一个或多个其认为较为重要的作为认定标准,其自由裁量权未受到合理限制,长此以往,必然会引起司法的不确定性,不利于维护劳资双方利益平衡。

(二)"严重违反用人单位规章制度"司法适用中问题的成因

1. 民主程序规定存在缺陷

《劳动合同法》第4条[③]对劳动规章制度的制定程序作出了要求,其中包含劳动者参与劳动规章制度制定的民主性要求,常被称为其制定时的"民主程序"。从内容上看,其涉及有关劳动报酬、工作时间等与劳资双方相关的最核心利益,不仅涵盖了劳动者的核心权益,也与用人单位的利益密切相关,若违反此类劳动规章制度,劳动者极易被视为"严重违反用人单位规章制度"而面临被单方解雇之风险。

笔者赞同以民主程序对劳动规章制度的制定及修改进行限制,但实践中对于"平等协商"的含义存在不同理解,劳资双方未能对劳动规章制度的内容协商达成一致时,其最终决定权应归属于谁?现行立法未对该问题作出规定,劳动规章制度最终决定权归属不明,其适用效力当然存在判定上的问题。从我国的产业民主发展状况来看,目前仍不具备以民主程序促使劳资双方达成真正合意的基础,实践中劳动规章制度的通过也不以劳动者的同意为必要前提,劳动规章制度最终体现的结果主要还是用人单位的单方意志。民主程序的规定模糊,与现实状况脱节,导致实践中法官在对存有民主程序瑕疵的劳动规章制度进行效力

---

① 参见马某诉某生活服务集团股份有限公司劳动争议案,辽宁省鞍山市中级人民法院(2021)辽03民终3110号民事判决书。

② 参见曾某诉湖南某物业管理有限责任公司劳动争议案,湖南省长沙市中级人民法院(2021)湘01民终8589号民事判决书。

③ 《劳动合同法》第4条第2款规定:"用人单位在制定、修改或者决定有关劳动报酬、工作时间、休息休假、劳动安全卫生、保险福利、职工培训、劳动纪律以及劳动定额管理等直接涉及劳动者切身利益的规章制度或者重大事项时,应当经职工代表大会或者全体职工讨论,提出方案和意见,与工会或者职工代表平等协商确定。"

判断时，常陷入情理与法规相悖的困境，在必要时甚至不得不正面突破民主制定程序的要求。

2. 法律授权缺失导致审判理念僵化

从立法来看，《劳动合同法》及相关司法解释对劳动规章制度的合法性作出了明确规定，却未有涉及合理性的内容。最高人民法院《关于审理劳动争议案件适用法律若干问题的解释（四）（征求意见稿）》中曾明确规定劳动规章制度不得违背公序良俗，①但最终发布版本并未将该条收录在内。在此背景下，部分地方高级人民法院的指导性文件对合理性问题进行了一些有益探索，例如江苏省和湖南省高级人民法院的指导意见②中分别要求劳动规章制度要满足"公平合理""不存在明显不合理的情形"的要求，即明确把合理性作为劳动规章制度的必备要素之一。此类规定虽有益于推动劳动规章制度向合理方向发展，但在上位法缺乏相关规定的情形下，其法理上的合理性存在缺陷，是否会因违反上位法规定而无效仍存在一定争议。

法律和司法解释层面对于合理性的规定尚不全面，对法院是否有合理性审查权这一基础问题尚未明确，实践中劳动规章制度合理性审查的普遍缺位也是理所当然。究其根本，在于立法授权的缺失导致法官在审判时采取谨慎回避的态度。一方面，代入裁判者思维可以发现，在法律未明文授予法官合理性审查权时，若以劳动规章制度不合理为由对其效力进行否定，则存在法官裁判权扩大之嫌，用人单位一方利益受损可能产生的异议使法官面临因枉法裁判而被舆论作出负面评价的风险。另一方面，劳动规章制度作为用人单位用工管理的依据，涵盖内容诸多，行业类型、劳动者职位、企业经营状态、文化习俗等诸多因素都需要法院在判断合理性时予以考虑，任何一种因素的误差都可能导致最终认定结果的偏离，裁判结果的稳定性和可预测性难以得到保障。基于以上裁审风险的考量，法官对合理性审查的回避符合人之自利的本性，但显然是对司法公平公正的

---

① 参见最高人民法院《关于审理劳动争议案件适用法律若干问题的解释（四）（征求意见稿）》第7条第2款规定："已经劳动合同法第四条规定的民主程序，且该规章制度或者重大事项内容不违反法律、行政法规、国家政策以及公序良俗，并已向劳动者公示或者告知的，可以作为人民法院审理劳动争议案件的依据。"

② 参见江苏省高级人民法院、省劳动争议仲裁委员会《关于审理劳动争议案件的指导意见》（已失效）第19条规定："用人单位以劳动者严重违反规章制度为由解除劳动合同的，人民法院、仲裁机构应当审查用人单位规章制度的制定程序是否合法、劳动者的违纪行为在规章制度中是否有明确规定、规章制度对劳动者严重违纪行为的规定是否公平合理等，以判断劳动者是否属于严重违反用人单位规章制度、用人单位解除劳动合同的行为是否合法有效。"湖南省高级人民法院《关于审理劳动争议案件若干问题的指导意见》第17条规定："用人单位在《劳动合同法》施行前制定的规章制度，一般予以认可。《劳动合同法》施行后，用人单位制定、修改直接涉及劳动者切身利益的规章制度或者决定重大事项时，未经过《劳动合同法》第四条第二款规定的民主程序的，原则上不能作为用人单位用工管理的依据。但规章制度或者重大事项的内容未违反法律、行政法规及政策规定，不存在明显不合理的情形，并已向劳动者公示或告知的，可以作为人民法院裁判的依据。"

极大破坏。因此,严重违规条款适用中合理性认定的缺失,根本原因在于法律授权缺失导致的审判理念僵化。

3.缺乏"严重性"认定的有效标准

《劳动合同法》将该条款表述为"严重违反用人单位的规章制度",意味着用人单位所依据的劳动规章制度除经过法定程序、内容合法合理之外,还需劳动者的违规行为达到"严重"之程度。但"严重"一词本身的内涵和外延的不确定性导致其极易被附加主观影响,劳动者、用人单位和法院对此难以达成一致的理解。曾经可用于认定是否构成严重违纪的《企业职工奖惩条例》和《国营企业辞退违纪职工暂行规定》均已废止,现行立法未针对该条款的适用困境提供切实可参考的标准,实务界对该问题也未形成完整的认定体系。在此情况下,法院适用该条款时难免存在困惑和争议,部分法院可能正是出于主动回避争议性问题的考虑,而对"严重性"认定进行回避。

劳动者违纪行为类型复杂多样,法官在判断违规行为是否严重时需综合考虑用人单位所处行业、岗位性质、违规时的主观状态、给用人单位造成的损失等各方面因素,而认定标准的缺失导致法官的自由裁量权缺乏明确边界,部分法官在认定时未能对违规行为严重性涉及的考量因素进行全面考察,而是根据自身经验和喜好选取部分参考因素作为认定标准。如此导致违规行为严重性的判断是法官主观意识层面的反映,不同法官对同一违规行为的严重性认定必然存在偏差,同案不同判的现象在所难免。

三、"严重违反用人单位规章制度"司法适用的理论思考

(一)劳动规章制度引入合理性要件的必要性

1.劳动规章制度限制劳动者权利不应逾越合理边界

劳动关系的本质是契约关系。依照约定,劳动者为用人单位提供劳动力,用人单位向劳动者提供劳动报酬、劳动条件及措施等,该过程中劳动者获得了其赖以生存和发展的物质资源,用人单位则获得了经营所需的劳动力资源,劳资双方以利益互换的形式实现各自的经济目的。而现实中生产经营活动的复杂性决定了劳动力需在用人单位的合理管理之下才能产生最大效益,确有必要以劳动合同或劳动规章制度对劳动者进行约束,这些约束不可避免地对劳动者权利构成了实质限制。因此,可以说劳动者权利受限系劳动合同中劳资双方权利交易的结果,其有一定的合理性和必然性。

基于劳动关系的权利让渡不意味着用人单位可任意对劳动者权利进行限制。从人权限制的原理来看,任何对人权的限制都应当受到正义和谦抑价值所

划定边界的制约。① 具体到劳动法领域,我国法律虽授予用人单位制定劳动规章制度的权利,但其约束的手段及事由不应逾越合理的边界。一方面,对劳动者的权利限制应当与提升劳动管理效率、维护劳动秩序的立法目的相吻合。也就是说,用人单位对劳动者的约束应以生产经营活动的必要要求为限,超出该范围的权利约束,即使可以被劳动者所容忍,其行为在实质上也超出了劳资双方"权利交易"的界限,从而构成对劳动者自由和权利的侵犯。另一方面,即便用人单位的权利限制行为具备正当目的,也应尽可能地将这种限制控制在更小的程度和范围之内,给予劳动者尊重和保护,与劳动法保护劳动者的基本价值相呼应。若其权利限制行为超越了合理的程度和范围,即使具有正当目的,也难以被评价为正当。正如有学者所言:"目的与手段应有适切的关系,侵越受保护的法益,不能逾于被认可的所必要者。即使目的应予以肯定,所选择的手段亦不得逾合理的程度。"②

2. 劳动规章制度中劳动者意思表达不足

现行法律虽规定了劳动者参与劳动规章制度的制定过程,但缺乏用人单位采纳劳动者意见的保障机制。为实现对劳动者高效、稳定、统一的管理,常由用人单位预先对劳动规章制度进行拟定,劳动者并无与用人单位单独协商、发表意见之机会。在此情形下,虽然劳动者有权选择接受与否,但在劳动力供大于求、就业压力大的现实背景之下,同行业大多也采取相类似做法,劳动者不得不委曲求全,被动接受。因此劳动规章制度中劳动者的意思未得到充分体现,具有定型化契约有协商之名而无协商之实的特征。

定型化契约模式之下,对劳动者接受劳动规章制度的合意要求较低,从我国相对落后的产业民主发展状况来看,恐难以通过有效的集体协商机制弥补劳动规章制度中个体意思表达不足之缺陷。为保障劳动者权益,便有必要对合意的内容进行更加严格的限制,劳动者真实意思表达不充分之困境需以内容的特殊规制机制打破。笔者认为,在劳资双方地位不平等的背景之下,拘泥于双方是否形成合意、如何对合意进行控制等形式问题对突破现实困境无太大帮助,不如将审查重心从契约的合意转向内容的合理性。若将规章制度有效性的标准分为合意与内容两方面,当今的理论与实务界,正历经从"合意"向"内容"发展的过程。③

① 参见刘晓虎:《人权剥夺、限制和克减的原理及边界》,法律出版社2016年版,第101页。

② [德]卡尔·拉伦茨:《法学方法论》,陈爱娥译,商务印书馆2003年版,第282页。

③ 参见郑尚元、王艺非:《用人单位劳动规章制度形成理性及法制重构》,载《现代法学》2013年第6期。

3. 确定劳资利益分配合理界限的需要

劳动规章制度是用人单位对劳动者进行管理约束的工具,劳动者遵守劳动规章制度的行为系其对义务的履行,也是用人单位行使权利的过程。在此过程中,劳动规章制度内容的合理性决定了双方权利义务的平衡状态。而现实的用工情况体现出用人单位作为劳动规章制度的制定者处于强势一方,极易通过劳动规章制度的不合理规定强化自身权利、侵害劳动者权益。对劳动规章制度的审查若仅局限于合法性层面,将导致用人单位在法定范围内享有对劳动条件的单独支配权。由此产生的问题在于,一方面,双方的利益分配将以法律的最低限度为界限,而非合理之限度;另一方面,用人单位仅受法律的约束,而劳动者则需受到法律和劳动规章制度的双重约束,如此必然导致劳资利益的失衡,为用人单位侵害劳动者权益留下了空间。①

对用人单位而言,合理的劳动规章制度更能得到劳动者的认可,从而构建起稳定、和谐的劳动关系,提高生产效率,维持劳动秩序,实现对劳动者的良好管理;对劳动者而言,合理的劳动规章制度可保障其合理的个人诉求的实现,避免用人单位在合法框架下滥用其权利,侵犯劳动者权益。但现行立法未将合理性规定为劳动规章制度的必备要素,导致合理性审查因缺乏实质要件而受阻,对劳动规章制度民主制定程序这一形式要件评判过于机械,司法实践中问题频频出现。为此,确有必要引入劳动规章制度的合理性审查机制,对劳资双方利益进行平衡。

(二)"严重性"认定的价值考量

1. 即时解雇制度的限制

劳动合同区别于普通合同的关键在于劳动合同具有持续性与人身属性结合的特征,劳动合同持续期间,必然会出现劳资双方订立合同时无法预料的情形。为防止特定状况下双方损失的扩大,必须构建起相应的合同终止机制,允许用人单位或劳动者基于劳动合同履行过程中客观条件的变化而解除合同。即时解雇制度便是为解决该问题而产生的机制,其赋予用人单位因劳动者严重违约而导致劳动合同无法继续正常履行时单方结束劳动关系的权利。该制度以劳动法为基础建立,在整个劳动违约责任制度的构建中,既倾斜保护了劳动者的利益,又兼顾了用人单位一方的合法利益。② 劳动合同的以上特殊性使其立法价值取向

① 参见沈建峰:《论用人单位劳动规章的制定模式与效力控制——基于对德国、日本和我国台湾地区的比较分析》,载《比较法研究》2016 年第 1 期。

② 参见太月:《劳动违约责任研究》,对外经济贸易大学出版社 2015 年版,第 169 页。

更多基于社会法属性对合同解除事由作出特殊规定,但并未因此超出合同法一般规律的规制范围,故即时解雇制度应视为特殊合同情形下法定解除权的具体规定,民法中合同所涉及的一般规定和基本原理仍可运用于劳动合同之中。①

通常而言,劳动关系中劳动者以实现生存利益为目的,而用人单位的目的在于实现其经营利益,从需求结构方面进行对比,生存利益明显处于更加基础、低层次的需求位阶,只有低层次的基础需求得到有力保障,更高层次利益需求的实现才成为可能。那么在劳资利益的对立和冲突之中,基于倾斜保护劳动者的理念,立法者必须排除用人单位任意解雇劳动者之可能,即收缩其单方解除劳动合同的权利。劳动者过错之所以能为用人单位的单方解雇事由提供正当性支撑,是因为劳动者行为导致用人单位在劳动合同中预期目标的实现不能已严重侵害其核心利益。基于民法中公平原则的考虑,立法者赋予用人单位即时解除劳动合同的权利,一方面作为合同履行不能的"出路",另一方面为用人单位因劳动者违约导致合同目的难以实现时作为非违约一方迅速摆脱合同关系的补救措施。②

综上所述,即时解雇制度对用人单位合同解除权的限制可归纳为两方面:其一,从合同本质出发,可作为用人单位解除劳动合同依据的"过错"行为仅限于违反劳动合同约定的行为,而不应超出劳动关系所拘束的范围。其二,该"过错"行为使用人单位依据合同约定的期待利益从根本上无法实现,即合同实际履行不能。作为参照,本文中"严重"一词的合理范围也可从条款本身于即时解雇视角下所受限制展开划定,即劳动者严重违规的行为应至少满足两方面条件:严重违规行为应是违反合同约定的劳动义务的行为,且该违规行为应达到使劳动合同客观履行不能之限度。

2. 用工自主权与劳动权的利益衡平

劳动力与人身的不可分割性导致劳动者履行劳动合同义务时必然受到用人单位的人身管理和支配。用人单位对自身实施的用工管理行为最为了解,从效率角度出发,应允许其根据需求对人事管理问题尽快处理,以解决劳资双方之间的矛盾和冲突。且劳动合同关系并非一次性给付的普通合同关系,当劳动者破坏了彼此间的信赖基础时,应赋予用人单位从劳动关系中脱身的权利,也就是即时终止权。③ 但任何权利的行使都须明确边界,用人单位的用工自主权也应在法

① 参见王倩:《我国过错解雇制度的不足及其改进——兼论〈劳动合同法〉第39条的修改》,载《华东政法大学学报》2017年第4期。

② 参见韩世远:《合同法学》,高等教育出版社2010年版,第263页。

③ 参见王泽鉴:《债法原理》,北京大学出版社2013年版,第115页。

律的框架与自身边界范围内行使，不得"越界"。虽然理论上可对用工自主权的边界展开进一步的圈定，但实践中用人单位滥用其用工自主权侵害劳动者权益的情形屡见不鲜，以法律对用工自主权进行限制就显得尤为必要，当前劳动法规中对用人单位单方解雇行为的诸多限制性规定也体现了这一点。

劳动权是任何具有劳动能力并且愿意工作的人都享有的获得有保障工作的权利。① 在用人单位解雇劳动者的情境之下，劳动权与用工自主权之间存在必然冲突，因此二者之间的利益权衡也是绕不开的问题。若劳动权被过分保护，用人单位的用工自主权必将受到限制，易使其生产经营成本增加，经济效益下降；而用人单位的用工自主权过大，又会导致用人单位利用其强势地位侵害劳动者的劳动权。有学者认为，劳动权关涉劳动者这一弱势群体的生存利益和社会生活的安定局面，体现了最具代表性的社会公共利益，是具有上位效力层次的重要权利。② 因此在劳动权与用工自主权的利益衡平中应当优先考虑对劳动权的倾斜保护，但这种倾斜是在实质正义的基础之上为实现二者平衡的结果，不意味着完全不顾用人单位的利益，为此，在个案中必须对若干具体权利的冲突展开利益衡量，在用工自主权和劳动权之间找到一个"平衡点"。

基于上述分析，笔者认为需要从平衡用工自主权与劳动权的角度入手，对严重违规条款的立法目的展开分析，以探寻劳动者违规行为的严重性达到何种"度"时才允许用人单位对其进行单方解雇。既然劳动权与用工自主权在冲突时需优先考虑对劳动权的倾斜保护，那么只有劳动者的违规行为使用工自主权与劳动权之间的天平过度失衡，不得不对用工自主权进行保护时，用人单位的解雇行为才具有正当性。由此推知，满足"严重性"要求的违规行为应达到严重破坏了用人单位生产经营利益与劳动关系存续利益的程度，双方的劳动关系遭受了无法修复的破坏，故允许用人单位实施单方解雇以化解矛盾。

四、"严重违反用人单位规章制度"司法适用的完善建议

（一）明确劳动规章制度适用效力的程序标准

《劳动合同法》规定的"民主程序"包含两方面内容：其一，用人单位就涉及劳动者切身利益的劳动规章制度与工会或职工代表讨论；其二，用人单位与工会或职工代表平等协商确定前述内容。此处"协商确定"的含义究竟是"单决"还是"共决"，即用人单位是可自主决定是否接纳工会或职工代表的意见，还是需

① 参见贾俊玲主编：《劳动法学》，北京大学出版社2003年版，第9页。

② 参见许建宇：《劳动权的位阶与权利（力）冲突》，载《浙江大学学报（人文社会科学版）》2005年第1期。

与劳动者达成一致才能确定劳动规章制度的内容,仍具有一定的争议。笔者倾向于此处的“协商确定”为“单决”。首先,从《劳动合同法》的形成过程[①]及现行规定[②]来看,立法者在劳动规章制度的制定上实际表达了“单决”的价值取向。其次,现实中工会、职工代表大会多受制于用人单位,难以独立发表意见,要求其代表劳动者利益与用人单位共同决定劳动规章制度显然缺乏现实基础。

如学者所说,法律适用的主要方法就是去发现法律背后的原因利益。[③] 在“单决”的框架内对民主程序进行审视,可发现其制度意义应在于“集思广益”,克服用人单位单方决定劳动规章制度之弊端,以民主程序确保劳动规章制度内容的合理性。此外,劳动规章制度也是用人单位行使用工自主权的体现,在劳动规章制度的制定、修改中也理应由用人单位扮演主要角色,劳动者参与其中的目的应在于对劳动规章制度内容进行监督,避免在用人单位主导下制定的劳动规章制度侵害劳动者权益,导致用人单位自主经营权与劳动者劳动权的失衡。因此,民主程序并非劳动规章制度自身所欲实现的直接目的,而是确保劳动规章制度发挥其应有作用的手段之一。

既然民主程序以确保劳动规章制度内容的合理性、维护劳资利益平衡为目的,那么劳动规章制度的内容合理合法,未履行民主程序未影响立法目的成就时,民主程序作为形式要件并未对劳动规章制度的实质要件——内容产生必须否定其效力的不利影响,故此时不宜直接对其效力进行否定。如学者所说,我国法制下调整劳动规章制度的症结在于过于强调对“意思”,尤其是“集体意思”的控制,而忽视对内容合理性的控制。[④] 若一味否定存在民主程序瑕疵劳动规章制度的效力,可能将内容合法合理的劳动规章制度排除在有效范围之外,不仅不利于立法目的的实现,反而可能与劳动立法保障劳动者权益的宗旨相违背,甚至导致劳动合同法律根本价值实现的受阻。[⑤] 因此在效力要件中加入内容合理的要求,通过内容是否合理对民主程序瑕疵的劳动规章制度进行效力审查,才是修补民主程序制度缺陷的根本方法所在。

---

① 参见《劳动合同法(草案)》一审稿第51条规定:“依照本法应当经工会、职工大会或者职工代表大会讨论通过或者通过平等协商作出规定的事项,用人单位单方面作出规定的无效。”但正式颁布的法律中删除了“用人单位单方面作出规定的无效”的表述,表明立法者对规章制度的制定采用“单决”模式。

② 参见《劳动合同法》第4条第1款规定:“用人单位应当依法建立和完善劳动规章制度,保障劳动者享有劳动权利、履行劳动义务。”该规定表明建立和完善规章制度是用人单位的一般性义务,其客观上应当具备最终决定权。

③ 参见耿林:《强制规范与合同效力:以合同法第52条第5项为中心》,中国民主法制出版社2009年版,第161页。

④ 参见郑尚元、王艺非:《用人单位劳动规章制度形成理性及法制重构》,载《现代法学》2013年第6期。

⑤ 参见沈同仙:《试论程序瑕疵用人单位规章制度的效力判定》,载《政治与法律》2012年第12期。

（二）明确合理性认定的主体及标准

1. 明确审判机关的合理性审查权

明确需对劳动规章制度展开合理性审查后，又产生了新的问题，即何种主体有权对劳动规章制度的合理性进行审查？对于该问题，有学者认为，用人单位制定劳动规章制度的权利由法律赋予，劳动规章制度不合理时，工会或职工代表可与用人单位平等协商，故劳动规章制度的合理性审查主体应是工会或职工代表。[①] 也有学者认为，职工与工会虽有平等协商权，却无最终决定权，这样的协商对于劳动规章制度的完善力量是薄弱的。因此，应由法院与仲裁机构对劳动规章制度的合理性进行审查。[②]

笔者在此更赞同第二种观点，认为应由审判机关行使合理性审查权。对劳动纠纷涉及的、可能对劳动规章制度合理性进行审查的主体进行逐一分析，可发现审判机关是其中的"最优解"。首先，用人单位同时作为劳动规章制度的制定者和实施者，由其对合理性进行界定显然难以保证公平公正；工会与职工代表和用人单位相比又处于明显的弱势地位，其独立性与决策性较弱，实践中常体现为"空壳公会"、"挂牌公会"甚至"老板公会"。[③] 二者力量对比悬殊导致缺乏足够的力量把劳动规章制度由合法推向合理。其次，劳动行政部门虽承担对劳动规章制度的监督职能，却不能对用人单位的解雇行为施加终局性的影响，赋予其合理性审查权未免有隔靴搔痒之嫌。最后，审判机关作为劳动争议解决的最后一道防线，既可保证合理性审查结果的公正性和权威性，也可通过合理性审查的结果切实影响到案件的终局判决。由此可见，劳动立法应当明确由审判机关作为合理性审查的主体，由其对欠缺合理性的劳动规章制度条款效力予以否定，以保证劳动争议案件处理结果的公平公正。

2. 构建合理性审查的适用标准

现实中各用人单位所涉行业不同，其用工特点、生产经营方式、劳资关系模式等均体现出多样、复杂的形态，合理性认定作为一个综合评价的过程，显然不可能期望构建某一明确标准进行非此即彼的划分。另外，为避免因苛求劳动规章制度合理性而走向侵犯用人单位用工自主权的另一极端，审判机关进行合理性审查时应当树立底线思维，在劳动规章制度的内容明显不合理时才能否定其效力。所以，笔者认为劳动规章制度合理性的审查标准应主要从以下几个方面

① 参见陈伟忠：《法院对用人单位规章制度合理性审查合法吗？》，载《中国劳动》2012年第8期。

② 参见朱忠虎、严非：《法院可以而且应当审查用人单位规章制度的合理性——与陈伟忠同志商榷》，载《中国劳动》2013年第1期。

③ 参见常凯：《劳动关系的集体化转型与政府劳工政策的完善》，载《中国社会科学》2013年第6期。

进行考量:

第一,内容是否明确具体。实践中用人单位由于本身制定劳动规章制度的能力有限,无法对禁止性条款进行封闭式列举,常以概括性的表述对劳动者行为进行规范。但劳动规章制度中的惩戒条款常涉及劳动者核心利益,即使认为不应过分要求劳动规章制度内容表述的精确性,其条款至少也应达到被一般劳动者所预见并理解之程度,尽可能避免“其他情节”等开放性表述。诚如学者所言:“惩处处分之构成要件,法律以抽象概念表示者,其意义须非难以理解,且为一般受规范者所得预见,并可经由司法审查加以确认,方符合法律明确性原则。”①

第二,与劳动义务的关联性。劳动规章制度的内容必然要与劳动职责相关,应充分考虑行业的性质和岗位特点,不应对劳动者工作范围以外的行为予以限制。② 实践中劳动规章制度的内容常超出劳动关系框架下用人单位约束劳动者的必要范围,对劳动者私人生活进行干涉,理应对其合理性作出否定性评价。在判断劳动规章制度内容是否与劳动义务紧密关联时,可参考同行业或近似行业已有的行业规范、行业习惯。无论是具有官方性质的行业规范还是非官方背景下行业内部普遍遵守确信的习惯,均具有一定的实践基础,其合理性已得到一定程度的印证。但不可否认,现实中也必然存在部分不合理的行业规范或习惯长期压迫劳动者,因此审判机关在实践中也需把握对比行业规范与习惯的尺度,对特殊情况进行个案协调,以确保实质正义的实现。

第三,公众接受程度。若某一劳动规章制度的内容不能与公众的普遍认知相契合,与当前社会主流价值观不符,则显然不能满足合理性的要求。公众接受程度主要应从公序良俗角度考察,即劳动规章制度的内容应当遵守公共秩序以及社会的善良风俗,并与社会现状相契合。

第四,惩处措施与事由的平衡性。用人单位对劳动者违规行为的处罚应具有相当性,做到过罚相当,不畸轻畸重。在劳动规章制度中,对劳动者不同程度的违规行为应当设定相应等级的惩罚措施,用人单位对实现其用工自主权的手段进行选择时,应尽可能选择对劳动者劳动权侵害最小的手段。解除劳动关系作为最严重的惩罚,应要求劳动者违纪行为达到与之相匹配的严重程度,否则即是对劳动者劳动权益的严重侵害。③

总之,审判机关作为劳动纠纷解决的最后一道壁垒,应当明确赋予其审查劳

① 田思路、贾秀芬:《日本劳动法研究》,中国社会科学出版社2013年版,第423页。

② 参见谢增毅:《用人单位惩戒权的法理基础与法律规制》,载《比较法研究》2016年第1期。

③ 参见张家宇:《劳动规章制度的司法审查——以〈劳动合同法〉第三十九条第二项为中心》,载《河北法学》2019年第9期。

动规章制度合理性之权力，在审查时应着重考量内容的明确性、与劳动义务的关联性、公众接受程度以及"过罚相当"四个方面的因素，走出形式主义的泥沼，从实质上解决"严重违反用人单位规章制度"条款的适用问题，使劳动规章制度发挥其应有的作用。

（三）完善"严重性"认定规则

1. 明确审判机关的实质审查权

在确认法院具有劳动规章制度合理性审查权的基础之上，其有权对不合理的劳动规章制度效力予以否定，那么在后续的法律推理阶段，其当然也具有对"严重性"问题的实质审查权，对违规行为是否"严重"展开实质判断。某种程度上，可以说对劳动规章制度的合理性审查系审判机关对违规行为"严重性"进行审查的前置程序；与之对应，对"严重性"的实质审查实际上是合理性审查于法律适用中置后阶段的又一体现。

实践中部分用人单位在劳动规章制度中会对"严重性"程度的判断进行预先界定，而审判机关显然不能简单认为劳动者一旦实施了劳动规章制度中所规定的严重违规行为，就必然符合"严重违反用人单位规章制度"条款之规定。若解雇事由可自由约定，其只能是用人单位单方意志的体现，故劳动者行为是否构成"严重违反用人单位规章制度"显然不应由合同约定，应由裁审人员根据具体情况判断。[①] 法国最高院的判例中也体现了相似的观点：认为即使劳动规章制度中存在对"严重"程度的规定，该规定也不对法官构成限制，违规行为的严重性仍由司法机关进行综合性的评判。[②] 当劳动规章制度中未对行为的"严重性"进行明确界定时，立法者显然将认定是否达到违规"严重性"要求的重任交给司法机关。因此，确有必要明确审判机关对违规行为"严重性"的实质审查权，以此督促司法机关正视"严重性"问题，迈出解决问题的第一步。

2. 确立"严重性"认定的基本原则

用人单位以劳动者严重违规为由将其解雇的案件呈复杂多样的形态，在诸多主客观因素的综合影响下，具体衡量标准难以做到面面俱到，加上各地司法机关审判水平参差不齐，故有必要提炼出可适用于"严重性"判断的原则性标准，将其与若干具体标准相结合，为司法实践中"严重性"认定的问题提供解决思路。笔者认为，"严重性"认定应至少遵循以下几个原则。

---

① 参见王倩：《我国过错解雇制度的不足及其改进——兼论〈劳动合同法〉第39条的修改》，载《华东政法大学学报》2017年第4期。

② 参见钱叶芳：《劳动规章制度若干问题辨析》，载《中国劳动》2015年第8期。

(1)最后手段原则

该原则由德国司法判例首次提出,将解雇作为雇主穷尽所有可能的手段之后,不得不做出的一种选择,进而最大限度保证劳动者就业的稳定性。[①] 具体而言,解雇作为对劳动者最严厉的处罚手段,直接产生剥夺劳动者继续工作并获取报酬权利的后果,对其本人及其家庭影响重大。因此用人单位应当审慎适用《劳动合同法》授予的单方解除权,在穷尽其他可能的温和手段均不足以震慑劳动者、平缓解决双方冲突时,才可采取此措施,即解雇应当是最后、不得已之手段。

(2)预测原则

劳动合同的目的实现以劳动者持续提供劳动为前提,因此劳动合同具有持续性特征。[②] 故劳动合同履行时劳资双方会持续存在一定程度的信赖关系,当劳动者行为使这种信赖关系遭受根本性破坏,从用人单位的角度其有理由展开向未来预测的考量,若劳动者的违规行为已经动摇双方信赖关系的根本,或有充足理由怀疑劳动者在将来仍会违反劳动规章制度、对劳动关系造成严重侵害,那么从维护劳动关系稳定,防止将来受到干扰的角度应当给予用人单位脱离劳动关系的机会。

(3)利益权衡原则

关于劳动关系解除的讨论离不开劳资双方的利益权衡,为防止用人单位滥用劳动合同单方解除权,认定违规行为的"严重性"时应当考虑用人单位解雇劳动者所获得的利益是否高于劳动者继续维持劳动关系的利益,只有前者显著高于后者时,用人单位的解雇行为在利益衡量层面才具有正当性。而利益权衡是一个综合考虑的过程,如此便要求法官在具体审查时综合、全面考量可能影响"严重性"的各种因素,最终作出合理的判断。[③]

3. 确立"严重性"认定的体系化标准

劳动合同作为合同,其本质未发生改变,笔者认为可从劳动合同所涉主体的角度对该问题进行分析,探究"严重性"的考量。而根据合同法的一般原理,劳动合同关系影响的范围除了直接受合同约束的用人单位和劳动者,还包括合同外部的第三人,即劳动合同也存在对外产生不利社会影响之可能。因此,笔者拟从用人单位、劳动者、社会影响三个层面对"严重性"认定标准的体系化展开探讨。

(1)用人单位层面

劳动关系存在的首要目的便是维持正常的劳动给付关系以及保证生产经营

---

① 参见康珑:《浅谈我国劳动合同法中解雇保护制度的完善》,载《中共山西省直机关党校学报》2015年第5期。

② 参见王全兴主编:《劳动法学》(第2版),高等教育出版社2008年版,第142页。

③ 参见朱军:《修法背景下〈劳动合同法〉第39条的完善》,载《法学》2017年第9期。

管理的正常运作。[①] 从用人单位层面,正是因为劳动者的违规行为损害了其根本利益,为保护合同双方,法律赋予用人单位单方解除劳动关系的权利。其根本利益主要包括正常生产经营管理的利益以及信赖保护利益。[②]

①用人单位遭受的损失大小

从维护生产经营管理利益的角度出发,判断违规行为是否“严重”的核心在于用人单位因此而遭受的损失。用人单位的损失可以进一步分为物质损失和非物质损失。前者主要指劳动者不当行为给用人单位的产品、生产设备等造成的损失,后者则主要包括对企业正常生产秩序,企业的形象、声誉等造成的不良影响。对用人单位来说,该部分损失难以通过具体数额衡量,但其重要性往往更甚于物质损失,若对于非物质损失不加考虑,则明显失之偏颇。

②损失的可弥补性

以损失数额为判断违规行为严重性的重要指标无可厚非,但显然不能将其作为唯一参照,即使劳动者的不当行为未给用人单位造成损失或者造成损失较小,也应结合企业自身性质等因素进行综合认定。同样的损失数额,由于不同企业性质、规模、抗风险能力的差异较大,法律不应当也不可能对损失数额作出统一的具体规定。故除了损失数额之外,认定“严重性”时还应与个案特性相结合,对损失的可弥补性进行考察。若违规行为所造成的损失数额并不大,但给用人单位造成的负面影响不可弥补,或弥补该过错将使用人单位陷入巨大的经济负担,那么仍可以认为损失较为严重。

③劳资双方信赖基础

劳动的持续性特征使劳动关系的存续以信赖为基础,这是维系劳动关系的基石,一旦劳资双方失去信赖,劳动关系便难以持久维系。[③] 从用人单位信赖利益保护的角度,我们不应局限于劳动者违规行为的当前状态,而应把眼光放得更加长远。因此审判机关应从客观中立的角度,对劳动者将来履行劳动合同义务的状况进行预测,如果认为劳动者的行为使双方信赖基础遭受严重损害,劳动合同赖以存续的基础被破坏,则可以此作出不利于劳动者的评价,具体可以通过劳动者的违规频次、一贯表现、违规时的主观状态等因素进行综合认定。

(2)劳动者层面

单方解雇行为一方面可视为对违规劳动者最严厉的惩罚手段,另一方面也

---

① 参见刘俊主编:《劳动与社会保障法学》,高等教育出版社 2017 年版,第 21 页。

② 参见刘婧:《〈劳动合同法〉第三十九条第二项的司法适用困境研究——基于 514 份裁判文书的实证分析》,山东大学 2019 年硕士学位论文,第 40 页。

③ 参见王全兴主编:《劳动法学》(第 2 版),高等教育出版社 2008 年版,第 135 页。

是为了避免该类行为再次危害到正常生产经营的必要措施。因劳动者严重违规而产生的解雇纠纷中,劳动者为过错方,其主动性权利不应作为考量是否构成严重违规的主要因素,而应以预测原则及对利益权衡的考量为主。[①] 以此为基础,我们从劳动者层面评判严重性时应秉持客观公正,从理性一般人的角度出发,着重考量劳动者违规时的岗位职责、主观状态等因素。

①岗位职责

劳动者的职责基于劳动合同的主给付义务,其直观反映了劳动者的工作内容是劳动合同核心内容之体现。而不同岗位的劳动者承担的劳动义务不同,劳动规章制度对其约束内容也存在差异,因此认定其违规行为的严重性时需将岗位职责作为重要的参考标准,结合具体案情进行分析。例如加油站员工在上班时间抽烟,因其所在岗位、所负职责决定了其实施特定违规行为的危害性远高于其他普通岗位,那么在认定违规行为严重性时也应对此作出倾向性的评价。

②主观状态

法律意义上的主观状态包括故意和过失,但目前司法实践中并未对劳动者的主观状态进行区分,常采用明知故犯、恶意等词语替代,这就导致劳动者违规时的主观状态在严重性认定中并未发挥其应有的作用。笔者认为可将劳动者的主观过错按照故意、重大过失和一般过失进行区分。其中一般过失行为不属于严重违反劳动规章制度的行为,即"严重违反用人单位规章制度"条款只有在劳动者故意或存在重大过失时才具备适用的空间。[②] 其中故意较容易区分,若劳动者明知自己的违规行为会使用人单位陷入不利益状态而积极追求或放任结果的发生,其主观状态可认定为故意。对于重大和一般过失,则需要通过劳动者行为时的注意义务进行判断,即其是否尽到通常情况下该岗位应当具备的注意义务。劳动过程中一般劳动者不可避免会存在过失,只有当该过失达到特定岗位职责所不能宽恕的程度,或未达到一般人通常情况下能够实现的注意义务时,才能认定其存在重大过失。

(3)社会影响层面

劳动者实施了违反劳动规章制度的行为,无论用人单位是否作出解雇决定,都必然产生一定的外部性,虽然多数情形下该外部性局限于用人单位内部或较

---

① 参见朱军:《认定"严重违反劳动规章制度"的因素及规范构成——基于相关案例的实证分析》,载《法学》2018年第7期。

② 参见王勇、陈建志:《用人单位依规章制度单方解除劳动合同的合理性判断》,载《人民司法》2015年第24期。

小范围内，但部分单位或岗位具有公共服务性质或社会关注度较高，劳动者的违规行为就可能产生不良社会影响，如曾经轰动一时的菜盆洗内衣裤案。[①] 若劳动者违反劳动规章制度的行为明显超出一般社会公众的容忍限度，在相当范围内造成了恶劣影响，那么从公序良俗的角度考量，应当认定劳动者的违规行为满足“严重性”的要求。

总之，对严重性问题进行界定时，并不存在绝对、可直接进行认定的考量因素，在诸多无法准确量化的因素互相作用之下，综合考量成为司法实践中解决该问题的唯一出路。但现行立法的缺失导致严重性审查存在考量因素范围不明、体系不清等问题，笔者认为严重性考量因素的体系化应从劳动合同内部和外部分别切入，同时将最后手段原则、预测原则、利益权衡原则与若干具体标准相结合，以此在个案中展开综合、全面的考量。诚如学者所言，法官应当站在“无知之幕”的背后，对劳动者违规行为的严重性进行实质性审查。[②]

结语

劳资关系的和谐稳定是社会经济发展的基本需求，《劳动合同法》中“严重违反用人单位规章制度”条款是维护劳动者权益，促进劳动关系稳定之重要手段。但劳动纠纷中关于该条款适用的争议较多，司法实践中问题频发，为此，如何精确界定该条款的适用边界就显得尤为重要。

从实证研究的角度出发，可发现由于我国劳动法律、法规对劳动规章制度的效力及“严重性”认定标准未作出明确规定，导致司法实践中各地法院对劳动规章制度的适用效力、严重性衡量等问题未形成统一标准，同案不同判的司法乱象频频出现。为此，笔者对司法实践中产生正向效果的解决方案进行归纳借鉴，将理论与实践相联系，结合我国国情，针对该条款适用中存在的主要问题探索可行的解决路径，以期完善该条款的适用，公平公正地化解劳动争议，切实保障劳资双方利益平衡。

鉴于笔者能力和精力所限，可能未能全面、准确地剖析出“严重违反用人单位规章制度”条款在司法适用中的问题。所提出的建议在科学性和可行性方面也有待进一步检验。谨希望本文的研究能够引发更多关于该制度适用的关注和探讨，对劳动法律体系之建设有所裨益。

---

① 唐李晗：《食堂员工用菜盆洗内衣裤被开除　仲裁委：开除违法》，载环球网2016年9月29日，https://m.huanqiu.com/article/9CaKrnJXRMO。

② 参见胡大武、杨芳：《严重违反单位规章制度之严重性边界的实证分析——以〈劳动合同法〉第39条第(二)款为视角》，载《中国劳动》2016年第24期。

【实证研究】

劳动者预告解除劳动合同相关法律问题研究

周　立*

摘　要:关于劳动合同预告解除的法律性质有三种学说:附期限的法律行为说、形成权说和形成权迟延生效说。形成权说因主张劳动者预告解除劳动合同的意思表示一经送达用人单位即产生解除劳动合同的法律效果而与其他二说不同。历史上,劳动合同在预告期内继续有效的法律传统可追溯至英国中世纪的劳工立法、《普鲁士一般邦法》及相关判例,后世普通法及大陆法国家,均延续了上述法律传统。形成权说背离了上述法律传统。有关辞职能否可以撤回或者撤销的立法例和判例法规则可分为五类。对上述法律规则的规范性经济分析表明,我国现行规则效率较低。为提高我国劳动力资源配置效率,建议修正《劳动合同法》,完善相关规则。

关键词:预告解除权　形成权　撤回权　撤销权　法律的经济分析

引言

《劳动法》第31条规定:"劳动者解除劳动合同,应当提前三十日以书面形式通知用人单位。"《劳动合同法》第37条规定:"劳动者提前三十日以书面形式通知用人单位,可以解除劳动合同。劳动者在试用期内提前三日通知用人单位,可以解除劳动合同。"一般认为,上述法律规定了劳动者的辞职权或预告解除权,但关于劳动合同预告解除的解除时间以及辞职能否撤回或撤销的问题,法无

* 周立,北京市惠诚(苏州)律师事务所律师助理。

明文,值得研究。

一、预告解除之解除时间

劳动合同解除后,劳动关系即告终止。因此,劳动合同的解除时间是一个重要的时间节点,对劳动者的权利和义务具有重要影响。有关劳动合同预告解除的法律性质有三种学说,从而解除时间亦不尽相同。

(一)附期限的法律行为说①

我国学者认为,30 日的通知期间,也称预告期。预告期既是准备期,又是约束期。作为约束期,在该日内劳动者应恪尽职守,不可松懈、怠慢工作,否则要承担违约责任。用人单位不得在预告期内以劳动者将要解除合同为由而在无法定解除事由的情况下擅自解除合同,否则也要承担法律责任。30 日的预告期并不影响劳动合同的效力,合同继续生效、履行。30 日期间届满即发生法律效果,劳动者的解除权生效,用人单位负有无条件为劳动者办理解除合同手续的义务。②另有学者对原劳动部办公厅《关于劳动者解除劳动合同有关问题的复函》(劳办发〔1995〕324 号)③作反对解释,得出这里的“提前 30 日”即是期限,劳动者依该条文提出解除劳动合同的行为肯定会发生法律效力,但要在 30 日后,否则就不发生法律效力。④

(二)形成权说

形成权,指的是由一个特定的人享有的、通过其单方行为性质的形成宣告来实施的、目的在于建立一个法律关系,或者确定一个法律关系的内容,或者变更一个法律关系,或者终止或者废止一个法律关系而导致权利关系发生变动的权利。⑤《劳动法和社会保障法》一书即认为,劳动者行使解除权的意思表示属于无须对方当事人同意,但需要对方接受的意思表示,应适用民法关于意思表示的

---

① 包含有期限附款的法律行为,称附期限的法律行为,于期限到来时发生效力。因此,始期又称延缓期限。由此,该说又可称为附始期的法律行为说或附延缓期限的法律行为说。

② 参见冯彦君:《解释与适用——对我国〈劳动法〉第 31 条规定之检讨》,载《吉林大学社会科学学报》1999 年第 2 期。

③ 原劳动部办公厅《关于劳动者解除劳动合同有关问题的复函》规定:“……劳动者提前三十日以书面形式通知用人单位,既是解除劳动合同的程序,也是解除劳动合同的条件。劳动者提前三十日以书面形式通知用人单位,解除劳动合同,无需征得用人单位的同意。超过三十日,劳动者向用人单位提出办理解除劳动合同的手续,用人单位应予以办理……劳动者违反提前三十日以书面形式通知用人单位的规定,而要求解除劳动合同,用人单位可以不予办理……”

④ 参见蒋德华:《浅析〈劳动法〉第三十一条的含义及其在实践中的运用》,载《中国劳动》2000 年第 3 期。

⑤ 参见[德]卡尔·拉伦茨、[德]曼弗瑞德·沃尔夫:《德国民法中的形成权》,孙宪忠译,载《环球法律评论》2006 年第 4 期。

规定,劳动者解除劳动合同的通知在到达用人单位时发生劳动合同解除的效力。[①]

形成权说的必然结论是行使预告解除权的意思表示一经相对人受领,立即产生解除劳动合同的效果。如北京市第二中级人民法院认为,劳动者根据《劳动合同法》第37条的规定行使单方解除权,具有解除劳动合同的意思表示一经送达用人单位即生效的形成权特质,不可反悔,不可撤销,且已经产生解除劳动合同的法律效果。北京市第二中级人民法院还认为,劳动者根据《劳动合同法》第37条的规定行使单方解除权,需要承担"30日"或"3日"继续履职的附随义务,且在司法实践中认定劳动者与用人单位劳动关系存续期间及用人单位支付工资的期间,应该截止到附随义务完成之时,即"30日"或"3日"期满之时,或者该期限未满,但用人单位认可附随义务已经履行完毕之时。[②]

(三)形成权迟延生效说

形成权迟延生效说为德国通说。根据《德国民法典》第622条第1款的规定,[③]劳动关系可以附以从自然月第15日或月底起算4周期限予以解除。正常终止必须遵守解约期限,解约期限指的是至少从解除表示到达到劳动关系终止之间的时间段。[④] 如果不遵守解约期限,终止无效。[⑤] 期限有法定和约定的分别。合同终止随着意思表示之到达而生效,[⑥]只意味着终止行为发生效力,并不意味着合同关系即刻消灭。如果根据法定或者约定,终止权的行使必须遵守一定期限,那么合同终止的生效只意味着该期限的起算时刻点,该期限的届满时

---

① 参见林嘉主编:《劳动法和社会保障法》,中国人民大学出版社2009年版,第145页;林嘉主编:《劳动法和社会保障法》,中国人民大学出版社2011年版,第143页;林嘉主编:《劳动法和社会保障法》,中国人民大学出版社2013年版,第147页;林嘉主编:《劳动法和社会保障法》,中国人民大学出版社2016年版,第149页。而由同一主编编写的两本专著又认为,自书面解除劳动合同的通知到达用人单位之时解除劳动合同的意思表示生效,劳动合同自该通知之日起30天内自动解除,也就是劳动者预告解除劳动合同的通知在到达用人单位时并不会立即产生劳动合同解除的效果。参见林嘉主编:《劳动合同法条文评注与适用》,中国人民大学出版社2007年版,第207页;林嘉:《劳动法的原理　体系与问题》,法律出版社2016年版,第207页。

② 参见周珍:《劳动者行使劳动合同单方解除权后无法撤回——北京二中院判决陈某诉正大公司劳动争议案》,载《人民法院报》2018年12月20日,第6版。

③ 《德国民法典》第622条第1款规定:"工人或者雇员(受雇人)的劳动关系,可以遵守四个星期的期间,以历月的第十五日或者末了为终止时间,通知终止。"参见陈卫佐译注:《德国民法典》,法律出版社2004年版,第206页。

④ 在正常解约时劳动合同双方当事人都应该遵守在请求解约和结束劳动关系之间的特定期限(解约期限)。参见[德]W.杜茨:《劳动法》,张国文译,法律出版社2005年版,第122页;[德]雷蒙德·瓦尔特曼:《德国劳动法》,沈建峰译,法律出版社2014年版,第249页。

⑤ 参见[德]W.杜茨:《劳动法》,张国文译,法律出版社2005年版,第124页。

⑥ 如果解约接受方没有在解约之前或者同时赋予撤销权,那么解约因为到达而生效。参见[德]W.杜茨:《劳动法》,张国文译,法律出版社2005年版,第117页。

刻，才是合同关系归于消灭的时刻。[①] 另有学者认为，附终止期间的随时终止意思表示是一个附期限的形成权；[②]当下正是终止意思表示，而非将来意思表示的预告，即使法律效果最终需要等待终止期间经过以后才发生。[③]

我国也有学者认为，劳动合同的法定解除权，从性质上看，是形成权，即以一方当事人的意思表示即可将合同解除的权利。[④] 该学者还认为，提前 30 日给另一方当事人发出解除劳动合同的通知，有利于维护处于被动地位的一方当事人的合法权益。对于劳动者来说，可以在同用人单位正式解除劳动合同之前，寻找新的工作岗位，安排好个人的生活及发展打算。[⑤] 也就是该学者虽然认为预告解除权是一种形成权，但并没有立即解除劳动合同的效果。还有学者认为，从性质上看，解除劳动合同的行为属于需要接受方的、具有形成效力的单方意思表示，即自书面解除劳动合同的通知到达用人单位之时解除劳动合同的意思表示生效，劳动合同自该通知之日起 30 天[⑥]内自动解除。[⑦] 上海市第一中级人民法院在王某诉上海三樱扑雷药业有限公司劳动合同纠纷案中也认为，在劳动者发出解除劳动合同的意思表示后，合同并没有即时解除，而是有一个 30 天的期限，如果没有其他意外情况，不需要劳动者再作出意思表示合同即肯定解除，所以此时合同处于“准解除”的状态，认定为附期限的形成权比较适宜，也能更好地解释预告期内劳动合同双方的权利义务关系履行。[⑧]

以上三种解释在预告解除行为的成立、生效以及劳动合同解除时间上的区别可总结如表 1 所示。

---

① 参见黄卉：《德国劳动法中的解雇保护制度》，载《中外法学》2007 年第 1 期。

② 原文如此。笔者认为，终止权的行使必须遵守一定期限只是劳动合同终止的效力迟延发生，并非终止权之生效本身附有期限。如终止权之生效本身附有期限，则与附期限的法律行为说无异。故将该说称为“形成权迟延生效说”而不是“附期限的形成权说”，以免混淆。

③ 参见吴奕锋：《论不定期继续性合同随时终止制度 兼评〈民法典合同编（二审稿）〉的规定》，载《中外法学》2019 年第 2 期。

④ 参见关怀主编：《〈中华人民共和国劳动法〉导读》，法律出版社 1994 年版，第 103 页。

⑤ 参见关怀主编：《〈中华人民共和国劳动法〉导读》，法律出版社 1994 年版，第 104 页。

⑥ 笔者认为，这里的“30 天”不应作机械理解，在预告期长于 30 日的情况下，仍应以预告期满作为劳动合同解除的时间点。

⑦ 参见林嘉主编：《劳动合同法条文评注与适用》，中国人民大学出版社 2007 年版，第 207 页。同一作者的另一专著也主张，劳动者行使辞职权后，劳动合同将在 30 天后解除。参见林嘉：《劳动法的原理、体系与问题》，法律出版社 2016 年版，第 207 页。

⑧ 参见上海市第一中级人民法院民事判决书，（2013）沪一中民三（民）终字第 719 号。类似案例还有中国光大银行股份有限公司上海分行与许某劳动合同纠纷案，上海市第一中级人民法院（2015）沪一中民三（民）终字第 122 号民事判决书。

表 1　附期限的法律行为说、形成权说以及形成权迟延生效说之对比

解释	通知时间	预告期间	预告期满
附期限的法律行为说	预告解除行为成立	预告解除行为效力未定,劳动合同延续	预告解除行为生效,劳动合同解除
形成权说	预告解除行为成立且生效,劳动合同解除	附随义务	附随义务完成
形成权迟延生效说	预告解除行为成立且生效	劳动合同延续	劳动合同解除

由此可见,在上述三种学说中,附期限的法律行为说与形成权迟延生效说均认为,只有在预告期满之后,劳动合同解除的效果才会发生,而形成权说在劳动合同解除的时间上与附期限的法律行为说和形成权迟延生效说存在根本差异。笔者不赞同形成权说,尤其是其关于解除劳动合同的意思表示一经送达用人单位即产生解除劳动合同法律效果的主张。理由如下:

第一,从立法解释的角度,劳动合同法起草小组认为,单方预告解除劳动合同必须在解除劳动合同之前,按照法定或约定的方式进行预告,并经过一定的预告期后,才能产生解除劳动关系的后果。① 虽然该小组所编写的释义并非正式的立法解释,但有理由认为该意见代表立法者的观点。

第二,从文义解释的角度,一般认为我国《劳动法》第 31 条和《劳动合同法》第 37 条中的"提前"是指"在劳动合同解除之前"。关于解除劳动合同的意思表示一经送达用人单位即产生解除劳动合同的法律效果的主张,显然与我国《劳动法》第 31 条和《劳动合同法》第 37 条的文义不符。

第三,从体系解释的角度。首先,我国《劳动合同法》第 38 条和第 39 条分别规定了劳动者和用人单位对劳动合同的单方即时解除权。如果预告解除劳动合同的意思表示一经送达对方即产生解除劳动合同的法律效果,那么就没有必要另行规定《劳动合同法》第 38 条和第 39 条。其次,我国学者早已提出,提前通知对方,可以使其有足够的时间考虑解除劳动合同是否符合法律和合同的规定,以便采取各种补救措施。② 这里的补救措施包括行使劳动合同的即时解除权。以在预告解除的预告期满前采取即时解除的补救措施的情况为例,如采纳形成权说,则生效在先的预告解除行为会导致生效在后的即时解除行为因自始不能而无效;如采纳附期限的法律行为说或形成权迟延生效说,则劳动合同由在后的即

① 参见《中华人民共和国劳动合同法》起草小组编:《中华人民共和国劳动合同法释义》,中国市场出版社 2007 年版,第 118 页。

② 参见林嘉、郑爱青、李文编著:《中华人民共和国劳动法讲话》,中国检察出版社 1994 年版,第 63 页。

时解除行为解除，而在先的预告解除行为因嗣后不能而无效。[①] 由此可见，如采纳形成权说，则无法有效实现《劳动合同法》第38条和第39条规定的立法目的，而采纳附期限的法律行为说或形成权迟延生效说更有利于保护劳动者的合法权益，也更有利于实现《劳动合同法》第38条和第39条的立法目的。再次，日本学者认为，附随义务或其他容忍义务是指没有履行请求权的契约法上的义务。[②] 我国学者也认为，附随义务并非给付义务，通常不是请求权所指向的对象。[③] 因此，劳动者提供劳动以及用人单位支付劳动报酬属于劳动合同的主给付义务，而非附随义务。《劳动合同法》第50条也将劳动者在预告期内继续提供劳动以及用人单位支付预告期间的劳动报酬排除在该条所规定的附随义务以外，而形成权说主张其为附随义务。最后，我国学者认为，对于用人单位来说，可以利用通知期提前调配劳动力，防止因解除劳动合同而中断生产，减少因一方解除劳动合

① 此时在先的预告解除的预告期实际具有行使在后的即时解除权的除斥期间的效果。具体又可细分为4种情况：(1)劳动者在劳动者预告解除的预告期满前又即时解除，发生在劳动者在预告期内发现用人单位存在《劳动合同法》第38条规定的情形时。此时劳动者的即时解除行为是一种被迫解除劳动合同的行为，是对前一预告解除行为的补救。如采纳形成权说，将导致劳动合同依然由在先的劳动者的预告解除行为解除，劳动者即时解除权无法实现，也无法取得经济补偿，而用人单位达到了其规避法律的目的。如采纳附期限的法律行为说或形成权迟延生效说，则劳动合同将由在后的劳动者即时解除行为解除，劳动者因此得以依照《劳动合同法》第46条的规定向用人单位主张被迫解除劳动合同的经济补偿，而用人单位达不到其规避目的。(2)用人单位在劳动者预告解除的预告期满前即时解除，发生在用人单位在预告期内发现劳动者存在《劳动合同法》第39条规定的情形时。此时劳动者的预告解除行为实际上是一种劳动者试图在用人单位根据《劳动合同法》第39条的规定即时解除之前抢先预告解除劳动合同的规避行为。如采纳形成权说，将导致劳动合同依然由在先的劳动者的预告解除行为解除，用人单位即时解除权无法实现，而劳动者达到了其规避法律的目的。如采纳附期限的法律行为说或形成权迟延生效说，则劳动合同将由在后的用人单位即时解除行为解除，用人单位的即时解除权得到实现，而劳动者达不到其规避目的。(3)劳动者在用人单位预告解除的预告期满前即时解除，发生在劳动者在预告期内发现用人单位存在《劳动合同法》第38条规定的情形时。此时用人单位的预告解除行为实际上是一种在劳动者行使即时解除权之前抢先预告解除劳动合同的规避行为。如采纳形成权说，将导致劳动合同依然由在先的用人单位预告解除行为解除，劳动者即时解除权无法实现，也无法取得经济补偿，而用人单位达到了其规避法律的目的。如采纳附期限的法律行为说或形成权迟延生效说，则劳动合同将由在后的劳动者即时解除行为解除，劳动者的即时解除权得到实现，劳动者因此得以依照《劳动合同法》第46条的规定向用人单位主张被迫解除劳动合同的经济补偿，而用人单位达不到其规避目的。(4)用人单位在预告解除的预告期满前又即时解除，发生在用人单位在预告期内发现劳动者存在《劳动合同法》第39条规定的情形时。此时用人单位的即时解除行为是一种对劳动者的惩戒，将剥夺劳动者对于剩余通知期的期限利益。如采纳形成权说，将导致劳动合同依然由在先的用人单位预告解除行为解除，用人单位即时解除权无法实现，而劳动者达到了其规避法律的目的。如采纳附期限的法律行为说或形成权迟延生效说，则劳动合同将由在后的用人单位即时解除行为解除，用人单位及时解除权得以实现的同时还取得了惩戒效果，劳动者则达不到其规避目的。

② 参见[日]宫本健藏：《日本的安全照顾义务论的形成与展开》，金春龙译，载《清华法学》2004年第1期。

③ 参见王利明主编：《中国民法典草案建议稿及说明》，中国法制出版社2004年版，第474页。

同而给另一方造成的经济损失。[①] 而形成权说关于劳动者预告解除劳动合同的意思表示一经送达用人单位即产生解除劳动合同的法律效果的主张,则无法避免用人单位因解除劳动合同而中断生产或造成经济损失,与我国《劳动合同法》第 90 条的规定不协调。因此,形成权说不符合我国《劳动合同法》的体系解释。

第四,从历史解释的角度。历史上,通知终止劳动合同的制度起源于 1444 年《亨利六世二十三年法》(23 Henry Ⅵ),该法第 12 章规定:"从事畜牧业的仆人如果想离开其主公,必须提前六个月发出警告。如果仆人未发出通知,并与新主公订立了契约,则该契约无效,仆人必须继续为原主公服务。"[②]此外,1562 年《伊丽莎白一世五年法》(5 Elizabeth I)第 4 章[③]第 6 条规定:"任何主公、主婆或主母不得在其任期结束时解雇任何此类仆人,或任何此类仆人不得在其任期结束时离开其主公、主婆或主母,除非在其任期结束前由上述主公、主婆或主母或仆人向对方发出一个季度的警告,否则将面临以下处罚。"[④]由以上英国制定法规定可以看出,提前 6 个月或一个季度通知的性质在历史上是一种"警告",不具备解除合同的效果。因此,关于劳动者预告解除劳动合同的意思表示一经送达用人单位即产生解除劳动合同的法律效果的主张与通知终止制度在英国法历史上的警告意义相悖。与英国法不同,美国法不要求提前通知,除非雇主将其纳入合同,通常是将其作为公司的规定。1853 年,美国缅因州最高法院在 Harmon v. Salmon Falls Manufacturing Co. 案中认为,制造业公司关于雇员必须在辞职前

---

① 参见关怀主编:《〈中华人民共和国劳动法〉导读》,法律出版社 1994 年版,第 104 页;林嘉、郑爱青、李文编著:《中华人民共和国劳动法讲话》,中国检察出版社 1994 年版,第 63 页;冯彦君:《解释与适用——对我国〈劳动法〉第 31 条规定之检讨》,载《吉林大学社会科学学报》1999 年第 2 期;林嘉主编:《劳动合同法条文评注与适用》,中国人民大学出版社 2007 年版,第 203 页;周国良:《劳动合同终止和解除(二)》,载《中国劳动》2008 年第 3 期。

② "A servant in husbandry, who wants to leave his master must give six months' warning. If the servant fails to give notice and makes a covenant with a new master, then that covenant is void, and the servant must continue to serve the first master." See Elaine Clark, *Medieval Labor Law and English Local Courts*, The American Journal of Legal History, Vol. 27, No. 4, p. 353(1983), available at JSTOR.

③ 该法全称是《关于工匠、劳动者、畜牧业仆人和学徒的各种命令的法案》(An Act touching diverse orders for Artificers, Laborers, Servants of Husbandry, and Apprentices),又称《1562 年工匠法》(Statute of Artificers 1562),是早期现代英国管理劳工的最彻底的立法。See A. L. Beier, '*A New Serfdom*': *Labor Laws, Vagrancy Statutes, and Labor Discipline in England*, 1350 – 1800., in A. L. Beier and Paul Ocobock eds., Cast Out: Vagrancy and Homelessness in Global and Historical Perspective, Ohio University Press, 2008, p. 45, available at JSTOR.

④ "And that no such Master, Mistress or Dame, shall put away any such Servant at the End of his Term, or that any such Servant shall depart from his said Master, Mistress or Dame at the End of his Term, without one Quarter's Warning given before the End of his said Term, either by the said Master, Mistress or Dame, or Servant, the one to the other, upon the Pain hereafter ensuing."参见 Danby Pickering, *The Statutes at Large: From the First Year of Queen Mary to The Thirty-fifth Year of Queen Elizabeth, inclusive*, Vol. 6, p. 160(1763);另见[英]威廉·布莱克斯通:《英国法释义》(第 1 卷),游云庭、缪苗译,上海人民出版社 2006 年版,第 474 页。

通知公司,否则将没收其应得工资的规定,旨在防止工人在没有事先通知的情况下故意离开他们的机器和他的工作,以保护公司履行合同的能力,因此该规定是有效且具有约束力的。[①] 因此,关于劳动者预告解除劳动合同的意思表示一经送达用人单位即产生解除劳动合同的法律效果的主张与该制度在美国法上的产生原因和保护目的相悖。而在大陆法历史上,1794 年颁布的《普鲁士一般邦法》中尚未出现劳动合同的概念,只有“雇用仆人”(Miethen des Gesindes)的概念,并将其作为租赁合同的一种,[②]但其在第二编第五章中用第 109—115 条七个条文,对通过提前发出终止通知而终止租约作出了规定:

第 109 条　除这些情况外,在服务期内不得单方面终止租约。

第 110 条　任何一方在服务期满后不希望继续租赁的,必须在适当的期限内发出终止通知。

第 111 条 如果通知的期限没有由专门的法律确定,则应假定在服务期满前,城市仆人为六周,农村仆人为三个月。

第 112 条　如果是按月雇用的仆人,应在每个月的第 15 天发出终止通知。

第 113 条　如果没有发出终止合同的通知,合同应被视为默示续约。

第 114 条　对于城市仆人,续约应是四分之一年,对于农村仆人,续约应是一整年。

第 115 条　在按月雇用的仆人的情况下,续约应始终只有一个月。[③]

此即通知终止劳动合同制度在大陆法中的起源。1804 年《法国民法典》与《普鲁士一般邦法》一样没有劳动合同的概念,只有雇佣合同的概念,且亦将雇佣合同作为租赁合同的一种。《法国民法典》第 1708 条规定:“赁贷之契约,有两种。(一)物件赁贷。(二)人力赁贷。”[④]《法国民法典》第 1710 条进一步规定:“人力赁贷者,谓一方之人与他一方之人协议之上,得所定赁银而应为他一

---

① Harmon *v.* Salmon Falls Manufacturing Co., 35 Me. 447(1853), Maine Supreme Judicial Court, *Reports of Cases Argued and Determined in the Supreme Judicial Court of the State of Maine*, Vol. 35, p. 447(1854).

② Vgl. Prussia, Allgemeines Landrecht für die Preussischen Staaten: in Verbindung mit den ergänzenden Verordnungen, Zweiter Band, Nauck, 1837, S. 566.

③ Vgl. Prussia, Allgemeines Landrecht für die Preussischen Staaten, Dritter Band, Bey George Jakob Decker Und Sohn, Königl. Geh. Oberhofbuchdruckern, 1794, S. 287f.

④ 李秀清、陈颐主编:《法国六法》,商务印书馆编译所编译,上海人民出版社 2013 年版,第 167 页。现译“租赁契约可分为两种:物的租赁契约;劳动力的租赁契约”。参见李浩培、吴传颐、孙鸣岗译:《拿破仑法典(法国民法典)》,商务印书馆 1979 年版,第 238 ~ 239 页。

方为某事之契约。"[①]《法国民法典》第1736条则规定:"就家屋及土地之贷借无其证书时,应从因其地习惯所定之犹豫期限,由贷主或借主之一方,对于他一方告知退去之事。"[②]1868年《下加拿大民法典》第1600条承继了《法国民法典》第1708条,该条规定:"租赁合同的对象要么是物,要么是人力,要么是两者兼而有之。"[③]《下加拿大民法典》第1602条承继了《法国民法典》第1710条,该条规定:"人力租赁是一项合同,其中一方称为出租人,承诺为另一方(称为承租人)做某事,以换取后者承诺支付的报酬。"[④]《下加拿大民法典》第1657条承继并发展了《法国民法典》第1736条,该条规定:"当租赁期限为不确定、口头约定或推定时,如第1608条所规定,如果租金每三个月或更长周期支付一次,任何一方不得终止租赁合同,除非提前三个月通知另一方;如果租金支付周期短于三个月,则预通知期限应根据第1642条规定确定。尽管如此,整体仍受本条以及第1608条和第1653条规定的约束。"[⑤]1888年,下加拿大巡回法院在Paquin v. City of Hull案中类推适用《下加拿大民法典》第1657条,认为:"当雇佣期限不确定时,无论是雇主还是雇员,都无权在未通知对方的情况下终止合同,并按照当地法律规定的时间延迟,或者在没有规定时间的情况下,给予合理的延迟;在未通知对方的情况下,违约的一方有责任对对方进行赔偿,除非对方的行为有理由立即解除合同。"[⑥]由此可见,预告期在受《法国民法典》影响的大陆法传统中

---

① 李秀清、陈颐主编:《法国六法》,商务印书馆编译所编译,上海人民出版社2013年版,第167~168页。现译"称劳动力的租赁者,谓当事人约定,一方为他方完成一定的工作,他方约定支付报酬的契约"。参见李浩培、吴传颐、孙鸣岗译:《拿破仑法典(法国民法典)》,商务印书馆1979年版,第239页。

② 李秀清、陈颐主编:《法国六法》,商务印书馆编译所编译,上海人民出版社2013年版,第170页。现译"非以书面所为的租赁,当事人的一方仅得依照当地习惯所规定的期限向他方为租赁终止的通知"。参见李浩培、吴传颐、孙鸣岗译:《拿破仑法典(法国民法典)》,商务印书馆1979年版,第242页。

③ Queébec(Province), Code civil du Bas-Canada, d'après le rôle amendé déposé dans le bureau du greffier du conseil législatif, tel que prescrit par l'acte 29 Vict, chap. 41, 1865: Augm. des autorités citées par les codificateurs dans le projet soumis à la législature; d'un précis des changements introduits par le code civil dans les lois du Bas-Canada, Beauchemin, 1866, p.371.

④ Queébec(Province), Code civil du Bas-Canada, d'après le rôle amendé déposé dans le bureau du greffier du conseil législatif, tel que prescrit par l'acte 29 Vict, chap. 41, 1865: Augm. des autorités citées par les codificateurs dans le projet soumis à la législature; d'un précis des changements introduits par le code civil dans les lois du Bas-Canada, Beauchemin, 1866, p.371.

⑤ Queébec(Province), Code civil du Bas-Canada, d'après le rôle amendé déposé dans le bureau du greffier du conseil législatif, tel que prescrit par l'acte 29 Vict, chap. 41, 1865: Augm. des autorités citées par les codificateurs dans le projet soumis à la législature; d'un précis des changements introduits par le code civil dans les lois du Bas-Canada, Beauchemin, 1866, p.384.

⑥ "Held: 2. That when the term of the engagement of an employee is indeterminate, neither the employer nor the employee has the right to terminate it without giving notice to the other, with the delay fixed by law for the locality, or, when none is fixed, with a reasonable delay; and that in default of such notice, the party breaking the contract is liable in damages to the other, unless the conduct of the other gave reason for an immediate resiliation of the contract." James Kirby, *The Legal News*, Vol.11, The Gazette Printing Co., 1888, p.354-356.

是类推自租赁合同中的预告期，属于一种“犹豫期限”或“延迟”。至此，大陆法在以《普鲁士一般邦法》第二编第五章第109—115条的制定法方式，在下加拿大以在判例中类推适用《法国民法典》第1708条和《下加拿大民法典》第1657条的方式建立起了提前通知，通知期满之后终止租赁（雇佣）的法律传统。《奥地利普通民法典》第1158、1159、1159a、1159b、1159c条[①]，《日本民法》第627条[②]以及《德国民法典》第620—623条[③]均延续了上述大陆法的传统。因此，关于劳动者预告解除劳动合同的意思表示一经送达用人单位即产生解除劳动合同的法律效果的主张，与大陆法的传统相悖。我国历史上，1910年《大清民律草案》第726—729条规定：

> 第726条　约定雇佣期间届满者，雇佣关系消灭期间在5年以上之雇佣契约，及以当事人之一或第三人终身为期之雇佣契约于5年后，当事人之一造得随时声明解约。声明后满3个月，雇佣关系消灭。
>
> 第727条　未定佣雇期间，及不能依佣雇之性质或其目的以定其期者，各当事人得依后二条之规定，声明解约。
>
> 第728条　以日定报酬者，无论何日得声明解约，其雇佣自次日终止。以6个月以下之期间定报酬者，得声明自次期以后解约。但须在本期前半期预行声明。
>
> 以6个月以上期间定报酬者，依前项声明解约，须于3月前为之。
>
> 第729条　不以期间定雇佣之报酬者，得随时声明解约。声明后满2星期，雇佣终止。[④]

1925年《民律第二次草案》第583—586条与《大清民律草案》第726—729条略同。[⑤] 1929年《工厂法》第27条规定：“凡无定期之工作契约，如工厂欲终止契约者，应於事前预告工人，其预告之期间，依左列之规定。但契约另订有较长之预告期间者，从其契约：一、在厂继续工作三个月以上未满一年者，於十日前

---

① 参见戴永盛译：《奥地利普通民法典：修订截至2016年1月1日》，中国政法大学出版社2016年版，第219页。

② 参见曹为、王书江译：《日本民法》，法律出版社1986年版，第125页。

③ 参见李秀清、陈颐主编：《德国六法》，商务印书馆编译所编译，上海人民出版社2013年版，第118~119页。

④ 参见杨立新点校：《大清民律草案·民国民律草案》，吉林人民出版社2002年版，第92页。

⑤ 参见杨立新点校：《大清民律草案·民国民律草案》，吉林人民出版社2002年版，第282页。

预告之。二、在厂继续工作一年以上未满三年者,於二十日前预告之……”①1933年《中华苏维埃共和国劳动法》第101条规定:“无限期的劳动合同,被雇人随时可以要求解除,但普通劳动者必须于一星期前预告雇主,负责人及技术人员必须于两星期前预告雇主。”②1936年《劳动契约法》③第30条(劳动契约终了之原因)规定:“劳动契约因左列事由而终了:一、契约期满。二、预告期满。三、劳动目的完成。四、劳动者死亡。五、当事人之同意。六、其他依本法之规定者。”④由此可见,我国历史上的《大清民律草案》和《民律第二次草案》中的雇佣关系、《工厂法》中的工作契约、《中华苏维埃共和国劳动法》中的劳动合同,以及《劳动契约法》中的劳动契约在预告期内均继续有效,只有在预告期满之后才会发生终止或者解除。因此,形成权说关于劳动者预告解除劳动合同的意思表示一经送达用人单位即产生解除劳动合同的法律效果的主张也与我国的法律传统相悖。

第五,从比较解释的角度。根据普通法,雇佣合约虽然没有规定终止的日期,但只要一方给予通知,便可终止合约。当通知期满后,合约即告终止。⑤《英国1963年雇佣契约法》(Contracts of Employment Act 1963)在其名为“雇员在通知期内的权利”(rights of employee in period of notice)的附表2中关于“在通知期内终止雇佣”(termination of employment during period of notice)的第6条规定:“(1)如果在通知期内,雇主违反了雇佣契约,根据本附表就违反后的那部分通知期所收到的款项,将用于减轻雇员在该部分通知期的收入损失而可收回的损害。(2)如果在通知期内,雇员违反了契约,并且雇主正确地将该违反行为视为终止契约,则不应根据本附表就通知期中属于契约终止后的部分向雇员付款。”⑥由此可见,雇佣契约在英国制定法上的通知期内有效,否则就不存在雇主在通知期内违反雇佣契约或雇员在通知期内违反雇佣契约的问题。1980年,英

---

① 劳动人事部劳动科学研究所劳动法研究室编:《台湾、香港劳动法规选编》,工人出版社1984年版,第5页。

② 国家劳动总局政策研究室编:《中国劳动立法资料汇编》,工人出版社1980年版,第386页。

③ 该法适逢西安事变及对日抗战,内忧外患,未明令施行。

④ 王宗洲主编:《中国劳动法规全书》,黄河出版社1989年版,第136页。

⑤ 参见岑振猷:《香港雇佣合约法》,(香港)商务印书馆1989年版,第96~97页。

⑥ “6.—(1) If, during the period of notice, the employer breaks the contract of employment, payments received under this schedule in respect of the part of the period of notice after the breach shall go towards mitigating the damages recoverable by the employee for loss of earnings in that part of the period of notice. (2) If, during the period of notice, the employee breaks the contract and the employer rightfully treats the breach as terminating the contract, no payment shall be due to the employee under this schedule in respect of the part of the period of notice falling after the termination of the contract.” See Incorporated Council of Law Reporting for England and Wales, Church of England National Assembly, *Public General Statutes*, H. M. Stationery Office, 1963, p. 1309 – 1310.

国劳工上诉法庭(Employment Appeal Tribunal)在 Adams v. GKN Sankey Ltd. 案中认为,如果一个人在通知期内被解雇并支付了通知费,但不要求其工作,那么在通知期结束之前,雇佣关系并没有结束。[①]《英国 1996 年就业权利法》也将"终止生效日期"(the effective date of termination)定义为,对于因通知而终止雇佣契约的雇员而言,无论通知是由其雇主还是雇员发出的,都是指通知到期的日期,而发出终止通知的日期则被称为"重要日期"(material date)。[②]《新加坡 1968 年就业法》第 10 条规定:"(1) 服务合同的任何一方均可在任何时候向另一方发出通知,表明其终止服务合同的意向……"[③]与终止生效日期对应的中国香港特定制定法概念为"有关日期"(relevant date)。在大陆法劳动专法立法例中,1973 年《法国劳动法典》第 L122 - 8 条第 2 款规定:"在此场合,不遵守预告期限不产生提前终止合同之结果。"[④]1974 年《波兰人民共和国劳动法》第 60 条规定:"如果用人单位在通知期内违反解除劳动合同的规定,不经通知解除劳动合同,劳动者仅有权获得补偿。赔偿金按通知期结束前的报酬金额支付。"[⑤]2003 年《罗马尼亚劳动法》第 81 条规定:"(1)辞职是指雇员在通知期满后,通过书面通知雇主终止个人劳动合同的单方行为。……(5) 在通知期间,个人就业合同应继续完全有效……"[⑥]2007 年《法国劳动法典》第 L1234 - 4 条延续了 1973 年《法国劳动法典》第 L122 - 8 条第 2 款,该条规定:"不执行解雇通知不会导致合同终止日期提前。"[⑦]由此可见,在普通法以及英国制定法、新加坡制定法以及以法国、波兰和罗马尼亚为代表的大陆法劳动专法立法例中,劳动合同在预告期间均继续有效。

---

① "Where a person is dismissed with notice paid for the notice period and not required to work it, the employment does not come to an end until the end of the period of notice." See Jane Moffatt, *Employment Law*, Oxford University Press, 2006, p. 39.

② Employment Rights Act 1996, Section 97, The National Archives, available at https://www.legislation.gov.uk/ukpga/1996/18/section/97/enacted, retrieved on 2023 - 02 - 17.

③ Employment Act 1968, Singapore Statutes Online, available at https://sso.agc.gov.sg/Act-Rev/EmA1968/, retrieved on 2023 - 07 - 30.

④ 参见 Article L122 - 8 - Code du travail, [En ligne: https://www.legifrance.gouv.fr/codes/article_lc/LEGIARTI000006646858/ 1974 - 09 - 29/], Consultéle 8 mars 2023, 另见罗结珍译:《法国劳动法典》,国际文化出版公司 1996 年版,第 29 页。

⑤ Ustawa z dnia 26 czerwca 1974 R. Kodeks pracy., Strona główna Sejmu Rzeczpospolitej Polskiej, https://isap.sejm.gov.pl/ isap.nsf/download.xsp/WDU19740240141/O/D19740141.pdf, retrieved on 2023 - 03 - 09. 另见劳动人事部劳动科学研究所、中国劳动法学研究会编:《劳动法手册》,经济管理出版社 1988 年版,第 788 页。

⑥ Romania, *Codul Muncii Legea* 53 *din* 2003, International Labour Organization, available at https://www.ilo.org/dyn/ natlex/docs/ELECTRONIC/63536/126040/F2072021215/ROM - 63536.pdf, retrieved on 2023 - 02 - 22.

⑦ Ordonnance n° 2007 - 329 du 12 mars 2007 relative au code du travail (partie législative), [En ligne: https://www.legifrance.gouv.fr/eli/ordonnance/2007/3/12/SOCX0700017R/jo/article _ l. _ 1234 - 4]. Consultéle 8 mars 2023.

二、辞职之撤回或撤销

与劳动合同预告解除相伴而生的问题是辞职能否撤回或者撤销。最早对这一问题作出规范的似乎是《天主教教会法典大全》(Corpus Iuris Canonici)。[①] 根据天主教教会法,“接受辞职是一种准法律行为,对于使其有效和完整至关重要。只要它不完整,它就只是一个提议或意向,可以随时从长上的审理中撤回”[②]。1917年《天主教法典》第190条规定:“在合法辞职并被接受后,只要将接受通知给辞职者,该职位就会空缺。辞职者必须继续留任,直到他收到长上接受其辞职的明确通知。”[③]1983年《天主教法典》第189条规定:“为使辞职生效,无论辞职需要接受与否,均应向有权授予该职务的当局以书面为之,或在二证人前以口头为之。辞职而无正当与相称理由时,教会当局不应照准。辞职需要照准时,在三月内未获照准者,辞职无效。不需要照准的辞职,辞职人依法声请后,立即生效。辞职生效[④]前,辞职人得撤销之;生效后则再不能撤销;但辞职人得以他种名义再获得该职务。”[⑤]换言之,在辞职尚未被接受的情况下,神职人员可以自由地撤回辞职,无须经过任何特殊程序。

在普通法中,当事人间可自由提出其意思表示或收回其意思表示,要约人撤回要约乃理所当然。但要约之撤回[⑥]有两个原则:(1)要约须在要约相对人承诺前撤回;(2)要约之撤回须通知相对人。[⑦] 雇佣合同在英美合同法中与其他合同

---

① 《天主教教会法典大全》是天主教会的法典汇编,共6卷,为中世纪教会立法的主要依据,1917年方为《天主教法典》所取代。参见《简明不列颠百科全书》编辑部译编:《简明不列颠百科全书》(第7卷),中国大百科全书出版社1986年版,第788页。

② “The acceptance of a resignation is a quasi-judicial act, and is essential to make it effective, and render it complete. So long as it is incomplete, it is a mere proposal or tender, and may at any time be withdrawn from the superior's cognisance.” Oswald Joseph Reichel, *The Elements of Canon Law*, Tomas Baker, 1889, p. 223 – 225. 对此,布莱克斯通在《英国法释义》中也曾提到“但[牧师]辞职须向主教本人提出,而且在主教接受前辞职是不生效的”。参见[英]威廉·布莱克斯通:《英国法释义》(第1卷),游云庭、缪苗译,上海人民出版社2006年版,第434页。

③ *Codex Iuris Canonici, PII X Pontificis Maximi iussu digestus, Benedicti Papae XV auctoritate promulgatus*, in Acta Apostolicae Sedis 9/II(1917), Typis Polyglottis Vaticans, 1917, p. 42, available at https://www.vatican.va/archive/aas/documents/AAS – 09 – II – 1917 – ocr.pdf, retrieved on 2023 – 05 – 25.

④ 根据教会法学者的解释,辞职者可以说明辞职的生效时间,如果主管当局接受辞职,辞职将在辞职信中规定的时间内生效,在此期间,除非有原因并遵循适当的免职程序,否则不能将任职者免职。See John P. Beal, James A. Coriden & Thomas Joseph Green, *New Commentary on the Code of Canon Law*, Paulist Press, 2000, p. 223.

⑤ 《天主教法典》,载圣座网站,https://www.vatican.va/chinese/cic/cic-libro-I-cann145 – 196 – tit-IX_zh-t.pdf,2023年3月31日访问。

⑥ 也称要约的撤销。参见[英]A. G. 盖斯特:《英国合同法与案例》,张文镇等译,中国大百科全书出版社1998年版,第48页;[英]丹尼斯·基南:《史密斯和基南英国法》(第14版),陈宇、刘坤轮译,法律出版社2008年版,第443页。

⑦ 参见杨桢:《英美契约法论》,北京大学出版社2007年版,第43页。

并无不同。因此，辞职是一个要约，在受要约人无条件接受之前，要约人可以随意撤回。如1857年，美国印第安纳州高等法院在 Biddle v. Willard 案中认为："预期的辞职在被接受之前可以随时撤回；在被接受之后，如果没有新的权利介入，经接受当局同意可以撤回。"①该普通法先例规则实际上与天主教教会法等效。

1959年，英国高等法院的迪普洛克(Diplock)勋爵在 Riordan v. War Office 案中认为："无论是雇员还是雇主，发出终止合同的通知，就是行使雇佣合同规定的权利，能够立即或在将来终止合同。这是一个单方面的行为，无需另一方的接受，而且，就像退出租约的通知一样，一旦发出，在我看来，除非双方同意，否则不能撤回。"②Riordan v. War Office 这一英国先例及其所持的单方行为说并未取得完全的权威。美国法院继续遵循 Biddle v. Willard 这一先例。③ 1978年，印度最高法院在 Union of India v. Shri Gopal Chandra Misra and ORS. 案中认为："在没有法律、合同或宪法障碍的情况下，在任者以书面形式通知主管机关其打算或提议于未来某一指定日期辞职，该通知可以在生效前(在终止任期或职务/雇佣

① "A prospective resignation may be withdrawn at any time before it is accepted; and after it is accepted, it may be withdrawn by the consent of the authority accepting, where no new rights have intervened." See Biddle *v.* Willard, 10 Ind. 62 (1858), Indiana Supreme Court, *Reports of Cases Argued and Determined in the Supreme Court of Judicature of the State of Indiana*, *Bowen-Merrill* Company, Vol. 10, 1858, p. 63, available at https://cite. case. law/ind/10/62/, retrieved on 2023-02-17. 关于对"预期的辞职"(prospective resignation)是否享有撤回权的问题，最早和最主要的案例是 Biddle v. Willard。其他案例还有，1858年美国纽约州最高法院在 People ex rel. James McCune v. Board of Police for the Metropolitan Police District 案中认为："辞去职务的人，如果以明确的行为表明其辞去职务，可以在辞职被接受或因此而空缺的职位被采取任何行动填补之前收回或撤回。"See Oliver Lorenzo Barbour, *Reports of Cases in Law and Equity in the Supreme Court of the State of New York*, Gould, Banks & Gould, Vol. 26, 1858, p. 487, available at https://cite. case. law/barb/ 26/487, retrieved on 2023-03-31. 另外，1880年，美国最高法院在 Edwards v. United States 案中认为："在密歇根州实行的普通法规则是，在适当的当局接受辞职，或采取类似行动，如在任命继任者之前，公职人员的辞职是不完整的。"See Edwards *v.* United States, 103 U. S. 471, 26 L. Ed. 314 (1880), Supreme Court of the United States, *United States Reports*: *Cases Adjudged in the Supreme Court*, U. S. Government Printing Office, 1881, p. 471-479, available at https://cite. case. law/us/103/471/, retrieved on 2023-03-31.

② "The giving of a notice… is the exercise of the right under the contract of employment to bring the contract to an end, either immediately or in the future. It is a unilateral act, requiring no acceptance by the other party, and, like a notice to quit a tenancy, once given it cannot in my view be withdrawn save by mutual consent." See Riordan *v.* War Office (1959) 1 WLR 1046, as cited in C. Grunfeld, *Civil Servants*: *Insecurity of Tenure*, The Modern Law Review, Vol. 23, No. 2, p. 195 (1960), available at JSTOR, https://www. jstor. org/stable/1091452, retrieved on 2023-03-29.

③ 如1978年，美国马里兰州上诉法院在 Lemlich v. Board of Trustees of Harford Community College 案中认为："在我们现在思考的问题的背景下分析这些原则，很明显，雇员根据有效的固定期限劳动合同提出辞职，只不过是一个辞职的要约，也就是说，一个签订新协议以终止旧协议的要约，在受要约人无条件接受之前，要约人可以随意撤回。"See Lemlich *v.* Board of Trustees of Harford Community College, 282 Md. 495 (1978), Court of Appeals of Maryland, *Maryland Reports*: *Cases Adjudged in the Court of Appeals of Maryland*, Vol. 282, p. 495 (1978), available at https://cite. case. law/md/282/495/, retrieved on 2023-03-28.

之前)任何时候由其撤回。"[①]该印度先例规则与 Biddle v. Willard 案等效。

此外,1936 年,美国法学家富勒(Fuller)在其著作《合同损害赔偿中的信赖利益》(The Reliance Interest in Contract Damages)中主张,基于对被告之允诺的信赖,原告改变了自己的处境,我们可判给原告损害赔偿,以消除他因信赖被告之允诺而遭受的损害。在这种情况下,受保护的利益被称为"信赖利益"(reliance interest)。[②] 1986 年,加拿大不列颠哥伦比亚省上诉法院在 Tolman v. Gearmatic Co. 案中认为:"除非雇主基于辞职意向的表达采取了对其不利的行动,否则原告仍有改变主意的自由。"[③]2004 年,加拿大安大略省上诉法院在 Kieran v. Ingram Micro Inc. 案中认为:"雇员可以放弃辞职,只要雇主没有依赖它而使其受到损害。"[④]也就是说,在雇主不存在"致害信赖"(detrimental reliance)[⑤]的情况下,雇员可以撤回辞职。

而在以《德国民法典》为代表的大陆法中,除非劳动者撤回辞职的意思表示先于或者与辞职的意思表示同时到达用人单位,否则辞职不可撤回。[⑥] 然而,与普通法中的判例分歧相对应的是,大陆法中也有立法例赋予劳动者甚至用人单位撤回权。1994 年《越南社会主义共和国劳动法》第 40 条规定:"双方均可在提前通知期限到期前放弃终止劳动合同,提前通知期限到期时,双方均有权终止劳动合同。"[⑦]

---

① "In the absence of a legal, contractual or constitutional bar, an intimation in writing sent to the appropriate authority by an incumbent, of his intention or proposal to resign his office/post from a future specified date, can be withdrawn by him at any time before it becomes effective i. e., before it effects termination of the tenure of the office/post or employment." See Union of India *v.* Shri Gopal Chandra Misra and ORS. (1978 AIR 694), available at https://main. sci. gov. in/jonew/judis/ 5138. pdf, retrieved on 2023 - 03 - 29.

② 参见[美]L. L. 富勒、[美]小威廉·R. 帕迪尤:《合同损害赔偿中的信赖利益》,韩世远译,载梁慧星主编:《民商法论丛》第 7 卷,法律出版社 1997 年版,第 413 页。

③ "Unless the employer acted to its detriment on the expressing of intention to resign, the plaintiff remained free to change his mind." See Tolman *v.* Gearmatic Co., 1986 CanLII 1212(BC CA), available at https://canlii. ca/t/22kv7, retrieved on 2023 - 02 - 18.

④ "Even if the trial judge had been correct in finding a resignation at law, it is clear, as counsel agreed, that an employee may resile from a resignation, provided the employer has not relied upon it to its detriment: See Tolman, supra." See Kieran *v.* Ingram Micro Inc., 2004 CanLII 4852(ON CA), available at https://canlii. ca/t/1hkjm, retrieved on 2023 - 03 - 28.

⑤ 与"injurious reliance"同义,又译有害信赖、不利信赖或伴有损害的信赖。参见[美]L. L. 富勒、[美]小威廉·R. 帕迪尤:《合同损害赔偿中的信赖利益》,韩世远译,载梁慧星主编:《民商法论丛》第 7 卷,法律出版社 1997 年版,第 32、419 页。

⑥ 参见《德国民法典》第 130 条第 1 款规定:"须向他人作出的意思表示,系在相对人为不在场者的情况下作出的,在它到达相对人时发生效力。撤回的通知先到达相对人或同时到达相对人的,第 1 句所规定的意思表示不生效。"参见陈卫佐译注:《德国民法典》,法律出版社 2004 年版,第 40 页。在到达之后单方面撤销解约因此被禁止。参见[德]W. 杜茨:《劳动法》,张国文译,法律出版社 2005 年版,第 117 页。

⑦ Socialist Republic Of Vietnam, *Labour Code Of Socialist Republic Of Vietnam, as amended 2 April* 2002, International Labour Organization, available at https://www. ilo. org/dyn/travail/docs/900/Vietnamese_Labour_Code_23_June_1994__as_ amended_2_April_2002, effective_1_January_2003[1]. pdf, retrieved on 2023 - 02 - 17.

2001 年《俄罗斯联邦劳动法典》第 80 条第 4 款规定:“在辞职通知到期前,员工有权在任何时候撤回自己的申请。在这种情况下,如果该岗位尚未以书面形式招用其他员工,视为未办理辞职,根据本法典和其他联邦法不能拒绝与该员工签订劳动合同。辞职通知期限届满后员工有权停止工作。”[①]2002 年《立陶宛共和国劳动法》第 127 条第 4 款规定:“雇员有权在提出请求之日起三日内撤回解除劳动合同的请求。之后,他只能在雇主同意的情况下撤回请求。”[②]此外,2008 年 6 月 25 日,法国又通过了关于劳动力市场的现代化的第 2008 - 596 号法律。该法第 5 条在《法国劳动法典》中增加了“雇员和雇主可以共同商定他们之间终止劳动合同的条件”以及“自双方签字之日起,每一方有十五个日历日的时间来行使其‘撤销权’(droit de rétractation)”的规定。[③] 根据更新后的《法国劳动法典》第 L1237 - 13 条,法国的劳动者和用人单位均有权在双方达成协商一致解除劳动合同的协议之后的 15 日“撤销权期限”(délai de rétractation)之内反悔。

1971 年,德国法学家卡纳里斯(Canaris)在其著作《德国司法中的信赖责任》(Die Vertrauenshaftung im deutschen Privatrecht)中提出了“信赖责任理论”(Lehre von der Vertrauenshaftung)。[④] 信赖责任理论认为,所谓法律行为的效力,本质上是指“行为人受其所从事的法律行为中意思表示的约束之必要性;而这一意思表示所涉及的相对人有权要求该行为人依其意思表示承担义务或责任。”[⑤]我国学者认为,法律行为效力的根源,在于行为人的意思表示使相对人或其他利害关系人产生某种信赖并据此作出准备或安排,进入所谓的“法律状态”。行为人违反法律行为设定的义务并给相对人造成损失或“信赖损失”(reliance loss)时,应当根据诚信原则、公平正义原则或保护交易安全原则(理论上统称为“信赖保护原则”)承担责任,而法律行为的效力正是指违反自己意思表示造成他人损失时应承担责任的必要性。因此,在意思受领人完全不信赖该表示或完全不可能遭受损失的情况下,也不存在法律行为的效力或强制力的问题。[⑥] 信赖责任理论为上述在劳动法领域中规定撤回权的立法例提供了法理上的依据,根据该理论,只要

① 蒋璐宇译:《俄罗斯联邦劳动法典》,北京大学出版社 2009 年版,第 57 页。

② Lithuania, *Labour Code*, Lietuvos Respublikos Seimas, available at https://e-seimas. lrs. lt/portal/legalAct/en/TAD/TAIS. 191770, retrieved on 2023 - 02 - 24.

③ Loi n° 2008 - 596 du 25 juin 2008 portant modernisation du marché du travail(1), [En ligne: https://www. legifrance. gouv. fr/eli/loi/2008/6/25/MTSX0805954L/jo/article_5]. Consultéle 8 mars 2023.

④ 参见[德]卡尔·拉伦茨:《德国民法通论》,谢怀栻等译,法律出版社 2002 年版,第 885 页。

⑤ 参见董安生:《民事法律行为——合同、遗嘱和婚姻行为的一般规则》,中国人民大学出版社 1994 年版,第 67 页。

⑥ 参见董安生:《民事法律行为——合同、遗嘱和婚姻行为的一般规则》,中国人民大学出版社 1994 年版,第 67 ~ 68 页。

解除劳动合同未对用人单位造成信赖损失,无论是劳动者单方面解除劳动合同,还是与用人单位协商一致解除劳动合同,均允许劳动者撤回。

对撤回而言,我国《民法典》第 141 条关于撤回意思表示的规定与《德国民法典》第 130 条基本相同。因此,劳动者撤回辞职的意思表示必须至少与辞职的意思表示同时到达用人单位,否则劳动者辞职不可撤回。关于撤销,2012 年《越南社会主义共和国劳动法》第 40 条(撤销单方面终止劳动合同事宜)规定:"在提前告知的期限届满之前,各方均有权撤销单方面终止劳动合同事宜,但必须通过书面形式通知另一方并且必须征得另一方的同意。"①我国也有学者主张,行使劳动合同解除权的意思表示原则上不可以撤销,但在对方当事人表示异议或者撤销该意思表示对对方当事人并无不利且争得对方当事人同意的情况下可以撤销。② 北京市第二中级人民法院也认为:"单方解除权人不可在相关意思表示到达权利相对人后,撤销该意思表示。除非权力相对人同意接受撤销该意思表示的请求。"③事实上,由于解除权与撤销权的相似性,可以将《民法典》第 136 条关于解除民事法律行为的规定类推适用到撤销民事法律行为的情形。④ 因此,除非有法律规定或经过用人单位同意,否则劳动者辞职不可撤销。

关于辞职能否撤回或者撤销的问题,可将以上各制定法或先例的法律规则按其是否等效,分为以下五类(见表 2)。⑤

表 2 各制定法或先例有关撤回与撤销辞职的法律规则分类

规则类别	规则内容	制定法或先例
一	辞职被接受前可撤销	《天主教教会法典大全》、1917 年《天主教法典》、1983 年《天主教法典》
	辞职被接受前可撤回	Biddle v. Willard、Union of India v. Shri Gopal Chandra Misra and ORS.
二	不可撤回且除非经过同意,否则不可撤销	《德国民法典》、Riordan v. War Office、2012 年《越南社会主义共和国劳动法》、我国《民法典》
三	无致害信赖时可撤回	Tolman v. Gearmatic Co. 、Kieran v. Ingram Micro Inc.

① 米良编译:《越南重要法律文本(2005—2014)》,社会科学文献出版社 2016 年版,第 276 页。

② 参见黄昆、刘畅:《劳动者提出辞职后可以撤销吗——从劳动合同单方解除权的性质分析》,载《中国劳动》2011 年第 6 期。

③ 周珍:《劳动者行使劳动合同单方解除权后无法撤回——北京二中院判决陈某诉正大公司劳动争议案》,载《人民法院报》2018 年 12 月 20 日,第 6 版。

④ 我国曾有学者建议:"除法律另有规定外,表意人可以撤销其生效的意思表示,但应当对相对人的合理信赖承担损害赔偿责任。"参见王利明主编:《中国民法典草案建议稿及说明》,中国法制出版社 2004 年版,第 24 页。

⑤ 由于更新后的《法国劳动法典》第 L1237-13 条只规定了在协商一致终止劳动合同后这一情形下的撤销权,而对于在预告终止劳动合同的情形下是否享有撤回权未予明文规定。因此,该表未列入《法国劳动法典》。

续表

规则类别	规则内容	制定法或先例
四	通知期满前可放弃	1994年《越南社会主义共和国劳动法》
	通知期满前可撤回	《俄罗斯联邦劳动法典》
五	辞职后三日内可撤回	《立陶宛共和国劳动法》

由于劳动者辞职会产生"职位重置成本"(positional replacement cost)。[①] 而在辞职被撤回或者撤销的情况下,则不会发生职位重置成本。但可能会产生额外的"交易成本"(transaction costs)[②],以及由于劳动者辞职之后又反悔而导致的信赖损失。如用P表示职位重置成本,T表示交易成本,R表示信赖损失,C表示总成本,则可建立如下的数学模型:总成本 $C = T + R - P$。

由于工资增加时存在"收入效应"(income effect)和"替代效应"(substitution effect)。[③] 收入效应会导致工作时间减少,[④]而替代效应会导致休息时间减少,工作时间增加。[⑤] 因此,在通常情况下,当工资发生变化时,劳动供给的变化方向在理论上是不确定的,可能会增加也可能会减少。这要依收入效应与替代效应的相对力量而定。在收入效应大于替代效应的情况下,劳动供给曲线会向左上

① 职位重置成本指用一位能够在某既定职位上提供同等服务的人来代替目前正在该职位工作的人所必须付出的代价。职位重置成本包括获得成本、开发成本和离职成本三部分。其中,获得成本为企业获得一个新职员所必须付出的代价,可细分为招募成本、选拔成本、录用成本和安置成本;开发成本为为提高员工的技能而支付的费用,包括专业定向成本、在职培训成本和脱产培训成本;离职成本为由于任职者离开某单位所造成的费用消耗,包括离职补偿金和离职管理费用等。参见陈宇、王忠厚等:《人力资源经济活动分析》,中国劳动出版社1991年版,第170页、第174~180页。

② 又译交易费用。交易成本的概念最早由英国经济学家罗纳德·哈里·科斯(Ronald Harry Coase)于1960年发表的《社会成本问题》一文中提出,即为了进行市场交易,有必要发现谁希望进行交易,有必要告诉人们交易的愿望和方式,以及通过讨价还价的谈判缔结契约,督促契约条款的严格履行等。这些工作常常是花费成本的,而任何一定比率的成本都足以使许多在无须成本的定价制度中可以进行的交易化为泡影。参见[美]罗纳德·哈里·科斯:《企业、市场与法律》,盛洪、陈郁译校,格致出版社、上海三联书店、上海人民出版社1990年版,第91~92页。

③ 收入效应和替代效应是由英国经济学家希克斯(Hicks)在其1932年出版的著作 *The Theory of Wages* 中首次系统阐述的。他构建了消费者效用分析框架,将价格变动对消费者需求的影响分解为两部分:收入效应指价格变动导致消费者实际收入变化,进而影响其对所有商品的需求;替代效应指价格变动导致一种商品相对其他商品变得更便宜或更昂贵,消费者会用更便宜的商品替代更昂贵的商品。See J. R. Hicks, *The Theory of Wages*, Macmillan, 1963.

④ 工资增加收入效应的意义是:工资增加往往使人感到较为富裕,觉得可以享用较多闲暇。参见[美]萨缪尔森:《经济学》(中册),高鸿业译,商务印书馆1981年版,第281页;[美]理查德·B.弗里曼:《劳动经济学》,刘东一、程为敏等译,商务印书馆1987年版,第22页。

⑤ 替代效应的意义是:工资增加往往使人们感到闲暇具有较高的价值——之所以较高,是因为人们现在为了每小时的闲暇需要牺牲较高的每小时的工资——从而用人们的较高的工资所能购买的新物品来代替闲暇。参见[美]萨缪尔森:《经济学》(中册),高鸿业译,商务印书馆1981年版,第281页;[美]理查德·B.弗里曼:《劳动经济学》,刘东一、程为敏等译,商务印书馆1987年版,第22~23页。

方弯曲,形成“后弯劳动供给曲线”(backward-bending supply curve of labor)。[①]尽管高工资可能会减少劳动供给,但就中国当前的工资水平而言,这种情况仍然相对遥远。因此,本文首先假设替代效应大于收入效应,劳动供给曲线是一条向右上方倾斜的曲线。

在上述假定条件下,可采用“比较静态分析”(comparative statics)[②]的方法对预告解除的撤回与撤销作如下法律的“规范性经济分析”(normative economic analysis of law)[③]。图 1 和图 2 中,横轴为“劳动量”(quantiy of labor);竖轴为“工资率”(wage rates);D 代表劳动总需求曲线;S 代表劳动总供给曲线;E 代表均衡点;Q 代表均衡时的劳动量;W 代表均衡时的工资率;D、S、E、Q 以及 W 后的数字下标代表规则编号。例如,下标“$_1$”对应第一类规则,依此类推。

分析第一类规则与第二类规则。首先,根据第一类规则,只要用人单位尚未接受辞职,劳动者依然享有绝对的撤回权或撤销权。而在第二类规则下,一旦劳动者提出辞职,就不能撤回,是否能撤销完全取决于用人单位是否同意。由于赋予劳动者一定的辞职撤回权或者撤销权,一方面可以避免因一时冲动、情绪波动或错误判断而导致的失业,减少“摩擦性失业”(frictional unemployment)[④];另一方面也可以稳定劳动者的就业预期,鼓励更多人积极参与就业活动,从而减少潜在失业人口。因此,劳动总供给曲线 S_1 将会右移。其次,在用人单位尚未接受劳动者辞职的情况下,由于在第一类规则下,劳动者可以单方面撤回或者撤销辞

---

① 参见[美]萨缪尔森:《经济学》(中册),高鸿业译,商务印书馆 1981 年版,第 280 ~ 281 页;[美]沃纳・西奇尔、[美]彼得・埃克斯坦:《宏观经济学:基本经济学概念》,中东、方红译,中国对外经济贸易出版社 1984 年版,第 82 ~ 84 页;[美]理查德・B. 弗里曼:《劳动经济学》,刘东一、程为敏等译,商务印书馆 1987 年版,第 20 ~ 22 页;[美]唐・白劳德、[美]马克・杰克逊:《劳动经济学——劳动市场的理论与实践》,郑洪栋、何小培译,科学普及出版社 1989 年版,第 58 ~ 60 页。

② 比较静态分析,又译比较静态学或比较静力学。美国经济学家保罗・安东尼・萨缪尔森(Paul Anthony Samuelson)在其 1947 年出版的著作 *Foundations of Economic Analysis* 中对比较静态分析进行了系统的阐述,使其成为经济学理论体系中的重要组成部分。比较静态分析研究系统从一个均衡位置到另一个均衡位置的变化,不考虑调节中的转换过程。参见[美]保罗・安东尼・萨缪尔逊:《经济分析基础》,甘华鸣、甘黎明、刘鹤译,北京经济学院出版社 1990 年版,第 5 ~ 18 页;[美]保罗・萨谬尔森:《经济分析基础》,费方域、金菊平译,商务印书馆 1992 年版,第 21 ~ 34 页。比较静态分析是法律的经济分析的基本方法。参见[美]罗伯特・D. 考特、[美]托马斯・S. 尤伦:《法和经济学》,施少华等译,上海财经大学出版社 2002 年版,第 38 页。

③ 法律的规范性分析即使用经济分析来论证法律应该是什么。See Richard A. Posner, *Some Uses and Abuses of Economics in Law*, University of Chicago Law Review, Vol. 46: 281, p. 285 (1979), available at https://chicagounbound. uchicago. edu/uclrev/vol46/iss2/2, retrieved on 2023 - 05 - 29.

④ 一种自然失业。指由于需要就业岗位的劳动者和需要雇佣劳动力的厂商在相互搜寻和匹配时需要花费一定时间所导致的失业,以及由于失业者等待召回或者等待工会化工作所形成的失业。即使劳动力市场处于供求相等的均衡状态,由于劳动力市场的随机动态性,市场信息的不完全性和搜寻成本的存在,经济体中会不可避免地存在摩擦性失业。参见[美]D. 格林沃尔德主编:《现代经济词典》,《现代经济词典》翻译组译,商务印书馆 1981 年版,第 192 页;[美]沃纳・西奇尔、[美]彼得・埃克斯坦:《宏观经济学:基本经济学概念》,中东、方红译,中国对外经济贸易出版社 1984 年版,第 116 页;[英]戴维・皮尔斯编:《现代经济学词典》,宋承先、寿进文等译,上海译文出版社 1988 年版,第 228 页。

职,无须用人单位同意。因此,第一类规则下的交易成本低于第二类规则。而在用人单位已经接受劳动者辞职的情况下,由于在第一类规则下,用人单位可通过接受或者不接受辞职向劳动者传达关于用人单位是否希望与劳动者解除劳动关系的信号。如不接受辞职可以传达出用人单位不愿解除劳动关系的信号,接受辞职则传达出愿意解除劳动合同的信号。而在第二类规则中,劳动者则无法了解到用人单位的上述意愿,只能在“信息不完全”(imperfect information)[①]的情况下盲目行事。因此,与第二类规则相比,第一类规则在此情况下节省了劳动者的“搜寻与信息成本”(search and information costs)。[②] 总而言之,在上述两种情况下,第一类规则的交易成本均低于第二类规则。交易成本的下降将导致企业利润增加,使企业有更多的资金进行投资,企业投资的增加[③]将进一步推动劳动需求的上升,劳动总需求曲线 D_1 将会右移。由于在第一类规则下,劳动总供给曲线 S_1 和劳动总需求曲线 D_1 均出现右移。Q_1 一定大于 Q_2,但 W_1 可能大于 W_2 也可能小于 W_2,具体取决于 D_2 和 S_2 右移的相对幅度。由于企业可能会将部分节省的成本用于提高员工工资,且劳动需求的上升意味着企业需要更多的劳动力,从而推高工资水平。因此,一般而言,如图 1[④] 所示,企业成本的下降和劳动需求的上升对工资水平的正向影响应当大于劳动供给增加对工资水平的负面影响,W_1 大于 W_2。在此情况下,就业和工资均有所增加,情况相比变得更好,是有效率[⑤]的。即使在 W_1 小于 W_2 的情况下,尽管工资减少,但就业增加了。在这种情况下,虽然难以轻易判断情况是变得更好还是更糟,但根据福利经济学中“所得的边际效

① 又译不完美信息,是与“完全的信息”(perfect information)相对而言的。完全的信息是指一个竞争经济中的市场参加者对一系列当前和未来的价格状况,以及对商品和劳务的所在位置,具有完整的知识和预见。任何偏离这种情况都可视为不完全信息,并时常被视为是市场失灵的原因。参见[英]戴维·皮尔斯编:《现代经济学词典》,宋承先、寿进文等译,上海译文出版社 1988 年版,第 460 页。

② 美国学者达尔曼(Dahlma)将交易成本区分为“搜寻和信息成本”(search and information costs)、“讨价还价和决策成本”(bargaining and decision costs)、“监督和执行成本”(policing and enforcement costs)。See Carl J. Dahlman, *The Problem of Externality*, The Journal of Law and Economics, Vol. 22:1, p. 148 (1979), available at JSTOR, https://www.jstor.org/stable/725216, retrieved on 2023-05-26.

③ 即使企业将成本下降的收益用于提高股东利润或提高员工工资而不是增加投资,也会导致“引致投资”(induced investment)的增加。参见[美]萨缪尔森:《经济学》(上册),高鸿业译,商务印书馆 1981 年版,第 333~334 页。

④ 为了简化起见,经济学家通常使用直线的需求曲线或供给曲线。参见[美]萨缪尔森:《经济学》(上册),高鸿业译,商务印书馆 1981 年版,第 100 页。

⑤ 指“卡尔多—希克斯效率”(Kaldor-Hicks Efficiency),又称“卡尔多—希克斯检验”(Kaldor-Hicks Test)或“卡尔多—希克斯改进”(Kaldor-Hicks Improvement)。如果由 B 状态改变为 A 状态,由此而获益的那部分人能对由此而受损的那部分人作出补偿且仍处于比原来更优的境地,则 A 状态优于 B 状态。这里的所谓补偿是假设的。卡尔多—希克斯效率的评判标准是:虽然这种补偿事实上并未发生,但 A 比 B 更可取。参见[英]戴维·皮尔斯编:《现代经济学词典》,宋承先、寿进文等译,上海译文出版社 1988 年版,第 320 页。法律的经济分析所使用的效率即卡尔多—希克斯效率。参见[美]理查德·A. 波斯纳:《正义/司法的经济学》,苏力译,中国政法大学出版社 2002 年版,第 87~102 页;[美]罗伯特·D. 考特、[美]托马斯·S. 尤伦:《法和经济学》,施少华等译,上海财经大学出版社 2002 年版,第 38 页;[美]理查德·A. 波斯纳:《法律的经济分析》(第 7 版),蒋兆康译,法律出版社 2012 年版,第 17 页。

用递减律”(law of diminishing marginal utility of income)①,由新增就业所带来的效用可能大于因工资水平降低而导致的原有就业的效用的减少。因此,社会的总体福利仍有可能增加。此外,由于撤销辞职在效果上与劳动合同终止之后重新建立劳动关系几乎没有区别。因此,在第一类规则下,即使由于用人单位接受了劳动者辞职而导致辞职不可撤回,也不影响双方以在劳动合同解除之后重新建立劳动关系的方式取得与第二类规则中的撤销辞职相同的效果。从这个角度来看,第一类规则实际上隐含了第二类规则。在辞职未被接受的情况下,适用第一类规则;而在辞职已被接受的情况下,仍有适用被隐含的第二类规则的余地。简言之,第一类规则优于第二类规则(见图1)。

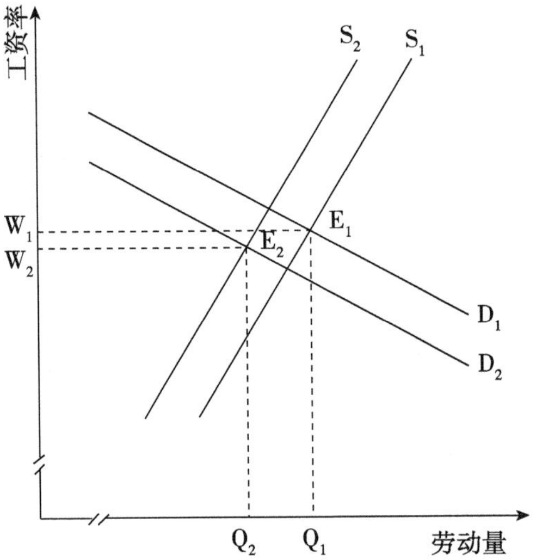

图1 第一类与第二类规则下劳动力市场均衡的比较分析

在第三类规则下,由于劳动者仍享有一定的辞职撤回权,劳动总供给曲线 S_3

① “边际效用递减律”(law of diminishing marginal utility),是指当物品的单位继续填增时,由于人们在心理上对越来越多的物品的享用能力越来越少这一基本倾向,人们的总效用量会以越来越缓慢的速度增长。对于总效用量的增加依次递减这一事实,经济学者用以下一句话来表述:当某一物品的消费量增加时,该物品的边际效用或它的最后一个单位填增的效用趋向于递减。参见[英]马歇尔:《经济学原理》(上卷),朱志泰译,商务印书馆1964年版,第115页;[美]萨缪尔森:《经济学》(中册),高鸿业译,商务印书馆1981年版,第76页。所得的边际效用递减律是根据边际效用递减律得出的。用英国经济学家马歇尔(Marshall)的话来说,“一个人越是富有,货币的边际效用对他就越小;他的资产每有增加,他对任何一定的利益所愿付的价格就随之增加。同样地,他的资产每有减少,货币对他的边际效用就随之增大,他对任何利益所愿付的价格也就随之减少”。参见[英]马歇尔:《经济学原理》(上卷),朱志泰译,商务印书馆1964年版,第117页。用英国经济学家庇古(Pigou)的话来说,“任何使穷人手中实际收入的绝对份额增加的因素,只要从任何角度看不导致国民所得缩减,一般说来就增加经济福利”。庇古还认为:“当资源控制权由富人转给穷人时,相对于穷人经济福利的增加而言,富人遭受的经济福利的损失,要比只考虑效用递减规律时少得多。”参见[英]A. C. 庇古:《福利经济学》(上卷),朱泱、张胜纪、吴良健译,商务印书馆2006年版,第101~102页。

仍将右移。由于不存在信赖损失，或者说 R =0，劳动总需求曲线 D_3是左移还是右移取决于交易成本的相对大小。由于在劳动关系中，关于信赖损失的信息主要由用人单位掌握，这导致了“信息不对称”(information asymmetry)。在此情况下，想要确定是否存在信赖损失是十分困难的。① 此时所涉及的交易成本既有搜寻与信息成本，如查明是否存在信赖损失的事实的成本，也包括决策成本，如仲裁和诉讼等纠纷解决机制的成本。在劳动者与用人单位之间就是否存在信赖损失之事实无争议或者争议不大时，劳动总需求曲线 D_3将右移，此时产生的均衡情况与图 1 类似。然而，当劳动者与用人单位双方之间就是否存在信赖损失之事实存在争议，并需要交付仲裁或者诉讼解决时，则将产生较大的交易成本。如图 2 所示，此时劳动总需求曲线 D_3将会左移，市场在 E_3点达到新的均衡。W_3必然小于 W_2，但 Q_3理论上可能大于 Q_2，也可能小于 Q_2，具体取决于 S_3右移和 D_3左移的相对幅度。在 Q_3小于 Q_2的情形下，就业和工资均减少，情况变得比之前更糟，是缺乏效率的。而在图 2 所示的 Q_3大于 Q_2的情形下，尽管工资减少，但是就业增加了，此时虽亦难以轻易判断情况是变得更好还是更糟，但根据所得的边际效用递减律，不能排除社会总体福利仍有增加的可能。总体而言，由于第三类规则无法避免在劳动者与用人单位双方之间对于是否存在信赖损失之事实存在争议时，出现需要仲裁或者诉讼造成交易成本过大的情况，因此可以认为，第三类规则是缺乏效率的(见图 2)。

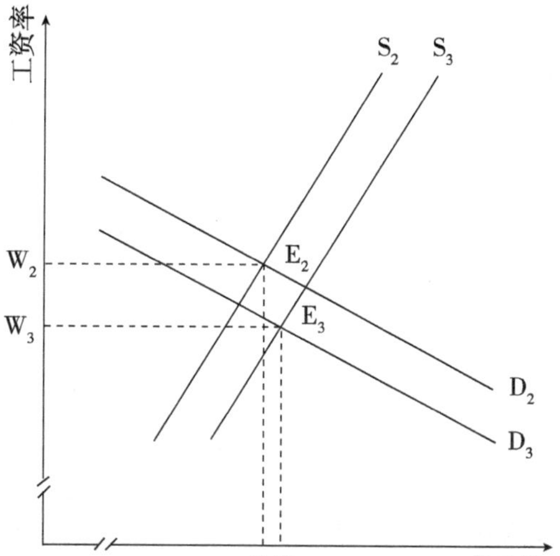

图 2　第二类与第三类规则下劳动力市场均衡的比较分析

① 美国法学家罗斯科·庞德(Roscoe Pound)认为，确定适用法律规则的事实时遇到的困难是司法中最古老、最顽固的问题之一。See Roscoe Pound, *The Limits of Effective Legal Action*, International Journal of Ethics, Vol. 27:2, p.161 (1917), available at https://www.journals.uchicago.edu/doi/epdf/10.1086/intejethi.27.2.2377288, retrieved on 2023-07-27. 另见吴经熊：《六十年来西洋法学的花花絮絮》，载吴经熊：《法律哲学研究》，上海法学编译社 1933 年版，第 218 页。

现在分析第四类规则。由于在第二类规则下,劳动者一旦提出辞职就不可撤回,除非经过用人单位同意否则也不能撤销,也即在第二类规则下不存在信赖损失,但存在讨价还价成本这一交易成本。而在第四类规则下则不存在交易成本,但存在信赖损失。因此,劳动总需求曲线是左移还是右移取决于第二类规则下的交易成本和第四类规则下的信赖损失的相对大小。在第四类规则下的信赖损失小于第二类规则下的交易成本时,劳动总需求曲线将会右移,产生类似图 1 的均衡结果。而在第四类规则下的信赖损失大于第二类规则下的交易成本的情况下,劳动总需求曲线将会左移,产生类似图 2 的均衡结果。虽然在缺乏第二类规则下的交易成本和第四类规则下的信赖损失的经验研究数据的情况下,难以进行准确的比较静态分析,但由于在辞职被撤回或者撤销的情况下,即使有可能产生信赖损失,一般也仅涉及获得成本,而不会涉及开发成本。因此有理由认为,在一般情况下,信赖损失都不高于职位重置成本,或者说 $R \leqslant P$。换言之,第四类规则下的信赖损失在一般情况下都处于一个有限的范围内,而第二类规则下的讨价划价成本则可能非常高。① 因此,第四类规则优于第二类规则。此外,由于第一类规则涉及与第二类规则类似的讨价还价成本,可以认为,第四类规则也优于第一类规则。

其实,上述结论也可以直接基于"风险厌恶"(risk aversion)②的经济学理论推导出来。早在 1921 年,美国经济学家奈特(Knight)就在其著作《风险、不确定性与利润》(*Risk, Uncertainty, and Profit*)中提出,团体本身的专业化趋势导致了组织形式的根本变化,在这种制度下,自信和冒险的人"承担风险"或"保险"可疑和胆小的人,并向后者保证特定的收入,以换取对实际结果的

---

① 17 世纪的哲学家托马斯·霍布斯(Thomas Hobbes)格外强调将意见分歧的损失降到最小的意义。霍布斯认为即使谈判中没有严重的障碍,人们也极少有充分的理性能在合作剩余的分割问题上达成协议。除非有一个强有力的第三方迫使他们同意,否则他们天生的贪婪将引诱他们争吵不休。美国学者考特(Cooter)和尤伦(Ulen)把这个原则称为规范的霍布斯定理:建立法律以使私人协议失败造成的损害达到最小,并将其作为财产法的第一原则。参见[美]罗伯特·考特、[美]托马斯·尤伦:《法和经济学》,张军等译,上海三联书店、上海人民出版社 1994 年版,第 135 ~ 136 页。虽然霍布斯在写作时并没有完全使用这些术语,但这种论证在他的经典著作《利维坦》中广泛存在。参见[美]罗伯特·考特、[美]托马斯·尤伦:《法和经济学》,张军等译,上海三联书店、上海人民出版社 1994 年版,第 165 页。

② 风险厌恶是指一个人在承受风险的情况下其偏好的特征。在降低风险的成本与收益的权衡过程中,厌恶风险的人们在相同的成本下更倾向于做出低风险的选择。参见[美]兹维·博迪、[美]罗伯特·C. 莫顿:《金融学》,伊志宏、金李译校,欧阳颖、贺书捷等译,中国人民大学出版 2000 年版,第 248 页。风险厌恶的经济学定义是:当一些人偏爱具有决定性的一个赌局的期望值,而不是面对赌局自身所隐含的风险,我们则称他们是风险厌恶的。参见[美]Geoffrey A. Jehle、[美]Philip J. Reny:《高级微观经济理论》,上海财经大学出版社 2001 年版,第 95 页。

转让。[①] 换言之,所谓劳动报酬的本质是由承担收入不确定风险的企业向厌恶风险的工人提供的一种固定付款的保险。由于劳动者比用人单位更厌恶风险,[②]劳动者对于失去工资收入这一风险的“风险溢价”(risk premium)[③]高于用人单位。如果模拟自愿交换的市场机制,由劳动者与用人单位通过竞价来决定辞职能否撤回,那么劳动者的出价一般而言都要高于用人单位。用美国法学家波斯纳(Posner)的话说,依效率观点,权利的初始分配是完全不重要的。交易并非无成本的,所以如果我们在开始要将权利分配给两方中的一方,那么效率就是通过将法律权利分配给愿意购买它的一方而增进的。[④] 由此可见,在劳动者撤回辞职的问题上附加不存在致害信赖以及用人单位未接受辞职的条件,以及在劳动者撤销辞职的问题上附加用人单位同意的条件,均违反了经济学“价高者得”的基本规律,是缺乏效率的。因此,第四类规则在效率上要明显优于其他规则。

此外,法律应赋予劳动者辞职撤回权的结论也可以直接从《劳动合同法》第37条的立法理由中推导出来。我国《劳动合同法》第37条规定的立法理由之一

---

① 参见[美]弗兰克·H. 奈特:《风险、不确定性与利润》,安佳译,商务印书馆2006年版,第242~243页。以色列学者巴泽尔(Barzel)也认为劳动所有者更可能进入要求他们对市场工资与实际工资间差额作出担保的合同,而不大可能进入要求他们担保他们行为的其他可能影响的合同。股权资本是专门用于担保的要素。参见[以]Y. 巴泽尔:《产权的经济分析》,费方域、段毅才译,上海三联书店、上海人民出版社1997年版,第80页。我国学者张维迎也提出:“在均衡中,(a)高能力、私产富有及低风险规避态度的人成为企业家;(b)能力低、私产少又高风险规避态度的人成为工人;(c)高能力但少财产的人成为被资本家雇佣的管理者;(d)低能力但多私产的人成为雇佣管理者的‘纯粹’资本家。”参见张维迎:《企业的企业家——契约理论》,上海三联书店、上海人民出版社1995年版,第211~212页。

② 风险逃避者占据职业劳动市场的主导地位。参见[美]唐·白劳德、[美]马克·杰克逊:《劳动经济学——劳动市场的理论与实践》,郑洪栋、何小培译,科学普及出版社1989年版,第126页。风险厌恶也可以用来解释为什么雇员愿意选择计时工资。如果计时工资和计件工资两种支付方式在若干年中的平均工资相等,雇员担忧自己出现低生产率时期,所以愿意选择计时工资,因为它具有确定性,而计件工资却具有风险。如果雇主希望工人接受计件工资形式,则他必须支付更高的平均工资,即为补偿收入波动带来的担扰,必须有报酬差别。而雇员为了获得更稳定的收入流量,可能愿意接受略低的平均工资。参见[美]罗纳德·伊兰伯格、[美]罗伯特·史密斯:《现代劳动经济学——理论与公共政策》,潘功胜、李明显等译,中国劳动出版社1991年版,第387页。为什么雇主对风险的厌恶程度比员工低?这是因为,以人力资本形式存在的资产,其风险通常是难以化解的,也就是说,某员工在即定时间内只能够受雇于一个东家。而物质资本则与此不同,物质资本的所有者即雇主,可以通过股票市场将资本分布于不同的企业,从而达到分散或者说避免投资风险的目的。而人力资本却不能一分为二,员工不能以这种方式实现规避风险的目的。参见[英]A. 曼宁:《隐形合约理论》,载[英]大卫·桑普斯福特、[英]泽弗里斯·桑纳托斯主编:《劳动经济学前沿问题》,卢昌崇、王询译,中国税务出版社、北京腾图电子出版社2000年版,第79页。

③ 又译风险贴水或风险升水。一个风险厌恶的个人将“支付”一些数量为正的财富去避免赌局的内在风险。风险溢价即是厌恶风险者为了躲避风险而愿意支出的货币数额。参见[美]斯蒂格利茨:《经济学》(第2版)(上、下册),梁小民、黄险峰译,中国人民大学出版社2000年版,第119页;[美]Geoffrey A. Jehle、[美]Philip J. Reny:《高级微观经济理论》,王根蓓译,上海财经大学出版社2001年版,第96页;[美]克里斯蒂安·戈利耶:《风险和时间经济学》,徐卫宇译,辽宁教育出版社2003年版,第18~19页。

④ 参见[美]理查德·波斯纳:《法律的经济分析》(第7版),蒋兆康译,法律出版社2012年版,第72页。

是“有利于实现劳动力资源的合理配置”①,而所谓劳动力资源的合理配置,就是经济效率最大化。根据波斯纳提出的“有效违约理论”(theory of efficient breach)②,如果一方从违约中获得的利润超过另一方从合同履行中获得的预期利益,并且如果损害赔偿金仅限于该预期利益的损失,那么该方就会有并且应该有违约的动机。换句话说,对于劳动者而言,如果有收入更高的工作机会,就应该选择辞职。因此,我国《劳动合同法》第37条本身就是有效违约理论在劳动法领域的一个体现。③ 既然劳动者辞职这种必然会损害用人单位利益的行为都不被视为违约,且无须承担违约责任,④那么根据举重以明轻的法理,对于劳动者撤回辞职,即消除自身违约状态的这种对用人单位有益的行为,法律当然更不应加以限制。换言之,劳动者辞职或者撤回辞职都是为了实现其自身劳动力资源的合理配置,两者在经济学上具有同等意义,区别仅在于前者是用新的配置代替原有配置,而后者是保持原有配置不变。既然允许劳动者用新的配置代替原有配置,那么在新的配置尚未成为事实之前,理所应当允许劳动者继续保留原有配置,否则一样会阻碍劳动力资源的合理配置的立法目的的实现。

在第五类规则下,劳动总供给曲线将会右移。由于在此规则下劳动者仅在辞职后的三日内可以撤回辞职,因此信赖损失可以忽略不计。同时,在此三日内劳动者撤回辞职无须经过用人单位同意,因此第五类规则下的交易成本低于第一类规则和第二类规则下的交易成本,劳动总需求曲线亦将右移,产生类似于图1的均衡结果。换言之,第五类规则优于第一类规则和第二类规则,是有效率的。

虽然经济学被认为不是一门精确的科学,⑤但以上分析表明:第一类规则优于第二类规则;第四类规则和第五类规则均优于第一类规则和第二类规则;而第二类规则和第三类规则是缺乏效率的。鉴于我国现行的关于劳动者辞职不可撤回,除非经过用人单位同意否则也不可撤销的法律规则是缺乏效率的。笔者结

---

① 全国人大常委会法制工作委员会编:《中华人民共和国劳动合同法释义》,法律出版社2007年版,第129页。另外,我国学者也认为“实现劳动力资源的合理配置,促进经济的发展”是《劳动法》第31条的立法目的。参见姜颖:《劳动合同法论》,法律出版社2006年版,第273页。

② 又译效率违约理论。参见[美]理查德·波斯纳:《法律的经济分析》(第7版),蒋兆康译,法律出版社2012年版,第17页。

③ 《劳动合同研究》一书亦认为:“在劳动合同中,由于对合同履行内容的不确定以及合同本身的继续性,反复谈判确定合同内容的成本畸高。如果在劳动合同履行过程中必须不断地谈判,那么谈判的成本将大于履行合同的收益,最终的结果也可能是不再履行劳动合同。因此,不定期合同赋予双方较为灵活的终止劳动关系的权利。”参见董保华主编:《劳动合同研究》,北京大学出版社2005年版,第121页。

④ 我国学者在《劳动合同法》立法之前就持这种观点。参见姜颖:《劳动合同法论》,法律出版社2006年版,第273~279页。

⑤ 参见[美]萨缪尔森:《经济学》(上册),高鸿业译,商务印书馆1981年版,第471页。

合我国法律制度,对于提高我国劳动力资源的配置效率提出以下建议:借鉴第四类或第五类规则,修正《劳动合同法》,明确规定劳动者可在预告期满前或预告期满前的一定期限内放弃解除劳动合同。

余论

本文探讨了劳动合同预告解除的解除时间以及辞职能否撤回或撤销这两个问题。其中,预告解除的解除时间问题是一个"法律是什么"的问题,而辞职能否被撤回或撤销的问题则是一个"法律应当是什么"的问题。这两个问题之间的关系是,预告解除的解除时间问题是辞职能否撤回或撤销问题的先决问题。如果预告解除的解除时间被认为是劳动者预告解除的意思表示到达用人单位的时间,就基本上排除了辞职可以被撤回或者撤销的可能性。盖尤斯(Gaius)在《论十二表法》(第1卷)中指出:"当然,在任何事物中起源是最重要的部分。因此,如果在法庭中,对于阐述诉讼理由的人而言,没有说明前提就向法官阐述问题可以说是反神法的事情,那么对于那些许诺解释的人而言,忽略开端并且没有寻求起源就直接涉及主题,是更不合适的……"[①]通过本文第一部分对劳动合同预告解除制度的起源的研究,我们了解到,通知终止劳动合同的规定在英美法中起源于英国1444年的《亨利六世二十三年法》及1562年的《伊丽莎白一世五年法》,而在大陆法中则是起源于1794年《普鲁士一般邦法》。由此,两大法系分别建立起了提前通知,通知期满之后终止雇佣的法律传统。遵从盖尤斯的教导,我们找到了关于劳动合同预告解除的解除时间问题的答案,解决了这个"法律是什么"的问题。美国联邦最高法院大法官霍姆斯(Holmes)曾预言:"对于法律的理性研究而言,现在或许是精通法律条文的人的天下,但未来将是懂得统计学的人和精通经济学的人的天下。"[②]通过本文第二部分对关于辞职能否撤回或撤销的五类法律规则的法律的规范性经济分析,我们得出了我国劳动者辞职不可撤回,且除非经过用人单位同意否则不可撤销的法律规则缺乏效率的研究结论,并提出了相应的修法建议。令人欣慰的是,我国已经有两个法院作出了劳动合同预告解除可以撤销或者撤回的开创性判决。如四川省简阳市人民法院在曾某与唯品会(简阳)电子商务有限公司劳动争议案中认为:"从该规定看,劳动者解除合同的通知到达对方并不立即产生解除劳动合同的法律后果,而是要在三十日后劳动者才能依据该通知解除劳动合同,即在三十日的期限到达前没有解除劳

① 罗志敏译:《学说汇纂》(第1卷),中国政法大学出版社2008年版,第19页。

② Oliver Wendell Holmes, *The Path of the Law*, Harvard Law Review, Vol. 10, p.462 (1897).

动合同,如果劳动者在此期限内撤销解除劳动的意思表示,不再要求继续解除劳动合同,是劳动者依法处分自己权利的行为,符合法律规定(法律赋予了劳动者单方解除合同的权利,并非义务,在法律关系发生变动之前,劳动者可以放弃自己的权利)。"[①]湖北省武汉市江夏区人民法院在湖北清能碧桂园物业服务有限公司与宋某劳动争议案中认为:"法律规定劳动者提前三十天通知单位解除劳动关系,一方面是考虑单位需要安排相应人员接管辞职者的工作,另一方面其实也给予了双方沟通的时间及劳动者撤回辞职,继续履行劳动合同的机会,故在此期间内劳动合同并不会因劳动者提交辞职报告等而自行解除。"[②]虽然四川省简阳市人民法院的一审判决被上级法院撤销,[③]但湖北省武汉市江夏区人民法院的一审判决却得到了上级法院的维持。[④] 湖北省高级人民法院在对该案进行再审审查时更明确指出,劳动者可以放弃对劳动合同的单方解除权。[⑤] 本文第二部分对上述两个开创性判决进行了法经济学上的证成,希望能为相关法律问题的研究提供一个新的起点。

① 四川省简阳市人民法院民事判决书,(2019)川 0180 民初 3685 号。

② 湖北省武汉市中级人民法院民事判决书,(2020)鄂 01 民终 11253 号。

③ 参见曾建与唯品会(简阳)电子商务有限公司劳动争议案,四川省成都市中级人民法院(2020)川 01 民终 9912 号民事判决书。

④ 湖北省武汉市中级人民法院民事判决书,(2020)鄂 01 民终 11253 号。

⑤ 湖北省高级人民法院民事裁定书,(2021)鄂民申 1507 号。

【域外社会法观察】

劳动法的名称概述*

[日]菊池勇夫**　著　李帛霖　译***

摘　要:“劳动法”一词作为今天全世界较为通用的法学用语,在日本、德国、法国、英国、美国均各自经历了较为漫长且具体的演变路径。这种演变既包括学术用语上的演变,也包括官方用语上的演变。纵观各国关于“劳动法”术语的发展过程可知,尽管存在国别发展路径、用语内容与场景方面的区别,但共同之处大致有两点:一是以回应工业化与资本主义生产方式所带来的社会问题为导向,因此早期的“劳动法”更多的是以“产业法”“工厂法”“工人法”等社会政策型立法的形式出现的;二是以将涉及劳动领域的法律法规予以体系化为目标,因此“劳动法”一词逐渐成为各国通用的名称。现代国家作为福利国家,需要兼顾经济发展与劳动保护,将社会政策性法和经济政策性法统一为广义的“社会法”,并以社会福利为政策目标,将社会正义凌驾于经济正义之上作为社会法的理念。

关键词:劳动法　产业法　社会法　工厂法　劳动关系

一、关于法律的学术用语

日本的法律用语,很多都是从幕府末年到明治初年从外语翻译过来的。穗积陈重的《法窗夜话》(1916 年刊)第 48 话中有一篇“法律的学语”。据其记载,

* 本译文来自菊池勇夫(Kikuchi Isao)于 1967 年发表在《日本学士院纪要》第 25 卷第 3 号(「労働法の名称について」『日本學士院紀要』25 卷 3 号(1967 年)141 ~ 151 頁)的文章。译文的摘要与关键词系译者根据文章内容自行归纳。

** 菊池勇夫(1898 ~ 1975 年),日本著名社会法学者,日本学士院会员,原九州大学总长,名誉教授。

*** 李帛霖(1995 ~),西南政法大学讲师,法学博士。

明治以后所使用的法律用语,大多源自箕作麟祥从1870年到1874年翻译的"法国六法"。穗积陈重在1881年成为东京大学讲师时,教课大多使用外语。因此,为了使法学本土化,规定用语是首要的任务。1883年前后,穗积陈重与其他5位讲师(宫崎道三郎、菊池武夫、栗野省吾、木下广次、土方宁)商议召开了法学用语的选定会。当时,他们在九段下的玉川堂大楼租了一个房间,这个房间既是画笔店,又是出租屋,他们每周至少聚会一次进行翻译。此外,自从1883年起,东京大学法学部成立了一个单独的板块,试图用日语教授所有课程。随后,1885年,学部决定废除这一单独板块,到了1887年前后,法学用语基本确定下来,法学部的各科目都可以用日语授课了。

1886年,东京大学颁布了帝国大学令,东京大学改名为帝国大学,1893年又颁布了讲座制度的敕令。1897年京都帝国大学设立时,将原来的帝国大学更名为东京帝国大学。太平洋战争以前的法学用语或法学的相关名称,从1897年开始一直没有改变。其中,劳动法并未被包含在内,但如后文所述,1897年以后已经存在使用"劳动法"名称的刊行书,这一点值得注意。

在此,笔者想就法学用语来斟酌一下其含义。首先是法的名称,一般称为惯用语(expression; dénomination; terminologie)或通用语(a convenient term; la langue courante; l'expression courante);其次,学术用语(scientifique)也可用于指向法律体系的一个分支(branchche du droit),尤其是一门学科(discipline; disziplin; matière);最后,官方用语(dénomination officielle)是指法律中使用的法律语言(langue juridique),即法典或单行法的名称,或法律条文中的术语,尤其是大学里官方的(法令上的)学科科目名称或国家考试科目名称。这种用语的区别,对于原有的学科没有什么特别的问题,但是对于新成立的学科,在名称不一致,有各种各样的用语的时候,就有区别的必要。

二、第二次世界大战前的劳动法的讲义与名称

1921年,东京帝国大学的末弘严太郎教授以"劳动法制"为名称开始讲授劳动法。同一时期,在东京商科大学,孙田秀春教授也以"劳动法"为名进行授课。而如何确定这一新法学的名称也是一个问题。

孙田秀春的《劳动法总论》第一版于1924年出版,总序中的一节写道:"我想,至少学科的名称在这个时候至少应该固定下来,或称之为劳动立法,或称之为劳动法制,或称之为劳动法,实在有不统一之嫌。考虑到这种学科的性质和地位,我更主张把它冠以'劳动法'的名称。"

当时新设的东北帝国大学法文学部,在1925年根据敕令第264号设立了

“社会法论”讲座，接着新设的九州帝国大学法文学部也在1927年根据敕令第306号设立了“社会法”讲座。笔者作为文部省在外研究员，“为了研究社会法”，从1926年春天在欧美逗留了两年多，1928年回国后，担任原九州帝国大学的“社会法讲座”授课。

在笔者被任命之前，文部省向原九州帝国大学咨询了“社会法”的授课范围。从1928年当时的社会状况来看，似乎也有担心讲课内容的意思，所以笔者把当时内务省社会局编辑的《现行社会法令集》的内容原封不动地整理并记录了下来，想着随着今后同类法令的增加，讲课范围也会扩大。为了方便起见，一开始讲课就必须先定义“什么是社会法”。笔者认为“社会法”中当然包括“劳动法”，但在每年的课程中，我都尝试考证“社会法”和“劳动法”的名称。而且笔者还了解到，尽管欧美各国也有各种各样的名称，但却没有对其进行比较考证的文献。

昭和初期(1926年以后)，日本学界通用了“劳动法”这一学语。“劳动法”一词在许多书籍和讨论中都有使用，外国文献的译著中也有使用“劳动法”一词的情况，即使其与原文的用词存在差异[如保罗·皮克(Paul Pic)独著并由协调会翻译的《劳动法》，以及由卡皮坦(Capitant)和库什(Cuche)合著并由星野辰雄、石崎政一郎共同翻译的《劳动法概要》等]。末弘严太郎编辑的“法学全集”系列丛书收录了孙田秀春的《劳动法》，“新法学全集”系列收录了菊池勇夫的《劳动法》。

但是，末弘严太郎教授在东京帝国大学作为自选科目的讲义题目是“劳动法制”，而与此相关的新设讲座的要求是将劳动法制也包含在内的产业法。①

三、横山正脩编著的《劳动法之要义》

笔者在岩波书店出版的《法律学辞典》Ⅳ(1936年6月刊)上撰写“劳动法”这一条目时，写了对之前的用语进行考证的内容。其中写道：“日本早在1898年就有《劳动法要义》(横山正脩著)的书名……”笔者还在《明治文化全集·社会编》(1929年发行)的《社会文献年表》(下出隼吉著)中看到了1898年的文献，并引用了这个书名。后来，笔者在九州大学法文学部研究室买到了这本书，准确来说应该是谢海神鞭知常校阅并由临崖横山正脩编著的《劳动法之要义全》，是1899年9月22日东京博文堂发行的小册子(正文141页)。

神鞭知常是丹后宫津人，生于嘉永元年(1848年)，1873年作为大藏省官员

① 参见[日]穗积重远：《法学部总说》，载《东京帝国大学学术大观，法学部·经济学部》1942年刊。

出使美国,1876年成为内务省费府博览会的御用官员。1886年任大藏省主税局长,1887年辞官,1890年当选众议院议员,1896年任法制局长官,1898年再次担任宪政党内阁法制局长官。1899年,他作为该书的校阅者撰写了序文。关于横山正脩的背景,没有确切的资料,坊间传闻说他可能是法属印度支那地区的商人。

以下为该书的校阅者的序文:

"政府已就是否有必要制定一项保护劳动者的法律(称为《工厂法》或《工厂条例》)征求了工商会的意见,或已将此事提交给高级工商会,但如果尚未向帝国国会提交草案,政府也应给予高度重视。但是,起草这类有关民事产业法规的人,往往有熟悉外国法规却不了解本国实际情况的弊病,他们把条款所具备的东西翻译过来,不问是否适应本国,就立即展开实践。真正的实业者并不为此弊病所苦,横山君正是发现了这一点,才编撰了这本书,分发给同行们参考。此书实为当今预防弊病之良药。——谢海神鞭知常 1899年7月。"

在作者横山正脩的"绪言"中显示的落款时间是己亥年五月上旬,而己亥年是1899年,由此可见,将其作为先前1898年的文献是错误的。该"绪言"的内容如下:

"劳动法规制劳动的方针,一是随着近来大工厂和机器制度的发达,二是随着德国式国家社会主义的流行,逐渐在西方文明各国的法律中盛行,其趋势将会波及我国……然而,规制劳动的主要目的是保护劳动者的身体和财产,或对儿童和妇女劳动的限制,或规定法定的休息和上学时间等,其实质都是出于仁爱精神,试图促进劳动者的发展,尽管这些原则在本质上无可厚非,但在付诸实践时,更应引起人们的高度重视。如果限制过严,其结果可能是增加因保护劳动而造成的穷困,或降低一国的生产力,使其难以与外国工业进行竞争……今天是发展国内产业、造福劳动者的时候了。因为生产力的发展是对劳动问题的解释。或者说,一个国家的产业发达了,财富增加了,生产力增加了,工资增加了,劳动者的生计和财富都进步了……"

该书试图对欧美各国的劳动立法进行比较研究,并介绍了法国政府制定的"1891年10月1日现行各国劳动限制表",以及对1890年3月由德皇威廉二世召开的世界上第一次"国际劳动会议"议决条款的批判。

作者作为结论叙述的地方有以下部分:

"关于劳动问题,在社会上有识之士中,屡屡听到试图扩大国家干涉领域的说法。难道劳动规制的原则仅仅是培养人民的保护活力吗?因此,尽管这一目标无可非议,但如果干预限制过多,势必会阻碍生产力的发展,结果国内产业在国际产业竞争中败下阵来，失去国外市场的危险就不言而喻了。我国制定劳动法的人应该深入考虑这种情况……我国的产业与欧洲国家一样，现在是全球性的，与其他国家竞争。因此，即使我们进一步提高生产力，将货物的销售渠道扩大到世界的各个角落，只要我们后退一步，其他国家的产业就会迅速将我们的产业赶出国外市场。因此，我们今天的国家政策，应以增加国内生产力为本，在制定劳动法规时，亦应时刻谨记这个理念……"

《劳动法之要义》的编著者，其观点和资料大多源于保罗·勒鲁瓦·鲍吕(Paul Leroy-Beaulieu)的著作。除引用文献的部分之外，他还写道："在柏林劳动会议之前，勒鲁瓦·鲍吕先生就明确指出，限制工作时间是国际竞争的障碍。"鲍吕作为法国财政学历史上的著名人物，在日本也很有名。田尻稻次郎博士是原东京大学初期的财政学教授，后来作为讲师授课了四十年，他阐述了鲍吕的学说，并翻译了鲍吕的《财政论》(Traité de la science des finance, 1877)鲍吕"坚定地站在自由主义的立场上，反对国家干涉主义，因此，在税制方面，他坚决反对所得税，特别是累进课税等社会政策性课税"①。站在这样的立场上，他发表了有关劳动问题的论著，横山正脩也经常引用这句话。

当时日本学术界出现了一批对德国的社会政策感兴趣的少壮派学生，1896年，高野岩三郎、矢作荣藏、小野塚喜平次、金井延、山崎觉次郎、桑田熊藏、织田一等人创立了"德国工商业管理条例研究会"。1897年，该学会更名为"社会政策学会"，1900年发表了学会方针书，1907年12月的社会政策学会大会以"工厂法与劳动问题"为题目进行了诸多学者的报告和演讲。顺便提一下，1908年，(原东京帝国大学)法科大学对学科构成进行了大修改，将"社会政策"作为政治学科和经济学科的必修课。"社会政策讲座"于1919年在于1913年独立的经济学部中成立。

1909年3月，第27届帝国议会通过并颁布了《工厂法案》。② 该法案是在一战期间的1916年开始实施的，但日本劳动立法的发展是在这一时期以后的事情。

很明显，《劳动法之要义》的编著者并没有将"劳动法"这一用语作为明治三十年代(1897年以后)学术界的通用语来使用，不仅如此，似乎也不能说这是对欧美发达国家用语的翻译。因为在柏林国际劳动会议之后，"劳动法"还没有成

---

① ［日］长谷田泰三：《我国财政学的发展——以我校为中心的观察视角》，载《东京帝国大学学术大观·经济学部》，1942年刊。

② 参见［日］冈实：《工厂法论(初版)》，有斐阁书房1913年版。

为欧美国家通用的学术语言。

四、英、美、德、法四国关于"劳动法"用语的变迁

作为劳动法发达国家的欧美各国,从其学术用语的变迁来看,即使各国用语类似,其内容也未必一致。另外,在形成官方用语的时期,与其说是受到近代产业发展快慢的影响,不如说是受到各国法制特殊情况的影响。

(一)英国

英国法学家在19世纪前叶将劳动关系法称为"主仆法"(the law of master and servant)。查尔斯·史密斯(Charles Manley Smith)的著作《主仆法》(Law of Master and Servant)第一版于1852年出版。1867年,英国开始进入了"现代产业法(modern industrial law)时代"。这一年在"产业立法"(industrial legislation)方面有显著的立法,特别是这一年修订了《工厂法》,将其范围扩大到所有工业关系的职业。在集体劳动法方面,这一年成立了皇家委员会(Royal Commission),并颁布了《1871年工会法案》(The Trade Union Act)。弗兰克·提勒亚(Frank Tillyard)于1916年出版的《产业法》(Industrial Law)也主要涉及的是1867年以来的立法工作。提勒亚并未将"产业法"(industrial law)作为法律用语使用,而仅仅作为学术用语。它与原有的法律用语"主仆法"(law of master and servant)相对应,但与"servants"不一定一致,而是描述的是以"workers"为对象的法律,并承认新造词的意义。

"劳动法"(labour law)这一术语被认可是第一次世界大战之后,《大英百科全书》(Encyclopaedia Britannica)1929年第14版采用了这一术语。执笔者山格尔(Sanger)认为应当使用该术语的理由主要有两点。一方面,英语单词"industry"即使包括一般意义上的产业,但仍有可能被限缩解释为"工业企业"(industrial undertaking);另一方面,"labour"一词已从其最初指体力劳动者的含义扩大到一般意义上的从属性被用者,这是近代劳动的一个特征。1965年版的《大英百科全书》中写道,"'劳动法'是一个很方便的术语(convenient term),它包括所有关于在雇主控制下从事劳动的个人的劳动条件法律规则"。如此一来,这一术语比"industrial law"更出色。

(二)美国

在美国,康芒斯(Commons)及安德鲁斯(Andrews)的《劳动立法原理》初版于1916年1月正式发行。1937年,这本书的第四版的"序言"中提到,美国最初的劳动立法是在100年前(19世纪30年代)制定的,但大多数有效的、实际上具有革命性的劳动立法都是在过去的25年里开花结果的,也就是第一次世界大战

以后。但近年来最具划时代意义的劳动立法是1932年的罗斯福新政之后的《国家工业复兴法案》[The National Industrial Recovery Act (1933)]。

美国学界关于劳动法的常用术语包括"劳动法"(labor law)[①]"产业法"(industrial law)[②]、"社会立法"(social legislation)[③]等。但今天各个大学的法学院几乎都具有了"劳动法"(labor law)的讲义。另外,塞利格曼(Seligman)主编的1937年版的《社会科学百科全书》的第8卷(Encyclopaedia of the Social Sciences, Vol. 8, 1937)有"Labor Legislation and Labor Law"的条目,而1963年的《美国百科全书(国际版)》的第16卷[Encyclopaedia Americana (International Edition), Vol. 16, 1963]中有"社会立法"(labor legislation)的条目。

为了与"劳动法"(labor law)或"劳动立法"(labor legislation)相区别时,"社会立法"(social legislation)一词专指"与社会保障"(social security)有关的立法。例如,国际劳动法与社会保障法学会"La Société Internationale du Droit du Travail et de la Sécurité Sociale(社会保障)"的英文名就是"The International Society for Labour Law and Social Legislation(社会立法)"。

(三)德国

德国柏林国际劳工会议的第二年,也就是1891年7月1日修订的《工商业管理条例》(Gewerbeordnung)将劳动法规予以体系化,使用"工人法(Arbeiterrecht)作为劳动合同法、劳动保护法和劳动保险法三部分的统称。后来,该法将白领职员也纳入进来,扩展为"工人法和职员法"(Arbeiter und Angestellten Recht)。特别是由于同时包含劳动保险法和使用人保险法的社会保险法的形成,以社会改良思想(sozialre formatorische Idee)为共同特征的法律领域的"社会法"(Sozialrecht)一词成为惯常用语。[④] 另外,将工人(Arbeiter)和职员(Angestellte)统称为"劳动者"(Arbeitnehmer)并使用"劳动法"(Arbeitsrecht)一词的学者在20世纪初期就已经不少了。[⑤]

1914年辛茨海默(Sinzheimer)提出的"制定统一的劳动法",在德国第一次

---

① Francis Bowes Sayre, *A Selection of Cases and other Authorities on Labor Law*, Harvard university press, 1923.

② Albertsworth & Edwin Franklin, *Selected Cases and Other Authorities on Industrial Law*, Northwestern university press, 1928.

③ Callcott Mary Stevenson, *Principles of Social legislation*, The Macmillan company, 1932.

④ Vgl. Erwin Jacobi, Grundlehren des Arbeitsrechts, Deichert, 1927, S. 36.

⑤ Vgl. Alexander Elster, Lexikon des Arbeitsrechts, G. Fischer, 1910; Heinz Potthoff, Probleme des Arbeitsrechts, Diederichs, 1912; Hugo Sinzheimer, Über den Grundgedanken und die Möglichkeit eines einheitlichen Arbeitsrechtes für Deutschland, Vahlen, 1914.

世界大战战败后的1919年8月《魏玛宪法》第157条第2款中明确规定,如此一来,“劳动法”成了官方用语。

关于“劳动法”与“社会法”的关系,瓦尔特·卡斯凯鲁(Walter Kaskel)在其1918年的论文中将“社会法”定义为“所有从事由他人支配的雇佣劳动的职业身份特别法”,它由社会保险、社会保护、社会契约法、社会团体法四部分组成。①

卡斯凯鲁认为,“劳动法”成为官方用语,作为单词被通用之后,“劳动法就是社会法”,“国家为了解决社会问题而采用的制定法规,形成社会法或者说劳动法”②。此外,德尔施(Dersch)还列举了作为“劳动法”的姊妹法而形成的“社会保障法”,暗示了“社会法”是综合这些法律的上位概念。

(四)法国

1890年柏林国际劳工会议后,法国开始对劳动立法进行比较研究。里昂大学的保罗·皮克教授(Paul Pic)在1900年的巴黎比较法大会上作出了题为“比较法在劳动法规中的任务、职能和方法”的报告。这篇报告论文发表在皮克自1900年以来主持的季刊《实践问题、劳工法、政治和社会经济》(Questions pratiques, droit ouvrier, économie politique et sociale)1901年的第一册(第39页以下)上。

此外,当时的法国商务部还于1901年设立了劳动法典编委会,该委员会随后花了约4年时间提出了7篇草案。政府决定原封不动地采纳这一体系,并编纂相关立法,形成了早期的《劳动与社会保障法典》(Code du travail et de la prévoyance sociale)(1910)。但是,由于大学科目官方用语已经用了“产业立法”(legislation industrielle)一词,皮克在1904年度获得法国学士院(精神科学部)颁发的获奖著作《产业立法基本概论》(Traité élémentaire de legislation industrielle)中,也附加了“劳动法”(Les lois ouvrières)这样的副标题。这个书名直到1931年的第6版都没有改变。对于“legislation industrielle”这一用语,有人批评说这是双重意思,不合适。如果按照字面意思,那就是近代产业相关的立法,它包含了工业领域发明专利权和商标权等,因此比劳动法要宽泛得多。如果仅从工业关系的角度来看,与商业、农业、自由职业、家内劳动等相关的劳动法相比,则显得过于狭窄。这也就是为什么说要用“劳动法”(Les lois ouvrières)来明确其内容。随后,1929年,乔治·塞尔(Georgres Scelle)在其著作中使用了“劳动者法”

① Vgl. Walter Kaskel, Begriff und Gegenstand des Sozialrechts als Rechtsdisziplin und Lehrfach, D. J. Z., 1918, S. 541ff.

② Vgl. Walter Kaskel, Arbeitsrecht, Springer, 1927; Kaskel/Dersh, Arbeitsrecht, Springer, 1932.

(Droit ouvrier)这一用语。但也有人批评说,这一用语过于狭窄,没有将劳资关系法包括在内。此外,皮克还创办了学术杂志《商业法和社会法杂志》(Recueil de Droit Commercial et de Droit Social)。1938 年,当时的南锡大学的曼通(Menthon)和泰特根(Teitgen)创办的学术杂志《社会法》(Droit Social)。虽然也有将劳动法作为社会法的用语例子,但这也被评价为社会法的领域过于笼统宽泛。

第二次世界大战结束后,巴黎大学的鲁阿斯特(Rouast)和南锡大学的杜兰德(Durand)合著的劳动法教科书《产业法概述——劳动法》(Précis de législation industrielle-Droit du Travail)中,首次将"劳动法"(Droit du travail)作为了副标题。但直到 1951 年的第 4 版为止,这一用语仍然是作为学术用语使用的。1954 年 3 月 27 日法令[①]修改了大学法学学士的科目,将以前作为第三学年的选修科目《产业立法》(legislation industrielle)更名为"劳动法"(Droit du travail),不管志愿如何,对所有法科学生来说都是必修科目。因此,包括鲁阿斯特和杜兰德的教科书在内的所有著作都将"劳动法"(Droit du travail)作为了通用语言。另外,上述修正令将《社会保障法》(Droit de la sécurité sociale)与《劳动法》一起作为新科目进行了规定,因此即使改名,劳动法的内容也不会有特别的变化,但也有人指出,将社会保障法作为独立的科目是非常重要的。此后,1958 年《法兰西第五共和国宪法》关于法律制定的第 34 条中明确规定了:"劳动法、工会法以及有关社会保障的法律。"

五、第二次世界大战后的"劳动法"

第二次世界大战后,国立、公立、私立各大学都讲授劳动法。东京大学第一个开设了"劳动法"讲座,其他大学也根据文部省的命令[②]设立了"劳动法"的讲座或学科,到今天为止有 5 所大学(信州大学、静冈大学、京都大学、大阪大学、神户大学)。但是,"社会法"讲座也在第二次世界大战前的原东北帝国大学和原九州帝国大学两所大学的基础上,在第二次世界大战后早期的北海道大学新设,其他 7 所大学(金泽大学、和歌山大学、冈山大学、广岛大学、山口大学、佐贺大学、熊本大学)按照文部省的命令作为学科设置。此外,第二次世界大战后一桥

① Voir Nouveau Regime des Etudes et Des Examens en Vue de la Licence en Droit(Décret n°54 – 343 du 27 mars 1954),[En ligne:https://www.legifrance.gouv.fr/jorf/id/JORFTEXT000000686033]. Consulté le 18 Déc 2024.

② 参见[日]《国立大学有关学科、课程、讲座和科目的省令》(第三次修正,1966 年 4 月 5 日,文部省令第 233 号)。

大学、神户大学、九州大学又新开设了“经济法”讲座,东京大学还开设了“产业法”讲座。

如今,“劳动法”这一术语在世界范围内已经确定下来,在日本也已经成了官方用语。问题是“劳动法”与“社会保障法”的关系以及这些法律领域在“社会法”体系中的地位,以及与“经济法”或“产业法”的关系。这样的问题并不是单纯名称的变迁,而是要明确各个法律的概念,本文对此无法详细讨论。如果简单地加上个人意见,就是以下的见解。

在日本,第二次世界大战后的《日本国宪法》明确提出了社会基本权利,并以此为契机,第一次制定了劳动法,同时还制定了社会保障法。而且,社会法可以作为包含这两个社会政策性法域的上位概念而被认可。第二次世界大战前,笔者就把社会法作为相对于公法和私法的第三个系统,把属于社会法体系的社会政策性法律领域分为劳动法、社会保险法和社会事业法三个分科。但是在第二次世界大战后,社会保险和(社会事业发展的)社会扶助被综合为社会保障,因此分为劳动法和社会保障法两个分科。

经济法根据战后《关于禁止私人垄断及确保公平交易的法律》的制定而成为以反垄断法为中心广泛研究经济关系法规的学科。但是,以反垄断法为中心的经济法理论似乎还没有确立。笔者在第二次世界大战前曾将经济法作为属于社会法的经济政策性法的分科,试图将“组织化的经济的法”这一概念作为经济统制法来研究,但实际上却指向的是战时经济统制法。作为战后经济法,比起以反垄断法为中心的理论,笔者更感兴趣的是以国民经济的计划化(planification)为中心,将经济政策性法律体系化。在今天,不仅是社会主义经济体制,自由主义经济体制也在以增进国民经济生产为社会目标计划化。日本也在经济立法中,对经济企划厅的活动和经济相关的审议机关的建议采取措施,考虑社会发展的目标。

产业法的概念明显区别于劳动法,在今天也不限于经济法的先驱性作用,因此成为经济法的同义词。如果一定要将两者区别开来,就会相互限定各自体系化的对象法规。为了将社会政策性法和经济政策性法统一为广义的社会法,必须将现代国家作为福利国家,以社会福利为政策目标,将社会正义凌驾于经济正义之上作为社会法的理念。

社会法院法(Sozialgerichtsgesetz, SGG)*
——第60条至第220条

左　菁** 　杨雅云***译

《社会法院法》1975年9月23日颁布(见《联邦法律公报》第一部分,第2535页),该法经2024年3月22日发布的法律第3条(见《联邦法律公报》第一部分,第105号)最新修正。

Sozialgerichtsgesetz in der Fassung der Bekanntmachung vom 23. September 1975 (BGBl. I S. 2535), das zuletzt durch Artikel 3 des Gesetzes vom22. März 2024 (BGBl. I Nr. 105) geändert worden ist.

译注说明:《社会法院法》于1953年9月3日签署通过,1953年9月4日公布于《联邦法律公报》第一部分,第1239—1266页,自1954年1月1日起生效(关于该法执行措施的条款自公布之日起生效)。德国于1975年9月23日重新修订了《社会法院法》。

---

* 本文系国家社科基金项目"中国特色基本养老服务制度立法完善研究"(22BFX117)、重庆市教委人文社科研究项目"重庆基本养老服务制度立法构建研究"(22SKGH040)和西南政法大学引进人才科研资助项目"职场性骚扰雇主责任研究"(2022-XZRCXM007)的阶段性研究成果。

** 西南政法大学经济法学院副教授,硕士生导师。

*** 西南政法大学经济法学院讲师。

目　录

第二部分　诉讼程序

第一章　总的程序性规定

第一节　总　　则

第 60 条

第 1 款　对法院人员自行回避和当事人申请回避参照适用《民事诉讼规则》第 41 条至第 46 条第 1 款和第 47 条至第 49 条的规定。

第 2 款　参加过案件行政程序的人员不能担任诉讼程序的法官。

第 3 款　法官是社团或者公共机构的理事会成员,并且诉讼直接涉及该团体或机构的利益的,则认定存在《民事诉讼规则》第 42 条[①]中的偏袒可能。

第 4 款　(已删除)

第 61 条

第 1 款　就公开审理,庭审警察以及庭审语言参照适用《法院组织法》第 169 条、第 171b 条至第 191a 条的规定。

第 2 款　就案件的讨论和表决参照适用《法院组织法》第 192 条至第 197 条的规定。

第 62 条

裁判作出前必须保证诉讼参加人的听审权[②];听取陈述可以以书面或者电子的方式进行。

第 63 条

第 1 款　设置期限的指令和决定应当送达诉讼参加人;设置期限的公告仅在对此有明确规定时才送达诉讼参加人。日期的确定和传唤应当公布。

第 2 款　法院送达适用《民事诉讼规则》的规定。就第 73 条第 2 款第 2 句第 3 项至第 9 项中的诉讼代理人适用《民事诉讼规则》第 173 条、第 175 条和第 178 条第 1 款第 2 项的相关规定。

第 3 款　没有在德国国内居住的人应指定一名授权代理人,以便送达诉讼

① 当事人可基于法定的自行回避理由或者由于担心法官偏袒而申请法官回避。

② 听审权由《德意志联邦共和国基本法》第 103 条规定,包括参加诉讼的人有权利了解案情并且在裁判作出前陈述意见,以及法官在作出裁判时应当对其陈述进行衡量。

文件。

第 64 条

第 1 款 无其他规定的,期间从送达后的第二天开始计算,无须送达的,从通知①或者宣告②的第二天开始计算。

第 2 款 期间按照日计算的,终止于期间的最后一天;以周或月计算的,终止于最后一周或者最后一个月中与事件或时刻起算日相同的那天。最后一个月没有相应的与该起算日相同的日期的,期间终止于该月的最后一天。

第 3 款 期间的最后一天是星期日、法定节日或者星期六的,以休假日的次日为期间的最后一天。

第 65 条

经申请院长可以缩短或者延长法官设定的期间。延长期间的,延长的期间从上个期间终止时起算。

第 65a 条

第 1 款 根据本条第 2 款至第 6 款的规定,准备性文件及其附件,当事人以书面形式提交的申请和声明,以及第三人以书面形式提交的信息、陈述、专家意见、译文和声明可以电子文件方式提交给法院。

第 2 款 电子文件必须适合法院处理。联邦政府通过需要联邦参议院同意的法令确定技术框架条件,以供法院传输和处理。

第 3 款 电子文件必须有相关负责人的合格电子签名,或者由相关负责人员签名并通过安全的传输途径提交。第一句不适用于准备性文件附件。

第 4 款 安全的传输途径是:

1. 一个 De-Mail 账户的邮箱和邮寄服务,发件人在发送消息时根据《De-Mail 法》第 4 条第 1 款第 2 句安全注册,并且根据《De-Mail 法》第 5 条第 5 款确认已安全注册;

2. 根据《联邦律师法》第 31a 条和第 31b 条创建的特殊电子律师邮箱基于法律规定创建的相关电子邮箱与法院的电子邮箱之间的传输途径;

3. 经过身份验证程序后创建的政府部门或公法人电子邮箱与法院

① 包括所有书面、电子或口头形式的通知。

② 指口头审理中正式的通知。

的电子邮箱之间的传输途径；

4. 经过身份验证程序创建的自然人、法人或其他组织的电子邮箱与法院的电子邮箱之间的传输途径；

5. 经身份验证程序使用《在线访问法》第2条第5款意义上的用户账户邮箱和邮寄服务与法院的电子邮箱之间的传输途径；

6. 其他由联邦政府通过需要联邦参议院同意的法令确定的统一传输途径，其确保了数据的真实性、完整性和无障碍性。

本款第3项至第5项所述传输途径的详细要求由本条第2款第2句的法令规定。

第5款 电子文件一经存储在法院用于接收的设备上，即被视为已收到。应向发件人自动发出收件时间确认信息。这不适用于本法关于为其他当事人提供副本的规定。

第6款 如果一份电子文件不适合法院处理，必须立即通知发件人，并指出接收的无效性。如果发件人立即以法院适合处理的形式重新提交文件，并可以证明它与最初提交的文件在内容上一致，则该文件被视为在最初提交时已收到。

第7款 如果需要法官或法院登记处书记员手写签名，负责人在文末加上他们的名字，并用合格的电子签名标记该文件，这种形式就被视为符合要求。根据本法第65b条第6款第4句将手写签名的文件转换为电子文件，也符合第1句所述形式。

第65b条

第1款 可以以电子形式管理诉讼案卷。联邦政府和州政府应通过法规确定各自管辖领域内以电子形式记录诉讼案卷的开始时间。电子文件的构建、使用以及保管的组织技术框架条件由行政法令进行规定。州政府可以将该项立法权限授权给主管社会司法管辖权的州最高行政机关。对电子案卷的允许可以限定在个别的法院或者个别的诉讼程序中。联邦政府的法令不必经联邦参议院批准。

第1a款 自2026年1月1日起，诉讼案卷将以电子形式管理。联邦政府和州政府应通过法规确定各自管辖领域内组织技术框架条件，这些条件应符合技术发展水平，以构建、使用和保管电子文件，包括遵守无障碍性要求。联邦政府和州政府也可以将通过法规确定的以纸质形式构建的案卷继续以纸质形式管理。州政府可以将本条第2款和第3款中的立法权限授权给主管社会司法管辖权的州最高行政机关。联邦政府的法规不必经联邦参议院的批准。

第2款 如果案卷以纸质形式管理,为案卷制作电子文件需打印副本。如果对于准备性文件来说,这样做不可行或者成本太高,可以不用打印。在这种情况下,数据资料必须永久存储;存储位置应在案卷中记录。

第3款 如果电子文件通过安全的传输途径提交,应在案卷中记录。

第4款 如果电子文件附有一个合格的电子签名,但不是通过安全的传输途径提交,打印件必须包含以下说明:

1. 文件完整性检查的结果是什么;
2. 签名验证识别签名持有者是谁;
3. 签名验证识别附加签名的时间点是何时。

第5款 在本条第2款情形下,提交的电子文件可以在提交六个月后删除。

第6款 如果对诉讼案卷以电子形式进行管理,以纸质形式存在的文件和其他材料应根据技术发展水平转换为电子文件以代替原始文件。必须确保电子文件在图像和内容上与现有文件和其他材料一致。电子文件应附有一个传输证明,记录在传输过程中使用的方法,以及图像和内容的一致性。如果转换的是负责人手写签名的法院文件,传输证明应由书记员用合格的电子签名标记。纸质文件和其他材料不是必须归还的,可以在转换六个月后销毁。

第65c条 表格;法规授权。

联邦劳动和社会事务部可以通过需要联邦参议院同意的法规引入电子表格。该法规可以规定,表格中包含的信息必须完全或部分以结构化、机器可读的形式提交。表格应在法规确定的互联网通信平台上提供使用。与《身份证法》第65a条第3款不同,表格使用者的身份验证也可以通过使用《身份证法》第18条、《电子身份证卡法》第12条或《居留法》第78条第5款规定的电子身份证明进行。

第65d条 律师、政府部门和有代表权的人强制使用义务。

律师、政府部门或公共法人,包括为履行公共职责设立的联合体提交的准备性文件及其附件,以及书面提交的申请和声明,应以电子文件方式提交。同样,根据本法有代表权的人如果可以使用本法第65a条第4款第1句第2项规定的安全传输途径,也适用此规定。如果由于技术原因暂时无法进行传输,根据一般规定进行传输仍是允许的。在提交替代文件当时或之后应立即证明暂时无法传输的情况;如果被要求,应随后提交电子文件。

第66条

第1款 提起上诉[①]或者其他法律救济方式[②]的期限从诉讼参加人以书面或者电子形式被告知法律救济的可能、请求法律救济的行政机构或者法院、地址以及须遵守的期限时开始计算。

第2款 没有进行告知或者没有正确告知的,仅可自送达、开庭或者公告之日起一年内提起法律救济,除非在一年的期间内因为不可抗力无法提起,或者以书面或者电子形式告知相关诉讼参加人不能提起法律救济的。不可抗力情形参照适用本法第67条第2款的规定。

第67条

第1款 如果某人因不可归责于自己的原因未能遵守法定程序期限,经申请应当允许其恢复原状态。[③]

第2款 申请应当在障碍消除后的一个月内提出。支持申请理由的事实应当确实可信。在申请期限内应当弥补耽误的法律行为。耽误的法律行为被弥补的,也可以不经申请而允许恢复原状态。

第3款 在法定期限终止一年以后不允许提起恢复原状态的申请,在该一年期限内因不可抗力而不能提起申请的除外。

第4款 对于恢复原状态的申请由对耽误的法律行为进行裁判的法院作出裁定。允许恢复原状态的裁定不可撤销。

第68条

(已删除)

第69条

下列人员为诉讼参加人:

1.原告;

2.被告;

3.与案件有关的第三人。

---

① 德国社会法院的上诉程序(Rechtsmittel)分为全面审上诉(Berufung)和法律审上诉(Revision)两级。在全面审上诉程序中,法院对一审判决进行法律和事实方面的全面审查,而在法律审上诉中,法院只对判决的法律方面进行重新审查。

② 法律救济(Rechtsbehelf)包括对法院的判决和裁定提出的上诉,以及对行政机关的决定提出的上诉等,要求相关机关进行重新审查以改变或撤销先前的决定。

③ Wiedereinsetzung in den vorigen Stand:恢复原状态,为程序法上的概念。当诉讼参加人因非可归责于自己的理由而耽误了法定期限时,可申请恢复到期限未被耽误的状态。相关方可以弥补错过的诉讼行为。

第70条

下列人员有资格参与诉讼:①

1. 自然人和法人;

2. 不具备法人资格的人合团体;②

3. 州法规定的行政部门;

4. 服务提供机构和医疗保险机构或者护理保险机构的联合决策组织。

第71条

第1款 能承担合同义务的诉讼参加人具有诉讼能力。

第2款 民法或者公法规定了未成年人就诉讼对象具有行为能力的,未成年人就自身事务具有诉讼能力。未成年人撤回起诉的,须经法定代理人的同意。

第3款 具有权利能力和无权利能力的人合团体以及行政部门由其法定代表人和理事会进行诉讼。

第4款 本法第70条第4项中的共同决策组织由其主席进行诉讼。

第5款 州在涉及社会补偿法和严重残疾人法的事宜中,由负责执行《社会法典》第十四编或残疾人参与权的机构,或者由受委托行使其职权的机构进行诉讼。

第6款 参照适用《民事诉讼规则》第53条至第56条的规定。

第72条

第1款 在监护人、照管人或者护理人确定前庭长可以为不具备诉讼能力而又无法定代理人的诉讼参加人指定一名诉讼特别代理人,诉讼特别代理人享有除接受支付以外的所有权利。

第2款 诉讼参加人或其法定代理人的居住地距法院所在地较远的,也可以经诉讼参加人或其法定代理人同意指定一名诉讼特别代理人。

第3款至第5款 (已删除)

第73条

第1款 当事人可以在地方社会法院和州社会法院由自己进行法律诉讼。

第2款 当事人授权的诉讼代理人可以由在欧盟成员国、欧洲经济区协定其他缔约国或者瑞士的律师、公立高校或者国家认可具备担任法

① 本条规定的是成为第69条规定的三种诉讼参加人的资格。

② 人合团体(Personenvereinigungen)指自然人、法人以及自然和法人因共同的目的而结成的联合体,包括具有权利能力、具有部分权利能力以及不具有权利能力的人合团体。

官资格在高校任职的法学教师担任。此外,仅下列人员可以作为诉讼代理人在地方社会法院和州社会法院参加诉讼:

1. 诉讼参加人或者诉讼参加人关联企业(《股份法》第15条)的雇员;行政部门和公法法人(包括其为履行公共任务而组建的委员会)可以由其他行政部门或者公法法人(包括其为履行公共任务而组建的委员会)的雇员代理;

2. 如果不涉及有偿代理,可以是成年家庭成员(《税收通则》第15条、《民事伴侣关系法》第11条),有法官任职资格的人,以及共同诉讼人;

3. 退休金顾问在《法律服务法》[①]第10条第1款第1句第2项规定的权利范围内进行的代理;

4. 税务顾问、税务代理人、审计师和注册会计师、《税务咨询法》第3a条和第3c条规定的人和联合会,在《税务咨询法》第3a条规定的权限范围内,根据《税务咨询法》第3d条和第3e条的规定在税务方面提供有限的业务协助,以及对于《税务咨询法》第3条第1款第2项和第3项意义上的公司,由《税务咨询法》第3条第2款意义上的人,可代表处理《社会法典》第四编第28h条和第28p条中规定的事务;

5. 以社会或者职业政策为目的的雇员独立联合会可以为其成员代理;

6. 农业职业联合会可以为其成员代理;

7. 工会和雇主联合会以及这些组织的联盟可以为其成员代理,或者为其他具有类似功能的组织或联合会以及其成员代理;

8. 主要代表公共利益,为社会补偿法的受领人或者残疾人提供咨询和代理为其章程任务的联合会,同时根据其活动的方式和范围以及其成员的范围该协会能够保证提供专业的诉讼代理的,可以为其成员代理;

9. 由本款第5项至第8项中的组织中拥有财产所有权的法人可以根据其章程的规定为这些组织及其成员,或者其他具有类似功能的协会或者联盟以及其成员提供法律咨询和诉讼代理,但前提是,这些组织为代理人的行为负责。

---

① 《法律服务法》(Rechtsdienstleistungsgesetz)2008年7月1日生效,其调整对象为提供法律服务的权利。

代理人为非自然人的,由其机构以及在诉讼代理中委托的代理人参加诉讼。参照适用《民事诉讼规则》第 157 条的规定。

第 3 款 对于非根据本条第 2 款规定委托的诉讼代理人,法院将裁定将其驳回,并且该裁定不可撤销。不具有合法代理权的诉讼代理人的诉讼行为、向该诉讼代理人进行的送达或者通知在驳回裁定作出前有效。本条第 2 款第 2 句第 1 项和第 2 项中的诉讼代理人不能恰当地描述事实和争议关系的,法院可以裁定禁止其继续代理行为,该裁定不可撤销。本款第 3 句不适用于社会福利金支付机构或者社会保险高层联合会的雇员。

第 4 款 除诉讼费用援助程序以外,当事人在联邦社会法院进行诉讼必须由诉讼代理人代理。除本条第 2 款第 1 句中的人员以外,仅本条第 2 款第 2 句第 5 项至第 9 项中的组织可以作为诉讼代理人。这些组织必须由具备法官任职资格的人代表。行政部门、公法法人(包括其为履行公法任务而设立的委员会),以及私人护理保险企业可以由其雇员代理,或者由其他行政部门、公法法人(包括其为履行公法任务而设立的委员会)的雇员代理,这些雇员必须具备法官任职资格。根据本款第 2 句有权进行诉讼代理的诉讼参加人,可以自己代理参加诉讼;第 3 句的规定不受影响。

第 5 款 法官不允许在其任职的法院作为诉讼代理人参加诉讼。除本条第 2 款第 2 句第 1 项规定的情况外,名誉法官不允许在其任职的审判庭作为诉讼代理人参加诉讼。参照适用本条第 3 款第 1 句和第 2 句的规定。

第 6 款 代理授权应当以书面形式在审判案卷中一并提交。可以补交代理授权书;法院可以就此设定一个补交期限。在诉讼程序进行的任何阶段都可以对代理权的瑕疵质疑。除律师担任代理人外,法院应当主动审查代理权的瑕疵。委托了诉讼代理人的,法院应当向其进行送达或发出通知。参照《民事诉讼规则》第 81 条、第 83 条至第 86 条的规定。

第 7 款 诉讼参加人可以由辅佐人[①]陪伴参加法庭审理。在诉讼参加人无须诉讼代理人可以自己进行诉讼的程序中,被授予诉讼代理权的人可以担任辅佐人。根据个案情况的需要法院可以允许其他有助

---

① 辅佐人在诉讼过程中主要起支持当事人进行诉讼活动的作用。

于查清案件事实的人作为辅佐人。参照适用本条第3款第1句、第3句和第5款的规定。辅佐人的陈述视为诉讼参加人的陈述,诉讼参加人立即撤销或者纠正的除外。

第73a条

第1款 参照适用《民事诉讼规则》中有关法律援助的规定,《民事诉讼规则》第127条第2款第2句的情形除外。得到法律援助的诉讼参加人不行使其选择律师的权利的,经诉讼参加人申请由法院为其指定代理律师。得到法律援助的诉讼参加人还可指定税务顾问、税务代理人、审计员、会计师或者养老金顾问。受指派律师的薪酬适用《律师费法》的相关规定。

第2款 诉讼参加人由本法第73条第2款第2句第5项至第9项中规定的诉讼代理人代理的,不能得到法律援助。

第3款 本法第109条第1款第2句的规定不受影响。

第4款 根据《民事诉讼规则》第114条至第116条的规定,包括《民事诉讼规则》第118条第2款的相关措施,书记员负责审查个人及其经济状况,并且《民事诉讼规则》第118条第1款第3句规定的公证和解,以及根据《民事诉讼规则》第118条第2款第4句作出的决定,由相应司法辖区法院办事处的书记员负责执行,前提是审判长将这部分程序性工作委托给相应书记员。如果根据相关规定不满足批准法律援助的条件,书记员将作出拒绝批准申请的决定;如果满足条件,书记员将在诉讼案卷中注明,根据申请人的个人及其经济状况,可以授予法律援助,并指出可能需要支付的金额或每月分期付款的金额。

第5款 在法律援助程序中,书记员还负责确定终止和根据《民事诉讼规则》第120条第3款重新启动支付的时间点,以及根据《民事诉讼规则》第120a条和第124条第1款第2项至第5项修改和撤销法律援助。

第6款 审判长可以随时自己执行本条第4款和第5款的任务。《司法官员法》第5条第1款第1项、第6条、第7条、第8条第1款至第4款以及第9条在司法人员代替书记员执行任务时适用。

第7款 本法第155条第4款的规定同样适用。

第8款 对于书记员根据本条第4款和第5款作出的决定,可以在收到通知后一个月内向法院提起诉讼,法院将作出最终裁决。

第9款 各州可以通过州法规定,本条第4款至第8款不适用该州的法院。

第74条

参照适用《民事诉讼规则》第59条至第65条有关共同诉讼人地位和主干预诉讼[①]的规定。

第75条

第1款 合法利益受案件判决影响的其他人,法院可以依职权或者经申请传唤其参加诉讼。就社会补偿法的事项,经申请应当传唤德意志联邦共和国参加诉讼。

第2款 与争议法律关系有关的第三人,如果法院必须对其作出一致判决,则应当通知其参加诉讼。在诉讼过程中,当法院不支持请求权时,另一保险机构、求职人员基本保险机构、社会援助机构(包括《社会法典》第九编第二部分的福利)、根据《难民福利法》的福利提供者,可能承担支付义务的,或者在社会补偿法事务中,另一州可能承担支付义务的,则应当传唤这些机构或者州参加诉讼。

第2a款 在本条第2款所规定的第一种情况中,如可能需要传唤超过20人参加诉讼时,法院可以作出裁定,规定只有在一定期限内就此提出申请的人允许参加诉讼。该裁定不可撤销。该裁定应当公布在联邦司法部的电子公报上。另外,该裁定还必须公布在整个德意志联邦共和国境内发行的日报上。此外,还可以在法院就公布信息指定的信息和交流系统中进行补充公告。申请期限从公告后开始计算,不能短于三个月。应当分别给出申请期限终止的日期。因错过期限请求恢复原状态时,参照适用本法第67条的规定。对于明显受案件判决特别影响的人员,即使在其未提出申请的情况下法院也应该[②]主动通知其参加诉讼。

第2b款 与本条第2款的规定不同,在针对根据《社会法典》第四编第7a条第1款第3句、第28h条第2款和第28p条第1款第5句作出的决定提起诉讼的程序中,只有在其他保险公司申请的情况下才应邀请它们参加诉讼。法院应通知其他保险公司有关提起相应诉讼的情况以及申请参加诉讼的可能性。法律为其他保险公司设定适当的申请期限。对于因期限延误而申请恢复原状的情况,

---

① 主干预诉讼(Hauptintervention)规定在《民事诉讼规则》第64条中,指在诉讼过程中,第三人认为其是原告和被告争议事项的权利人或者请求权人而参加到诉讼中来。

② 德语在此时用的soll,为与“应当”相区别,中文译为“应该”,为非强制性的规定。

适用本法第67条的规定。法院也可以自行决定邀请保险公司参加诉讼。

第3款 通知参加诉讼的裁定应当向所有诉讼参加人送达。裁定中应该说明案件的状况和传唤参加诉讼的理由。传唤第三人参加诉讼的裁定不可撤销。

第4款 被传唤参加诉讼的第三人可以在其他当事人申请的范围内,独立采取控告和抗辩手段,并且可以有效地进行所有程序行为。仅在依据本法第2款规定被传唤参加诉讼时,第三人可以提出不同的事实申请。①

第5款 在传唤保险机构、求职人员基本保险机构、社会援助(包括《社会法典》第九编第二部分的福利)机构、根据《难民福利法》提供的机构,或者涉及社会补偿法事务的州后可以对其作出判决。

第二节 证据保全程序

第76条

第1款 在证据有可能灭失或以后难以使用的情况下,或者在应该确定人或物的当前状态,并且申请人对该确定有合法的利益时,经诉讼参加人申请,为保全证据,法院可以责令进行证据勘验、询问证人以及鉴定人。

第2款 证据保全的申请应当向对案件争议事项有管辖权的地方社会法院提出。在情况危急时,保全申请也可以向被申请人所在地或者勘验物品所在地的地方社会法院或初级法院提出。

第3款 证据保全的程序参照适用《民事诉讼规则》第487条、第490条至第494条的规定。

第三节 前置程序和临时性权利保护

第77条

对行政行为未提起法律诉讼或者起诉不被法院支持的,该行政行为对案件当事人发生约束力,法律另有规定的除外。

第78条

第1款 在提起撤销之诉之前,应当在前置程序中对行政行为的合法性和

① Sachantrag指诉讼过程中当事人就判决的内容而不是程序性问题提出的申请。

合目的性进行审查。出现下列情况时,不需要经过前置程序:

1. 法律对此有特殊规定的;

2. 行政行为由联邦最高行政部门、州最高行政部门或者由联邦劳动局执委会[①]作出,法律对此规定了前置程序的除外;

3. 联邦州、保险机构或者保险机构协会提起诉讼的。

第 2 款 (已删除)

第 3 款 要求执行行政行为的申请被拒绝时就义务之诉参照适用本条第 1 款的规定。

第 79 条至第 82 条

(已删除)

第 83 条

前置程序始于提起异议[②]之时。

第 84 条

第 1 款 异议应当在行政行为向异议人公布后的一个月内向作出行政行为的机关提出,异议应当以书面形式、《社会法典》第一编第 36a 条第 2 款规定的电子形式或《在线访问法》第 9a 条第 5 款规定的书面转化形式提出或者由相关部门列入记录。向境外的异议人公布的,提出异议的期限为三个月。

第 2 款 异议书向国内其他行政部门、保险机构或德国使领馆提出,或者在涉及海员保险事宜时向德国海员局提出的,认为遵守了提出异议的期限。这些机构应当立即将异议书转交给主管的行政部门或者保险机构,转交给保险机构的,该保险机构应当将异议书提交给负责决定的行政部门。此外参照适用本法第 66 条和第 67 条的规定。

第 84a 条

《社会法典》第十编第 25 条第 4 款的规定不适用于前置程序。

第 85 条

第 1 款 异议理由成立的,应当对此进行纠正。

第 2 款 未对异议进行纠正的,由以下部门作出异议决定:

1. 上一级的行政部门,或者当上一级的行政机关是联邦或者州的

---

① 执委会(Vorstand)是联邦劳动局的最高行政部门,主管日常事务,对外代表联邦劳动局。

② 此处的异议指 Widerspruch,类似我国行政诉讼法上的行政复议。

最高行政机关时,由作出行政行为的行政机关作出异议决定;

2. 有关社会保险的事务由代表大会确定的部门作出;

3. 有关联邦劳动局的事务由执委会确定的部门作出,有关《社会法典》第二编中规定的事务除外;

4. 有关地方自治的事务由自治机关作出,法律另有规定的除外。

与本款第 1 句第 1 项规定不同的是,就涉及《社会法典》第二编中规定的事务,以及《社会法典》第十二编第四章规定的事项,由作出行政行为的机构对异议作出决定,除非州法另有规定;《社会法典》第二编第 44b 条第 1 款第 3 句的规定不受影响。在前置程序中由委员会或者咨询委员会代替行政机关的规定不受影响。与本款第 1 句第 1 项规定不同的是,可以在作出行政行为的行政机关内设立委员会或咨询委员会。

第 3 款 异议决定应当以书面形式告知当事人,并应当给出理由。行政部门的送达适用《行政送达法》第 2 条至第 10 条的规定。对于依据本法第 73 条第 2 款第 2 句第 3 项至第 9 项的规定可以作为诉讼代理人的人员,适用《行政送达法》第 5 条第 4 款和《民事诉讼规则》第 178 条第 1 款第 2 项的规定。在异议决定中还应当向当事人告知提起诉讼的可能、应遵守的期限和管辖法院所在地。

第 4 款 如果异议针对的行政行为所依据的法律基础得到联邦宪法法院判决的确认,且必须同时向多个异议人作出异议决定,并且该异议决定将在相同的程度上改变所有受其影响的人的法律地位,那么可以通过向公众公布一般命令[①]作出中止异议的决定。向公众进行的公布通过在行政部门的互联网站、联邦公报和至少跨三个州发行的日报上进行。向公众公布的异议中止通知中应当对公布的地点和本法第 87 条第 1 款第 3 句中的诉讼时效进行说明。

第 86 条

行政行为在前置程序进行过程中被变更的,前置程序审查的对象为新的行政行为;就新的行政行为应当立即通知对异议作出决定的机构。

① Allgemeinverfügung(一般命令)是一种特殊的行政决定,其针对的是所有就某一具体的事项提出行政异议的人。

第86a条

第1款 异议和撤销之诉具有延缓的效力。该规定也适用于具有权利形成性[①]的和确认性的以及具有第三人效力的行政行为。

第2款 在下列情况中,延缓效力消失:

1. 对保险义务、缴费义务和分摊义务以及对保险费、分摊费和其他公共税目的征收(包括相关的附加费用)作出决定时;
2. 就社会补偿法和联邦劳动局的事务作出的以停止或者减少目前某项给付的行政行为;
3. 就社会保险事务中作出的行政行为提起的撤销之诉,根据该行政行为将停止或者减少某项给付;
4. 联邦法律规定的其他情况;
5. 立即执行具有社会公共利益或者当事人对立即执行具有重大利益,并且作出行政行为的机关或者对异议进行决定的机构责令立即执行,并同时书面给出理由说明立即执行的特别利益的。

第3款 在本条第2款规定的情况下,作出行政行为的机构或者对上诉进行决定的机构可以终止立即执行全部或者部分行政行为。在本条第2款第1项的情况中,当对作为异议对象的行政行为的合法性存在合理怀疑时,或者当立即执行可能会对纳税义务人或缴费义务人造成不合理的、非为维护重大公共利益所必须的严重后果时,应该停止立即执行。在本条第2款第2项的情况中,上一级的行政部门对于社会补偿法事务有决定权,该部门为联邦或者州最高一级行政部门的除外。该决定可以附条件或者附期限。相关机构可以随时变更或者取消决定。

第4款 《雇员派遣法》(1995年2月3日公布,见《联邦法律公报》第一部分第158页,最后一次为2001年7月23日的法律[②]的第二章所修改,见《联邦法律公报》第一部分第1852页)第一章第1条中规定的许可证被撤销或者期限届满后未被延长的,延缓效力消失。参照适用本条第3款的规定。

第86b条

第1款 经申请,主审法院可以:

---

① 指设立、变更或者消灭法律关系的行政行为。

② 这里指《企业组织法改革法》。

1. 在异议或者撤销之诉具有延缓效力的案件中,责令立即执行全部或者部分行政行为;

2. 在异议或者撤销之诉不具有延缓效力的案件中,责令其具有全部或者部分的延缓效力;

3. 在本法第 86a 条第 3 款的情况中,恢复立即执行全部或者部分行政行为。

决定作出时行政行为已经被执行的,法院可以责令撤销执行。恢复延缓效力或者责令立即执行的决定可以附条件或者附期限。主审法院经申请可以随时变更或者撤销措施。

第 2 款 虽不满足本条第 1 款规定的情况,但如果当前状态的改变有可能危及申请人实现其权利或者使其权利的实现严重受阻时,主审法院可以经申请就争议事由颁布临时指令。为调整争议法律关系的临时状态也可以发布临时指令,前提是该调整对于防止重大损失是必要的。一审法院为主审法院,上诉案件的主审法院为上诉法院。参照适用《民事诉讼规则》第 920 条、第 921 条、第 923 条、第 926 条、第 928 条、第 929 条第 1 款至第 3 款、第 930 条至第 932 条、第 938 条、第 939 条和第 945 条的规定。

第 3 款 本条第 1 款和第 2 款中的申请可以在起诉前提出。

第 4 款 法院以裁定的形式作出决定。

第四节　一审程序

第 87 条

第 1 款 在行政行为公布后的一个月内应当向法院提起诉讼。向境外相对人公布的,诉讼时效为三个月。根据本法第 85 条第 4 款对公众公布的,诉讼时效为一年。诉讼时效从最后一次公布日两周之后起算。

第 2 款 经过前置程序的,诉讼时效从公布异议决定时起算。

第 88 条

第 1 款 在适当的期限内,没有充足理由,未对执行行政行为的申请作出决定的,提出申请执行行政行为后六个月内不能向法院起诉。如果有充足理由证明存在尚未作出决定的经申请的行政行为,法院应当责令在其规定的期限内中止诉讼程序,该期限可以延长。如果在此期限内相关申请获得批准的,法院则应当宣布案件审结。

第 2 款 未在三个月的合理期限内对行政异议作出决定的,适用上述规定。

第 89 条

请求确认行政行为无效或者请求确定负责的保险机构或者请求作出一项未作出的行政行为时,不受诉讼时效的限制。

第 90 条

起诉应当向有管辖权的社会法院提出,并且应当以书面的形式或者由法院的书记员记入笔录。

第 91 条

第 1 款 在诉讼时效内未向社会法院提交起诉书,而向其他国内的行政部门、保险机构、德国使领馆提交的,或者就海员保险事项向境外的德国海员局提交的,视为未违反诉讼时效。

第 2 款 上述机构应当立即将起诉书转交给社会法院。

第 92 条

第 1 款 起诉必须指明原告、被告以及诉讼请求。指明被告只需指出行政部门。起诉应该包含一定的申请,由原告或其代理人签字,并注明地点和时间。应当给出诉讼请求所根据的事实和证据,并附上被撤销的处分行为和异议决定的原本或者副本。

第 2 款 起诉不满足上述要求的,审判长应当要求原告在一定期限内进行必要的补充。缺少本条第 1 款第 1 句中的要件时,审判长可以规定一个补充材料的期限,该期限具有排他性效力。就恢复原权利状态参照适用本法第 67 条的规定。

第 93 条

起诉书、其他诉讼文书和书面材料应当附上给被告的副本,并满足本法第 65a 条第 5 款第 3 句的规定。未按照规定提交副本的,法院可以要求补充提交或者由法院自己制作副本。制作副本的费用可以要求原告承担。

第 94 条

起诉后,争议案件进入法院审判程序。在根据《法院组织法》第十七章因法院诉讼程序过长而引起的诉讼中,只有在诉讼文书送达后,争议案件才进入法院审判程序。

第 95 条

经过前置程序的,诉讼对象为经异议决定变更或者确认后的原行政行为。

第 96 条

第 1 款 起诉后新的行政行为只有当其在异议决定作出之后作出并且变更

或者代替被撤销的行政行为时,才能成为诉讼对象。

第 2 款 新的行政行为的副本应当提交给正在审理案件的法院。

第 97 条

(已废止)

第 98 条

就级别管辖和地域管辖参照适用《法院组织法》第 17 条,第 17a 条和第 17b 条第 1 款、第 2 款第 1 句的规定。根据《法院组织法》第 17a 条第 2 款和第 3 款作出的裁定不可撤销。

第 99 条

第 1 款 其他诉讼参加人一致同意变更起诉或者法院认为变更起诉有助于查明案件审理时,可以变更起诉。

第 2 款 其他诉讼参加人未对变更起诉提出异议,并在诉讼文书中或在口头审理中针对变更的起诉进行答辩的,可以认为其默许了原告对起诉的变更。

第 3 款 出现下列情况,若原告未变更起诉理由,不能认为其变更了起诉:

1. 补充或者更正事实或法律陈述;
2. 扩大或者缩小主要的或者次要的诉讼请求;
3. 因为新出现的变化,放弃原请求的给付而要求一项新的给付。

第 4 款 法院对于不存在变更起诉或者不允许变更起诉的情况作出的决定不可撤销。

第 100 条

被告的反请求与本诉中的诉讼请求有关或者与针对本诉中的诉讼请求提出的申辩手段有关的,被告可以向本诉法院提起反诉。

第 101 条

第 1 款 诉讼参加人可以在法院、审判长、被委托的或者被请求的法官进行记录的情况下,就其有权处分的诉讼请求进行调解,终结全部或者部分诉讼请求。法院调解也可以通过诉讼参加人书面接受法院、审判长或者诉讼代理人的提议达成,或者在口头审理中向法院作出声明达成。

第 2 款 通过对诉讼请求的承认可以终结主要诉讼请求的法律争议。

第 102 条

第 1 款 在法院判决生效前,原告可以撤回起诉。撤回起诉终结主要诉讼请求的法律争议。

第 2 款 经法院要求,原告超过三个月不推动诉讼程序进行的,视为原告撤回起诉。参照适用本条第 1 款的规定。法院在要求中应当向原告指出本款第 1 句以及本法第 197a 条第 1 款第 2 句结合《行政法院规则》第 155 条第 2 款可能产生的法律后果。

第 3 款 原告撤回起诉的或者视为撤回起诉的,法院经申请裁定终止诉讼程序,并对产生的诉讼费用作出决定。对该裁定不可申请撤销。

第 103 条

法院依职权对案件事实进行调查;诉讼参加人应当协助调查。法院调查不受诉讼参加人的陈述和证据申请的约束。

第 104 条

由审判长将起诉书副本发送给其他诉讼参加人;在根据《法院组织法》第十七章因法院诉讼程序过长而引起的诉讼中,必须送达诉讼文书。在送达或者通知的同时,应当要求其进行书面答辩;参照适用本法第 90 条的规定。法院可以规定不少于一个月的答辩期。答辩要求中必须说明,不在规定期限内向法院提出答辩的,不影响审判和判决。法院要求提交行政行为决定书的,负责的行政部门应当在收到法院要求后一个月内提交。法院未要求提交原件时,提交带有负责行政部门合格电子签章的公证的副本或经公证的电子副本,与提交行政行为决定书的原件具有同样的效力。

第 105 条

第 1 款 事实或者法律关系简单的以及案件事实已查清的案件,法院可以不经过口头审理直接通过法院裁决的形式作出判决。裁决作出前应当听取诉讼参加人的陈述。参照适用有关判决的规定。

第 2 款 诉讼参加人可以在法院裁决送达后一个月内提起上诉,对该上诉适用就判决提起上诉的规定。不满足上诉条件的,诉讼参加人可以申请要求口头审理。既提起上诉又申请口头审理的,应当进行口头审理。

第 3 款 法院裁决相当于判决;按时申请口头审理的,视为未作出裁决。

第 4 款 申请口头审理的,当法院作出判决的理由与法院裁决理由相同,且在判决中对此予以确认时,法院可以不在判决中对案件事实和判决理由进行进一步陈述。

第 106 条

第 1 款 审判长应当要求诉讼参加人对形式上的错误进行更正、对模糊的申请进行解释、提起有利于查明事实的申请、对事实方面进行补正、对确定和裁判案件事实有重要意义的信息进行说明。

第2款 审判长应当在口头审理前穷尽一切必要措施,以尽可能地使争议经一次口头审理审结。

第3款 就此可以采取以下措施:

1. 要求提交证书以及电子文件;
2. 调阅医疗记录、录音材料、病历、解剖和检查结果以及X光片;
3. 获取各种信息;
4. 在适当的案件中询问证人和鉴定人,或者经宣誓由被委托取证的法官[①]进行审问;
5. 进行勘验以及要求鉴定人进行鉴定;
6. 传唤其他人员;
7. 指定诉讼参加人到法院陈述案件事实的日期。

第4款 就调查证据参照适用本法第116条、第118条和第119条的规定。

第106a条

第1款 在行政程序中原告因行政部门对某些事实材料的考虑或者忽略而认为其权利受到侵犯的,审判长可以就原告提交该事实材料设定期限。

第2款 审判长可以要求诉讼参加人在规定的期限内,就相关事件作出以下行为:

1. 陈述事实或者提供证据;
2. 提交诉讼参加人有义务提交的证书或者其他动产以及电子文件。

第3款 法院可以驳回在按照本条第1款和第2款设定的期限届满之后提交的陈述和证据,并且可以在满足以下条件时,无须进一步调查径行作出判决:

1. 根据法院的自由裁量,接受以上陈述和证据将可能延缓对法律争议的解决的;
2. 诉讼参加人未对延迟提交给予充分理由的;
3. 诉讼参加人已被告之延误期限的后果的。

经法院要求,应当对期限的延误给出确实可信的理由。在无须诉

---

① 被委托取证的法官(der ersuchte Richter)指因路途遥远等原因经主审法院委托取证的其他法院的法官。

讼参加人参与的情况下即可毫不费力地查清事实时，不适用本款第 1 句的规定。

第 107 条

经审判长要求，诉讼参加人应当提交证据调查记录的副本或者证据调查的内容。

第 108 条

为准备口头审理，诉讼参加人可以提交诉讼文书。法院应当将诉讼文书发送给其他诉讼参加人。

第 109 条

第 1 款　经被保险人、残疾人、抚恤受领权利人、《社会法典》第十四编规定的受益人或者遗属的申请，必须听取医生的专家意见。法院可以决定，仅在申请人预付医生出庭费用并且在法院未作出判决之前，才进行专家意见听取。

第 2 款　同意申请可能导致解决法律争议的迟延，并经法院的自由裁量，认为申请的目的在于拖延诉讼程序或者申请因重大过失而迟延提出的，法院可以拒绝上述申请。

第 110 条

第 1 款　由审判长决定口头审理的地点和时间，并通常提前两周将其告知诉讼参加人。同时应当告知诉讼参加人，在其不出庭参加审理时，法院将根据案卷材料对案件作出判决。

第 2 款　有助于审结案件时，法院可以在非法院所在地开庭审理。

第 3 款　不适用《民事诉讼规则》第 227 条第 3 款第 1 句的规定。

第 110a 条

第 1 款　法院可以应诉讼参加人、其代理人和辩护人的申请，或者依据职权，允许他们在另一个地点参与口头审理。审理过程将同时以音频和视频形式传输到这个地点和会议室。

第 2 款　法院可以应申请允许证人或专家在另一个地点被询问。询问过程将同时以音频和视频形式传输到这个地点和会议室。如果诉讼参加人、其代理人和辩护人根据第 1 款第 1 句被允许在另一个地点参与审理，询问也将传输到那个地点。

第 3 款　传输不会被记录。根据本条第 1 款第 1 句和第 2 款第 1 句作出的决定不可申请撤销。

第 4 款　本条第 1 款和第 3 款的规定同样适用于听证会(本法第 106 条第 3

款第7项)。

第111条

第1款 审判长可以要求诉讼参加人亲自出庭参加口头审理,可以传唤证人和鉴定人。并应当告知其不出庭的后果。

第2款 传唤证人和鉴定人的,应当在向诉讼参加人告知口头审理的日期时向其公布。

第3款 法院可以要求一个非自然人的诉讼参加人,在口头审理或在本法第106条第3款第7项涉及的会议中,指派一名公务人员或雇员参与审理,该公务人员或雇员必须持有书面的代表权证明,并且对案件事实和法律状况有足够的了解。

第112条

第1款 由审判长宣布开始口头审理并主持口头审理。宣布案由后,开始进行口头审理,首先陈述案件事实。

第2款 随后由诉讼参加人发言。审判长应当与诉讼参加人讨论案件事实和争议关系,并协助诉讼参加人对重要的案件事实进行澄清,以及提起适当的、有助于案件审理的申请。

第3款 可以补充、更正或者在本法第99条允许的范围内修改申请。

第4款 审判长经申请应当允许陪审法官[①]提出有助于案件审理的问题。诉讼参加人对问题提出抗议的,由法庭作出最终决定。

第113条

第1款 作为法律争议对象的请求权相互关联的,或者自始可以在一个诉讼中提出的,法院可以通过裁定的形式决定对其正在审理的涉及同一诉讼参加人或者不同诉讼参加人的多个法律争议进行合并审判。

第2款 符合诉讼目的时,法院经申请或者依职权可以取消合并审理。

第114条

第1款 法律争议的裁判依赖于家庭法关系或者继承法关系确定的,在该法律关系在民事诉讼程序中澄清前,法院可以中止诉讼程序。

第2款 法律争议的裁判完全或者部分地依赖于某一法律关系存在的,当该法律关系是另一项未决法律争议的对象或者该法律关系亟待行政机构进行确定时,则在该项法律争议解决之前或者在行政机构

① 由名誉法官担任。

作出决定前,法院可以决定中止诉讼程序。消除程序或形式瑕疵符合诉讼程序集中原则的,法院经申请可以中止审理。

第 2a 款 法律争议的裁判依赖于章程的有效性,或者依赖于根据《社会法典》第二编第 22a 条第 1 款和相关州法颁布的效力层级低于州法的其他条款有效性的,法院可以决定在本法第 55a 条的申请程序结束前中止审理。

第 3 款 审理法律争议的过程中发现可能涉及犯罪行为,并且查清该行为对裁判有影响的,法院可以决定在相关刑事诉讼程序结束前中止审理。

第 114a 条

第 1 款 对同一行政部门的措施的合法性向法院提起超过 20 个诉讼的,法院可以首先进行一个或者多个适当的诉讼程序(模式诉讼程序),中止其他诉讼程序。就此法院应当提前听取诉讼参加人的意见。对法院的裁定不可申请撤销。

第 2 款 对模式诉讼程序作出具有法律效力的判决后,法院一致认为诉讼程序被中止的案件与法院已作出最终裁判的模式诉讼程序在事实和法律上不具有根本区别,且案件事实已经澄清的,可以在听取诉讼参加人的意见后通过裁定的方式对中止的程序作出裁判。法院可以在模式诉讼程序中对提出的证据进行审理;法院可以酌情对证人进行重新询问或者要求原鉴定人或者新鉴定人进行新的鉴定。要求对案件事实进行举证的申请,若在模式诉讼程序中已对此进行过举证,法院经自由心证认为同意该申请无助于证明对判决有重大影响的新的案件事实,且可能导致案件审理的迟延,法院可以拒绝该申请。拒绝申请的决定可以在本款第 1 句中的裁定中作出。诉讼参加人对本款第 1 句中的裁定可以提起上诉,上诉方式同对判决提起的上诉。法院应当告知诉讼参加人提起上诉的权利。

第 115 条

为维持法庭秩序责令诉讼参加人退出审理的,其后果等同其主动不出庭,不影响对其进行的诉讼程序。诉讼参加人在之前的审理中已被责令退出审理的,适用于本法第 73 条第 3 款第 1 句和第 3 句规定的情况。

第 116 条

应当向诉讼参加人告知所有证据调查的时间,诉讼参加人可以参加证据调查。诉讼参加人可以向证人和鉴定人提出有助于案件审理的问题。对问题提出抗议的,由法院作出决定。

第 117 条

不需要在特别的日期进行举证的,法院在口头审理中进行举证。

第 118 条

第 1 款 除本法另有规定外,就证据调查参照适用《民事诉讼规则》第 358 条至第 363 条、第 365 条至第 378 条、第 380 条至第 386 条、第 387 条第 1 款和第 2 款、第 388 条至第 390 条、第 392 条至第 406 条第 1 款至第 4 款、第 407 条至第 444 条、第 478 条至第 484 条的规定。法院以裁定的形式对《民事诉讼规则》第 387 条有关证人拒绝作证的合法性作出决定。

第 2 款 仅当法院鉴于证人证言或者鉴定结论的重要性,认为宣誓对于法律争议的裁判有必要时,证人和鉴定人才进行宣誓。

第 3 款 经法院传唤,当事人无理由不亲自出庭,并因此妨碍传唤目的的,审判长可以禁止其诉讼代理人出庭。

第 119 条

第 1 款 经行政部门的最高监督部门声明,公开证书、卷宗、电子文件或者答复的内容可能损害德意志联邦共和国或者州的利益的,或根据法律或其性质必须对办事过程予以保密的,行政部门不负有提交证书、卷宗、电子文件以及答复的义务。

第 2 款 涉及联邦最高行政部门的证书、电子文件或者卷宗和答复的,只有当联邦政府作出本条第 1 款中的声明时,才可以不提交证书、卷宗、电子文件和给予答复。涉及州最高行政机关的,该声明必须由州政府作出。

第 120 条

第 1 款 诉讼参加人有权查阅案卷,提交卷宗的行政机关对此予以禁止的除外。诉讼参加人可以通过法院办公室自行承担获得案卷副本、摘录、打印件和抄本的费用。发送案卷,传输电子文件以及获得案卷电子访问权,不会收取费用,根据《法院费用法》第 197a 条另有规定的除外。

第 2 款 诉讼案卷是以电子方式进行保管的,将通过提供案卷内容查询或通过安全的传输方式传输案卷内容来供案卷查阅。在特殊情况下,经申请可以在法院办公室查阅案卷。只有在申请人提出合理理由,经特别申请,才能提供案卷打印件或包含案卷内容的数据载体。如果以本款第1句规定的形式查阅案卷存在重大障碍,也可以不经申请按照本款第2句和第3句规定的形式提供案卷查阅。审判长对本款第3句涉及的申请作出决定;该决定不可申请撤销。参照适用本法第155条第4款的规定。

第3款 诉讼案卷是以纸质形式保管的,则在法院办公室内查阅案卷。只要没有重要理由反对,案卷查阅也可以通过提供案卷内容查询或通过安全的传输方式传输案卷内容来实现。审判长可以决定允许属于本法第73条第2款第1句和第2句第3项至第9项涉及的自然人的代理人将案卷带出到住宅或营业场所。参照适用本法第155条第4款的规定。

第4款 出于特殊理由,审判长可以禁止或限制查阅案卷或者其中的部分内容,以及制作或提供摘要和副本。就上述禁令或者限制可以向法院起诉;法院对此作出最终决定。

第5款 对判决、裁定和命令的草稿、为准备工作起草的文件以及涉及表决的文件不进行提交和抄送。

第121条

在对争议进行充分讨论之后,由审判长宣布口头审理结束。法院可以裁定重新开庭审理。

第122条

对于审判记录适用《民事诉讼规则》第159条至第165条的相关规定。

第五节　判决和裁定

第123条

法院对原告提起的诉讼请求进行裁判,不受申请文字表达的限制。

第124条

第1款 法院以口头审理为基础进行裁判,另有规定的除外。

第2款 经诉讼参加人一致同意,法院可以不经口头审理径直作出判决。

第3款 法院作出的非判决形式的决定,可以不经过口头审理作出,另有规定的除外。

第125条

对起诉应当作出判决,另有规定的除外。

第 126 条

在传唤时,对缺席审判予以告知的情况下,无诉讼参加人出庭参加审理,或者诉讼参加人缺席时,经出庭的诉讼参加人申请,法院可以根据案卷作出裁判。

第 127 条

未向诉讼参加人告知将在口头审理中进行举证,且其未出庭也未委托诉讼代理人出庭参加口头审理的,不能在该审理中作出对其不利的判决。

第 128 条

第 1 款 法庭依据其从整个审判中得出的自由心证作出裁判。在判决中应当给出主要的判决理由。

第 2 款 判决只能以经诉讼参加人辩论的事实和经质证的证据结果为依据。

第 129 条

判决只能由参加案件审理的法官作出。

第 130 条

第 1 款 依据本法第 54 条第 4 款或第 5 款请求货币支付的,仅能以此为基础作出支付判决。在判决中可以判令进行一次性或者连续性的临时支付。临时支付的指令不可撤销。

第 2 款 有助于案件审理时,法院可以在中间判决中对对裁判有重大意义的事实和法律问题先行作出裁判。

第 131 条

第 1 款 已经执行的行政行为或异议决定被行政部门撤销的,法院可以宣布撤销已经执行的行政行为,并决定撤销的方式。仅在满足以下条件时允许适用上述规定:行政机构在法律上有撤销该行政行为的权限,法院对该问题无须进一步调查即可作出判决。行政行为事先通过撤回或者其他方式已经失去效力的,当原告对确定行政行为违法有正当利益时,经申请,法院以判决的方式认定行政行为违法。

第 2 款 法院认为要求判定作出一项被行政部门拒绝的行政行为理由成立,且无须进一步调查即可对此作出判决时,应当在判决中判定行政部门有义务作出被申请的行政行为。此外参照适用本条第 3 款的规定。

第 3 款 法院认定不作出一项行政行为违法时,应当在判决中判定行政部门有义务在考虑法院法律意见的前提下向原告作出该行政行为。

第4款 法院认为本法第57b条中的选举或者合同医生联合会或合同医生联邦联合会的自治机关的选举部分或者全部无效的,或者认为自治机关的成员增补无效的,应当作出选举无效的判决,并应当在判决中确定无效的后果。

第5款 法院认为有必要进行进一步的事实调查的,并且该必需的调查根据性质和程度有重要意义,而在考虑到诉讼参加人利益的前提下撤销该行政行为有助于案件审理的,可以判定撤销行政行为和异议决定,而不对事实本身作出判决。本款第1句同样适用于请求判定作出一项行政行为以及根据本法第54条第4款提起的诉讼;参照适用本条第3款的规定。法院经申请可以在作出新的行政行为以前采取临时措施,特别是要求提供担保,或者保留全部或部分的担保,以及暂时不必返还给付等。该决定可以随时被变更或者撤销。本款第1句的决定只能在行政部门的卷宗到达法院后六个月内作出。

第132条

第1款 判决以人民的名义作出。通常在口头审理结束后宣布判决结果。在例外的情况下,也可以在两周以内宣判,但应当立即指定宣判的日期。宣判时不必传唤诉讼参加人。

第2款 通过宣读判决正文的方式进行宣判。宣判时诉讼参加人在场的,应当宣读判决理由的主要内容。

第133条

判决非以口头审理为基础作出的,以送达判决书的方式代替宣判。对裁定的宣布参照适用上述规定。

第134条

第1款 判决书应当由审判长签字。

第2款 应当在宣判之日起一个月内制作完整的判决书,并将判决书交给书记处。在本法第170a条规定的情况中,上述期限延长至听取名誉法官的意见需要的时间。

第3款 书记员应当在判决上附注宣判或者送达的日期,并在该附注下签名。案卷以电子形式记录的,书记员应当在单独的文件中记录该附注。该文件应当与判决合并装订。

第135条

判决书应当立即送达诉讼参加人。

第 136 条

第 1 款 判决书应当包含以下内容：

1. 诉讼参加人及其法定代理人和委托代理人的姓名、住址和其在诉讼中的地位；
2. 法院和参与审判的人员的姓名；
3. 口头审理的地点和日期；
4. 判决书的正文；
5. 简述案件事实；
6. 判决理由；
7. 告之上诉权利。

第 2 款 起准备作用的诉讼文书和审判记录中正确和完整地表述了案件事实和争议状况的，可以通过援引上述准备性诉讼文书的内容以及在审判记录中确认的事实来代替对案件事实的描述。适用上述规定时，必须充分说明提出的诉讼请求，并根据各自的性质强调各方提起的指控和抗辩。[①]

第 3 款 法院遵循行政行为或者异议决定的理由，且法院在判决中对此情况予以确定的，可以不重复陈述判决理由。

第 4 款 在口头审理结束后宣判，且原告、被告和其他有权利提起上诉的诉讼参加人放弃就判决提起上诉的，判决中不需要陈述案件事实和判决理由。

第 137 条

书记员应当在判决书上签名，并加盖法院印章。电子形式(本法第 65a 条第 7 款)的判决书文本、摘要和副本可以打印出来。书面形式的判决书及其摘要和副本可以通过传真或者以电子文书的形式提供。传真中应当包含书记员的签名和法院的印章。在提供经确认的判决书摘要和副本时，电子文书应当包含书记员合格的电子签名。

第 138 条

法院应当依职权随时更正判决书中的书写、计算错误和其他类似的明显错误。审判长就此作出裁定。在判决书中注明更正裁定。案卷以电子形式制作和记录的，书记员应当在单独的文件中就此予以注明。该文件应当与判决书合并

① 指控和抗辩(Angriffs-und Verteidigungsmittel)指为支持事实申请或对抗对方而提出的事实、法律声明、抗辩、否认和证据申请等。

装订。

第 139 条

第 1 款 判决书中的事实部分有其他错误或者不清楚的地方的,可以在判决书送达两周内提出更正申请。

第 2 款 法院就上述申请作出裁定,无须就此进行证据调查。该裁定不可撤销。裁定由参与案件审判的法官作出。其中一名法官不能参与裁定的,审判长在票数相同时具有决定权。在判决书中附注更正裁定。

第 3 款 判决书以电子形式制作的,裁定也应当以电子形式制作,并与判决书合并装订。

第 140 条

第 1 款 判决中没有对诉讼参加人提出的诉讼请求或者诉讼费用的承担作出裁判的,或者只对其中一部分作出裁判的,经申请应当对此进行事后补充判决。申请补充裁判应当在判决书送达后一个月内提出。

第 2 款 法院在特别程序中对上述申请作出决定。申请仅涉及诉讼费用的,决定以裁定的形式作出,对该裁定可与主判决一起撤销;对涉及其他问题的申请以判决的形式作出决定,可以通过提起上诉的方式请求撤销该判决。

第 3 款 口头审理仅涉及法律争议中未审结的部分。

第 4 款 补充裁判应当在判决书的原件和副本中注明。如果判决书是具有合格电子签名的电子文本(本法第 65a 条第 3 款),补充裁判也要以这种形式制作,并与判决书合并装订。

第 141 条

第 1 款 就争议对象作出的有法律效力的判决约束以下人员:

1. 诉讼参加人和继承其权利及义务的人;

2. 在本法第 75 条第 2a 款的情况中,未提出以第三人身份参加诉讼的申请或未按期提出该申请的人,在本法第 75 条第 2b 款的情况下,未提出以第三人身份参加诉讼的申请或未按期提出该申请的保险公司。

第 2 款 如果被告主张反请求的抵销权,判定反请求不存在的判决在主张抵销权的金额范围内具有法律效力。

第142条

第1款 就裁定参照适用本法第128条第1款第1句、第134条和第138条的规定,对于经过口头审理的裁定同时参照适用本法第129条、第132条、第135条和第136条的规定。

第2款 对于可以通过上诉程序撤销的裁定,或者就法律救济作出的裁定,应当陈述理由。对于恢复延缓效力的裁定、就临时指令(本法第86b条)作出的裁定以及在案件主要争议审结后作出的裁定,应当陈述理由。依据被撤销判决的理由法院以理由不成立驳回上诉的,不需要对就上诉程序作出的裁定陈述理由。

第3款 书记员应当在裁定书上签字。

第六节 (已删除)

第142a条

(已删除)

第二章 上诉程序[①]

第一节 上 告

第143条

对地方社会法院的判决向州社会法院提起上告,本节另有规定的除外。

第144条

第1款 在下列情况中,只有当地方社会法院的判决允许提起上诉或者州社会法院的裁定允许提起复议时,才可以提起上告:

1. 在以货币、服务或者实物为支付对象的诉讼中,或者在涉及以上述支付种类的行政行为的诉讼中,争议对象的价值不超过750欧元的;

2. 在公法法人或行政部门之间的赔偿争议中,争议对象的价值不超过10,000欧元的。

上告涉及一年以上的反复性或者持续性支付的,不适用上述规定。

---

① 注:为力求与中国诉讼法的上诉概念相区别,译文中尽量采用不易与之混淆的陌生概念。在德国对法院判决(Urteile)的上诉程序(Rechtsmittel)分为两级,即三审终审制。在二审上诉程序上告(Berufung)中法院对原判进行法律和事实方面的全面审查。对二审结果不满意可以向高一级法院提起复审(Revision),在复审程序中,法院只进行法律审,即只审查判决中法律的适用是否正确,而不对案件的事实认定方面进行审查。对法院的判决(仅在例外的情况中)、裁定和通知也可以提起复议程序(Beschwerde)。

第 2 款 在下列情况中,允许提起上告:

1. 诉讼案件具有根本性意义;

2. 判决与州社会法院、联邦社会法院、联邦最高法院合议庭或者联邦宪法法院的裁判不一致,并以此为依据的;

3. 认为存在程序瑕疵,且该程序瑕疵受制于上告法院的审查,同时原裁判可能以该程序瑕疵为基础作出的。①

第 3 款 允许上告的决定约束州社会法院。

第 4 款 不允许对诉讼费用提起上告。

第 145 条

第 1 款 可以通过复议申请撤销地方社会法院作出的不允许上告的决定。复议应当在完整的判决书送达后一个月内向州社会法院提出,复议应当以书面的形式提出或者由书记员记入笔录。

第 2 款 复议申请中应当指明被撤销的判决,并给出支持复议申请理由的事实和证据。

第 3 款 复议申请提出后,判决不发生法律效力。

第 4 款 州社会法院对复议作出裁定。允许提起上告的,不需要陈述理由。拒绝复议的,应该简要陈述理由。复议被拒绝的,判决发生法律效力。

第 5 款 州社会法院允许提起上告的,复议程序将作为上告程序继续进行;复议申请人不需要再提起上告。但应当对此在裁定中予以说明。

第 146 条至第 150 条

(已删除)

第 151 条

第 1 款 上告应当在判决送达后一个月内向州社会法院提出,上告应当以书面的形式提出或者由书记员记入笔录。

第 2 款 在上告期限内向地方社会法院提起书面上告或者由书记员记入笔录的,也符合上诉期限的规定。地方社会法院应当将上告书或者上告的记录连同案件材料立即提交给州社会法院。

第 3 款 上告书中应该指明原判决,同时包括特定的申请,并列出支持上告理由的事实和证据。

① 是指程序瑕疵对原判决具有影响力,本来就无胜诉可能的案件的判决则不会受程序瑕疵的影响。

第 152 条

第 1 款 递交上告书后,州社会法院的书记处应当立即要求地方社会法院的书记处提供诉讼案卷。

第 2 款 上告审结后,诉讼案卷应当连同经认证的上告法院的判决书副本或者经认证的电子副本发回地方社会法院的书记处,该副本必须有书记员的合格电子签名。

第 153 条

第 1 款 在州社会法院进行的诉讼程序适用除本法第 91 条、第 105 条以外的一审程序相关规定,本节另有规定的除外。

第 2 款 以与被撤销判决中相同的理由认为上告不成立予以驳回的,州社会法院可以不在上告判决中进一步陈述判决理由。

第 3 款 合议庭的成员应当在判决书上签字。合议庭成员因故不能签字的,审判长应当在判决书中予以注明并列明不能签字的原因;审判长因故不能签字的,由审判年龄最长的陪审职业法官进行注明并列明不能签字的原因。

第 4 款 州社会法院一致认为上告理由不成立且没有进行口头审理的必要的,除本法第 105 条第 2 款第 1 句规定的情况外,州社会法院可以通过裁定的形式驳回上告。裁定作出前应当听取诉讼参加人的陈述。参照适用本法第 158 条第 3 句和第 4 句的规定。

第 5 款 合议庭可以在本法第 105 条第 2 款第 1 句规定的情况中通过裁定将对上告程序的审理转托给文书法官,[①]由文书法官和荣誉法官共同对上告作出裁判。

第 154 条

第 1 款 根据本法第 86a 条的规定起诉引起延缓效力的,根据本法第 144 条第 1 款的规定提起的上告和复议也具有延缓的效力。

第 2 款 上告或复议涉及应该补付在原判决作出前的期间内的款项的,根据本法第 144 条第 1 款的规定由保险机构提起的上告和复议或者就州对战争受害者的抚恤措施提起的上告和复议具有延缓的效力。

第 155 条

第 1 款 审判长可以将本法第 104 条、第 106 条至第 108 条以及第 120 条

---

① 文书法官(Berichterstatter)指根据审判组织内部规则负责案件准备工作的法官。由独任法官审理的案件中没有文书法官。文书法官的主要任务是为审判组织的讨论和裁判进行准备。

中规定的职权转托给合议庭的职业法官行使。

第 2 款 在准备程序中,由审判长就下列事项作出裁判:

1. 中止审判和休庭;
2. 撤回起诉或者上告,放弃提起的诉讼请求或者承认诉讼请求,以及诉讼费用援助申请;
3. 在主要诉讼请求了结时,对诉讼费用援助申请作出裁判;
4. 争议数额;
5. 费用。

在紧急情况下,审判长也对根据本法第 86b 条第 1 款或者第 2 款的规定提出的申请作出决定。

第 3 款 在诉讼参加人同意的情况下,审判长可以代替合议庭就其他事项作出决定。

第 4 款 指定了文书法官的,由文书法官代替审判长作出裁判。

第 156 条

第 1 款 上告可以在判决生效前或者在根据本法第 153 条第 4 款或第 158 条第 2 句的规定作出的裁定生效前撤回。在口头审理结束后撤回上告的,必须经被上告人的同意。

第 2 款 上告者在法院的催促下超过三个月不继续推进程序的,视为上告被撤回。法院在催促时必须告知上告者本款第 1 句的法律后果,必要时还须告知根据《行政法院法》第 197a 条第 1 款第 1 句和第 155 条第 2 款的规定相结合的法律后果。上告视为被撤回通过法院的裁定作出。

第 3 款 撤回上告导致上诉权的丧失。经申请法院就费用问题作出裁定。

第 157 条

州社会法院审查争议案件的范围与地方社会法院相同。对于新提出的事实和证据也应当纳入审查的范围。

第 157a 条

第 1 款 法院可以在满足本法第 106a 条第 3 款的前提条件下对于在一审程序指定的期限内(本法第 106a 条第 1 款和第 2 款)未提出的新的陈述和证据予以驳回。

第 2 款 法院在上告程序中对于地方社会法院合法驳回的陈述和证据也不予采纳。

第 158 条

不允许提起上告的,或者上告未在法定期限内或者未以书面或电子形式提起的,或者上告未被书记员记入笔录的,法院不予受理上告请求。对该决定可以以裁定的形式作出。诉讼参加人有权对该裁定提起上诉,上诉程序与对判决提起的上诉程序相同。应当告之诉讼参加人该上诉的权利。

第 159 条

第 1 款 出现下列情况时,州社会法院可以通过判决撤销原判决,并将案件发回地方社会法院:

1. 地方社会法院未对案件进行裁判就驳回起诉;

2. 诉讼程序有重大瑕疵,并且由于该瑕疵需要进行广泛且耗费时间的证据收集。

第 2 款 地方社会法院应当以上诉法院撤销决定所依据的法律评判为基础作出裁判。

第二节 复 审

第 160 条

第 1 款 仅当州社会法院的判决允许提起复审,或者联邦社会法院根据本法第 160a 条第 4 款第 1 句的规定作出的裁定允许提起复审时,诉讼参加人才可以对州社会法院的判决或者根据本法第 55a 条第 5 款第 1 句作出的裁决向联邦社会法院申请复审。

第 2 款 仅在满足下列条件时,才允许受理复审请求:

1. 诉讼案件具有根本性意义;

2. 判决与联邦社会法院、联邦最高法院合议庭或者联邦宪法法院的判决不一致,并且以此为依据的;

3. 指责程序有瑕疵,且原裁判可能受此影响的;如果该程序瑕疵涉及州社会法院未批准的证据申请,且州社会法院对此未给予充足理由时,该被指责的程序瑕疵不能是违反本法第 109 条和第 128 条第 1 款第 1 句的规定,而只能是违反本法第 103 条的规定。

第 3 款 受理复审的决定约束联邦社会法院。

第 160a 条

第 1 款 不受理复审的决定可以单独通过提起复议撤销。复议应当在判决送达后一个月内向联邦社会法院提出。复议申请书应该附上请求复审的判决书或者经认证的判决书副本。根据本法第 65a 条的规定提交电子文件的,不适用本款第 3 句的规定。

第 2 款 应当在判决送达两个月内陈述复议的理由。陈述理由的期限届满之前,可以提出延期申请,经审判长批准可以延期一次,延长期限最多一个月。在陈述理由时必须阐述诉讼案件的根本性意义,或指明州社会法院判决偏离的裁判,或指明程序瑕疵。

第 3 款 提出复议申请的,判决不生效。

第 4 款 联邦社会法院在听取名誉法官意见的基础上对复议作出裁定,参照适用本法第 169 条的规定。在裁定中应该简要陈述理由;陈述理由对说明允许复审的前提无益时,可以不进行理由陈述。联邦社会法院拒绝复议的,判决立即生效。受理复议的,受理决定送达时开始计算复审期限。

第 5 款 满足本法第 160 条第 2 款第 3 项规定的前提条件时,联邦社会法院可以在裁定中撤销原判决,将案件发回重审。

第 161 条

第 1 款 复审被申请人书面同意,并且地方社会法院在判决中允许的或者经申请裁决允许的,诉讼参加人可以不经过上告程序,直接对地方社会法院的判决申请复审。申请应当在判决送达后一个月内以书面形式提出。复审被申请人的书面同意应当附在申请书中,或者判决中同意直接申请复审的,复审被申请人的书面同意应当附在复审申请书中。

第 2 款 仅在满足本法第 160 条第 2 款第 1 项或者第 2 项的条件时允许受理复审申请。受理复审的决定约束联邦社会法院。对拒绝复审申请的决定不可申请撤销。

第 3 款 地方社会法院裁定拒绝复审申请的,如果复审申请以法定形式在法定期限内提出,并且申请中附带复审被申请人的同意声明,从该裁定送达时重新计算上告期限,或者重新计算就对法院拒绝上告的决定提起上诉的期限。地方社会法院裁定允许复审的,从该裁定送达时开始计算复审期限。

第 4 款 不能以程序存在瑕疵为理由申请复审。

第 5 款 地方社会法院允许复审的,提交复审申请以及复审被申请人同意的行为视为对上告的放弃。

第 162 条

仅在原判决违反联邦法律规定,[①]或者违反复审法院所在地区但效力范围扩展至其他地区的规定时,允许受理复审申请。

第 163 条

除对原判决的认定提出法律许可的复审理由并予以说明的以外,联邦社会法院应当以原判决中认定的事实为依据。

第 164 条

第 1 款 复审申请应当在判决或者在允许复审的裁定送达后一个月以内以书面的形式向联邦社会法院提出(本法第 160a 条第 4 款第 1 句或者第 161 条第 3 款第 2 句)。复审申请必须列明原判决;应该附上原判决或者经认证的原判决的副本,已按照本法第 160a 条第 1 款第 3 句的规定履行上述要求的除外。按照本法第 65a 条的规定提交电子文件的,不适用本款第 2 句中后半句的规定。

第 2 款 应当在判决或者允许复审的裁定送达一个月内陈述复审申请的理由。陈述理由的期限届满前,经申请并经审判长同意可以延长该期限。陈述理由时必须包含特定的申请,并列出被违反的法律规定,认为存在程序瑕疵的,还应当描述支持该主张的事实。

第 165 条

复审程序参照适用上告的规定,本节另有规定的除外。不适用本法第 153 条第 2 款和第 4 款以及第 155 条第 2 款至第 4 款的规定。

第 166 条

(已删除)

第 167 条

(已删除)

第 168 条

在复审程序中不允许变更起诉、传唤与案件有关的第三人出庭。德意志联邦共和国按照本法第 75 条第 1 款第 2 句的规定作为第三人被传唤出庭参加有关社会补偿法事务的复审时,以及按照本法第 75 条第 2 款规定传唤第三人出庭时被传唤人同意的,上述规定不适用。

---

① 联邦法律规定包括《德意志联邦共和国基本法》(德国宪法)、议会颁布的法律、联邦的法令和联邦机关的议事规则等。

第169条

联邦社会法院应当审查是否受理申请复审,复审申请是否以法定形式并在法定期限内提出,是否对复审申请陈述了理由。缺少上述条件时,应当不予受理复审申请。未经口头审理认定不予受理复审申请的,法院以裁定的形式作出决定,无须与名誉法官进行合议。

第170条

第1款 复审理由不成立的,联邦社会法院驳回复审申请。判决理由虽然违反法律规定,判决本身基于其他理由正确时,也应当驳回复审申请。

第2款 复审理由成立的,联邦社会法院应当对案件作出裁判。联邦社会法院不适合自己作出裁判的,可以撤销原判决及其认定基础,将案件发回作出原判决的法院重新审理。

第3款 联邦社会法院认为对程序有瑕疵的指责不具有重大影响的,无须就复审决定陈述理由。但对于根据本法第202条结合《民事诉讼规则》第547条提出的指责,以及当复审中仅请求认定程序瑕疵时,对于作为受理复审依据的指责,不适用上述规定。

第4款 在根据本法第161条未经上告直接申请复审的案件中,联邦社会法院将案件发回重审的,可以将案件发回对上告有管辖权的州社会法院。州社会法院按照诉讼案件普通的上告程序进行审理。

第5款 进行案件重审的法院应当以复审法院的法律评判为裁判依据。

第170a条

判决的副本在发送给书记处之前,应当先发送给参与案件裁判的名誉法官。名誉法官可以在两周内向合议庭的审判长陈述意见。

第171条

复审程序中,原行政行为被改变或者被新的行政行为代替的,应当认定为向地方社会法院起诉撤销新的行政行为,[①]原告因新的行政行为丧失诉由,或者其诉讼请求因复审法院对初次行政行为的裁判得到完全满足的除外。

---

① 在复审程序进行过程中新的行政行为不能根据本法第96条的规定成为法院审查的对象,因为在复审程序中法院只进行法律审,而不进行事实审。

第三节　复议、异议[①]和异议听证

第172条

第1款　除判决外,可对地方社会法院的决定以及地方社会法院审判长的决定向州社会法院提起复议,本法另有规定的除外。

第2款　不能通过提起复议撤销主导程序的命令、[②]阐释指令、延期审理裁定、期限规定、证据裁定、拒绝证据申请的裁定、程序和诉讼请求合并与分离的裁定,以及法庭人员回避的裁定。

第3款　在下列情况中不允许提出复议:

1. 需要对主要诉讼请求提出上告的,在临时保护措施程序中不允许提出复议;

2. 下列情形中,不允许对拒绝诉讼费用援助的申请提出复议:

a)法院因为人身的或者经济方面的前提不满足予以拒绝的;

b)需要对主要诉讼请求提出上告的;

c)法院以裁定的形式作出裁决,对该裁决不能允许上诉通过的;

3. 对于根据本法第193条规定作出的有关承担法庭基本费用的决定不允许提出复议;

4. 就案件的主要诉讼请求提出上告,并且复议的标的价值不超过200欧元的,以及就根据本法第192条第4款的规定作出的决定不允许提出复议。

第173条

复议应当在决定公布后一个月内向地方社会法院以书面形式提出,或者由书记员记入笔录;《法院组织法》第181条的规定不受影响。在上述期限内以书面形式向州社会法院提出复议的或者由州社会法院书记员记入笔录的,也应当认为遵守了复议期限。可以以口头形式告之复议的权利;口头告之复议权的,应当列入记录。

第174条

(已删除)

---

① 此处所指的异议(Erinnerung)规定在本法第178条中,指在法定的情况下不同意法院的决定和措施而对此提出的法律救济方式。

② 主导程序的命令(Prozessleitende Verfügungen)指法院、审判长或者文书法官作出的促使程序进行下去的决定,包括缩短或延长期限、指定期限、传唤、调查证据、要求改正形式瑕疵等。

第 175 条

对维持法庭秩序采取的措施以及强制措施提出的复议具有延缓的效力。本法规定参照《民事诉讼规则》和《法院组织法》条款的,对于延缓效力适用这两部法律的规定。作出原决定的法院或者审判长可以决定暂时停止对原决定的执行。

第 176 条

州社会法院通过裁定的形式对复议作出决定。

第 177 条

除本法第 160a 条第 1 款和《法院组织法》第 17a 条第 4 款第 4 句的规定以外,不能通过向联邦社会法院提起复议申请撤销州社会法院及其审判长或者文书法官的决定。

第 178 条

就委托的证据调查法官、受诉法院的证据调查法官或者书记员的决定可以在决定公布后一个月内向作出终局裁判的法院提起异议。参照适用本法第 173 条至第 175 条的规定。

第 178a 条

第 1 款 同时满足下列情况时,受法院决定影响的诉讼参加人提出异议的,应当继续进行诉讼程序:

1. 对法院的决定不允许提起上诉或者没有其他法律救济方式;
2. 法院严重侵犯了诉讼参加人的听审权。

对法院的先行裁判不能提出异议。

第 2 款 异议应当在得知听审权利被侵犯后两个星期内提出;对知悉的时间应当予以证明。侵犯听审权的决定公布一年以后不能对此再提出异议。以非正式方式告知的裁判,邮寄投递后的第三天为公布日。异议应当以书面形式向作出异议针对的决定的法院提出,或者由书记员记入笔录。异议必须列明异议针对的决定,并陈述本条第 1 款第 1 句第 2 项中规定的前提条件存在。

第 3 款 必要时应当给予其他诉讼参加人陈述意见的机会。

第 4 款 不允许提起异议或者没有以法定形式或者在法定期限内提出来的,应当不予受理异议。异议理由不成立的,法院应当予以驳回。对此作出的裁定不可撤销。对于裁定应该简要地陈述理由。

第 5 款 异议成立的,当基于异议有必要继续诉讼程序时,法院应当继续进行诉讼程序。诉讼程序应当回到口头审理结束之前的状态。

在书面审理程序中,以可以递交法律文书的时刻代替口头审理结束的时间。就法院的宣判适用《民事诉讼规则》第343条的相关规定。

第6款 参照适用本法第175条第3句的规定。

第三章 再审程序及有关诉讼程序的特殊规定

第179条

第1款 对已经终结并发生法律效力的程序可以按照《民事诉讼规则》第四编的规定提起再审。

第2款 诉讼参加人因故意陈述错误的对争议案件有重大意义的事实或者故意隐瞒重大事实而被刑事法庭认定构成犯罪的,可以允许启动再审程序。

第3款 法院经申请可以责令退还已经履行的给付。

第180条

第1款 在下列情况中,也允许再审程序:

1. 多个保险机构最终认可同一个请求,或者因同一个请求被判处履行支付,并且判决具有法律效力的;

2. 因另一保险机构具有支付义务,但其已最终拒绝支付或者被具有法律效力的决定免除支付义务,一个或多个保险机构最终拒绝同一请求或者因同一请求最终被免除支付义务的。

第2款 对是基于社会保险还是社会补偿法履行一项给付有争议的,上述规定适用于保险机构和州之间的关系。

第3款 再审申请应当向根据本法第179条第1款的规定对再审程序有管辖权的社会法院提出。该法院应当告知再审程序的诉讼参加人和对诉讼请求作出判决的法院。该法院应当将案件提交给其共同的上一级法院进行决定。

第4款 对此进行决定的法院撤销不一致的通知或者法官的决定,并确定履行义务人。

第5款 对于本条第4款中程序的进行也参照适用再审程序的规定。

第6款 (已删除)

第181条

法院因支付义务人为其他保险机构而不支持对某一保险机构提出的起诉的,即使该其他保险机构已经最终拒绝请求或者在之前的程序中被有效地免除支付义务,法院也应当通知该另一保险机构和对请求作出最终裁判的法院,并将案件提交给其共同的上一级法院进行决定。此外参照适用本法第180条第2款、第4款和第5款的规定。

第182条

第1款 因另一保险机构为实际义务人,联邦社会法院或者州社会法院的生效判决判定保险机构不负有支付义务的,法院不能因在之前程序中免除了该保险机构的支付义务而拒绝针对该保险机构提起的诉讼请求。

第2款 对社会补偿法中的支付义务有争议的,上述规定适用于保险机构和州的关系。

第182a条

第1款 《社会法典》第十一编中私人护理保险公司可以按照《民事诉讼规则》中的督促程序向基层法院提出要求履行缴费义务的请求。在请求法院发出支付令的申请中,不能在缴费请求中附带其他形式的请求权。对支付令的异议在其未到达地方社会法院之前可以撤回。

第2款 案卷到达地方社会法院后按照本法的条款进行诉讼程序。就地方社会法院对执行通知的异议作出的决定参照适用《民事诉讼规则》第343条和第700条第1款的规定。

第四章 费用和执行

第一节 费 用

第183条

《社会法典》第一编第56条项下的被保险人、给付受领人(包括遗属补助受领人)、残疾人或其特别权利继承人在社会法院作为原告起诉或者作为被告应诉不收费。其他权利继承人继续进行诉讼程序的,就该审级的诉讼程序不收费。[①] 诉讼参加人在胜诉时属于本条第1句和第2句中规定的人员的,对其适用相同的规定。[②] 本法第55a条第2款第1句第2种情况中的申请人与本条第1句中的给付受领人具有相同的地位。本法第93条第3句、第109条第1款第2句、

① 在这里免除诉讼费用只针对当前的审级。

② 免除诉讼费用的规定与案件审理结果无关。对诉讼参加人是否属于本条第1句和第2句中规定的人群有争议时,也同样适用费用免除的规定。

第 120 条第 1 款第 2 句和第 192 条的规定不受影响。免除诉讼费用的规定不适用因法院诉讼程序过长而引起的诉讼。

第 184 条

第 1 款 原告和被告不属于本法第 183 条中规定的人员的,应当就争议案件支付诉讼费用。从法院受理争议案件开始产生诉讼费用;就各审级应当分别支付诉讼费用。因同一争议案件预先进行督促程序(本法第 182a 条)的,按照《法院费用法》合并计算申请发出支付令程序所产生的费用支付。

第 2 款 地方社会法院的诉讼费用为 150 欧元。州社会法院的诉讼费用为 225 欧元。联邦社会法院的诉讼费用为 300 欧元。

第 3 款 参照适用《法院费用法》第 2 条的规定。

第 185 条

争议案件因撤回起诉、调解、承认诉讼请求、法院裁定或判决而终结时,应当支付诉讼费用。

第 186 条

案件非通过法院判决终结的,诉讼费用减半。案件因法律的修改而终结的,不收取诉讼费用。

第 187 条

根据本法第 184 条第 1 款应当承担诉讼费用的人为二人以上的,应当平均分摊诉讼费用。

第 188 条

对已经发生法律效力的判决重新进行诉讼程序的,该新的诉讼程序为一个特殊的争议案件。①

第 189 条

第 1 款 诉讼费用以表格的形式列明。法院将诉讼费用表格的一部分告知本法第 184 条第 1 款中规定的缴费义务人的,其应当在一个月内向告知通知中规定的部门缴纳诉讼费用。

第 2 款 诉讼费用由法院办事处的书记员确定。在告知通知送达后一个月以内可以对确定的诉讼费用向法院提出异议,由法院作出最终决定。

第 190 条

社会法院的院长和行使监督职能的法官可以豁免因案件的错误处理或者因

① 进行再审程序也要按照本法第 184 条缴纳诉讼费用。

承担缴费义务的诉讼参加人的过错而产生的费用。收取费用会导致与收费完全无关的费用或者管理费用的,社会法院的院长和行使监督职能的法官可以责令不进行收费。

第 191 条

要求诉讼参加人出庭参加诉讼的,法院经申请按照证人的标准对其垫付的现金以及时间损失进行补偿;诉讼参加人虽未经法院要求出庭参加诉讼,但法院认为其出庭是必要的,可以对其进行补偿。

第 192 条

第 1 款 法院可以在判决中,或者诉讼程序以其他方式终结的以裁定的形式规定由一个诉讼参加人承担其以下全部或者部分的费用:

1. 因该诉讼参加人的过错导致口头审理日期的推迟,或者导致法院另行指定口头审理日期而产生的费用;
2. 在审判长指出其滥用诉讼程序或者滥用法律辩护权,并告知其坚持诉讼可能导致承担费用的情况下,该诉讼参加人仍然坚持诉讼的。

诉讼参加人的法定代表人或者代理人的行为等同于诉讼参加人的行为。就产生的最低费用适用本法第 184 条第 2 款中就各审级规定的数额。

第 2 款 (已删除)

第 3 款 根据本条第 1 款作出的决定不受撤回起诉的影响。该决定仅可在上诉程序中通过法院对费用作出的决定撤销,并对该决定陈述理由。

第 4 款 因行政机关在行政程序中未进行明显必要的调查,导致在法院诉讼程序中进行补充调查的,法院可以规定由行政机关承担全部或者部分由此产生的费用。该决定以裁定的形式另行作出。

第 193 条

第 1 款 法院在判决中对诉讼参加人之间是否需要追偿费用以及追偿的数额作出决定。先行经过督促程序的(本法第 182a 条),法院同时对承担诉讼费用的诉讼参加人作出决定。以其他方式终结诉讼程序的,法院经申请通过裁定的形式就上述事项作出决定。

第 2 款 费用包括因诉讼参加人进行合目的性的法律诉讼和法律辩护而支出的必要费用。

第 3 款 可追偿的费用包括律师或者法律辅助人的法定报酬。

第 4 款 就本法第 184 条第 1 款中缴费义务人的支出不能要求追偿。

第 194 条

承担缴费义务的诉讼参加人为两人以上的,参照适用《民事诉讼规则》第 100 条的规定。就争议法律关系必须对承担缴费义务的诉讼参加人作出一致裁判的,可以规定其为费用的共同债务人。

第 195 条

通过法院调解方式结束法律争议,并且诉讼参加人未对费用的承担达成约定的,诉讼参加人各自承担其费用。

第 196 条

(已删除)

第 197 条

第 1 款 一审程序的书记员经诉讼参加人或其诉讼代理人的申请确定追偿的费用数额。参照适用《民事诉讼规则》第 104 条第 1 款第 2 句和第 2 款的规定。

第 2 款 对书记员的决定可以在其公布后一个月内向法院提出异议,由法院作出最终决定。

第 197a 条

第 1 款 一个审级中的原告和被告都不属于本法第 183 条中规定的人员或者涉及由于法院诉讼程序过长而引起的诉讼的,根据《法院费用法》的规定收取诉讼费用;不适用本法第 184 条至第 195 条的规定;参照适用《行政法院规则》第 154 条至第 162 条的规定。撤回起诉的,不适用《行政法院规则》第 161 条第 2 款的规定。

第 2 款 判决涉及被传唤参加诉讼的第三人的,除《行政法院规则》第 154 条第 3 款规定的情况外,也可以判定其承担费用。传唤本法第 183 条规定中的人员的,只能在满足本法第 192 条的前提条件下判定其承担费用。根据本法第 191 条的规定对被传唤参加诉讼的第三人的支出进行补偿;该支出不属于诉讼费用。

第 3 款 就社会救助机构与其他机构的追偿争议,本条第 1 款和第 2 款的规定也适用于社会救助机构,包括根据《社会法典》第九编第二章产生的费用。

第 197b 条

不直接适用《司法行政费用法》和《司法执行法》的规定的,就在联邦社会法院审判期间产生的请求权参照适用《司法行政费用法》和《司法执行法》的规定。

联邦社会法院的司法执行部门为执行机构。

第二节　执　　行

第198条

第1款　就执行参照适用《民事诉讼规则》第八编的规定,本法另有规定的除外。

第2款　不适用先予执行①的条款。

第3款　由本法第172条至第177条的复议规定替代即时复议。②

第199条

第1款　执行适用于以下情况:

1. 法院的决定,根据本法规定具有延缓效力的情况除外;
2. 临时命令;
3. 对请求的承认以及法院调解;
4. 确定费用的裁定;
5. 执行通知。

第2款　上诉不具有延缓效力的,对上诉作出决定的法院的审判长可以通过临时指令中止执行。法院可以要求对中止执行和执行提供担保;参照适用《民事诉讼规则》第108条、第109条和第113条的规定。对临时指令不可申请撤销;但法院可以随时撤除临时指令。

第3款　根据本法第131条第4款的规定判决重新进行自治机关的选举或者重新进行自治机关的成员补充程序的,参照适用本条第2款第1句的规定。作出临时指令的,上诉期间内不得进行自治机关的重新选举或成员补充。

第4款　执行时经诉讼参加人申请,可以向其出具不带案件事实和判决理由的判决书文本,送达该文本具有与送达完整的判决书相同的效力。

第200条

第1款　执行结果有利于联邦的行政部门、公法性的联邦直属团体③或者公

---

① 先予执行(die vorläufige Vollstreckbarkeit)指在判决还未生效前实施强制执行,参见《民事诉讼规则》第708条及以下条款。

② 对于在强制执行程序中可以不经口头审理作出的决定,可以提出即时复议,参见《民事诉讼规则》第793条。

③ 团体(Körperschaft)指以成员为基础,但不受其成员变动影响的法人,对外由其机关代表。其成员可以为自然人或法人。

法性的联邦直属机构的,按照《行政执行法》的规定执行。

第2款 执行结果有利于其他非联邦性的行政部门,非公法性的非联邦直属团体或者非公法性的联邦直属机构的,参照适用《行政执行法》的规定执行。此时由州决定执行机关。

第201条

第1款 在本法第131条规定的情况中,行政部门不履行判决中规定的义务的,一审法院经申请可以对行政部门履行义务设立期限,在规定期限内仍然不履行义务的可以裁定处以最高为1000欧元的罚金。可以重复处以罚金。

第2款 就执行适用本法第200条的规定。

第三部分　过渡条款和兜底条款

第202条

就本法未规定的程序规则,适用《法院组织法》和《民事诉讼规则》(包括第278条第5款和第278a条)的相关规定,因诉讼程序的类型存在根本性区别而排除适用的除外。《法院组织法》第十七章的规定应相应适用,但涉及高级地方法院的规定适用于地方社会法院,涉及联邦最高法院的规定适用于联邦社会法院,涉及民事诉讼规则的情形适用社会法院法。在涉及联邦反垄断局关于《社会法典》第五编第172a条所规定的健康保险公司自愿合并的争议中,《反限制竞争法》第63条至第80条应相应适用,但涉及高级地方法院的规定适用于地方社会法院,涉及联邦最高法院的规定适用于联邦社会法院,涉及民事诉讼规的情形适用社会法院法。

第203条

(已删除)

第203a条

联邦社会法院合议庭也可以在柏林进行开庭审理。

第204条

属于社会法院管辖的争议包括原保险行政部门或者原抚恤法院[①]根据行政

① 抚恤法院(Versorungsgericht)管辖对战争遗属进行抚恤的案件,同时也对军人的伤残程度的争议进行裁判。抚恤法院现已被撤销。

法令[①]有管辖权的争议。

第205条

地方社会法院按照《社会法典》第十编的规定询问证人和鉴定人或者引导证人和鉴定人进行宣誓的,应当由业务划分中确定的法官进行。地方社会法院对依据《社会法典》第十编拒绝作证、拒绝作出鉴定结论或者宣誓的合法性作出裁定。

第206条

第1款 诉讼程序涉及不属于社会法院管辖的社会援助和难民申请人补助法事务的,适用《行政法院规则》(至2004年12月31日有效的文本)第188条的规定。

第2款 就行政法院特别审判庭在2009年1月1日已受理但未审结的程序,适用《行政法院规则》(至2008年12月31日有效的文本)第1条、第50a条至第50c条和第60条的规定。对行政法院特别审判庭2008年12月31日以后作出的决定提出诉讼的,由州社会法院管辖。

第207条

对采购法院[②]的决定存在争议提起诉讼的,如果该争议涉及《社会法典》第五编第69条规定的法律关系并且至2010年12月28日已被州社会法院受理但未审结,诉讼程序转交给采购法院所在地的州高等法院继续审理。对采购法院的决定存在争议提起诉讼的,如果该争议涉及《社会法典》第五编第69条规定的法律关系并且至2010年12月28日已被联邦社会法院受理但未审结,诉讼程序转交给采购法院所在地的联邦最高法院审理。本条第1句和第2句的规定不适用于对主诉讼请求已经审结的案件。

第208条

第1款 2012年1月1日前根据本法第23条第1款第2句作为委员会成员被选举的名誉法官,将保留其职位直到相应的选举期结束。这也适用于2013年10月25日前从劳动者代表团体的建议名单中被任命的名誉法官。

第2款 2013年10月25日前根据劳动者代表团体的建议名单被任命的名誉法官,将保留其职位直到相应的任命期结束,并且在这段期间

---

① 行政法令(Rechtsverordnung)指德国联邦政府或者行政机关颁布的行政法规命令。

② 采购法院(Vergabekammer)主管公共采购部门在采购过程中发生的与《采购法》规定相关的争议。

内,他们负责处理求职者基本保障事项,包括基于《联邦儿童津贴法》第 6a 条的争议和涉及促进就业部门的争议。

第 209 条

《法院组织法》引言的第 43 条相应适用。

第 210 条

第 1 款 根据《社会法典》第九编第 133 条由裁决机构作出的决定引起争议的案件,如果至 2020 年 6 月 23 日地方社会法院悬而未决,按照其所处的阶段移交给州社会法院。这不适用于案件的主要诉讼请求已解决的情况。

第 2 款 根据《社会法典》第 75 条第 3c 款、第 111b 条第 6 款、第 132a 条第 3 款、第 1321 条第 4 款和《社会法典》第 113c 条第 4 款由裁决机构作出的决定引起争议的案件,如果至 2023 年 1 月 1 日悬而未决,按照其所处的阶段移交给州社会法院。本款第 1 句不适用于案件的主要诉讼请求已解决的情况。

第 3 款 根据《社会法典》第五编第 125 条、第 131 条和第 134a 条的裁决机构、《社会法典》第五编第 319 条的调解处、《社会法典》第十一编第 113b 条第 1 款的质量委员会、《社会法典》第十一编第 113b 条第 3 款的扩大质量委员会作出的决定,以及涉及参与联邦医疗保险服务指导方针的诉讼(《社会法典》第十一编截至 2022 年 12 月 31 日的版本的第 17 条第 1 款、第 18b 条、第 112a 条第 2 款、第 114a 条第 7 款和第 114c 条第 1 款)引起争议的案件,如果至 2023 年 1 月 1 日悬而未决,按照其所处的阶段移交给柏林—勃兰登堡州社会法院。本款第 1 句不适用于案件的主要诉讼请求已解决的情况。

第 211 条至第 217 条

(已删除)

第 218 条

第 1 款 根据 1952 年 1 月 4 日《第三过渡法》第 13 条第 1 款的规定(联邦法律公报第一部分第 1 页),本法也适用于柏林。根据《第三过渡法》第 14 条的规定,本法所含的授权发布的法规适用于柏林。

第 2 款至第 6 款 (已删除)

第 219 条

经各州的允许,可以作出与本法第 85 条第 2 款第 1 项不一致的规定。

第220条 因社会赔偿法的规定制定的过渡性规定

提出索赔的人依据的是2009年9月16日公布的《军人抚恤法》(联邦法律公报第一部分第3054页),该法最近一次修改是由2019年8月4日公布的法律(联邦法律公报第一部分第1147页)第19条进行的,以及1982年1月22日公布的《联邦抚恤法》(联邦法律公报第一部分第21页),该法最近一次修改是由2019年6月13日公布的法律(联邦法律公报第一部分第793页)第1条进行的,仍适用本法2023年12月31日版本的第55条第1款第3项和第109条第1款第1句。

中日社会保障制度比较研究*

——以《日本社会福祉法》为主要对象

于　浩**

摘　要:完善的社会保障体系是实现全体人民共同富裕的重要支撑。世界主要国家中,日本的相关情况对我国具有较高的借鉴意义。经与我国社会保障体系进行比较,发现日本在制度设计方面有着法规体系化、事业法定化、立场受众化的特点,在服务主体方面有着法人类型化、治理规范化和活动透明化的特点,在违法成本方面有着监督实质化和责任刑事化的特点。这些差异化特点对我国完善社会保障制度尤其是社会福利制度具有重要借鉴意义,但必须立足我国国情进行消化吸收,绝不能照搬照抄。在各项改进举措中,进行社会福利专门立法并在立法中明确福利事业的具体内容和服务主体的法人类型是重中之重。

关键词:社会保障　社会福利　社会服务　社会福祉

引言

作为我国社会保障制度的重要组成部分,社会福利"是实现共同富裕必不可少的途径"①。建立健全具有中国特色的社会保障制度,是中国式现代化的必然要求,也是人口规模巨大的现代化和全体人民共同富裕的现代化的制度映射;反过来说,中国式现代化对我国的社会保障制度提出了新的要求和期待,需要继续提升和完善。

为此,"了解和把握西方福利制度在全球化语境下的变化和调整对于加强中国福利制度的建设具有重要的意义"②,但同时也应当注意到,"现代社会保障具

* 本文系2024年度河北省医疗保障研究课题项目"医疗保障地方立法问题研究"(课题编号:JYB240103)阶段性研究成果。

** 于浩,天津市高级人民法院法官助理。

① 翟绍果:《福利共享与全民共富:走向福利中国的百年实践与经验价值》,载《社会保障评论》2022年第3期。

② 彭华民:《社会福利的全球化逻辑理论:批判与重构》,载《社会发展研究》2020年第4期。

有一些共同特征,但当今世界并不存在一个可以照搬的最佳模式”[①]。因此,实现中国式现代化对社会保障制度的要求和期待,就需要我们在立足国情的基础上博采众长,积极剖析和检视外国相关领域中的经验和教训。在世界各国中,日本人口较多、经济规模较大,比我国更早地经历了人口老龄化等社会问题,其社会保障和社会福利体系对我国具有较高的参考借鉴意义。

中日两国社会保障体系的构成不尽相同。一般认为,我国的社会保障由社会保险、社会救助、社会福利三个主要的子系统构成,其中社会保险居于核心地位。日本社会保障体系同样“大致分为社会保险、社会救助及社会福利三个部分”[②],但是在三者之外还包括因日本经历过的特定发展阶段所催生的公共卫生、社会就业等内容。其中,具体到日本语境中,“日本并没有使用‘社会福利’一词,而是用‘社会福祉’来指国家和社会为增进社会成员幸福而提供的物质、服务和制度等”[③]。虽然“社会福利”与“社会福祉”在文义上的区别不大,但在立法上则存在包含与被包含的关系,即社会福祉包括社会福利,甚至还囊括了社会保险和社会救助的部分内容,也因此《日本社会福祉法》适宜作为中日社会保障制度比较的主要研究对象。

日本的社会保障体系经历过探索、异化、崩溃、重建和发展等多个阶段。第二次世界大战前的日本有着“极端异化的福利制度”[④],这些制度随着日本战败而崩溃。1950年,日本社会保障制度审议会提出一份关于社会保障制度设计的建议书,该建议书在审议时就社会保障体系“仅限于社会保险和社会救助还是包含社会福祉和公共卫生”进行了一系列讨论,最终社会保险、社会救助、社会福祉和公共卫生“四支柱的声势更大”。[⑤] 在此基础上,“日本政府逐步确立了以生活保护、社会福利、失业保险以及劳动灾害保险、全民医疗保险、养老保险为中心的社会保障制度”[⑥]。本文立足制度设计、服务主体、违法成本三个方面对中日社会保障制度进行比较,以期在差异中找到我国社会保障事业现代化的有益参考。

---

① 郑功成:《中国式现代化与社会保障新制度文明》,载《社会保障评论》2023年第1期。

② 吕学静、刘育志:《日本社会保障改革状况及发展趋势》,载《社会保障研究(北京)》2016年第1期。

③ 于建琳、宣朝庆:《论社会福利理念的衍生与制度化》,载《社会建设》2022年第3期。

④ 刘继同:《中国“社会福利共识”的社会建构与现代社会主义福利国家制度目标》,载《学术月刊》2022年第6期。

⑤ [日]小野太一、[日]近藤文二:《日本社会保障概念的确立》,载《社会政策》2019年第1期。

⑥ 赵立新、高华时:《日本社会保障法:发展、完善与改革》,载《河北师范大学学报(哲学社会科学版)》2021年第6期。

一、制度设计方面的差异

(一)法规体系化程度不同

《日本社会福祉法》于1951年3月29日颁布,时名《社会福祉事业法》,经2000年法律修正案改为现名。该法的出台有其特定的历史背景,随着日本国情、社情、民情的不断变化,自颁布截至2024年6月已进行了94次修订。[①] 虽然《日本社会福祉法》地位重要,但并不是日本社会保障领域唯一一部法律,甚至不是该领域唯一一部基础性、支撑性、指导性的法律。追溯该法渊源,会发现日本另一部社会保障领域的重要法律——1950年5月4日颁布、截至2024年6月历经71次修订的《生活保障法》。1950年是日本作为轴心国无条件投降后的第5年,也是日本"和平宪法"施行后的第3年。第二次世界大战后《日本国宪法》第25条对日本国民的生存之权利和国家的保障国民生存权之义务作了规定,[②]《生活保障法》就是基于此制定的法律,主要涉及公共救济或者说社会救助的有关内容。在《生活保障法》颁布的次年,《日本社会福祉法》的出台对《生活保障法》较少涉及的社会福利领域进行了集中补充。这两部法律都具有高度原则性的特点,较少涉及实体权利义务,更多地规定了社会保障领域通行的基本事项,例如社会救助的原则和类型的确定以及社会福利的活动和主体的界定等。

在有着社会保障基本法地位的《生活保障法》和《日本社会福祉法》之下,日本还有着《老年人福祉法》《智力障碍人士福祉法》等以保障对象为核心,《更生保障事业法》等以保障目的为核心以及《看护保险法》等以保障路径为核心的单行法和专门法,立法成果堪称繁多。当然,社会保障制度体系的完善与否不能仅凭社会保障部门立法成果的多寡来论断,更要注重法规之间是否能够分工协作、协调配合,共同织密社会保障网络。日本在社会保障制度法规联动协调方面的特点也比较突出。一是立法联动性强。《日本社会福祉法》出台至今的72年间,以年均超过1次的频率进行着修改。这样的高频次修改大多是由于日本社会保障领域或其他领域对该法有影响的法律修订,便配套修改既有法律中与之相关的部分,例如《日本社会福祉法》(时称《社会福祉事业法》)于颁布当年就因为对《身体残障人士福祉法》的修改而配套进行了第1次修订。[③] 二是规则协

① 本文不就日本相关法律进行我国立法技术规范中"修订"与"修正"的区分,具体用词依行文便利。实际上,日本法上相关区分也与我国有些许不同,而这两种修改基本都被称为"改正かいせい"。

② 参见《日本国宪法(暂译)》,载日本国驻华大使馆网2020年4月1日,https://www.cn.emb-japan.go.jp/itpr_zh/kenpo_zh.html。

③ 《关于部分修改身体障害者福祉法法律》(昭和26年法律第169号)附则第6款"部分修改社会福祉事业法",载日本众议院网,https://www.shugiin.go.jp/internet/itdb_housei.nsf/html/houritsu/01019510531169.htm。

调性高。时任日本政府委员的平泽长吉在立法说明中表示,制定原《社会福祉事业法》旨在“确定社会福祉事业全领域通行的基本事项,与《生活保障法》等既有法律相配合,确保公正公开、切实妥善推动社会福祉事业发展,增进社会福祉”①。这种配合不仅在立法上有体现,还反映在具体的规则中。据笔者统计,仅《日本社会福祉法》的正则②中,准用其他法律规定的地方就多达179处。这些交错的法条把社会保障领域的相关法律串联到一起,形成了“一套比较完整的、与社会保障事业配套的法规体系”③,建成了“覆盖全民、内容全面、结构复杂、保障完善的国家福利制度”④。

中国的社会保障制度体系“是世界上规模最大的社会保障体系”⑤,覆盖的人口规模和地域范围都较世界其他国家更大。但这并不说明我国社会保障体系没有进一步提升和改善的空间。“社会保障制度必须充分考虑到不同身份社会成员、不同维度社会风险的不同保障类型,进而实现精细化管理”⑥。但我国“目前社会保障结构安排一定程度上存在盲区”⑦,这种盲区的背后一定程度上折射出我国社会保障领域法规体系还未臻完善,对特定领域的法律规制和制度安排不够有力,社会福利也存在较为突出的“碎片化特征”⑧。例如,我国现有的特定人群,尤其是弱势人群的保障性法律仅有《妇女权益保障法》、《老年人权益保障法》和《残疾人保障法》等少数法律,⑨儿童、智力和精神障碍人群的权益保障和福祉增进还未受到足够重视。⑩ 此外,我国社会保障法规体系尤其是社会福利体系还缺少一部基本法地位的纲领性法律,对社会保障领域通行的基本事项进行明确,对社会保险、社会救助和社会福利制度进行串联,对社会保障事业主体尤其是社会化、市场化的社会福利服务主体的权利义务进行规范,强化社会保障领域法规的协调性、

① [日]日本众议院.日本第10次国会众议院厚生委员会议录第10号,https://kokkai.ndl.go.jp/txt/101004237X01019510314/12。

② 日本法律一般由“正則せいそく”与“附則ふそく”两部分构成(部分还存在“別表べっぴょう”等特殊部分,即附表、附件),其中附则的含义与我国不同,且不是法律的一个章节。

③ 陈庄、胡令远:《战后日本如何筹建社会保障体系——“战后日本社会保障制度”国际研讨会侧记》,载《日本学刊》1994年第5期。

④ 陶芸:《日本福利经济思想的发展轨迹》,载《世界近现代史研究》2020年第00期。

⑤ 习近平:《促进我国社会保障事业高质量发展、可持续发展》,载共产党员网,https://www.12371.cn/2022/04/15/ARTI1650008501455325.shtml。

⑥ 汪连杰:《中国式现代化与社会保障高质量发展论纲》,载《当代经济管理》2023年第9期。

⑦ 秦愿、刘申锋:《共同富裕导向下我国社会保障:适度水平与制度优化》,载《西南金融》2023年第7期。

⑧ 李思特:《社会公平视角下的中国社会保障问题研究》,吉林大学2021年博士学位论文。

⑨ 虽然我国还有《军人地位和权益保障法》和《退役军人保障法》是保障特定人群的,但对现役和退役军人的保障更多是出于我国拥军爱军的传统,与社会保障领域的保障并不类同。

⑩ 尽管我国已经出台了《未成年人保护法》并从家庭保护、学校保护、社会保护、网络保护、政府保护、司法保护6个维度进行了规定,但这些保护措施并非立足于社会保障角度所制定。

统一性,这也是“从创新探索向制度定型转变”[①]过程中应当注意解决的问题。

(二)事业法定化程度不同

日本的“传统型社会保障注重发生一定程度社会性事故导致穷困时的收入保障”[②],但《日本社会福祉法》的出台扩充了其内涵,在法律层面将社会福利纳入社会保障体系中并对其内容进行了固定和明确。社会福利事业法定化是支持社会福利服务市场化供给的基础性条件。只有明确社会福利事业具体内容和行为范式,才能运用行政和财政手段精准扶持从事相关活动的经营者,进而丰富福利服务的供给来源,实现社会福利社会化和市场化。《日本社会福祉法》第 2 条规定对“社会福祉事业”进行了列举式的详尽表述,“进而使不纯正的活动无法再以社会福祉事业自称”[③]。该法将社会福祉事业分为“一类福祉事业”和“二类福祉事业”,并分别逐项列举了两类福祉事业的具体内容。

脱离法律上的分类,《日本社会福祉法》中的两类社会福祉事业,可以按照是否依托符合社会保障系列法律规定的机构设施,分为机构设施经营类和非机构设施服务类。最初,日本的社会福祉事业基本以机构设施经营类为主,“民间社会福祉设施在社会福祉制度中承担起了具有公共性的部分社会福祉事业”[④]。直至 20 世纪 70 年代后段“日本型福祉社会论”成为政策导向,日本才“反省和批判设施福祉中心主义,注重发展居家福祉事业”[⑤],进而通过 1990 年法律修正案大量地将非机构设施服务类纳入社会福祉事业。[⑥] 截至 2024 年 6 月,《日本社会福祉法》中明确的机构设施经营类共 29 种,非机构设施服务类共 39 种。

在正向列举的同时,《日本社会福祉法》第 2 条第 3 款还明确了被排除在社会福祉事业之外的 5 种情形:一是事业活动类型原因,即虽属于一类、二类福祉事业但又属于日本《更生保障事业法》中规定的更生保障事业;[⑦]二是活动开展

---

① 朱火云:《以共同富裕为目标推进社会保障制度“第二次转型”》,载《中国社会保障》2023 年第 4 期。

② [日]菊池馨实:《“21 世纪型福祉国家”与可持续性》,载《法社会学》2015 年第 81 期。

③ [日]滨本贤二:《社会福祉法人的现代意义与课题》,载《社会政策》2015 年第 2 期。

④ [日]秦安雄:《社会福祉中的公私关系:民间社会福祉事业的作用》,载《社会福祉学》1984 年第 1 期。

⑤ [日]鹈沼宪晴:《关于社会福祉法总则的考察:以对象、目的和理念为中心》,载《社会福祉学》2001 年第 2 期。

⑥ 参见《关于部分修改老人福祉法等的法律》(平成 2 年法律第 58 号)第 24 条“部分修改社会福祉事业法”,载日本众议院网,https://www. shugiin. go. jp/internet/itdb_housei. nsf/html/houritsu/11819900629058. htm。

⑦ 日语中的“更生そうせい”,与汉语中的“自力更生”稍有不同,在后者语义基础上,不仅是经济上的自力更生,还增加了精神层面和社会层面由消极状态向积极状态转变的含义,且可以用于自然人以外的主体,如公司企业和废旧物资等。因语义复杂,且该词语频繁出现于日本社会保障相关法律中,故取用原词,不作意译。此处可理解为“面向非法犯罪行为人、不良未成年的思想改造、劳动就业和回归社会保障事业”,参见《更生保障事业法》第 1 条和第 2 条。

时长原因,即开展二类福祉事业中的联络资助活动不足 3 个月或开展其他一类、二类社会福祉事业活动不足 6 个月;三是服务对象范围原因,即仅面向成员或会员提供服务;四是服务人群规模原因,即属于一类福祉事业或部分二类福祉事业但长期接受其服务的对象依不同情况分别少于 5 人、10 人或 20 人;五是年度资助规模原因,即开展二类福祉事业中的资助活动但年度资助金额不足 500 万日元或资助对象不足 50 个。

"中国社会福利发展始终强调国家的主体责任"①,因此缺乏与其他公共事业进行区分的动力,导致对社会福利事业相关活动的界定较为模糊,缺乏一部法律哪怕行政法规层级的规范性文件进行全面系统的规定。而各单行法视域下,政府的责任和义务同样是主要焦点,对相应领域的社会保障或者说社会福利事业的内容关注不够。例如,《老年人权益保障法》中虽然规定了"社会服务"一章,但仍然是以各级政府为主要的义务主体,对民间主体在老年人福利方面能够扮演什么角色这一问题回应不多,对有志于增进老年人福祉的民间主体缺乏鼓励、保障和监督措施。这一问题在社会福利下的其他领域同样存在。对社会福利事业活动界定的模糊直接影响社会福利服务主体的认定,进而成为对其进行财税补助的障碍,陷入"界定模糊—认定无据—补助失准—市场萎靡"的困境。日本社会福祉法人持续受到国家和地方税收减免和补助等多项优惠措施,其基础就在于对社会福祉法人的主要活动范围进行了清晰界定,这种界定有利于将优惠措施精确引导至社会福利事业,有效降低事业活动成本、增加福利服务供给。

(三)立场受众化程度不同

2000 年前后,日本"进行了可以让服务使用者和服务提供者确立平等关系的改革措施"②,这种改革反映在《日本社会福祉法》上当属 2000 年 6 月 7 日颁布的法律修正案,③也是在这部法律修正案中,《日本社会福祉事业法》更名为《日本社会福祉法》。2000 年这次修法最突出的一点在于立场的变化,实现了"向服务对象中心主义制度的转变"④。修法后的第 1 条目的增加了"保护福祉服务受众利益"、第 2 条定义增加了"福祉服务指引"、第 3 条基本理念增加了

① 卫小将:《中国社会福利发展的动因与机理》,载《吉林大学社会科学学报》2022 年第 5 期。

② [日]白濑由美香、李晓魁:《日本社会福利的变迁:向以"自立"为主的生活支援转型》,载《社会保障评论》2018 年第 2 期。

③ 参见《关于部分修改社会福祉事业法等的法律》(平成 12 年法律第 111 号),载日本众议院网,https://www.shugiin.go.jp/internet/itdb_housei.nsf/html/housei/h147111.htm。

④ [日]上野谷加代子:《地方福祉的推进与福祉教育及志愿者学习的作用:基于社会福祉法的制定》,载《日本福祉教育·志愿者学习学会年报》2000 年第 5 期。

“保障个人尊严”等表述，并新添了关于切实发挥福祉服务实效的一整个章节，增置了如何打通福祉服务供需双方信息渠道的规定，充分考虑了对福祉服务有需求的群体可能无法获取服务的情况，并设立从属于都道府县社会福祉议事会的运营合理化委员会以听取和处理福祉服务对象投诉。

此次修法中新增加的“福祉服务指引”被归为二类福祉事业，具体是指“面向因精神原因导致生活困难的人群，免费或少量收费提供福祉服务申请和使用相关咨询，并协助其办理手续、支付费用，以及提供其他一系列综合帮助”①。这一规定的背后体现了对弱势群体尤其是精神、智力障碍人群的关照——这类人群往往已经丧失了独立获取有价值信息的渠道，也很可能不具备按照相关要求完成一系列前置手续的能力。他们往往徘徊于社会保障的大门之外，虽然社会保障的大门向其敞开，他们却无力或不知如何走进。日本的“社会福祉指引”正是补上了这一空缺。

此外，虽然各国鼓励民间积极开办各类社会福利机构、提供多样化的社会保障服务，但提供与接受服务的双方之间的供需关系仍然是民事主体之间的权利义务关系，适用平等和意思自治原则。在这种情况下，服务的需求者相对于服务的提供者，天然地处于劣势地位，需要制度设计者予以更多的倾斜安排。《日本社会福祉法》在 2000 年修法前曾设有“社会福祉议事会”，此次法律修正案中又规定在都道府县一级的社会福祉议事会中设“运营合理化委员会”。该委员会由“人格高尚，具有社会福祉相关见解，具备社会福祉、法律或医学知识经验的人组成”，主要职责之一就是“在收到福祉服务相关投诉解决申请后，向申请人提供建议、就投诉所涉事项开展调查”，并在“认为服务对象遭受不当对待时尽快通知都道府县知事”。②

毋庸置疑，我国包括社会福利制度在内的社会保障体系也是建立在受众群体的立场上。不过，我国的社会福利制度，并未建立起像日本那样集中的、市场化的社会服务信息推送机制，仍然依靠本身的行政力量和基层组织来完成类似的职责，尽管政府“无疑是最重要的福利责任主体”③，但这种责任很可能因为与其他责任混杂而变得消极和淡化。另外，我国现行制度中也未将福利服务的供需双方区别于一般的服务买卖关系，对这一关系中可能产生的矛盾没有进行特别规制，因此若福利服务对象在服务中受到不正当对待，至少在法律上并没有优

① 《日本社会福祉法》第 2 条第 3 款第 12 项。
② 《日本社会福祉法》第 83 条、第 85 条和第 86 条。
③ 高静华：《中国特色慈善事业的文化动因》，载《社会保障评论》2023 年第 1 期。

于其他市场关系的救济和反馈渠道。

二、服务主体方面的差异

(一)法人类型化程度不同

《日本社会福祉法》第六章“社会福祉法人”是该法最重要的部分,仅从篇幅上来看,这一章占据了该法近乎一半的内容。“社会福祉法人的运营坚持以‘公共性’、‘非营利性’和‘安定性’为原则”①,但却不是日本公共机构体系中的一个板块,也不是日本法中形式意义上的公益法人,而是类同一般法人的一种独立法人。

日本的社会福祉法人是一种法人类型而非公共机构。除社会福祉法人外,《日本社会福祉法》还创设了地方社会福祉审议会、社会福祉工作办公室、福祉人才中心、福利保障中心、福祉联合推进法人等多类主体,这些主体都是公共属性显著强于法人属性,且并未被设置为一种新的法人类型,而是归属于既有的公法人体系或从属于社会福祉法人本身。相较之下,社会福祉法人是日本私法人体系中的一个明确的类别,可以由民间主体依法自主地设立和终止。

日本的社会福祉法人更接近一般法人而非公益法人。一般法人和公益法人是日本法人体系的组成部分,公益法人是一般法人的特殊形制。日本出台过两部相关法律,分别是《一般社团法人和一般财团法人法》和《公益社团法人和公益财团法人认定法》(以下分别简称《一般法人法》和《公益法人法》)。一般法人本身就具有非营利性的核心特点,在符合《公益法人法》的一些要求时,可以申请认定为公益法人。从文义解释的角度出发,社会福祉由于其直接惠及不特定多数人尤其是社会上有相应需求的人群,似乎理所当然地属于社会公益,但在制度安排上却并非将社会福祉法人列为公益法人,而是参照一般法人进行了设计。因此,《日本社会福祉法》关于社会福祉法人的条文中,较多且集中地准用了《一般法人法》的规定。可以说,日本社会福利领域服务主体的法人类型化水平较高,且与其他营利性和非营利性法人以及在非营利法人基础之上的公益法人,在规则准用方面十分清晰。

和大多数慈善组织一样,社会福利服务事业发展中,“人的组织化和制度化是关键”②。我国并非没有为社会福利领域的民间服务主体提供可选的法人类型。《民法典》设立或者说延续了一个包含子类的法人类型,即非营利法人,具

① [日]小林彰:《“新公共”与社会福祉法人的作用》,载《社会政策》2013年第1期。

② 靳环宇:《慈善事业发展的内在逻辑探究》,载《攀登》2013年第4期。

体包括事业单位、社会团体、基金会、社会服务机构等。从名称上看，社会服务机构似乎是最宜在社会福利事业中供给市场化服务的主体。然而实际上，由于缺少一部社会保障或社会福利基本法，我国并未将提供社会福利服务的主体确定为社会服务机构。更准确地说，我国没有对社会福利服务的主体进行明确规定。实际上，现实中就有大量以公司形制存在的养老服务机构。这种多元化的服务主体虽然能够在一定程度上丰富社会服务供给，但同时也对确保社会福利服务的非营利性提出了挑战，甚至有观点认为，“在儿童福利、残障福利、老人福利领域，严禁设置私营、营利、商业化性质服务机构”①。

（二）治理规范化程度不同

经过商品经济的长期发展和市场经济制度的不断完善，世界各国尤其是中日这样的主要经济体，其法律对公司企业等市场主体的治理，已经有了较为全面、合理、有效的治理结构，但在社会保障领域，各国是否以法律形式明确相关规定则不一而足。日本“将社会福祉法人作为社会福祉事业实施主体的目的就是让法人保持社会信用，具备获得政府资助的资格，同时接受比公益法人更严格的指导和监督”②。具体来说，《日本社会福祉法》确立了“评议会 + 理事会”模式为社会福祉法人的治理结构，对其行为进行内部规范。

“评议会”是日本法上经常出现的一个概念，主要适用于非营利性机构的治理结构中，用以平衡理事会的职权。评议会由全体评议员组成，原则上于每个会计年度结束后一定时期内召集（必要时可以随时召集），就且仅就《日本社会福祉法》和法人章程的规定事项进行决议，且法律限制章程对法律规定应由评议会决议的事项进行转授权。③ 这些事项散落在多处，归结起来有以下几类④：一是职务任免，评议会可以决议选任理事、监事和会计监查人，也有权在违反职责或怠于履职等情形下免去其职务；二是报告审议，社会福祉扩增计划、会计文书等均须经评议会审议通过，业务报告等也须向评议会提交；三是事项审定，章程的变更、役员和评议员薪酬标准的确定等均决于评议会；四是法人解散，评议会决议是社会福祉法人解散的法定事由之一，且职权及于清算过程中的清算人和代表人的任免、最终决算报告的审定等事项。理事会则更侧重于具体事业活动的

① 刘继同：《社会福利服务、专业社会工作与中国现代社会福利制度建设目标》，载《暨南学报（哲学社会科学版）》2021 年第 8 期。

② 陈艳秋：《日本社会福祉法人制度改革及经验启示》，载《社会保障研究》2021 年第 2 期。

③ 参见《日本社会福祉法》第 45 条之 8 和第 45 条之 9。

④ 参见《日本社会福祉法》第 43 条、第 45 条之 4、第 45 条之 5、第 45 条之 30、第 45 条之 31、第 46 条第 1 款、第 46 条之 6 第 1 款、第 46 条之 7 第 1 款、第 46 条之 11 第 3 款、第 47 条之 2 等。

筹划与开展,相关规则也较为具体和集中,这里不再对其职权规定进行梳理。

值得一提的是,日本另行创设社会福祉法人而不沿用日本法中既有的财团法人(相当于我国的捐助法人)形制来提供社会福祉服务,原因之一就在于“财团法人可能因役员中大半来自同一家族而导致家族支配问题”①。因此,《日本社会福祉法》规定,评议员与其他评议员、理事、监事,不得有配偶关系、三代以内近亲属关系或其他厚生劳动省令规定的特殊关系。②

前文提到,我国没有限定或者说明确提供社会福利服务的民间主体的法人类型,这是导致治理结构规范化的一个障碍——对其治理结构进行规范成为一个比较重的立法负担,也容易破坏现有的、较为完善的公司企业法律制度体系。不过,从文义解释的角度出发,社会服务机构显然更适宜作为社会福利服务供给的主体,为社会服务机构搭建一套行之有效的治理结构,是能够节省立法资源的一种做法。然而长期以来,我国“政府在社区福利服务管理体制中处于主导地位”③,这使政府缺乏建立相关规范的动力。

实践中,我国一些社会服务机构“有着较为完善的运作机制”④,但遗憾的是,这些个例的经验并没有被吸收到制度设计中去。目前,我国对社会服务机构的管理可以被称为“重登记、轻治理”。2018年10月16日,民政部发布《关于进一步加强和改进社会服务机构登记管理工作的实施意见》(民发〔2018〕129号),从“强化登记审查”“严格管理和监督”“提升登记管理质量”“抓好组织实施”等方面,围绕社会服务机构登记管理工作进行整治整改,但未涉及社会服务机构内部治理体系的相关问题,“政府主管部门对于非营利组织内部控制重视不足导致相关的法律法规缺失和滞后”⑤。而指导规范社会服务机构登记工作的规定,目前主要是1998年10月25日起施行的《民办非企业单位登记管理暂行条例》,但该部行政法规也并未对治理结构进行约束。“制定企业及社会力量参与社会福利领域的共同行动规范已成为我国社会福利建设最为紧迫的任务之一”⑥。

(三)活动透明化程度不同

营利性活动的最佳监督者和鼓舞者是利润本身而非其他主体或机制,因此

---

① [日]竹原健二:《试论社会福祉设施的认可:以对当前社会福祉法人的批判性检讨为路径》,载《社会福祉学》1986年第2期。

② 参见《日本社会福祉法》第40条第4款、第5款以及日本厚生劳动省《社会福祉法施行规则》第2条之7和第2条之8。

③ 张一:《文化适应视角下社区福利服务体系创新研究》,载《社会科学战线》2015年第5期。

④ 宋二猛:《社会企业法律制度研究》,西南政法大学2021年博士学位论文。

⑤ 张丹:《非营利组织内部控制体系重构——以中国红十字会为例》,载《财会通讯》2018年第5期。

⑥ 乌云毕力格:《日本社会福利民营化的得与失——以养老领域为例》,载《改革与战略》2015年第12期。

我们只需要防范营利活动开展者侵害公共利益而不需要担心他们怠于活动本身。但非营利性活动则不同,尤其是社会福利事业:一方面,一个怠惰的事业主体可能让社会误以为相关需求已得到满足,进而导致服务供给减少;另一方面,事业主体从国家、政府和社会中获得了更多的资源和支持,因而有义务将这些资源和支持积极妥善地运用好。两方面原因共同催生了公众对知晓事业主体活动情况的要求。

信息公开可以使相关活动的开展和成效清晰地展现在公众面前,是激发公众参与热情、消除公众监督障碍的有效手段。《日本社会福祉法》2016 年 4 月法律修正案的主要内容之一便是"事业开展的透明化"①,而就其手段来说,主要依靠社会福祉法人的信息公开来实现。该法规定,社会福祉法人应当将章程以及各会计年度对应的会计资料、事业报告、监查报告、财产目录、主要人员名册、薪酬标准等资料的原件置备于主要办事机构、复印件或电子版置备于次要办事机构,并设置了一定的保存期限,而任何单位或个人都可以向社会福祉法人申请查阅上述资料,社会福祉法人没有正当理由不得拒绝。②

我国的社会福利服务主体具有多样化的特点,事业单位、社会服务机构等社会组织甚至公司、企业都可以经营社会福利服务业务。服务主体的多样化在一定程度上对服务活动的透明化构成了障碍,各类主体因其性质不同而难以适用相同的公开标准。具体到我国当前的相关制度规范中,一方面,因为社会福利基本法的缺位,导致从服务活动这一维度进行信息公开规则体系的构建缺少有效的法规载体,而单行的、针对具体人群或单一领域的保障法则对此有所忽视;另一方面,因为服务主体依托于既有的多类型的法人,而它们又有着其他社会功能,导致从服务主体这一维度进行信息公开规则体系的构建会对其他功能造成不利影响甚至冲击部分法人的私有属性。两方面原因造成我国现阶段的民间社会福利事业相关活动的透明化水平缺乏制度约束,"如何加强信息披露,提高慈善事业公信力成为亟待解决的现实问题"③。

三、违法成本方面的差异

(一)监督实质化程度不同

社会福利事业市场化和福利服务非营利性有着天然矛盾,各国通行的措施

---

① [日]村田文世:《地方分权下地方社会范围的社会福祉法人制度改革的意义》,载《社会政策》2018 年第 1 期。

② 参见《日本社会福祉法》第 45 条之 32。

③ 蔡宁、江伶俐:《利益相关者视角的非营利组织信息披露研究》,载《财会通讯》2014 年第 3 期。

是对特定经营者加以财税支持。就日本而言,同样存在社会福祉法人以外的主体提供社会福利服务,但"对营利企业等课税却不对社会福祉法人课税的原因就在于对社会福祉法人设定了特别限制作为不课税的前提"①,这种限制包括活动收费、人员报酬、资金使用等,也包括一系列接受监督的规定。前面提及的服务反馈机制可以算作一种监督手段,但这种监督手段并不直接作用于社会福祉法人本身,而且处于事后阶段并需要通过服务对象的积极参与才能发挥作用,因此不是日本社会福祉事业中对服务主体进行监督的主要手段。《日本社会福祉法》通过系列规定,对社会福祉法人在事中和事前阶段分别设置了内外部的监督手段。

法律或者说国家意志在法人治理尤其是私法人治理中是否应当介入、应当介入到什么程度,是一个值得专门论述的问题。如果说对待公司企业等市场主体,应当给予更少束缚、更多自主的话,那么对待社会保障领域中的主体,因其积极性受事业营利空间所限,同时也因其服务对象相对更加处于弱势地位,就不得不在制度设计中对其同时给予鼓励和干预。

《日本社会福祉法》为社会福祉法人定制了一套"监事 + 会计监查人"的内部监督体系。与我国既往《公司法》中关于监事设置的规定不同,②《日本公司法》并不要求公司法人必须设置监事,但《日本社会福祉法》则将监事列为社会福祉法人必须设置的组织机构和岗位之一,且不得由理事或工作人员兼任,并应当具备社会福祉事业和财务管理相关知识和经验;③在任职回避方面,监事比理事更加严苛,要求监事之间、监事与理事之间不得存在配偶关系、三代以内近亲属关系或厚生劳动省令规定的特殊关系。④ 为保障监事能够客观、独立、忠实地为社会福祉法人履行监督检查职责,《日本社会福祉法》还对监事免职施加了特别的限制,将其列为评议会特别决议事项,须在评议会上获2/3以上多数票才能通过。⑤ 职权上,《日本社会福祉法》要求"监事对理事履职进行监督检查,并应当根据厚生劳动省令的规定出具监查报告",授权"监事可以随时要求理事和该社会福祉法人工作人员作工作报告,可以随时调查该社会福祉法人的业务和财产状况",并可以在特定情形下要求理事停止其职权行为。⑥

---

① ［日］中野隆之:《社会福祉法人开展地方福祉服务相关因素》,载《社会福祉学》2022年第1期。

② 长期以来,监事是我国《公司法》要求必须设置的职务,但2024年7月1日起施行的新《公司法》放宽了这一要求。参见《公司法》第69条、第121条。

③ 参见《日本社会福祉法》第36条第1款、第44条第2款和第5款。

④ 参见《日本社会福祉法》第44条第7款。

⑤ 参见《日本社会福祉法》第45条之9第7款。

⑥ 参见《日本社会福祉法》第45条之18和《一般法人法》第103条。

如果说监事是对理事的履职行为进行监督，那么会计监查人则是对法人的会计行为进行监督。与监事不同，会计监查人不是社会福祉法人必须设置的岗位，而是由社会福祉法人自主决定是否通过章程规定设置，但业务达到一定规模的社会福利法人则必须设置会计监查人。[①] 会计监查人的任命权归评议会，但罢免权同时归评议会和监事，此外监事还有权在会计监查人缺额时选任临时履职人员。[②] 由此可见，会计监查人本身受监事的约束，这种约束能够更好地督促会计监查人站在监督检查的立场上开展工作。

除了内部监督外，社会福祉法人还接受来自行政方面的监督。社会福祉事业虽然不是日本法上的公益事业，但社会福祉法人仍然是面向社会公众尤其是经济困难人群提供低费甚至免费服务的主体，[③]所以仍须对其设立过程中的关键内容加以把关，这一点与以备案制为原则的公司企业章程大不相同。因此，虽然日本社会福祉事业市场化程度较高，但这“并不意味着行政机关没有运用公权力进行干预的渠道”[④]，其中关键的制度安排在于《日本社会福祉法》第 31 条要求拟设立的社会福祉法人将其制定的章程报主管单位批准，[⑤]这一规定将行政监督前置，加强了社会福祉事业准入把关，也堆高了意图通过社会福祉事业谋取不正当利益者的前期成本。此外，主管单位还在其他事项方面具有审核权。

“全社会对非营利组织往往怀有更高的道德期望和行为规范，非营利组织滥用公共资源的恶果远比其他机构滥用资源的后果更为严重”[⑥]。因此，对非营利组织的监督十分必要。我国在对社会福利服务主体监督方面的制度规定和行政手段并不能说是空白，但的确尚未形成交叉覆盖的内外部监督体系。这种存在死角的监督现状，有很大一部分原因在于能够从事社会福利事业的主体身份驳杂。对于公司企业，我国的制度设计者主要看中其市场经济主体地位，为激励其更有效率地组织生产，虽然在公司法中规定应当设监事或监事会，但在行政上的事前审批和监管不断限缩，也因此“大量的行政审批权得到削减，巨大的市场活力被释放出来”[⑦]。当前实施许可制、审批制的公司企业活动，只限定在诸如证

---

① 参见《日本社会福祉法》第 36 条第 2 款和第 37 条以及《社会福祉法施行令》第 13 条之 3。

② 参见《日本社会福祉法》第 42 条、第 45 条之 4 第 2 款、第 45 条之 5、第 45 条之 6 第 3 款。

③ 参见《日本社会福祉法》第 24 条第 2 款和第 26 条。

④ [日]菊池馨实：《社会福祉的重构和公共性——围绕社会福祉法人和社会福祉事业的存在方式》，载《法社会学》2008 年第 68 期。

⑤ 日本社会福祉法人的主管单位原则上为住所所在地的都道府县知事，但依其业务范围不同，可能是市长或厚生劳动大臣。参见《日本社会福祉法》第 30 条。

⑥ 杨金键：《非营利组织与公众信任关系研究——基于科尔曼的理性选择理论》，载《行政论坛》2011 年第 1 期。

⑦ 梅帅、王珂：《我国行政审批制度改革的回顾与展望》，载《行政与法》2018 年第 3 期。

券、保险等特定行业，社会福利服务尚不在监管范围。与此相反，社会服务机构的内部监督机制并未通过法律和行政法规在全国范围内进行统一规范，但具有一定程度上的事前监管或者说审批制度。《民办非企业单位登记管理暂行条例》规定，成立民办非企业单位，应当经其业务主管单位审查同意，但对具体的审查内容却并未进行细化规定。[①] 不能否认的是，行政审批改革中的简化流程和下放权限等举措带来的制度红利“更有利于促进民营企业成长”[②]，但也应当“考虑增加社会管理和公共服务方面的行政审批”[③]，强化对非营利组织的事前监督。

（二）责任刑事化程度不同

“德国、日本等绝大多数国家和地区的刑法渊源除了刑法典以外，还有大量的单行刑法与附属刑法”[④]。这种情况在社会保障领域也有所体现。《日本社会福祉法》中有关违法责任的规定经 1996 年 6 月的法律修正案独立成章，[⑤]截至 2024 年 6 月共有 12 个条文，其主要处罚的行为一共有以下 5 类：一是特定岗位违规履职造成财产损害的行为，具体包括评议员、理事、监事、清算人以及依法临时履行其职务的人员为自己或第三人谋取利益等不正当目的作出有悖其职责的行为并造成社会福祉法人财产损失，可单处或并处 7 年以下有期徒刑和 500 万日元以下罚金，并且处罚相关未遂行为；二是特定岗位贪污腐败行为，主体范围较前一类扩大至会计监查人及其临时履职人员，[⑥]行为构造为“接受经济利益＋实际或约定作出不正当请托行为”，可在没收犯罪所得的基础上，处 5 年以下有期徒刑或 500 万日元以下罚金，而对于该行为的对向犯，即进行相应请托并输送经济利益的人，可处 3 年以下有期徒刑或 300 万日元以下罚金；三是泄密行为，对于违反《日本社会福利法》以及该法所参照适用的其他法律中有关保密义务的行为人，根据具体泄密行为，处 1 年或 6 个月以下有期徒刑，或者 100 万日元、50 万日元或 30 万日元以下罚金；四是行政违法违令行为，例如未经许可从事一类社会福祉事业，被责令停业、撤销许可后继续营业等，处 1 年或 6 个月以下有

① 甚至，《社会服务机构登记管理条例（征求意见稿）》也即《〈民办非企业单位登记管理暂行条例〉修订草案（征求意见稿）》第 10 条第 3 款第 3 项规定还取消了这一审查环节。

② 邵传林：《行政审批制度改革对企业成长的影响——基于民企与国企的比较》，载《经济与管理》2022 年第 5 期。

③ 竺乾威：《行政审批制度改革：回顾与展望》，载《理论探讨》2015 年第 6 期。

④ 张明楷：《刑法修正案与刑法法典化》，载《政法论坛》2021 年第 4 期。

⑤ 参见《关于部分修改厚生省相关法的法律》（平成 8 年法律第 107 号）第 7 条“部分修改社会福祉事业法”，载日本众议院网，https://www.shugiin.go.jp/internet/itdb_housei.nsf/html/houritsu/13619960626107.htm。

⑥ 会计监查人为法人的，还需要对该法人中具体履行相应职责的人员进行同等处罚。

期徒刑,或者100万日元、50万日元或30万日元以下罚金;五是职业介绍领域违法行为,包括未经报告开展劳动者招募活动、妨碍进场检查、拒绝如实回答质询等,处6个月以下有期徒刑,或者50万日元或30万日元以下罚金。此外,《日本社会福祉法》还对一些较为轻微的违法行为处以罚款(而非罚金)。

从实践中看,"我国立法经过20世纪80年代初到90年代10余年的探索之后,最终放弃了附属刑法的立法模式"①,刑罚规则高度集中于刑法典,单行刑法的数量并不多,而且基本都已经被刑法典吸收,不再单独适用。这种坚持法典化的刑事立法态度能够有效避免刑罚手段滥用,切实保障国民权益。但与此同时,刑事法典化本身的稳定性也带来了一定的滞后性,对于社会新事物的反应不够及时。② 我国《刑法》没有从行为视角设置社会福利领域的罪责罚规定,也没有从主体视角就社会服务机构犯罪行为进行界定和处罚,我国目前对相应领域违法行为"处罚的性质都是行政手段"③。我国《刑法》虽然设有"妨害对公司、企业的管理秩序罪"和"扰乱市场秩序罪"等章节,在一定程度上能够适用于社会福利服务领域,但缺乏针对性的问题非常突出。脱离刑事处罚的语境,我国社会福利事业相关机构的违法成本也并不算高,"仅对违反公益性和非营利性准则的组织实施取消免税资格或追缴税款的纠正性处罚,并未对其违反非营利组织宗旨的行为给予惩罚性处理"④。

结语与展望

作为日本社会保障制度体系中的重要基石,《日本社会福祉法》的内容不可谓不多、规则不可谓不细,本文限于篇幅不能逐条展开详解,仅介绍了该法的部分差异化特点。除此之外,该法还在央地协同、公众参与、集中募捐、队伍保障等方面有着较为突出的规定,值得另行撰文论述。

当然,《日本社会福祉法》也并非一部毫无缺点的法律。例如:该法设置了过多的社会福祉相关机构,其中地方社会福祉审议会与都道府县一级的福祉工作办公室、社会福祉议事会(以及其下设的事务局)的职权过于分散,未必能够起到预想的效果;该法将社会福祉法人与公益法人并而列之,虽能避免公益法人

① 周光权:《我国应当坚持统一刑法典立法模式》,载《比较法研究》2022年第4期。

② 当然,刑法具有谦抑性,所以并不需要对新事物一一作出反应,社会福利事业中的违法行为是不是应当择重纳入刑法制裁范围,还值得谨慎研究。本文此处仅作差异介绍。

③ 陈晓春、肖雪:《非营利组织的法治化监管》,载《上海师范大学学报(哲学社会科学版)》2017年第5期。

④ 王浩林、汪显东、刘慧芳:《我国非营利组织免税资格认定制度的变化与比较》,载《税务研究》2019年第2期。

中人员特殊关系不受限制的弊病,但这一问题完全可以通过在公益法人下单设子类进行特别规定来解决,另行确立法人类型在一定程度上削弱了日本现有的非营利法人体系的和谐性和自洽性;该法设定的刑事罚则,也进一步印证了日本"行政刑法存在一定程度的肥大化倾向"①等。此外,日本社会保障体系也存在其他问题,例如"没有一种可以有效对应社会抚养儿童在成年后的社会生活自理问题的服务体系和制度"②。

对域外制度的研究评述本身不是目的,最终还是应当着眼于完善本国的相应制度。如文首所述,这一过程应当注重立足国情、以我为主,避免拿来主义、水土不服,"毕竟社会福利模型主要是基于西方社会情境建构的产物,并不能完全概括中国本土现实"③。因此,对中日两国之间社会保障制度的差异之处,我们绝无必要也应予避免的是盲目地、不加选择地移植和套用,而应当识别其中的有益成分加以消化吸收。具体来说,我国未来可以在以下几个方面进一步完善社会保障制度:一是搭建社会保障制度体系,加强部门法规的协调性;二是完善福利服务法人规则,加强服务主体的规范性;三是注重社会保障人才培养,加强从业队伍的专业性;四是做好社会保障信息公开,加强公众监督的便捷性;五是优化社会福利服务结构,加强服务供给的针对性;六是提高社会保障违法成本,加强执法处罚的威慑性;等等。其中,进行社会福利专门立法进而明确福利事业的具体内容和服务主体的法人类型是重中之重。

---

① 付立庆:《日本的行政刑法现象及其考察——兼谈我国行政犯立法模式的转换》,载《比较法研究》2022 年第 4 期。

② 史迈、沙思廷:《社会协作模式:应对福利服务中"夹缝问题"的日本经验》,载《中国科学院院刊》2021 年第 10 期。

③ 卫小将:《加快建构中国社会福利话语和叙事体系》,载《中国社会科学报》2023 年 3 月 8 日,第 5 版。

欧盟立法机制详介
——以“董事会性别配额指令”为例*

杨雅云**

摘　要:根据《欧盟条约》和《欧盟运行条约》的规定,有权提出立法建议(proposal)的机构是欧盟委员会(European Commission),遵循普通立法程序,欧盟理事会(Council of the EU)和欧洲议会(European Parliament)共同行使立法权。本文在充分挖掘欧盟法和官方公开资料的基础上,详细介绍欧盟立法机制“是什么”的问题,全面呈现了适用于绝大多数立法的普通立法程序,尤其是极具特色的非正式“三方会谈”(trilogue)机制,并以“董事会性别配额指令”为例,进一步说明欧盟在性别平等领域的立法实践。笔者认为,欧盟立法机制的基本特征是“一条主线”,重要特征是“两个机构”,核心特征是“三方会谈”。总体而言,这样的制度设计有助于欧盟委员会、欧洲议会和欧盟理事会在立法过程中保持有效沟通,促成大多数立法在“一读”阶段即达成一致意见,避免过度消耗立法成本。

关键词:立法机制　欧盟委员会　欧洲议会　欧盟理事会　三方会谈　董事会性别配额指令

引言

作为欧洲 27 个国家的联盟组织,欧盟立法机制的设计对于保障其有效运行、推进“欧洲一体化”至关重要。根据《欧盟条约》和《欧盟运行条约》的规定,立法建议由欧盟委员会提出,遵循普通立法程序,欧盟理事会和欧洲议会共同行使立法权,也均具有否决权。笔者旨在研究欧盟立法机制在规范层面“是什么”

---

* 本文系重庆市社科规划项目博士项目“妇女劳动权益保障公益诉讼研究”(2023BS069)阶段性研究成果;2022 年西南政法大学引进人才科研资助项目“职场性骚扰雇主责任研究”(2022 - XZRCXM007)阶段性成果。

** 杨雅云,西南政法大学经济法学院讲师。

的问题,[①]在充分挖掘欧盟法和官方公开资料的基础上,着重介绍欧盟普通立法程序的具体运行机制,并以“董事会性别配额指令”的通过程序为例简单说明。

本文主体内容分为四部分,第一部分简要介绍欧盟立法机构和立法形式;第二部分详细描述欧盟立法程序,尤其是适用于欧盟绝大部分立法的普通立法程序,包括欧洲议会和欧盟理事会“一读”、“二读”、调解和“三读”,以及贯穿全过程且极具特色的欧洲议会、欧盟理事会和欧盟委员会“三方会谈”机制;第三部分以欧盟 2022 年通过的“董事会性别配额指令”为例,进一步说明欧盟立法机制的运行实践;第四部分笔者尝试总结概括欧盟立法机制的特征并简要评价。

一、欧盟立法机构和立法形式

(一)欧盟立法机构

欧盟拥有立法权的机构是欧洲议会和欧盟理事会,两者并驾齐驱、共同立法,立法权平等,无高低之分。[②] 此外,有些机构或组织虽没有直接的立法权或决定性的投票权,但仍可以参与立法,针对欧盟委员会提交的法律草案发表意见或建议,它们包括欧洲投资银行(European Investment Bank)、欧洲中央银行(European Central Bank)、地区委员会(Committee of Regions)、经社委员会(Committee of the Economic and Social Committee),以及公民倡议(Citizens' Initiative)等。

(二)欧盟立法形式

欧盟法分为基本法律(又称一级法律)(primary law)和二级法律(又称次级立法或派生法)(secondary law)。基本法律主要包括《欧盟条约》《欧盟运行条约》等,二级法律主要包括条例、指令、决定等。

1. 基本法律

基本法律指欧盟成员国共同缔结的对成员国具有法律约束力的协议,包括《欧盟条约》和《欧盟运行条约》等“宪法性规范”。它们确定了欧盟的基本目

---

① 通过收集和梳理相关学术文献资料,笔者发现有关欧盟立法机制的学术成果较少,详细介绍欧盟普通立法程序的中文文章更是凤毛麟角,目前检索到该领域较为有代表性的中文文献有张磊的《欧盟共同决策程序的变革——以“三方会谈”为例》,载《欧洲研究》2013 年第 2 期。有代表性的相关域外文献可参见 Koen Lenaerts et al., *EU Constitutional Law*, Oxford Univeristy Press, 2021; Adam Kirpsza, *Time is of the essence: Explaining the duration of European Union lawmaking under the co-decision procedure*, International Political Science Review, 2022, 43(4), 564 - 579; Gijs Jan Brandsma et al., *Inside the black box of trilogues: introduction to the special issue*, Journal of European Public Policy, 2021, 28(1), 1 - 9。以“三方会谈”为核心特色的欧盟普通立法程序,在协调欧盟各成员国的不同诉求,有效推进“欧洲一体化”方面发挥了至关重要的作用。据此,笔者侧重于研究欧盟立法机制“是什么”的问题,以为有关欧盟法的一系列程序性和实体性研究提供基础性必要参考。

② 参见《欧洲运行条约》第 294 条。值得注意的是,欧盟委员会只有提出法律草案的权力(立法提案权),没有立法权。

标，欧盟机构的运作规则、决策程序，欧盟与其成员国之间的关系等内容。目前，欧盟的基本法律包括《欧盟条约》(Treaty on European Union, TEU)、《欧盟运行条约》(Treaty on the Functioning of the European Union, TFEU)、《欧洲原子能共同体条约》(Treaty establishing on European Atomic Energy Community)和《欧盟基本权利宪章》(Charter of Fundamental Rights of the European Union)等。

2. 二级法律

根据《欧盟运行条约》第288条的规定，欧盟应通过条例(regulations)、指令(directives)、决定(decisions)、建议(recommendations)和意见(opinions)行使欧盟权能，这些规范可统称为“二级法律”，其中条例、指令和部分决定属于立法性规范，具有法律约束力，但具体适用方式和法律效力有所不同，而建议和意见属于“软法”，不具有法律的强制约束力。[①] 欧盟条例直接、普遍适用于欧盟机构、所有欧盟成员国和其指向的人(抽象意义的人而非确定的某个人)。[②] 条例自生效之日起即适用于所有欧盟成员国，[③]其法律效力同时、自动和统一作用于所有成员国法律。条例无须“转化”(transposition)为欧盟成员国的国内法即可适用，因此在国内诉讼中，个人可以直接援引条例作为法律依据。[④] 与条例不同，欧盟指令不能直接适用于成员国，成员国必须将其“转化”为国内法，时限通常为指令公布之日起两年内，成员国可自行决定转化的具体形式和方式。[⑤] 欧盟指令规定的是最低标准，成员国采取的措施必须实现指令设定的目标，不能低于指令的标准或要求。如果欧盟成员国没有在规定时限内将指令转化为国内法，欧盟委员会有权启动侵权程序(infringement proceedings)，并向欧盟法院(Court of Justice of the EU)提起诉讼。

决定可能是立法性规范，也可能是非立法性规范。通常，决定由欧盟委员会经授权通过，其目的是执行某一欧盟法，这种情况下决定不具有法律的强制约束力；但如果决定经欧洲议会和欧盟理事会根据普通立法程序或特别立法程序通过，则属于有约束力的法律，可以普遍适用于欧盟成员国，也可以针对特定对象。[⑥] 此

---

① 本部分内容主要依据《欧盟运行条约》的规定和欧盟官方网站的资料，参见EU, Types of legislation, https://european-union.europa.eu/institutions-law-budget/law/types-legislation_en(最后访问日期:2024年6月20日)。

② 比较典型的例子是《一般数据保护条例》[Regulation (EU) 2016/679, General Data Protection Regulation, GDPR]。

③ 如条例有规定生效日期，适用条例的规定，如无规定，条例自在《欧盟官方公报》(Official Journal of the EU)公布20天后生效。

④ 参见《欧盟运行条约》第288条第2款。

⑤ 参见《欧盟运行条约》第288条第3款。

⑥ 参见《欧盟运行条约》第288条第4款。

外,建议和意见完全不具有法律约束力,但能表明欧盟的立场和导向。欧盟各机构有权发布建议并提出行动方针,但不对建议对象施加任何法律义务。同样,欧盟委员会、欧盟理事会、欧洲议会、经社委员会、地区委员会等主要机构也可发表不具有强制约束力的意见,表明己方立场。

值得注意的是,需经普通立法程序或特殊立法程序通过的只有条例、指令和部分具有法律约束力的决定,其他不具有法律效力的建议等规范性文件不属于下述欧盟立法程序的适用对象。

二、欧盟立法程序

欧盟立法程序分为普通立法程序(ordinary legislative procedure)[①]和特殊立法程序(special legislative procedure)。自《里斯本条约》生效以来,欧盟绝大部分立法(约 95%)都适用普通立法程序,涉及 85 个政策领域。[②] 适用特殊立法程序的情形十分有限,对于了解欧盟立法程序不具有典型意义。据此,普通立法程序是本文重点关注的对象。

(一)普通立法程序

在普通立法程序中,由欧盟委员会提出法律草案,欧洲议会和欧盟理事会共同行使立法权,两者既可以决定直接通过法案,也可以决定经修改后通过,还可以拒绝通过相关法案。总体而言,完整的普通立法程序机制包括欧盟委员会提出法律草案,欧洲议会和欧盟理事会"一读"、"二读"、调解和"三读"阶段,但目前绝大多数立法都能在"一读"阶段即获通过,[③]这主要归功于极具特色的"三方会谈"机制,即欧盟委员会、欧洲议会和欧盟理事会三方通过组织非正式会议就法律文本的制定和修改问题保持沟通、持续磋商,以尽早达成立法上的共识。[④]通常,"三方会谈"的参加者包括欧洲议会代表(报告员和影子报告员)、欧盟理事会代表(特别工作小组组长,有时也有一名部长参加),以及欧盟委员会代表(负责法律草案文本的部门,有时也包括相关负责专员),欧盟委员会常常扮演

---

① "普通立法程序"在《里斯本条约》生效前称为"共同决策程序"(co-decision procedure)。

② 参见 List of legal bases providing for the ordinary legislative procedure in the Treaty of Lisbon,https://www.europarl.europa.eu/cmsdata/198117/List_of_legal_bases.pdf;《里斯本条约》的生效背景,尤其是欧盟议会立法权领域的扩张情况,参见张磊:《欧洲议会与〈里斯本条约〉:动力、变革和挑战》,载《欧洲研究》2010 年第 3 期。

③ 2014 ~ 2019 立法年度内,"一读"时通过的法律文本有 89%,2009 ~ 2014 立法年度是 85%,2004 ~ 2009 立法年度是 72%,1999 ~ 2004 立法年度仅为 29%。https://www.europarl.europa.eu/infographic/legislative-procedure/index_en.html#step5 - statistics。

④ 比如,虽然欧盟委员会是提出法律草案的机构,但欧洲议会和欧盟理事会都可以要求欧盟委员会进行提案,各方在提案初期即可交流意见。又如,在欧洲议会"一读"阶段,相关负责委员会对法律草案进行最终表决前,它会要求欧盟委员会对所有修改意见表明立场,并同时要求欧盟理事会发表意见。

调解者的角色，为法律文本的落地找到折中方案。为更清晰地展现完整的普通立法程序，笔者根据各阶段流程制图如下（见图1），并在后文中进行详细介绍。[①]

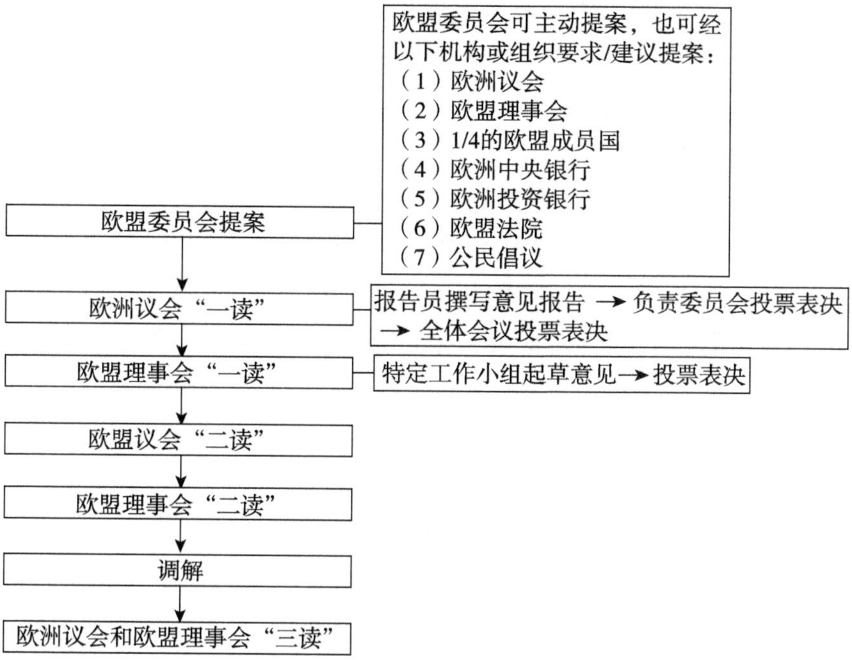

图1 欧盟普通立法流程

1. 欧盟委员会提出法律草案（Commission proposal）

欧盟委员会拥有立法提案权（right of initiative），即提出法律草案或立法建议（proposal）。欧盟委员会既有权主动提出法律草案，也可以应欧洲议会、欧盟理事会等其他欧盟机构要求提案，[②]还可以经公开征求意见后根据公民倡议编写提案。

欧盟委员会提出的法律草案是广泛征求意见的结果，征求意见的过程有多种方式，包括影响评估、专家报告、国内专家、国际组织、非政府组织的意见，通过

① 如没有脚注特别说明，后文关于欧盟普通立法程序介绍的资料主要来源于欧盟官方网站的信息，参见Ordinary legislative procedure，https://www.europarl.europa.eu/infographic/legislative-procedure/index_en.html）。

② 如果欧洲议会认为有必要通过立法促进欧盟条约执行，可以要求欧盟委员会提交立法建议，如果欧盟委员会拒绝，必须作出解释。欧盟理事会也可以要求欧盟委员会进行任何有利于实现成员国共同目标的研究，并提交立法建议。此外，在某些特定情形下，有权要求欧盟委员会提案的情形包括：（1）1/4成员国动议（涉及刑事司法合作和警务合作领域）；（2）根据《欧洲中央银行体系和欧洲中央银行规约》（Statue of the European System of Central Banks and of the European Central Bank）的某些条款，欧洲中央银行提出建议；（3）应欧洲投资银行的要求；（4）根据《欧盟法院规约》（Statue of the Court of Justice of the European Union）的某些条款，欧盟法院提出要求。

"绿皮书"和"白皮书"等方式呈现。此外,欧盟委员会的各部门之间也会进行磋商,以确保有关事项的方方面面都能得到充分考量。

通常,欧盟委员会的法律草案文本经专员团(College of Commissioners)通过书面程序(专员之间不讨论)或者口头程序(专员团进行讨论)通过,并在《欧盟官方公报》公布。[①] 如果欧盟委员会专员团要对提案投票表决,则适用简单多数(simple majority)的投票规则,[②]表决通过的法律草案由欧盟委员会同时提交给欧洲议会和欧盟理事会审议,并发送给欧盟成员国议会,有时还会根据需要提交给地区委员会和经社委员会听取咨询意见。[③] 此外,根据《欧盟条约》,以及关于欧盟成员国议会作用的第1号议定书和关于辅助性原则(principle of subsidiarity)和比例原则(principle of proportionality)的第2号议定书的规定,如果欧盟成员国议会认为欧盟委员会提交的法律草案违背了辅助性原则,[④]可以在收到法律草案的8周内提出异议。每个国家议会有2票,在两院制的议会,两院各有1票。如果至少1/3的国家议会(黄牌),[⑤]或者简单多数的国家议会(橙牌)认为法律草案违背了辅助性原则,欧盟委员会必须对该提案再次进行审查,并决定保留、修改或者撤销该立法建议。如果欧盟委员会仍然决定保留法律草案,则必须说明原因。在此情形下,欧洲议会和欧盟理事会必须在"一读"结束前审议该法案是否符合辅助性原则,如果欧洲议会全体会议以简单多数,欧盟理事会全体会议以55%多数投票表决欧盟委员会提交的法律草案违背了辅助性原则,那么该法案将被撤销。

---

① 欧盟委员会的提案在《欧盟官方公报》上的缩写为"COM"。例如COM/2024/0001,"2024"指年份,"0001"指提案编号。

② 目前,欧洲议会共有来自27个欧盟成员国的705名议员,根据"简单多数"的投票规则,如果超过投票人数(只算出席欧盟议会全体会议并参与投票的议员人数)一半的议员投赞成票,法案即可获通过。参见Members of the European Parliament, https://www.europarl.europa.eu/meps/en/home。

③ 根据《欧盟运行条约》第300条的规定,经社委员会由雇主组织代表、雇员组织代表及代表公民社会的其他团体代表,特别是社会经济、市民、专业和文化领域的代表组成。地区委员会由地区和地方团体的代表组成,他们或者担任地区或地方当局某一经选举产生的职位,或者在政治上对某一经选举产生的立法机构负责。经社委员会必须就经济和社会政策问题发表意见,地区委员会必须就环境、教育和交通问题发表意见。欧盟委员会、欧洲议会和欧盟理事会都可以向经社委员会和地区委员会征求意见,并设定提交意见的时限,两个委员会也可以主动发表意见。

④ 欧盟仅在由《欧盟条约》和《欧盟运行条约》赋予它的权能范围内行动,未赋予欧盟的权能属于成员国所有,根据辅助性原则,在非欧盟专属权能领域,只有在拟行动的目标不能在成员国的中央或地区和地方层面完全实现,但由于拟行动的规模或行动效果之原因在欧盟层面能更好实现的情况下,联盟才可采取行动。参见The principle of subsidiarity, https://www.europarl.europa.eu/factsheets/en/sheet/7/the-principle-of-subsidiarity。

⑤ 如果法律草案是基于《欧盟运行条约》第76条提出的涉及刑事司法合作和警务合作领域的规定,只需要1/4的国家议会提出异议。

2. 欧洲议会“一读”(First reading in Parliament)

欧盟委员会提交的法律草案首先要经欧洲议会“一读”审议,该程序没有时间限制,主要分为报告员撰写意见报告、负责委员会就意见报告投票表决和全体会议就意见报告投票表决三个阶段。全体会议的表决结果即欧洲议会的“一读”立场。

(1)报告员撰写意见报告

欧洲议会收到欧盟委员会提交的法律草案后,由欧洲议会议长(President of the European Parliament)①根据该提案涉及的主要问题,将其交由某一个议会委员会(a parliamentary committee)负责审议,②该委员会即审议法案的负责委员会。随即,负责委员会要从其委员中任命一名报告员(rapporteur),负责就欧盟委员会的提案撰写一份意见报告,其中包含修改意见。③ 负责委员会的任何正式委员或候补委员都可以在规定的截止日期前提出修改意见。欧洲议会的其他委员会可以任命一名“影子报告员”(shadow rapporteur),负责表明所在委员会的立场,以及监督报告员的工作。

如果提案涉及的内容几乎等量地属于两个或两个以上议会委员会的权限范围,则由欧洲议会的议长会议(Conference of Presidents)根据委员会主席会议(Conference of Committee Chairs)的建议决定相关工作程序。在这种情况下,相关委员会(associated committees)与负责委员会按照共同商定的时间表同时就法律草案开展工作,各方委员会任命的报告员要确定法案中哪些部分属于各自委员会专属的权限领域,哪些属于共同的职权范围,并就如何合作审议协商一致。各方报告员要相互沟通,共同商定向委员会提交的意见报告文本,其中包括对法律草案的修改意见。如果修改意见涉及相关委员会的专属职权范围,负责委员会应不经表决同意这些意见。如果负责委员会和相关委员会在权限问题上出现了分歧,则由欧洲议会的议长会议对各委员会应负责审议法律草案的权限范围进行裁决。

就审议的具体内容而言,负责委员会首先要审查的是提案的法律依据,它可以征求法律事务委员会(Committee Responsible for Legal Affairs)的意见,法律事

① 现任欧洲议会议长是马耳他籍的萝伯塔・梅措拉(Roberta Metsola),她自 2022 年 1 月 18 日上任,是欧洲议会第三位女性议长。

② 目前,欧洲议会由 31 个委员会组成,各委员会负责各自领域的法律草案审议工作,具体领域划分参见欧洲议会委员会官网,https://www.europarl.europa.eu/committees/en/home。

③ 报告员也可以根据欧盟委员会的年度立法计划提前选定,以便在法律草案提交至欧洲议会之前的准备阶段介入跟踪相关情况。实践中,欧洲议会委员会由不同政治团体(political groups)组成,代表这些政治团体的协调员(coordinators)决定由哪个政治团体负责撰写意见报告,被选中的政治团体会从其正式委员或常任候补委员中推荐一名报告员。

务委员会也可以主动核查法律依据。如果涉及财务问题,负责委员会还必须审查提案是否符合多个年度的财务计划,是否有足够的财力支持,预算委员会(Committee Responsible for Budgetary Issues)也可以主动审查这一情况。如果负责委员会、一个政治团体或者至少36名欧洲议会议员认为欧盟委员会提交的法律草案全部或者其中某些部分不符合欧盟所确立的基本权利(fundamental rights),则可以将其提交至负责保护欧盟公民基本权利的公民自由委员会(Civil Liberties Committee)审查。通常,议会委员会多次开会审议意见报告,也时常对一些有争议或者"技术性"的文本,组织专家听证会、委托专业人士研究,或者进行影响评估。在负责委员会审议法律草案的过程中,还通常会保持与欧盟理事会的沟通,了解其审议准备工作的进展情况。

(2)负责委员会就意见报告投票表决

报告员撰写完成意见报告后,由负责委员会进行投票。所有针对欧盟委员会提案的修改意见都要经投票表决,表决结果以简单多数票为准。在进行最终表决前,负责委员会往往会要求欧盟委员会对报告中的修改意见表明立场,同时要求欧盟理事会也对此发表意见。负责委员会表决通过了意见报告后,该报告即交由欧洲议会全体会议表决。在相关事项等量地属于不同委员会职权范围的情形下,欧洲议会的议长会议可以决定举行委员会联席会议(joint committee meetings),各委员会报告员共同起草一份意见报告,在各委员会共同主持的联席会议上表决。

(3)全体会议就意见报告投票表决

欧洲议会"一读"的第三个阶段是由全体会议基于负责委员会表决通过的意见报告展开讨论,并投票表决,表决结果以简单多数票为准,该结果即为欧洲议会"一读"的立场。在此阶段,某个议会委员会或至少36名欧洲议会议员仍可以在一定时间内针对意见报告向全体会议提出修改意见。① 在全体会议正式投票表决前,欧洲议会议长可以要求欧盟委员会和欧盟理事会表明其立场,代表欧盟委员会出席全体会议的专员则会宣告和解释欧盟委员会对于欧洲议会所有修改意见的看法。② 在进行正式表决时,如果有针对法律草案的修改意见,则首先对修改意见进行表决,然后再对有所修改的法律草案文本投票表决,表决结果以简单多数票为准,最终的表决结果即欧洲议会的"一读"立场。有以下三种情况:

一是否决整个法律草案(reject the proposal as a whole)。欧洲议会在两种情形下可以要求欧盟委员会撤回提案:第一种情形是欧盟委员会提交的法律草案

① 一般而言,向全体会议提交修改意见的截止日期为会议前一周的星期三中午。

② 该立场经由欧盟委员会专员团批准。

(无论意见报告对其是否有所修改)没有获得欧洲议会全体会议简单多数票通过;第二种情形是负责委员会,或者某个议会委员会的一个政治团体,或者至少36名议员提出了否决提案的动议,欧洲议会全体会议通过了该动议。如果欧盟委员会接受了撤回提案的要求,立法程序即告终止,但如果欧盟委员会拒绝撤回,欧洲议会则可以决定将法律草案退回负责委员会重新审议。

二是批准法律草案且不作修改(approve the proposal without amendments)。欧洲议会全体会议的表决结果可以是直接通过欧盟委员会提交的法律草案,不作任何修改。

三是经修改批准法律草案(approve the proposal with amendments)。欧洲议会的"一读"立场也可以是通过对法律草案有所修改的意见报告,即经修改批准欧盟委员会的提案。

欧洲议会全体会议表决完成后,在第二种和第三种情况下,欧洲议会的"一读"结果即法律草案文本(无论是否经修改)及其所附带的立法决议将由欧洲议会的主席提交至欧盟理事会和欧盟委员会,欧盟理事会在此基础上正式启动"一读"程序。

值得注意的是,自1999年5月1日《阿姆斯特丹条约》生效以来,普通立法程序在"一读"阶段即可完成。近年来,欧洲议会和欧盟理事会作为共同立法者在"一读"阶段达成一致意见的趋势日益明显,[①]这在很大程度上得益于"三方会谈"的有效开展。在欧洲议会"一读"阶段,如果负责委员会希望与欧盟理事会谈判磋商以达成共识,它可以在委员会表决通过意见报告后,尚未将意见报告提交给全体会议前,以绝对多数票(absolute majority)通过授权负责委员会与欧盟理事会就意见报告展开谈判的决定,并在欧洲议会全体会议上宣布。欧洲议会议员有权在宣布后24小时内提出反对意见。如果在限期内无人反对,负责委员会即可启动谈判;如果有反对意见,全体会议需投票表决此项授权是否有效,简单多数票同意谈判权即生效。但是,如果全体会议的投票结果否决了负责委员会的谈判权,意见报告和所有修改意见将被列入下一次的全体会议议程,彼时欧洲议会才会投票表决其"一读"立场。或者,负责委员会也可以寻求立即获得欧洲议会全体会议的谈判授权,但在这种情形下,负责委员会要向全体会议提交意

① 2014~2019立法年度内,"一读"时通过的法律文本有89%,2009~2014立法年度是85%,2004~2009立法年度是72%,1999~2004立法年度仅为29%。2014~2019立法年度内,"二读"阶段(不包括达成"早期二读协议"的情况)通过的法律文本只有1%,2009~2014立法年度是5%,2004~2009立法年度是13%,1999~2004立法年度是24%。可见,近20年来,"三方会谈"的效果越发显著,绝大部分法律草案在"一读"阶段或者在达成"早期二读协议"的情况下通过,进入欧盟理事会的"二读"阶段后才通过的法案越发少见。

见报告,全体会议在进行“一读”表决前,可以决定将意见报告连同任何全体会议通过的修改意见返回给负责委员会,并授权它就此文本与欧盟理事会进行谈判。欧洲议会的谈判小组组长由负责委员会会长担任,草拟意见报告的报告员在捍卫欧洲议会立场方面发挥主要作用。如果谈判成功,欧盟理事会常驻代表委员会主席将致函欧洲议会负责委员会会长,表明如果欧洲议会的“一读”立场与双方共同确定的折中方案一致,欧盟理事会则会在“一读”时予以批准。这里的折中方案即欧洲议会和欧盟理事会达成的“临时协议”(provisional agreement),该协议必须由负责委员会以简单多数票通过,然后由负责委员会提交至欧盟全体会议表决。在这种情况下,法律草案经欧洲议会和欧盟理事会“一读”即可通过,无须启动“二读”程序。

3.欧盟理事会“一读”(First reading in Council)

欧盟委员会的法律草案在提交给欧洲议会的同时,也会提交给欧盟理事会。值得注意的是,虽然欧盟理事会的“一读”准备工作和欧洲议会的“一读”是同步推进的,但欧盟理事会正式启动“一读”程序只能在收到欧洲议会的“一读”立场之后。在这个过程中,两者会保持交流和沟通。与欧洲议会的“一读”一样,欧盟理事会的“一读”也没有时间限制,其主要分为特定工作小组起草意见和投票表决两个阶段。

(1)特定工作小组起草意见

欧盟理事会的“一读”意见由成员国代表组成的特定工作小组(specific working parties)起草,该小组的组长由轮值主席国代表担任,理事会的秘书处(council’s secretariat)提供协助。特定工作小组向欧盟理事会常驻代表委员会(Committee of Permanent Representatives,也称Coreper)报告。

欧盟理事会在达成“一读”立场前,可以先达成一项原则性协议(an agreement in principle),该协议可授权欧盟理事会与欧洲议会进行磋商谈判。但更常见的情况是,欧盟理事会通过常驻代表委员会的授权获得与欧洲议会进行谈判的资格,一旦与议会的谈判结束,理事会就会达成一项“政治协议”(political agreement),该协议内容涉及欧盟理事会“一读”立场的大纲,具体内容的细化随后由特定工作小组推进,并由法律语言学家(通晓指定语言,负责审查文本的法条和用语是否正确的法律专家)审查,最终形成供欧盟理事会会议投票表决的意见文本。[①]

① 在欧盟理事会达成“政治协议”后,正式通过“一读”立场前,欧盟理事会与欧洲议会要尽可能进行非正式联系和沟通,以促进双方尽早在“二读”阶段达成一致。

(2)投票表决

欧盟理事会全体会议要就特定工作小组草拟的意见文本投票表决。就投票规则而言,除了涉及税收、社会保障、外交政策、国防和警察行动合作等领域的法律草案要求欧盟理事会一致同意(unanimity)以外,其他领域的提案往往只需要欧盟理事会以特定多数票(qualified majority)作出决定。① 结合欧洲议会"一读"立场来看,欧盟理事会的"一读"表决结果有以下四种情况:

一是法律草案不经修改即批准通过。如果欧洲议会和欧盟理事会对欧盟委员会提交的法律草案都没有任何修改意见,两者投票结果都是直接批准该法案,该法案随即通过。

二是批准通过欧洲议会修改后的法律草案。如果欧洲议会的"一读"立场涉及修改意见,在欧盟委员会已将这些修改意见纳入法案的情形下,欧盟理事会以特定多数票批准了经修改的法案文本,该法案随即通过,②但在欧盟委员会没有将这些意见纳入法案时,欧盟理事会必须一致同意欧洲议会的"一读"修改意见才能通过该法案。

在上述两种情况下,法案一旦通过,将由欧洲议会议长和欧盟理事会主席及秘书长签署,并在《欧盟官方公报》上公布。

三是否决整个法律草案。虽然欧盟相关条约没有明确规定,但已普遍认可的规则是,无论欧洲议会的"一读"立场如何,欧盟理事会可以特定多数票全盘否决欧盟委员会的法律草案。在这种情况下,欧盟委员会可以撤回或修改其提案。

四是批准附有新修改意见的法律草案。如果欧盟理事会不同意采纳欧洲议会的所有修改意见,并想加入新的修改意见,则可以批准表明其"一读"立场的意见文本,将该文本连同相关的修改理由,以及欧盟理事会和欧盟委员会的会议记录(备忘录)一并送交欧洲议会。在这种情况下,欧洲议会将启动"二读"程序。

值得注意的是,欧盟理事会全体会议对"一读"立场投票表决以前,"三方会谈"往往会发挥重要作用。如果在此期间谈判成功,欧洲议会负责委员会会长将致函欧盟理事会常驻代表委员会主席,表明如果欧盟理事会的"一读"立场与双方共同确定的折中方案一致,欧洲议会将在"二读"时予以批准,该折中方案(临

① 根据"特定多数"的投票规则,55%及以上的成员国(至少代表65%的欧盟人口)投赞成票,法案在欧盟理事会即获通过。参见 The Council of the EU, Voting system, https://www.consilium.europa.eu/en/council-eu/voting-system/。

② 在这种情形下,欧盟理事会只有在收到欧洲议会的"一读"修改意见和欧盟委员会已作修改的法律草案后,才能最终确定其"一读"立场。

时协议)也被称为“早期二读协议”(early second reading agreements),即欧盟理事会“一读”立场与欧洲议会“二读”立场相同,从而经欧洲议会“二读”即可完成立法程序,无须进入欧盟理事会“二读”阶段。

4. 欧洲议会“二读”(Second reading in Parliament)

欧洲议会收到欧盟理事会“一读”立场的意见文本等文件后,欧洲议会议长将把相关文件直接转交至欧洲议会“一读”阶段的负责委员会。与“一读”有所不同,欧洲议会完成“二读”的时限是 3 个月,特定情形下可以延长至 4 个月,起算日期是欧洲议会收到欧盟理事会以所有官方语言提交的“一读”立场之日。

在欧洲议会“二读”阶段,首先,由负责委员会审阅欧盟理事会的“一读”立场,报告员①先针对欧盟理事会的修改意见起草一份意见报告,具体内容包括相关修改意见及理由;②其次,由负责委员会就该意见报告投票表决,表决结果以简单多数票为准;③最后,将负责委员会表决通过的意见报告提交至欧洲议会全体会议投票表决,表决结果即欧洲议会的“二读”立场。④ 在全体会议上,欧洲议会议长可以在投票表决之前询问欧盟委员会是否愿意接受议会的意见,负责解释欧盟委员会立场的专员要对此作出回应和解释。此外,欧盟理事会也可能被邀请发表相关评论。在欧洲议会“二读”阶段,负责委员会和全体会议形成的修改意见文本可以全部或部分重申欧洲议会“一读”立场,并尝试形成欧洲议会和欧盟理事会都认可的折中方案,其中可以涉及欧盟理事会“一读”意见中不包括的内容或与欧盟委员会最初的法律草案不同的内容,还可以考虑欧洲议会“一读”立场形成后才出现的新事实或法律状况。⑤ 经全体会议投票表决,欧洲议会的“二读”立场包括以下四种可能的结果:

一是欧洲议会以简单多数票同意欧盟理事会的“一读”立场,没有提出任何新的修改意见,法案随即通过,而后欧洲议会和欧盟理事会将以条例、指令或决定的形式发布。

二是欧洲议会没有在限期内作出决定,法案以欧盟理事会“一读”的修改意

---

① 该报告员通常是起草欧洲议会“一读”意见报告的议员。

② 当然,意见报告也可以主张直接批准或全盘否决欧盟理事会的“一读”立场。

③ 欧洲议会的“二读”程序与“一读”相似,只不过审议的文本是欧盟理事会“一读”立场,而不是欧盟委员会的法律草案。但是,在“二读”阶段,只由负责委员会准备意见报告,其他委员会不发表意见。此外,欧盟理事会也可能被邀请在负责委员会的第一次会议上陈述其立场。

④ 通常,欧洲议会全体会议的表决日期默认是在欧洲议会“二读”截止日期之前的星期三,但也可以安排在更早的全体会议议程中。

⑤ 欧洲议会“二读”修改意见是否符合这些限制性要求由欧洲议会议长最终决定。如果欧洲议会“一读”结束以后,欧洲议会进行了换届选举,欧洲议会议长可以决定不遵循这些限制性要求。

见文本通过。

三是欧洲议会以绝对多数票[①]全盘否决欧盟理事会“一读”立场,法案未获通过,立法程序终止。[②]

四是欧洲议会以绝对多数票通过对欧盟理事会“一读”立场有所修改的意见报告,形成欧洲议会“二读”的意见,然后交给欧盟理事会。根据《欧盟运行条约》第294条,欧盟委员会必须针对欧洲议会的“二读”修改发表一份书面意见,因为欧盟委员会是否同意这些修改直接决定了事后欧盟理事会的投票表决规则——如果欧盟委员会不同意欧洲议会的“二读”修改意见,欧盟理事会必须一致同意才能通过该“二读”意见;但若欧盟委员会对此表示同意,欧盟理事会只需遵循特定多数的投票规则。

倘若没有达成“早期二读协议”,“三方会谈”仍可能在欧盟理事会“一读”结束后、欧洲议会通过“二读”立场前继续发挥作用。如果在此阶段谈判成功,欧盟理事会常驻代表委员会主席将致函欧洲议会的负责委员会会长,表明如果欧洲议会的“二读”立场与双方共同确定的折中方案(临时协议)一致,欧盟理事会则会在其“二读”时予以批准。

5. 欧盟理事会“二读”(Second reading in Council)

欧盟理事会收到欧洲议会的“二读”立场后,完成“二读”的时限是3个月,但可以延长至4个月,起算日期是欧盟理事会收到欧洲议会以所有官方语言提交的“二读”意见之日。欧盟理事会的“二读”程序与“一读”相似,即由特定工作小组起草“二读”意见,然后提交给欧盟理事会常驻代表委员会,最终由欧盟理事会全体会议进行投票表决。

欧盟理事会全体会议可以表决同意欧洲议会“二读”的所有修改意见,法案随即通过,以条例、指令或决定的形式发布。具体的投票表决规则取决于欧盟委员会的立场——如果欧盟委员会书面同意了欧洲议会在“二读”阶段的修改意见,欧盟理事会以特定多数票通过即可,但如果欧盟委员会持反对意见,欧盟理事会必须一致通过。可见,一方面,欧盟委员会虽不是立法机构,但作为提起法律草案的机构,它的意见对于法案能否通过会产生一定的影响;另一方面,欧盟委员会的立场对于法案能否通过没有决定性作用,只会影响欧盟理事会的表决规则。如果欧盟理事会全体会议不同意欧洲议会的“二读”修改意见,在欧盟理事会主席与欧洲议会议

① “绝对多数”指的是欧盟议会全体议员(包括未出席欧盟议会全体会议且未参与投票的议员)一半及以上议员的意见。例如,如果705名议员中有353人投票表示否决欧盟理事会“一读”立场,则法案不通过。

② 欧洲议会的负责委员会、一个政治团体或者至少36名议员联名可以向全体会议建议否决欧盟理事会的立场,全体会议对于这种建议的投票表决要放在针对修改意见的表决之前。

长一致同意的情况下,可于欧盟理事会否决欧洲议会“二读”立场后6周内(可以延长至8周)召开调解委员会会议,立法程序随即进入调解阶段。①

在确定欧盟理事会不同意欧洲议会“二读”立场后、调解委员会正式开始工作前,也会举行“三方会谈”。“三方会谈”汇集了代表欧洲议会、欧盟理事会和欧盟委员会的谈判小组,每个小组要各自向调解委员会内三个机构的代表报告。欧洲议会的谈判小组的成员包括调解委员会中的议会代表团主席、负责委员会会长和报告员,并由欧洲议会调解秘书处成员协助,必要时还有一名法律服务人员。欧盟理事会的成员代表是一名欧盟理事会成员,或者担任轮值主席成员国的副主席或常任代表(两人分别是欧盟理事会常驻代表委员会第一组和第二组的主席),并由理事会秘书处,包括其法律服务部门的成员提供协助。欧盟委员会的代表是其专员或负责相关法律草案的总干事,并由相关专家及其法律服务部门和行政部门协助。这个阶段的“三方会谈”主要基于“四类文件”(four-column document)而展开——欧盟理事会“一读”意见;欧洲议会“二读”意见;欧盟理事会对欧洲议会“二读”修改意见的立场(接受、拒绝或者可能的折中方案文本);欧洲议会代表团对欧盟理事会建议的立场。在谈判过程中,欧盟理事会和欧洲议会代表团致力于就有重大分歧的修改意见达成一致。

6. 调解(Conciliation)

立法程序进入调解阶段以后,调解委员会将基于欧洲议会和欧盟理事会各自的“二读”立场,以及欧盟委员会的态度等,尝试达成一个双方都同意的“共同文本”(joint text)。

调解委员会由同等数量的欧洲议会代表和欧盟理事会代表组成,成员并不固定,而是为每一次的调解程序分别指定。调解委员会的会长由欧洲议会的一名副议长和欧盟理事会轮值主席国的一名部长共同担任。欧盟理事会的代表团总共27人,由来自每一个欧盟成员国的代表(通常是欧盟理事会常驻代表委员会的成员国代表)组成;欧洲议会代表团的成员数量也是27人,均是欧洲议会议员,②另外还有27名候补议员,但候补议员只能在其所代表的政治团体议员缺席时投票。此外,欧盟委员会也会指派负责法律草案的专员参加调解委员会的工作,旨在促成欧洲议会和欧盟理事会达成一致意见。

自召开第一次会议起,调解委员会有6周的时间展开磋商,如果欧洲议会和

① 2014~2019立法年度内,没有法律草案进入调解阶段,2009~2014立法年度,进入调解阶段的法案占2%,2004~2009立法年度占5%,1999~2004立法年度占20%。

② 欧洲议会代表团的成员由各政治团体按其占议会席位的比例指定,其中大多数是来自相关法律草案负责委员会的委员。

欧盟理事会双方都同意，调解时限可延长至8周。如果调解成功，达成一个“共同文本”，则会开启欧洲议会和欧盟理事会的“三读”程序；如果调解失败，法律草案不予通过，立法程序即告终结。①

调解委员会会议大部分时候都在布鲁塞尔举行，大多数情况下始于“三方会谈”，欧洲议会和欧盟理事会作为共同立法者在会上阐明各自的立场，欧盟委员会充当调解者（facilitator）。就表决规则而言，若要通过“共同文本”，就要求欧洲议会的代表团成员以绝对多数投赞成票（27票中至少有14票赞成），同时欧盟理事会代表团成员则需以特定多数票或者特定情形下一致同意。一旦投票通过了“共同文本”，主持调解委员会第一次会议的机构总秘书处就要负责准备法案的“共同文本”（原则上使用调解阶段谈判磋商所用语言），并尽快在欧盟官网上发布。经过法律和语言校对后，“共同文本”将被翻译成所有欧盟官方语言发布。

7. 欧洲议会和欧盟理事会“三读”（Third reading in Parliament and Council）

调解阶段表决通过的“共同文本”将由调解委员会联席会长同时送交给欧洲议会议长和欧盟理事会轮值主席，并由欧洲议会和欧盟理事会进行“三读”。在“三读”阶段，欧洲议会和欧盟理事会需在6周内（如果双方都同意，可以延长至8周）各自审议“共同文本”，且不能对其内容措辞有任何修改。倘若任何一方或双方投票否决了“共同文本”，或者没有在限期内回应，法律草案则不通过，立法程序终结。② 但如果欧洲议会全体会议以简单多数票，欧盟理事会全体会议以特定多数票批准同意了“共同文本”，该法案随即通过，而后以条例、指令或决定的形式发布。

（二）特殊立法程序

根据《欧盟运行条约》第289条第2款的规定，在少数特定情况下，由欧洲议会在欧盟理事会的参与下，或者欧盟理事会在欧洲议会的参与下可以通过条例、指令或决定。与适用于绝大多数欧盟立法的普通立法程序不同，在特殊立法程序中，欧洲议会和欧盟理事会不是共同立法者，而是双方中任何一方在另一方的参与（咨询或同意）下通过相关法案，③但这并不意味着，作为参与方的机构不会

---

① 截至2020年1月，只有四个法律草案在调解阶段没有达成“共同文本”，包括1994年语音电话草案（Voice Telephony）、1998年证券委员会草案（Securities Committee）、2009年工作时间指令草案（Working Time Directive）和2011年新型食品法规草案（Novel Foods Regulations）。

② 截至2020年1月，欧洲议会只否决了三个“共同文本”，包括1998/0159（COD）保护生物技术发明指令草案、1995/0341（COD）收购竞标指令草案、2001/0047（COD）港口服务指令草案，欧盟理事会没有否决任何“共同文本”。

③ 例如，根据《欧盟运行条约》第223条第2款的规定，欧洲议会应在征求欧盟委员会的意见并得到欧盟理事会同意后，经主动动议，根据特殊立法程序通过条例，就议员履行职责的规则和一般条件作出规定。此外，适用特殊立法程序的依据还包括《欧盟运行条约》第226条第3款（调查权），第228条第4款（监察专员履行职责事宜）等。

对法案的内容有实质性的影响。此外,特殊立法程序也没有统一的步骤或框架,而是根据具体情况有不同的安排。①

三、举例说明:欧盟"董事会性别配额指令"诞生记

完整的普通立法程序要经过欧洲议会和欧盟理事会"一读"、"二读"、调解和"三读"多个阶段,看似复杂烦琐,但如前所述,在"三方会谈"机制的作用下,绝大多数欧盟立法都能在"一读"阶段通过,或者通过达成"早期二读协议"的方式,在欧洲议会"二读"即可通过。欧盟"董事会性别配额指令"②首次在欧盟法层面明确规定了性别配额制度,要求截至 2026 年 6 月 30 日,欧盟成员国的上市公司代表性不足的性别董事占非行政董事人数的 40%;代表性不足的性别董事占所有董事(包括行政董事和非行政董事)人数的 33%。③ 此举旨在促进上司公司"性别平衡"(gender balance)。④ "董事会性别配额指令"的通过遵循了普通立法程序,自 2012 年欧盟委员会提交法律草案起,历经欧洲议会和欧盟理事会"一读",以及欧洲议会"二读",跨时十余年,最终于 2022 年 11 月 23 日签署通过。相比涉及性别平等领域的其他欧盟指令,"董事会性别配额指令"的诞生历程更为复杂和漫长,但更能充分说明普通立法程序的重要阶段,故以此为例进一步说明欧盟立法机制的运行过程。

2012 年 11 月 14 日,在欧盟委员会的公正、自由和安全总局(Directorate-General for Justice, Freedom and Security)的主导下,欧盟委员会通过了"董事会性别配额指令"立法建议稿,⑤送交至欧洲议会和欧盟理事会审议,同时提交给经社委员会、地区委员会和数据保护监督员(European Data Protection Supervisor)征求意见。

2013 年 2 月 13 日和 5 月 30 日,经社委员会和地区委员会分别发表了咨询意见。在欧洲议会"一读"阶段,审议"董事会性别配额指令"草案的负责委员会

---

① 鉴于适用特殊立法程序的情形很少,本文的研究重点是适用于绝大多数欧盟法律制定的普通立法程序,故在此不对特殊立法程序做过多介绍,更多相关信息可参见 European Parliament's Policy Department for Citizens' Rights and Constitutional Affairs, Special legislative procedure in the Treaties: Institutional balance and sincere cooperation, PE 738.331 – October 2022, doi: 10.2861/29320。

② Directive (EU) 2022/2381 of the European Parliament and of the Council of 23 November 2022 on improving the gender balance among directors of listed companies and related measures, Official Journal of the European Union, L 315/44, 2022.12.7[以下脚注引用时简称 Gender Quota Directive (EU) 2022/2381].

③ Article 5 of Gender Quota Directive(EU)2022/2381.

④ Article 1 of Gender Quota Directive(EU)2022/2381.

⑤ Proposal for a Directive of the European Parliament and of the Council on improving the gender balance among non-executive directors of companies listed on stock exchanges and related measures [COM/2012/0614 final – 2012/0299 (COD)] https://eur-lex.europa.eu/legal-content/EN/TXT/?uri=COM%3A2012%3A0614%3AFIN.

是女性权利和性别平等委员会(Committee on Women's Rights and Gender Equality)、法律事务委员会(Committee on Legal Affairs),意见报告由报告员罗迪·克拉察-特萨加罗普洛(Rodi Kratsa-Tsagaropoulou)和伊夫林·伦格(Evelyn Renger)牵头撰写。同年11月20日,欧洲议会公开发布了全体会议表决通过的"一读"立场,结果是"经修改批准",并详细写明了具体修改意见。① 当天,欧盟委员会即表达了对欧洲议会"一读"立场的态度是"部分同意"(partial agreement)。2014年12月11日至2022年10月14日,欧盟理事会内部总共召开了12次讨论会,最终于2022年10月17日通过了"一读"立场,并阐明了具体意见和理由。② 10月18日,欧盟委员会表示同意欧盟理事会的"一读"意见,并将具体看法致函欧洲议会和欧盟理事会。③

接着,"董事会性别配额指令"草案的审议进入了欧洲议会"二读"阶段。在此阶段,审议欧盟理事会"一读"修改意见的负责委员会仍是女性权利和性别平等委员会、法律事务委员会,草拟欧洲议会"二读"意见报告的报告员是劳拉·沃尔特斯(Lara Wolters)和伊夫林·伦格。2022年11月22日,欧洲议会全体会议表决通过了"二读"立场,结论是同意欧盟理事会的"一读"立场,没有任何修改意见。④ 就此该指令的最终版本确定,11月23日,欧洲议会议长和欧盟理事会主席签署了"董事会性别配额指令",该指令随后在《欧盟官方公报》公布。

---

① See Position of the European Parliament adopted at first reading on 20 November 2013 with a view to the adoption of Directive 2013/.../EU of the European Parliament and of the Council on improving the gender balance among non-executive directors of companies listed on stock exchanges and related measures (P7_TC1 - COD(2012)0299) https://www.europarl.europa.eu/doceo/document/TA-7-2013-0488_EN.html.

② See Position(EU) No 3/2022 of the Council at first reading with a view to the adoption of a Directive of the European Parliament and of the Council on improving the gender balance among directors of listed companies and related measures Adopted by the Council on 17 October 2022 (Text with EEA relevance) 2022/C 433/04, https://eur-lex.europa.eu/legal-content/EN/TXT/? uri = celex%3A52022AG0003%2801%29; Statement of the Council's reasons: Position (EU) No 3/2022 of the Council at first reading with a view to the adoption of a Directive of the European Parliament and of the Council on improving the gender balance among directors of listed companies and related measures 2022/C 433/05. https://eur-lex.europa.eu/legal-content/EN/TXT/? uri = celex%3A52022AG0003%2802%29.

③ See Communication from the Commission to the European Parliament pursuant to Article 294(6) of the Treaty on the Functioning of the European Union concerning the position of the Council on the adoption of a directive of the European Parliament and of the Council on improving the gender balance among directors of listed companies and related measures, https://eur-lex.europa.eu/legal-content/EN/TXT/? uri = COM%3A2022%3A0534%3AFIN.

④ See European Parliament legislative resolution of 22 November 2022 on the Council position at first reading with a view to the adoption of a directive of the European Parliament and of the Council on improving the gender balance among directors of listed companies and related measures (10521/1/2022 - C9 - 0354/2022 - 2012/0299(COD)), https://eur-lex.europa.eu/legal-content/EN/TXT/? uri = celex%3A52022AP0393.

四、欧盟立法机制的特征与评价

笔者认为,欧盟立法机制的特征可以用“一条主线”“两个机构”“三方会谈”加以概括。完整的普通立法程序有步骤分明的“一条主线”贯穿始终,是其基本特征;欧洲议会和欧盟理事会“两个机构”作为共同立法者体现了欧盟立法的重要特征;“三方会谈”机制在促成欧洲议会和欧盟理事会尽早达成一致,使大多数立法在“一读”阶段即获通过发挥了重要作用,属于核心特征。

(一)基本特征:“一条主线”

“一条主线”指的是欧盟普通立法程序总体上呈流线型,有明晰的、完整的阶段划分,按照“欧洲议会‘一读’—欧盟理事会‘一读’—欧洲议会‘二读’—欧盟理事会‘二读’—调解阶段—欧洲议会和欧盟理事会‘三读’”的顺序推进。虽然绝大多数法案与“董事会性别配额指令”一样,无须历经完整的立法程序即获批准通过,但不可否认在规范层面上有“一条主线”贯穿始终。一方面,在欧洲议会和欧盟理事会的意见不一致、立场有所分歧时,在程序上尽可能确保双方有机会继续磋商,达成一致;另一方面,在双方因分歧过大,反复谈判磋商无果,无法形成一致立场时,规定了如果在“三读”阶段欧洲议会和欧盟理事会没有表决通过调解阶段达成的“共同文本”,立法即告终止,这有助于避免过度消耗立法成本。

(二)重要特征:“两个机构”

欧盟立法机制的一个重要特征是立法机构并非单一,欧洲议会和欧盟理事会是共同的立法机构,二者并驾齐驱,具有相当的立法权。也就是说,欧盟委员会提交的法律草案成为欧盟法的前提是欧洲议会和欧盟理事会都必须在法定权限内批准通过该法案,双方任意一方否决或两者均否决法案都会导致立法程序告终。与此同时,欧洲议会和欧盟理事会并非必须不作修改地通过欧盟委员会提交的法案。相反,两者均有权针对法案提出修改意见。事实上,绝大多数法案与“董事会性别配额指令”一样,欧洲议会和欧盟理事会均对最初的法律草案提出了修改意见,最终通过的法案是经修改后的文本。此外,欧洲议会和欧盟理事会“一读”、“二读”和“三读”的立场都必须经过各自的全体会议投票表决,但表决规则有所不同:欧洲议会的“一读”和“三读”立场以简单多数票通过即可,但“二读”结果要以绝对多数票为准;对于包括性别平等在内的大多数领域的法律草案而言,欧盟理事会“一读”和“三读”立场以特定多数票通过,但“二读”阶段的表决结果取决于欧盟委员会的态度——如果欧盟委员会书面同意了欧洲议会的“二读”修改意见,欧盟理事会只需以特定多数票通过,但如果欧盟委员会持反对意见，则欧盟理事会必须一致同意欧洲议会的“二读”立场，法案才能获得通过。这样的规则设置既充分保障了欧洲议会和欧盟理事会行使各自的立法权，也使两者的权重相当，有效协同立法。

（三）核心特征：“三方会谈”

“三方会谈”是欧盟立法机制极具特色的核心特征。在普通立法程序的各个阶段，欧盟委员会、欧洲议会和欧盟理事会三方就法律文本的制定和修改问题始终保持沟通、持续磋商，以尽早达成立法上的共识。欧盟委员会常常扮演调解者的角色，以寻求达成欧洲议会和欧盟理事会都同意的折中方案。正是得益于“三方会谈”机制，欧盟委员会提交的法律草案在“一读”阶段即获通过的趋势越发明显。即便在欧洲议会“一读”阶段谈判没有成功，很多时候“三方会谈”也能促成在欧盟理事会“一读”阶段达成“早期二读协议”，从而使得经欧洲议会“二读”即可完成立法程序，无须进入欧盟理事会“二读”。倘若没有达成“早期二读协议”，在后续的欧洲议会和欧盟理事会“二读”期间，以及调解阶段，“三方会谈”也会持续发挥作用。可见，虽然欧盟委员会、欧洲议会和欧盟理事会都是欧盟内部的机构，但在欧盟法制定问题上，三方的意见并不总是完全一致，尤其是代表欧洲公民的欧洲议会和代表欧盟成员国政府的欧盟理事会之间往往会产生分歧，但利益冲突、意见相左并非不可调和。事实上，在推进“欧洲一体化”这一目标的背景下，谈判磋商、交涉沟通是平衡各方利益的最好方式，多年来的欧盟立法实践也有力地证明了，“三方会谈”是促成法案高效通过，减少立法成本的良好机制，但有学者也指出以“三方会谈”方式达成一致的法案有可能存在的问题是使得解释相关法律条文面临困境，因为难以获悉“三方会谈”中规则变迁的原因和依据。[①] 事实上，欧盟立法机制确实面临如何平衡立法透明性和效率的问题。

结语

充分了解欧盟立法机制“是什么”对于研究欧盟法律制度至关重要，尤其是有助于理解通过何种程序设计，欧盟法得以统一适用于政治、经济、文化背景有所差异的欧盟成员国。本文在充分挖掘欧盟法和官方公开资料的基础上，首先，介绍了欧盟立法机构和立法形式。其次，详细完整地描述了欧盟立法程序，尤其是适用于欧盟绝大部分立法的普通立法程序，按照各阶段运行的时间顺序，呈现

① 参见［德］沃尔夫冈·多伊普勒：《〈欧盟人工智能法案〉的背景、主要内容与评价——兼论该法案对劳动法的影响》，载《环球法律评论》2024 年第 3 期。

了完整的普通立法程序各阶段的具体运行方式,包括欧盟委员会提出法律草案—欧洲议会"一读"—欧盟理事会"一读"—欧洲议会"二读"—欧盟理事会"二读"—调解—欧洲议会和欧盟理事会"三读"七个阶段,其中着重强调了特色鲜明、运行有效的"三方会谈"机制。再次,本文以欧盟2022年通过的"董事会性别配额指令"为例,进一步阐明欧盟在性别平等领域的立法实践活动。最后,笔者尝试将欧盟立法机制的特征概括为"一条主线""两个机构""三方会谈",这些富有特色的制度设计能够确保提出法律草案的欧盟委员会与作为共同立法机构的欧洲议会和欧盟理事会三方保持磋商、有效沟通,尽可能达成一致意见,避免无止境地陷入僵局、过度消耗立法成本。

英国慈善组织信息公开制度及启示*

李喜燕　蒋利平**

摘　要:慈善组织信息公开的透明度是确立慈善组织公信力的重要指标,关系到慈善事业的健康发展。英国颁布了世界上第一部《慈善法》,慈善事业历史悠久,其慈善组织信息公开制度的具体内容有何特点和优势值得研究。通过分析英国慈善组织信息公开制度的历史沿革、制度体系、信息公开的模式等,可以发现英国慈善组织信息公开具有信息依据规模公开、慈善委员会统一监管、公众监督参与度高等特点。我国慈善组织信息公开存在分类管理缺乏、评估标准不够健全、缺乏统一监管机构、公众监管渠道不畅通等问题,我国立法可以通过分类开展慈善组织信息公开、明确慈善组织信息公开的评估标准、建立独立的慈善信息公开监管体系、畅通信息公开的公众监管的渠道等方式以增强慈善组织透明度,提高社会对慈善组织的信任,助力我国慈善事业在新时代健康发展。

关键词:英国　慈善组织　信息公开制度　启示

引言

党的二十大报告强调“引导、支持有意愿有能力的企业、社会组织和个人积极参与公益慈善事业”。党的十九届四中全会也曾提出“重视发挥第三次分配作用,发展慈善等社会公益事业”。近年来,我国慈善事业快速发展,慈善组织在社会发展中扮演着重要角色,《慈善蓝皮书:中国慈善发展报告(2023)》显示,截至 2022 年年底,全国登记认定慈善组织超过 1 万家,备案慈善信托合同金额超过 40 亿元。① 但是,随着慈善事业的迅猛发展,加之数字时代的到来,慈善组

---

* 本文系重庆市教育委员会人文社会科学研究项目“慈善组织信息公开法律规制研究“(项目编号:23SKJD088)的阶段性成果。

** 李喜燕,重庆工商大学法社学院教授;蒋利平,重庆工商大学法社学院研究生。

① 参见杨团、朱健刚主编:《慈善蓝皮书:中国慈善发展报告(2023)》,社会科学文献出版社 2023 年版,第 2 ~22 页。

织由于信息公布不及时、不准确等原因导致的公信力危机也可能会被无限放大,如 2020 年的“武汉红十字会事件”等。目前,我国也在通过《慈善法》《慈善组织信息公开办法》等法律法规来改善慈善组织信息公开问题。[①] 其中慈善组织年度信息公开制度备受关注,公众可以通过“慈善中国”网站查询并下载慈善组织的年度工作报告,查看慈善组织年度资金使用情况等。但《中基透明指数 FTI2023 报告》“慈善会信息公开合规情况”显示,全国慈善组织“募得款物使用情况”的信息公开率仅为 28%,许多慈善组织公开的财务信息中记录了总支出和总收入,具体资金使用情况并没有详细标注。

英国作为世界上第一个颁布成文《慈善法》的国家,其慈善募捐制度历经多年演进日趋完善,[②]慈善组织的规模在其有效的监管制度下,也在不断壮大。截至 2023 年 9 月底,英国慈善委员会网站数据显示共有 169, 310 家慈善机构在册,年总收入为 907. 4 亿美元,年总支出为 883. 1 亿美元,其慈善事业的成就远超我国。而英国慈善组织信息公开制度在保障公众知情权、提高慈善组织透明度、增强社会信任等方面具有显著优势,备受国际社会的关注。本文将分析英国慈善信息公开制度的实践及特点,以期为我国慈善信息公开提供启示。

一、英国慈善组织信息公开制度的历史沿革与制度体系

(一)英国慈善组织信息公开制度的历史沿革

1. 英国慈善制度的历史沿革

早期阶段(公元元年前后至 15 世纪末),教会利用宗教教义感召信徒去关爱需要帮助的人,这成为早期英国慈善活动的主要力量。随着专制王权的确立,贵族开始借助慈善活动构建社会权威和身份认同,以彰显其封建统治的正当性。这种变化也促发了英国政府对社会贫困问题的关注,慈善逐渐突破宗教束缚,开始世俗化的发展,但并没有建立具体的制度。

16 ~ 17 世纪,英国先后制定并颁布《伊丽莎白济贫法》(Poor La)和《1601 年慈善用途法》(Statute of Charitable Uses of 1601),首次把慈善纳入国家法制框架,成为世界慈善史上具有里程碑意义的事件,该法明确了慈善事业的主要范围,包括救济老年人、弱者、穷人,照料病人、士兵和水手,兴办教育,修理公共设施等。[③] 此外,该法还规定慈善基金会的管辖权收归政府,其管理完全转向世俗

---

① 参见高志宏:《再论我国慈善组织公信力的法律重塑》,载《政法论丛》2020 年第 2 期。

② 参见李德健:《英国慈善法研究》,法律出版社 2017 年版,第 4 页。

③ 参见褚蓥:《慈善法的公法化嬗变——于〈慈善法〉制定前》,载《北京航空航天大学学报(社会科学版)》2016 年第 1 期。

化，慈善活动在扶危济困之外有了更多的社会目标。

18～19世纪为自由资本主义时代，这一时期，以中等阶级为主的私人慈善活动繁荣起来。他们针对各种社会问题展开救助，形成了组织化、规范化的慈善事业，并确立了以中等阶级价值观为主导的慈善救助体系，慈善委员会得以设立，这一时期的志愿活动和慈善事业均扮演了举足轻重的角色，进而推动了英国大众社会的形成。

20世纪上半叶是英国慈善活动与政府关系发生根本性转变的一个时期。面对两次世界大战的冲击和社会问题的日益严峻，慈善组织不得不寻找新的发展路径，慈善组织也由社会救助的主导者转变为政府服务的辅助者。[①] 20世纪下半叶的社会福利改革时期，英国政府开始大规模介入社会福利领域，建立了完善的社会保障体系，并出台了《1960年慈善法》(Charities Act 1960)。

进入21世纪后，英国慈善制度得到了进一步的发展和完善。政府进行了以新立法为主要内容的慈善改革，通过了《2006年慈善法》(Charities Act 2006)，进一步明确了作为政府监管机构的慈善委员会的组成和职责；出台《2011年慈善法》(Charities Act 2011)，对英国半个多世纪以来各种慈善公益的法律和法规进行了一次全面梳理和总修订；后又两次修改，先后出台了《2016年慈善法》和《2022年慈善法》。

2. 英国慈善组织信息公开制度的历史沿革

慈善事业的发展带来了对慈善组织信息公开透明度要求的提升。英国慈善组织信息公开制度的历史源远流长，始于19世纪中期。该制度的一些重要发展节点如下：一是慈善委员会的成立。1853年，英国政府设立了慈善委员会，作为非部门公共机构，专门负责慈善组织的监管和注册。慈善委员会通过严格的注册和监管流程，确保慈善组织的运营符合法律和道德标准。二是慈善委员会法案的通过。1853年，英国通过了慈善委员会法案，正式赋予慈善委员会要求慈善组织提供相关信息、确保透明度和合规性的权力。三是信托委员会法案的强化。1925年，信托委员会法案的通过进一步加强了对慈善组织的监管。该法案增加了公示要求，促使慈善组织向公众和捐赠者提供信息，并定期披露财务和管理报告。四是慈善法的改革。英国先后于1992年、1993年、2006年、2011年、2016年和2022年修订《慈善法》，对慈善组织的管理和信息公开制度进行了重大改革。该法案要求慈善组织向慈善委员会提供更详细的财务和管理信息，并

① 参见王春、颜素珍：《"二次哺乳"：慈善参与主体关系的新解读——以N市慈善总会为个案》，载《常熟理工学院学报》2009年第7期。

公开这些信息,以增强透明度和问责性。五是慈善信息公开门户的推出。为了进一步便利公众获取慈善组织的信息,慈善委员会于2013年推出了慈善信息公开门户(Charity Commission Online Services),为公众提供了访问慈善组织注册信息、财务报告等重要信息的便捷途径。

总体来说,英国于1960年制定并实施了《慈善法》将慈善事业的管理与激励从地区层面扩展到全国范围。此后,这部法律经历了1992年、1993年、2006年、2011年、2016年和2022年的6次重要修订与更新,在高层战略设计中确立了以慈善委员会为主导的慈善信息透明化法律框架。英国慈善委员会在独立性、专业性以及资源配备方面均表现出色,为有效监督慈善组织信息公开提供了有力保障。

(二)英国慈善组织信息公开制度体系

1.英国慈善信息公开义务主体

在英国慈善信息公开的主要义务承担者是广义上的慈善组织。根据《英国慈善法》的规定,需要公开慈善信息(包括税收和关税信息)的主体包括:慈善组织,为慈善、仁慈或乐善好施的目的设立的机构,无论何时主张的税收豁免所依据或涉及的机构,慈善组织的附属企业,登记在苏格兰慈善组织登记簿中但全部或主要的管理、控制位于或源于英格兰或威尔士的组织(包括机构、企业或组织),以上组织要向慈善委员会或者有关公共部门披露信息。同时,慈善委员会也要向有关公共部门披露其获取的与其职能有关的信息。此处的"有关公共部门"是指任何政府部门(包括北爱尔兰的政府部门)、任何地方政府、任何治安官,及任何其他履行公共性质职能的机构或个人(包括在任何活动中履行监管职能的机构或个人)。①

2.英国慈善组织信息公开内容

英国慈善组织公开的信息内容涵盖了多个关键方面,如登记簿、慈善受托人的年度报告、财务报表(包括资产负债表、财务活动表、现金流量表)以及报表附注等。根据《英国慈善法》的规定,慈善组织在成立之初提交的登记簿由慈善委员会保管,并在合理时间内向公众开放以供审查。登记簿中除了慈善组织的名称外,还详细记录了慈善委员会认为必要的其他相关信息。此外,慈善组织还需向慈善委员会提交年报、会计报表及募捐信息等。这意味着慈善组织需遵循法律规定,按时提交这些必要的文件和信息。在法律要求之外,慈善组织对于汇总财务报表和简要财务报表的公开有一定的选择权。然而,对于分支机构的合并

① 参见金锦萍译:《非营利组织法译汇(三):英国慈善法》,社会科学文献出版社2017年版,第25~30页。

报表和关联企业的合并报表,慈善组织需要额外进行披露。

鉴于英国慈善组织的数量庞大,慈善委员会采用了一种分类管理的方法。根据慈善组织的财政年度收入,慈善组织被分为不同的类别,并向慈善委员会提交不同内容和不同详细程度的年度报告(见表1)。规模越大的慈善组织需要公开的信息越详细,包括财务信息、重大事件的相关信息以及概要信息反馈等。财政年度收入低于1万英镑的慈善组织,其年度报表需涵盖最新的注册信息;收入在1万英镑以上但不超过2.5万英镑的慈善组织,则需公开基本的注册信息;一旦收入超过2.5万英镑,除了基本注册信息外,慈善组织还需额外公开重大事件的相关信息。对于收入位于50万英镑至100万英镑的慈善组织,必须公开的信息包括基本注册信息、重大事件、财务信息;而收入超过100万英镑的慈善组织,则还需要提供全面的概要信息反馈。不过,无论慈善组织的规模大小,受托人的年度报告及会计报表都是必须公开的核心内容。这种分类管理的方式旨在确保慈善组织公开的信息既能满足公众和监管机构的需求,又能考虑到慈善组织的实际运营情况和规模差异。

表1 英国慈善组织年度信息公开程度

财政年度收入/英镑	更新注册信息	基本注册信息	重大事件	财务信息	概要信息反馈	受托人年度报告及会计报表
1万以下	公开	—	—	—	—	公开
1万~2.5万	—	公开	—	—	—	公开
2.5万~50万	—	公开	公开		—	公开
50万~100万	—	公开	公开	公开	—	公开
100万以上	—	公开	公开	公开	公开	公开

资料来源:英国慈善委员会网,https://www.gov.uk/government/organisations/charity-commission,2024年2月4日。

3.英国慈善组织信息公开要求

英国慈善组织的信息公开流程主要遵循一系列法规和准则,以确保透明度和合规性。第一,登记与注册。慈善组织在英国成立时,首先需要向慈善委员会进行登记和注册。一旦慈善组织注册成功,它们就需要向慈善委员会和公众开放,随时准备回答慈善委员会的质询和回应公众的疑问。① 这种开放透明的要求是慈善组织公信力的基石。第二,提交年度报告和账目。根据英国法律的规定,慈善组织在每个财政年度结束后的10个月内,需向慈善委员会提交年度报告和

① 参见傅达林:《"郭美美事件"折射我国慈善组织监管缺失》,载《法制与经济(上旬刊)》2011年第8期。

账目。[1] 年度报告需要详细汇报过去一年的活动情况、财务状况、管理情况等信息;账目则需要经过独立的会计师进行审计,以确保其准确性和合规性。第三,信息披露。慈善组织需要将年度报告和账目以及其他重要信息通过其官方网站、年度报告等渠道向公众公开。除基本信息外,慈善组织还需要根据特定情况或法规要求披露其他信息。例如,如果慈善组织涉及募捐活动,他们需要公开募捐所得款项的使用情况和具体支出。此外,如果慈善组织涉及与其他组织的合作或关联交易,也需要公开相关信息。第四,接受监督与评估。慈善委员会会定期审查慈善组织提交的年度报告和账目,评估其运营情况和合规性。如果发现任何问题或疑虑,慈善委员会会展开进一步调查。同时,公众和其他有关公共机关也可以对慈善组织进行监督,提出质疑或投诉。第五,回应质询和投诉。慈善组织需要随时准备回应慈善委员会的质询和公众的投诉。如果慈善委员会或公众对慈善组织的运营情况或信息公开提出质疑或投诉,慈善组织需要积极回应并提供相关证据和解释。慈善委员会若发现慈善组织信息公开存在问题,则会要求慈善组织进行补正,或者对违法行为进行起诉。(见图1)

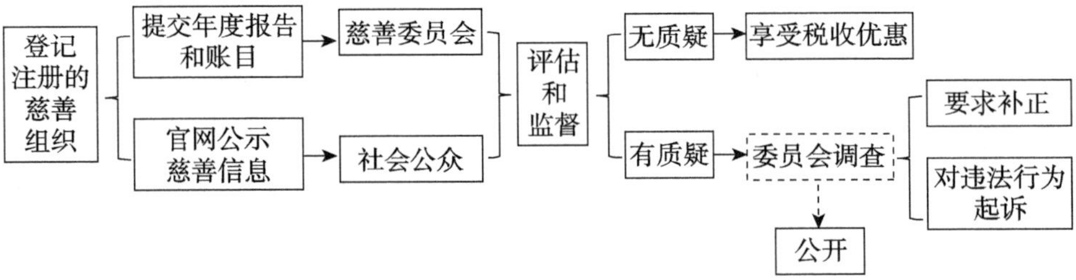

图1　慈善组织信息公开流程

总的来说,英国慈善组织的信息公开流程是一个复杂而严格的系统,旨在确保慈善组织的透明度和合规性,维护公众对慈善事业的信任和支持。

二、英国慈善组织信息公开制度的特点及优势

《英国慈善法》为慈善信息公开制度奠定了法律基础,并指定慈善委员会作为负责监管慈善组织信息公开的主要机构,承担慈善组织的注册与运作的监管职责,为慈善组织的信息公开提供有力保障和支持,这一独特的制度让英国慈善组织信息公开呈现以下特点及优势。

(一)慈善组织强制注册,便于信息公开

依据《英国慈善法》的规定,慈善组织的登记注册是以其年收入为划分界限

① 参见谢琼:《国外慈善立法的规律、特点及启示》,载《教学与研究》2014年第12期。

的,除了那些被豁免或免于登记的慈善组织,凡是年收入超过5000英镑的慈善组织,都必须进行注册。如果这些符合条件的慈善组织未能按时注册,它们将会收到来自慈善委员会的法令(这与我国的责令整改通知书有相似之处);若在收到法令后仍然拒绝注册,慈善委员会将采取法律手段,将其诉诸法院。对于年收入低于5000英镑的慈善组织,法律并未强制要求其进行注册。[①] 注册登记是慈善组织(不需要登记的除外)开展活动前必须完成的一道程序。慈善组织需要满足《英国慈善法》规定的各项标准,并通过慈善委员会的注册流程,才能获得合法的慈善组织身份。[②] 完成注册后,慈善组织需遵循《英国慈善法》中的各项义务和规定,包括但不限于信息公开和财务报告等方面。强制注册制度确保了慈善组织的信息公开和透明度。通过这一制度,慈善组织必须向监管机构提交相关信息,并严格遵守法律法规,包括财务报告和项目执行情况等。这有助于监管机构和公众更加清晰地了解慈善组织的运营状况,确保其合规性和公益性。此外,强制注册还有助于防止慈善组织的滥用和不当行为,保护公众利益,增强社会对慈善组织的信任和支持。因此,英国的慈善组织登记注册制度为慈善组织提供了一个"身份证明",为其信息公开提供了必要的法律依据和监管基础,从而促进慈善组织的健康发展。

(二)依据规模公开信息,益于资源节约

英国不同规模的慈善组织要求公开的信息内容不同,组织规模越大,财政年度收入越多,慈善组织需要公开的信息也就越多,如对于财政年度收入不足1万英镑的慈善组织,只需在年度报表中公开更新的注册信息,而对于财政年度收入100万英镑以上的慈善组织,在年度报告中必须公开慈善组织的基本注册信息、重大事件、财务信息、概要信息反馈、受托人年度报告及会计报表等,信息越详细越好,财政年度收入500万英镑的慈善组织则是慈善委员会的重点关注对象。根据慈善组织的规模要求公开信息的内容,可以更好地促进资源的节约和有效利用。对于规模较大的慈善组织,其项目、资金使用情况和效益等信息公开的要求通常更为严格和详细。这样一来,监管机构和公众可以更全面地了解大型慈善组织的运作情况,包括资金来源、资金运用、项目执行情况等方面的信息。这有助于监督和评估各类慈善组织的运作情况,避免资源的浪费和滥用,也可以帮助慈善组织更好地规划和管理自身的资源,提高项目执行的效率和成效。同时,

① 参见孙卫东:《英国慈善组织监管及思考——中英慈善项目代表团关于英国慈善监管的考察报告》,载《中国民政》2017年第1期。

② 参见陈成文、黄开腾:《制度环境与社会组织发展:国外经验及其政策借鉴意义》,载《探索》2018年第1期。

大型慈善组织也可以进行更加严格的内部管理和控制,以确保资源的有效利用和效益最大化。因此,依据慈善组织的规模公开信息可以促进资源的节约和有效利用,提高慈善组织的透明度和责任感,实现更大的社会价值。

(三)慈善委员会统一监管,便于集中管理

英格兰和苏格兰分别设立了独立的慈善委员会,各自负责其管辖范围内慈善组织的登记和管理工作,[①]以维护慈善组织的健康发展。这些慈善委员会作为独立的机构,不隶属于政府,而是根据《英国慈善法》的规定行使其职权。[②] 因此,慈善委员会可以在不影响法定权力和职责的情况下对慈善组织信息进行监管,[③]便于形成统一的监管体系。慈善委员会可以制定统一的监管标准和规定,要求慈善组织提交相关信息,并进行审核和评估,审查结果也会第一时间在慈善委员会官网公开,便于公众和有关部门查阅。这样一来,可以实现对慈善组织信息的集中监管,确保信息的真实性和准确性。同时,慈善委员会还可以根据不同规模和类型的慈善组织制定相应的监管政策,形成更加完善的监管体系。通过集中监管,慈善委员会可以更好地发现和解决慈善组织信息公开过程中存在的问题,提升整体监管效能,保障公众利益和社会公平。可见,慈善委员会对慈善组织信息的监管模式有助于形成统一完善的监管体系,提高慈善组织的透明度和规范化水平。

(四)监管结果实时上网,便于实时查询

英国慈善委员会对慈善组织内部的治理结构、财务管理和审计制度等提出了具体要求和标准。为了进一步强化监管效果,英国慈善委员会要求慈善组织将监管结果实时上网,供公众查询。每当有新的监管结果产生或者慈善组织更新了其信息,这些内容都会立即上传到网络上,信息公开的渠道不仅限于英国慈善委员会官方网站,还包括许多第三方评估机构(如志愿者组织等),它们也会展示部分慈善组织的信息。这种多元化的信息公开渠道共同构成了一个常态化的网上监管体系。这种做法显著提高了信息的透明度和公开性,使公众和相关利益方能够迅速、便捷地获取到最新的监管信息。在监管结果实时公开的环境下,任何违规行为都难以遁形。公众和监管机构的严密监督使得慈善组织必须严格遵守法律法规和道德规范,确保善款得到合理使用和分配。同时,实时公开信息的要求还有助于促进慈善组织之间的良性竞争和合作,各慈善组织可以相

① 参见李晖、刘少威、潘相伶:《英国慈善组织法律制度的借鉴意义》,载《梧州学院学报》2008 年第 1 期。
② 参见李贤华:《域外慈善法的立法实践》,载《新华月报》2016 年第 8 期。
③ 参见李晖、刘少威、潘相伶:《英国慈善组织法律制度的借鉴意义》,载《梧州学院学报》2008 年第 1 期。

互学习、借鉴经验并共同进步。这种良性竞争和合作氛围有助于推动英国慈善事业的持续发展和创新。

(五)公众监督参与度高,利于活力激发

英国慈善组织在信息公开方面展现出了高度的公众参与性。英国慈善委员会官方网站和其他相关平台都提供了便捷的查询功能,公众只需在官方网站或其他指定平台上输入慈善组织的名称或关键词,即可快速获取到该组织的详细信息,如年度账目、财务管理报告以及监管结果等。同时,慈善委员会设有专门的秘书处,负责审计或检查相关事务,并享有多种监管权力,以保障公众能够自由接触各种文件记录、获取必要信息。这种高度的透明性和开放性极大地激发了公众参与慈善事业的热情,对慈善事业的发展起到了积极的推动作用。公众通过获取慈善组织的信息,可以对其运作情况进行监督和评估,提出宝贵的建议和意见。这种互动和反馈机制有助于慈善组织更好地满足社会需求,提高项目的针对性和实效性。在此基础上,公众可以更加主动地参与到慈善事业中,通过捐赠、志愿服务等多种方式为慈善组织提供支持。同时,广泛的公众参与有助于推动慈善事业不断发展和进步,实现更大的社会价值。它促进了慈善组织的透明度和责任感的提升,增强了社会信任度,并鼓励了更多的公众参与到慈善事业中来。

除上述特点外,英国慈善组织自己以及志愿者平台也会进行慈善组织的信息公开,为慈善组织的信息公开和公众监督提供了更多元的选择。

三、英国慈善组织信息公开制度对我国的启示

(一)我国慈善组织信息公开现存问题

1. 慈善组织信息公开未按组织分类管理

我国当前慈善组织信息公开管理制度中,缺乏对慈善组织的分类管理,即未对慈善组织的类别进行区分,无论大小慈善组织都采取同一套信息公开标准,这一现状在一定程度上制约了慈善组织信息公开的细化与具体性。首先,未分类管理忽略了慈善组织的多样性和复杂性。慈善组织在规模、资源、运作方式、专业领域等方面存在显著差异,这些差异直接影响其信息公开的侧重点和深度,无法充分反映不同慈善组织的特色和实际情况,导致信息公开内容趋于泛化,难以满足不同利益相关方的具体需求。其次,未分类管理限制了信息公开的细化程度。由于未对慈善组织进行分类管理,信息公开的框架和模板相对固定,难以根据慈善组织的具体业务活动、项目进展、财务状况等细节进行灵活调整。这导致信息公开内容往往停留在宏观层面,缺乏具体、深入的数据和案例支撑,难以让

公众和捐赠者全面了解慈善组织的运作情况。而在英国,不同规模的慈善组织需要公开的信息内容是不同的,一定程度上规范了对慈善组织信息公开内容的管理。最后,对于小型规模的慈善组织来说,慈善信息公开的要求增加了其运营成本,不利于孵化和培育慈善组织。

2. 慈善组织信息公开评估标准不够健全

首先,国家标准方面,当前我国法律对慈善组织信息公开的客体、对象、范围等方面作了立法规定,但并没有明确慈善信息公开到何种程度,慈善信息公开评估标准不够健全,有关慈善组织信息公开后的评估在我国《慈善法》中仅有第 106 条第 2 款,即民政部门应当建立慈善组织评估制度,鼓励和支持第三方机构对慈善组织进行评估,并向社会公布评估结果。此条规定比较模糊,未提及如何评估、评估的具体标准、公开时限等问题。截至 2024 年 12 月 19 日"慈善中国"可以查询的已经公开的慈善组织(基金会)年度报告信息 65,740 条,但是"年检结论"栏却显示暂无数据,这也导致公众对慈善组织信息公开情况是否评估、如何评估、评估标准是否建立等情况无从知晓。其次,行业标准方面,中国慈善联合会发布了《慈善组织档案管理规范》从制度建设、收集整理、鉴定销毁、存储保管、开发利用等方面对慈善组织档案管理进行了详细规范;发布了《慈善组织项目管理规范》对项目立项、执行、结项、评估、信息公开等流程进行操作指引;发布了《公益项目三 A 三力评估指南》采用目标驱动力(aim)、解决方案创新力(approach)、行动效果转化力(action)的原理和框架,对公益慈善项目的社会价值进行科学评价;发布了《慈善社区创建评价方法》规定了慈善社区创建的基本条件、具体要求、评价指标和评价方法,为慈善社区建设给予指引。[①] 以上行业规范虽对慈善组织发展提供了一定的行业准则,但对于慈善组织信息公开仅有操作指引作用,且这些准则只适用于自愿参与的慈善组织,并不是针对所有慈善组织的强制性要求。同时,这些要求和标准是否科学还需要实践进一步检验。

3. 慈善组织信息公开缺乏统一机构监管

我国《慈善法》《慈善组织信息公开办法》等规定了慈善组织的监管制度,但主要针对整个慈善行业,专门针对信息公开方面的监管规定少,且虽然规定了民政部门建立免费的信息公开网站来进行信息公开,但是民政部门并非专门的慈善信息公开的监管部门,没有分清民政部门和慈善组织主管单位的职责。[②] 尽管

① 参见《我国慈善领域首批四项团体标准发布》,载慈善公益网,https://www.csgyb.com.cn/news/yaowen/20200701/26782.html。

② 参见余少祥:《我国慈善立法的实践检视与完善路径》,载《法学杂志》2020 年第 10 期。

我国《慈善法》明确指出民政部门主管慈善工作，但相关政策支持却并非民政部门可以决定，还需要财政、税务、海关、网信、教育、宣传等多个部门同步出台相关政策，目前并未形成有效的合力。① 如对慈善组织公开信息的监管除了民政部门的审批之外，其公布的财务报表、统计数据等需要经过其他部门核实，这就造成民政部门、税务部门、审计部门以及其他业务主管部门可能同时对慈善组织公开的信息进行监管，而在没有信息共享、权责不明晰的监管环境下，各监管部门之间容易产生“踢皮球”的情况，使监管力度大打折扣。

4. 慈善组织信息公开监督渠道不够畅通

我国《慈善法》以及民政部门发布的《慈善组织信息管理办法》等法律法规均提及了公众监督的内容，但比较模糊。如我国《慈善法》第 108 条规定，任何单位和个人发现慈善组织、慈善信托有违法行为的，可以向民政部门、其他有关部门或者慈善行业组织投诉、举报。国家鼓励公众、媒体对慈善活动进行监督，发挥舆论和社会监督作用。该条反映出两个点：一是公众有监督权，二是鼓励公众监督。但事后公众提出的质疑，是否反馈、反馈时限、反馈方式没有具体规定，公众也没有能力去检验慈善组织所公开信息的真实性。另外，公众也可能遇到信息不实不知向谁反馈以及如何反馈的问题，如对网络筹款项目的真实性存疑时不知是向平台反馈还是向民政部门反馈，反馈后该于何时、以何种形式收到回应也没有明确规定。当前网络募捐不断涌现，公众对慈善组织的信息公开需求更胜从前，但是由于没有形成良好的评价反馈机制使公众的监督没有真正落地，不利于慈善组织公信力的建立。

（二）完善我国慈善组织信息公开的立法建议

1. 按组织类别分类开展慈善信息公开

慈善组织信息公开需要建立一个科学的管理体系，不能用一个“网”来打捞所有的鱼，需要对慈善组织信息公开进行分类管理，可在对慈善组织进行类别或规模分析的基础上，采取不同的信息公开标准。英国从登记注册开始就对慈善组织进行了分类，对不同规模的慈善组织使用不同的信息公开要求，慈善组织规模越大需要公开的信息越详细，这有利于监管部门把更多的精力集中在管理难度大、信息资料多的慈善组织上面。我国可以在借鉴英国慈善组织信息公开的方式的基础上，建设中国特色的信息化管理模式。首先，可按照慈善组织的性质和领域进行分类。将慈善组织按照其从事的具体慈善领域分类为教育、医疗、扶

---

① 参见郑功成：《中国慈善事业发展：成效、问题与制度完善》，载《中共中央党校（国家行政学院）学报》2020 年第 6 期。

贫、环保等,便于对慈善组织信息公开进行行业监管。其次,可按照慈善组织的规模和影响力进行分类。对大型慈善组织和小型慈善组织采取不同的管理措施,以提高资源利用效率。对小型慈善组织,可以设定较为基础的信息公开要求,如基本运营情况、财务状况概览及主要项目进展等,以确保其运营的基本透明度;对于中型慈善组织,则需增加对关联交易、重大资产变动、具体项目成效等信息的详细披露,以满足公众对组织运作更深层次的了解;而对于大型慈善组织,则应建立更为严格和全面的信息公开体系,包括战略规划、风险管理、国际项目合作等多维度信息的实时更新,以树立行业标杆,引领慈善事业向更高水平的透明度和公信力发展。

2. 健全慈善组织信息公开评估标准

当今社会是信息社会,我国慈善组织信息公开现状已无法满足公众日益增长的信息需求,应加快制定一个完善且全面的信息公开标准并辅之精细化的配套操作规范,拓宽慈善组织信息公开的范围,明确信息公开程度。[①] 首先,完善国家层面的信息公开评估标准。在现有的信息公开评估标准的基础上分类细化,明确评估指标,形成权威性的信息公开指导规范,避免一个组织一套模式的情况出现,也便于公众对比。其次,推动慈善行业建立健全有效的信息公开标准。支持行业内的专业人士组成制度建设团队,制定比政府公布的标准更为细致、更专业、更系统的行业信息公开评估标准,且可以根据慈善事业发展过程中出现的新问题进行及时调整,弥补法律制度的滞后,另外,行业标准因为是业内专业人士制定,更容易得到行业的一致认可,能够有效落地。慈善组织信息公开国家标准的完善和行业标准的建立健全,可以让公众快速、准确地了解到慈善组织信息公开的程度,进而提高慈善组织信息公开的透明度。

3. 建立独立的慈善信息公开监管机构

英国通过慈善委员会独立监管的模式,为慈善组织信息公开更高效、更透明提供了可借鉴的方案。我国目前是民政部门主导,[②]多部门负责的慈善组织信息公开监管模式,但是实际在操作中确实以慈善组织主动公开为主,监管力度有限,建立独立的慈善监管体系,既可以避免监管权力的混乱和监管机关之间的推责现象,也可以提高监管的专业性和公正性,保障慈善组织的合法权益,促进慈善事业的健康发展。第一,尝试设立专门的慈善监管机构。建立专门的慈善监

---

① 参见何荣山、宋宗宇:《论基金会信息公开法律制度的完善》,载《重庆大学学报(社会科学版)》2018 年第 1 期。

② 参见张清:《试论我国慈善组织信息公开制度的现状及存在的问题》,载《法制与社会》2012 年第 25 期。

管机构，负责对慈善组织的登记注册、信息公开、监督检查等工作，确保监管的专业性和公正性。第二，明确监管职责和权限。明确慈善监管机构的职责和权限，避免监管权力的混乱和监管机关之间的推责现象，确保监管工作的高效进行。第三，加强监管机构的独立性。保障慈善监管机构的独立性，避免受到外部势力的干扰，确保监管工作的公正性和客观性。通过建立独立的慈善监管体系，可以更好地保障慈善组织的合法权益，提高慈善组织信息公开的透明度，避免监管权力的混乱和监管机关之间的推责现象，促进慈善事业的健康发展。

4. 畅通慈善信息公开的公众监督渠道

主要是畅通慈善组织信息公开的官方渠道，英国慈善组织信息公开有很多平台，各色各样的渠道都可以对慈善组织信息进行查询，但是慈善委员会会发布慈善组织注册、运营、接受监管的所有信息，所发布的内容都是权威的，经过检验的，公众也可以第一时间在官方平台或者慈善组织自己的平台对慈善组织信息进行查询或提出质疑，慈善组织不仅要接受慈善委员会的监督，还要接受公众的监督。传统信息公开方式中政府和慈善组织发布信息，公众接受信息的信息公开模式，将公众视为信息接受的被动主体，一定程度上阻碍了公众参与信息监督的积极性，需要建立更加完备的信息反馈机制改善信息公开的被动性。在内容上，建立专门的答复机制，允许公众对慈善组织公开的具体信息向慈善组织提出质询，慈善组织应在规定的时间内以书面或者其他形式向公众反馈，如果慈善组织没有及时回应，公众可以向平台或者民政部门反映，由平台或民政部门对相关信息进行核实，并要求慈善组织答复。通过答复机制的建立可以促进慈善组织信息公开，提高公开效率。在形式上，可以对现有的信息公布平台进行升级，设置一个"问答专栏"，将复杂多样的慈善信息分类汇总，并予以科学公开，方便公众查询、提问和慈善组织回复，甚至可以和技术部门共同推出慈善组织信息公开的软件，方便公众监督的同时，促进慈善组织信息公开更加专业化、透明化、便捷化。加强宣传教育，通过各种渠道加强对慈善组织信息公开重要性的宣传和教育，提高公众对于慈善组织的监督意识和能力。引导公众使用便捷的查询工具，提供相关讲解和指导，让公众更好地理解慈善组织运作和信息公开的意义。

结语

英国慈善组织信息公开制度为慈善组织的健康发展提供了有力保障，对我国慈善事业的发展亦有一定的启示意义。[①] 首先，这一制度凸显了信息公开对于

① 参见李芳：《慈善组织信息公开的法理基础》，载《东方论坛》2009 年第 6 期。

慈善组织的重要性。通过全面、及时地公开慈善组织的运作信息,不仅可以增强公众对慈善组织的信任,还可以为慈善组织赢得更广泛的社会支持。其次,英国慈善组织信息公开制度的实施,展现了监管机构在促进信息公开方面的积极作用。通过制定明确的信息公开规定和标准,监管机构为慈善组织提供了清晰的信息公开指引,同时也确保了信息公开的准确性和完整性。最后,英国慈善组织信息公开制度还强调公众参与的重要性。通过提供便捷的查询途径和丰富的信息公开内容,公众可以方便地获取慈善组织的监管信息,从而更加积极地参与到慈善事业的监督中来。这种公众的广泛参与,不仅有助于提升慈善组织的透明度,也为其发展注入了新的活力。总之,英国慈善信息公开制度在保障英国慈善组织健康发展方面发挥着积极作用,我国可以从其有益的做法中找到适合我国国情的借鉴点,进一步规范慈善组织信息公开制度,提高公众对慈善组织的信任。然而,需要注意的是,不同国家和地区的制度环境和文化背景各异,借鉴英国的慈善信息公开制度需要充分考虑本地实际情况,并进行必要的调整和改进。

【民政法治与政策研究专题】

老年人长期护理服务政策体系完善研究*

左　菁**

摘　要:第七次人口普查数据显示,我国正在加速进入深度老龄化社会,失能老年人群生活照护和基础护理的需求日益增大。传统的通过承担家庭养老责任和个人养老责任的方式已不再适应当下养老照护现状。有必要对我国老年人长期护理保险制度运行现状及老年人长期护理服务的开展状况进行调研,结合马斯洛需求层次理论和福利多元理论等理论,明晰老年人长期护理服务的体系框架。本文将在此基础上分析我国老年人长期护理在服务给付、服务项目、服务筹资等方面的几大难题,总结国外老年人长期护理的制度模式,吸取经验教训,为未来老年人长期护理服务政策体系完善提供思路与参考。

关键词:老年人长期护理　长期护理保险　居家护理　政策体系

一、问题的提出

第七次全国人口普查数据显示,我国老龄化趋势日益突出。截至 2020 年年底,我国 60 岁及以上老年人口为 2. 64 亿,老年人口占比达到 18. 7% ,65 岁及以上老年人口为 1. 9 亿,占比 13. 5% ,10 年前的第六次人口普查,这两项数据分别为 13. 26% 与 8. 87% 。最新数据显示,我国正在跑步进入深度老龄化社会,老龄

* 本文系国家社科基金项目“中国特色基本养老服务制度立法完善研究”(22BFX117)和重庆市教委人文社科研究项目“重庆基本养老服务制度立法构建研究”(22SKGH040)的阶段性研究成果。

** 左菁,西南政法大学经济法学院副教授、硕士生导师。

化速度和程度超乎我们的想象。截至2022年年底,全国60岁及以上老年人超过2.8亿,占全国总人口的19.8%,其中65岁及以上老年人达2.1亿,占全国总人口的14.9%。从“六普”到“七普”,差不多花了10年时间,平均数值提高了5个百分点,但是从“七普”到2022年年底,仅两年半的时间,平均数值却提高了2个百分点,老龄化的速度大大提升了。目前,按照联合国的老龄化判断标准,我国已从“十四五”初期的轻度老龄化全面进入了中度老龄化社会。①

随着老龄化问题的日益严峻,人口老龄化带来的影响将越发显著,我国失能老年人数量持续攀升。中国老龄事业发展基金会发布的《中国失能老人现状调查报告》显示,截至2018年年底,中国失能老人数量已经达到了约4170万,到2025年,中国失能人群数量预计将会达到5000万人。随着失能人群数量持续高速增加,未来中国失能人群的照护情况。

在失能老人生活照顾和基础护理的需求日益增大的情况下,期冀通过传统的家庭养老(家庭责任)或者发放养老金(个人责任)的方式来解决养老照护问题极不现实,具体理由阐述如下。

首先,家庭养老功能急剧弱化,难以有效应对家庭照护风险。

(1)家庭结构小型化。家庭是承担我国传统养老功能的重要单位,传统的中国家庭信奉的是“养儿防老”,但是这种养老功能的发挥必须要有一定数量子女作为后盾,只有这样才能保证当家中老人需要照顾的时候,不会出现因为工作忙而无法兼顾的情况。但是随着我国长期计划生育政策的推行和生育观念的转变,生育子女的数量发生变化,导致了家庭结构逐渐小型化,呈现“4-2-1”的倒金字塔结构,即夫妇两人赡养4位老人和抚养一个孩子,而近年“少子化”问题凸显,出生率断崖式下滑,更是加剧了这一困境。

(2)家庭居住模式逐渐核心化。由于年轻人观念的变化,工业化和城镇化的发展,越来越多的年轻人选择外出务工、就业,甚至出国,中国老年空巢家庭比例越来越高,与子女共同居住的老年人比例越来越低,老年人居住在核心家庭中的比例呈现逐年降低的趋势。家庭结构和家庭居住模式的巨大变化,带来的是家庭的养老功能逐步弱化,而老龄化带来的长期护理需求却在持续增加。

(3)家庭承受风险能力不足。家庭自古以来就是个人风险损失的最小互助体,起着互助互济的功能。但是由于家庭规模小型化,以及老人长期护理费用高

---

① 按照联合国对人口老龄化的划分标准,当一个国家或地区60岁以上人口占总人口比重超过10%或65岁以上人口比重超过7%,表示进入轻度老龄化社会;60岁以上人口占总人口比重超过20%或65岁以上人口比重超过14%,表示进入中度老龄化社会;60岁以上人口占总人口比重超过30%或65岁以上人口比重超过21%,表示进入重度老龄化社会。

昂，家庭财务供给能力难以满足失能老人长期护理的需求。家庭长期护理财务供给能力取决于个人或家庭可支配收入与消费支出之差，即收入剩余：一是人均收入剩余，即人均可支配收入扣除人均消费支出，表示个人支付能力；二是家庭户收入剩余，即家庭户可支配收入扣除家庭户的消费支出，表示家庭的支付能力。但是根据相关统计，无论是城镇还是农村，收入水平处于中位数以下的个人或家庭普遍存在长期护理财务供给能力不足的问题，越是收入低的个人或家庭长期护理财务供给能力越不足。此外，当家庭中出现失能失智老人时，护理难度增大，将给家庭和子女带来更大的压力，子女很难具有专业的护理知识与护理技能，对老年人的照顾往往难以达到预期的要求，这也使家庭对社会上护理类服务的需求进一步增大。

其次，养老问题日益复杂化，难以仅通过领取养老金得到解决。

老年人是社会的弱者，弱势性体现在经济收入的下降、身体机能的退化等。对老年人的保障分为经济保障和服务保障。养老金的功能定位是保障老年人的基本生活，是对经济保障需求的回应，体现为老年人的个人养老责任。但必须注意的是，老年人养老需求的满足，经济保障只是基础层面，经济保障只是弥补了老年人收入减少的缺陷，让老人消除了生存之虞，但是老年人由于生理机能退化导致的生活不便、健康困扰、生存尴尬却是更为重要的一个层面。早在 2012 年汪连新教授就曾提出，根据老年人需求层次的不同，养老保障涵盖经济保障、服务保障和精神保障三个部分。[①] 董红亚教授则认为，从生活保障转向服务保障是现代养老保障制度发展的基本规律，中国养老保障已经迈入服务时代的新阶段。[②] 丁建定学者在 2019 年《论中国养老保障制度与服务整合——基于“四力协调”的分析框架》一文中也清晰地表达：“养老保障体系既应该包括养老保障制度，也应该包括相关的养老服务体系”“养老保障制度与服务整合是现代社会养老内涵的要求”[③]。与养老金制度不同的是，老年人长期护理制度体系侧重于老年人照护服务供给，包括筹资、服务供给内容、服务供给方式、政府责任等多个维度的制度设计。

随着年龄的增长，老年失能人群的身体和精神状况会逐渐恶化、护理需求会更加复杂、经济负担将更加沉重。当前我国对老年失能人群的护理体系并不完

① 参见汪连新、刘晓静：《我国养老服务制度：必要性、认识误区及构建策略》，载《长春工业大学学报（社会科学版）》2012 年第 4 期。

② 参见董红亚：《中国养老保障迈入服务时代》，载《观察与思考》2013 年第 8 期。

③ 丁建定：《论中国养老保障制度与服务整合——基于“四力协调”的分析框架》，载《西北大学学报（哲学社会科学版）》2019 年第 2 期。

善,存在如服务体系框架不明确、服务管理体制不顺、服务标准不健全、缺乏专业的照护机构和人员、医疗资源不平衡等诸多问题,直接关系到失能老人能否得到及时的治疗和护理。可以预见,随着人口预期寿命的延长,我国老龄人口和高龄人口的比例将不断攀升,需要长期护理的老年人无论从相对规模还是绝对数字上都会显著增加,如果没有制度化、规范化的老年人长期护理制度,难以想象一个庞大的老龄化国家如何应对排山倒海的“银发浪潮”,基于此,老年人长期护理已经成为当前社会服务政策亟待深入研究的一个新课题。本文研究与既有研究的最大区别在于,不再局限于割裂的制度板块,而是跳出传统研究视角,通过深入的调查研究与对比分析,把握目前我国在老年人长期护理服务体系建构方面所暴露出的漏洞与短板,重新审视现行相关制度设计的不足之处,从制度整合优化的角度,客观剖析打破条块分割和制度壁垒的必要性与合理衔接的可行性,探索出老年人长期护理服务体系优化完善的“中国之路”,进而为搭建科学系统的老年人长期护理服务体系提供决策建议。

为了全面掌握老年人长期护理服务的开展情况以及存在的问题,课题组先后赴重庆市渝北区、江北区、沙坪坝区、九龙坡区、綦江区、黔江区、城口县、巫山县、巫溪县展开实地调研,与区县民政局养老工作负责人及街(镇)基层干部等进行了深入交谈,并详细实地考察了当地的养老机构和社区居家服务设施养老服务的开展情况。此外,为了系统把握目前长期护理保险制度运行情况,课题组前期查询了全国 49 个长期护理保险试点城市政府官网并完成了各地长期护理保险地方政策文件梳理与汇总,在此基础上赴重庆市医保局开展实地调研,与重庆市长期护理保险工作负责人进行了深入座谈,同时电话调研了湖南湘潭长期护理保险服务体系运行情况,并与上海市福寿康医疗养老服务有限公司技术总监进行了电话交流,对长期护理保险的运行现状和实施困境有了基本了解。在深度访谈和获取一手资料的基础上,课题组梳理相关文献资料和政策文本,经认真比较、分析、研究,形成本研究报告。

二、老年人长期护理服务制度的理论基础

(一)马斯洛需求层次理论

美国著名心理学家马斯洛认为,每个人都有五个层次的需求,根据出现的时间从早到晚可以分为生理需求、安全需求、社交需求、尊重需求和自我实现需求。其中生理需求和安全需求属于低层次的从外界获得满足的需求,而社交需求、尊重需求和自我实现需求则属于需要通过内部获得满足的高层次的需求。此即经典的马斯洛需求层次理论。生理需求是指维持人基本生存所需的食物、水、住房

等需求；安全需求包含使身体和财产免于受到伤害和损失的人身安全和财产安全等需求；社交需求指人的情感和归属等需求；尊重需求包括自尊、价值、认可、关注、地位和成就等需求；自我实现需求指更高层次的真善美、成长与发展、实现自身理想等需求。马斯洛进一步指出，人只有在较低层次需求得到满足后，才会对较高层次需求提出要求。首先，失能老人在日常生活中通常无法自理，最基本的衣食住行等生理需求都无法满足，基本生存和正常生活受限，需要来自外界的支持和帮助，这是失能老人的生理需求；其次，老年人的身体机能下降，大多数失能老人疾病缠身，慢性病困扰、急性病突发的情况屡见不鲜，安全需求无法得到保障；且随着年龄的增长，老年人的思维反应和接受能力变慢，跟不上时代发展的脚步，因而常常内心感到孤独、无助和苦闷，缺乏归属感。马斯洛需求层次理论表明失能老人的需求是具有多样性和层次性的，部分失能老人只在低层次的生理方面有需求，而另一部分失能老人则渴望社交需求、尊重需求等更高层次的需求得到满足。我国在构建老年人长期护理服务制度时，必须坚持以人为本，尊重个体差异，充分了解失能老人的需求，确保在提供长期护理服务的过程中最大限度地满足失能老人的需要。

（二）人权保障论

人权是指人生而为人所享有的基本权利。其最重要的价值基础之一便是“人道主义”。“人道主义”宣扬个人尊严、平等、自由与理性，是人权的重要基石。1948 年《联合国世界人权宣言》指出：“人人生而自由，在尊严和权利上一律平等”“对人类家庭所有成员的固有尊严及其平等的和不移的权利的承认，乃是世界自由、正义与和平的基础”。1966 年《经济、社会及文化权利国际公约》和《公民权利和政治权利国际公约》亦在序言中重申了这一精神，并同时强调：“这些权利是源于人身的固有尊严。”据此，尊重并维护社会成员的个人尊严应当是人权的首要任务。人权同时也是老年人享有各种权利的依据，所有人都享有一切人的基本权利，包括老年人，他们享有与其他人平等的权利。我国《宪法》第 45 条第 1 款规定：“中华人民共和国公民在年老、疾病或者丧失劳动能力的情况下，有从国家和社会获得物质帮助的权利。国家发展为公民享受这些权利所需要的社会保险、社会救济和医疗卫生事业。”这一条款对老年人享受国家和社会帮助的权利作出了规定，充分体现了国家对公民的政府保障责任。

数据显示，失能老年人出现完全不能自理状况的平均年龄为 79 岁，生活完全不能自理到去世的平均时间为 44 个月。完全失能的老人 25.85% 在 6 个月内去世，57.18% 在 12 月内去世，77% 在 24 个月内去世。失能老人的生命时间和生存状况是有规律可循的，在生命的最后阶段老年人的生活需求是相对稳定而且有限的。然而失能失智老人由于生活能力或者认知功能的巨大障碍在现实生活中往往陷入生活窘境,面临诸多的生活尴尬。如何使他们在最后有限的生命时间内生活得充实而有尊严？这是需要国家和社会共同关注的问题,国家有责任和义务通过良好的制度设计维护这一社会最弱势群体晚年生活的个人尊严。

在人口老龄化严峻的大背景下,政府、社会和家庭都关注老年人的身体健康和精神状况,通过提高老年人的生活水平,保障他们的尊严权,使他们度过一个幸福快乐的晚年生活。既有制度对老年人长期护理的保障有限,很多有护理需求的老年人只能通过自费方式寻求长期护理服务,长此以往会给家庭造成沉重的经济负担,老年人的生存权和尊严权无法得到有效的保障。故系统有效地解决老年人的长期护理问题已经迫在眉睫。

(三)社会连带理论

“社会连带”这一概念最早由 19 世纪法国著名社会学家涂尔干在《社会分工论》一书中提出,并将人类社会的连带关系分为机械连带和有机连带两类。另一法国学者里昂·狄骥将“社会连带主义理论”推向成熟,成为西方社会学流派中的重要分支。社会连带意指社会成员之间存在相互连带的关系,并经由这一关系实现生存,因此,社会成员需要团结互助来实现社会正义。这一理论具体到老年人长期护理服务制度,即社会成员之间需要践行团结互助来保障老龄化失能群体的生存,缓解社会成员共同面临的年老后无人照顾的困境,可以具体化为保障护理对象的生存权和贯彻团结互助两个方面。

首先,老年人长期护理服务制度保障护理对象的个体生存权。社会连带的第一要义就是维系包括不能自主生活的社会成员的生存。社会连带将护理对象的生存权益从个体层面上升到了国家和社会层面,要求为之提供周全的社会保障。易言之,失能人群的生存权益不再是个人问题,而是具有与所有社会成员休戚相关的社会连带性。

其次,老年人长期护理服务制度应具有团结互助性。社会连带所反映的一个客观事实是,社会分工的复杂化导致社会成员乃至群体之间的连带性越发显著,强弱势群体都属于社会有机体的部分并具有高度的相互依赖性。这意味着,应当团结合作来达到社会的整体良效。团结合作要求社会中的每个成员都为这一社会合作关系而努力,将个人利益让位于共同利益。具体至老年人长期护理服务制度,团结合作意味着应当兼顾他助与自助。老年人长期护理服务制度既要确立政府部门等其他主体的筹资义务,也要借助其风险共担的保费分摊机制设立社会成员个人的保费缴纳义务,既应设置针对服务提供者的实际护理义务,也要强调护理对象对于给予服务的协力配合义务,实现他助与自助的兼容并进。

（四）福利多元理论

英国学者罗斯1986年最先在《相同的目标、不同的角色——国家对福利多元组合的贡献》一文中提出了福利多元的理论，其主张在混合福利中考虑三个不同的提供者——家庭、国家和市场，社会总福利等于这三个部门提供的福利之和，构成社会福利三角。换言之，基于对政府全面担当福利供给角色的批判，福利多元主义主张由政府、市场主体、非正式组织、家庭等多元主体参与的福利供给模式，以避免国家包办所引发的制度缺陷。这一理论具体到老年人长期护理服务制度，即借助分权化的福利供给模式，运用社会整体力量来构造多元化的护理体系，更有效率地应对老龄化失能这一社会风险，具体包括强化整体社会参与的筹资机制、促进多元化的护理服务、建构多重性和差异化的规范结构。

第一，强化整体社会参与的筹资机制。面对老龄化失能这一普遍的社会性风险，福利多元要求动员社会整体力量，促进参与主体的多元化，发挥家庭、政府、企业及其他社会组织等多方主体在福利供给上的功能。体现到老年人长期护理服务制度的筹资机制，其意味着在横向上应促进筹资渠道的多元化，鼓励企业、社会团体等其他社会主体加入筹资体系；在纵向上则应确立各级政府的筹资职责，实现筹资体系的层级化。

第二，促进多元化的护理服务。在福利多元理论的指引下，老年人长期护理服务制度应当摒弃既有的由政府包揽一切的一元格局，采取由其他参与者以分工协作方式来共同参与长期护理的多元格局。由此，老年人长期护理服务制度的护理服务应当采取的是包含居家护理、社区护理以及机构护理等多种类型在内的多元化护理模式。并且，鉴于护理对象失能程度的不同以及在护理进程中所出现的失能状况的变化，福利多元理论还意味着应当以护理模式的动态切换来满足多元化的护理需求。

第三，建构多重性和差异化的规范结构。福利多元视角下的“福利混合模式”意味着老年人长期护理服务制度应当体现多重性和差异化。多重性主要表现在老年人长期护理服务制度的关系结构上，应建立适配多方主体参与的多重关系结构，根据失能老人作为接受护理的被服务人、政府归为制度供给的保障人、家庭和机构等主体属于护理提供者的角色功能来实现主体关系的分层。差异化则体现在内容构造上，要求根据服务对象以及护理服务提供者彼此之间所对应的不同身份来给予不同的定性，并据此形成差异化的制度内容，实现福利多元的制度供给目标。

三、老年人长期护理服务的界定与体系框架

(一)老年人长期护理服务的界定

要给老年人长期护理服务下定义,首先需要明确长期护理服务(long-term care,LTC)这一概念。世界卫生组织认为,长期护理是指由非专业照料者(家人、朋友或邻居等)和专业照料者进行的照料活动,以保证自我照料能力不完全的人的生活质量、最高程度的独立生活能力和人格尊严。美国健康保险协会认为长期护理是指在相当长的时期内,持续为患有慢性疾病或处于伤残状态下的老年人提供护理服务,这种护理服务包括:医疗服务、社会服务、居家服务、运送服务或其他支持性服务。2021 年 7 月,我国国家医保局办公室会同民政部办公厅印发了《长期护理失能等级评估标准(试行)》,将长期护理定义为:在持续一段时间内给失能人员提供一系列基本生活照料和与之密切相关的医疗护理。需要提及的是,长期护理保险(long-term care insurance,LTCI)和长期护理服务是两个密切联系但也有区别的概念。长期护理保险被称为社会保险"第六险",旨在为长期护理费用提供资金支持。我国从 2016 年试行长期护理保险,目前已有 49 个试点城市。迄今国内仍未出台官方文件明确该制度的定义,但有众多学者观点可供参考:如有学者认为,长期护理保险是指运用保险的方式,对接受长期护理服务产生的费用进行分担给付的一种制度;也有研究者认为,长期护理保险是针对那些身体衰弱不能自理或不能完全自理、需要他人辅助全部或部分日常生活的被保险人(基本是老年人),为其提供经济保障或护理服务的一种保险。

尽管通常情况而言,长期护理需求与年龄高度相关,长期护理的对象以老年人为主,失能老年人是长期护理的主要覆盖对象,约占 80%,但同时还有许多年轻群体也面临着生活不能自理的困境,每个年龄段都难免会有失能照料需求。换言之,长期护理面临的是生活不能自理的群体,其服务对象可以是任何年龄阶段的人员。因此,长期护理服务不能等同于老年人长期护理服务。

所谓"老年人长期护理服务"是指由于患有慢性疾病或处于生理、心理伤残状态而导致生活不能自理或半自理,在一个比较长的时期内,需要依赖别人的帮助才能获得最大限度的独立与满足的老年人,为其所提供的包括生活照料、医疗保健、康复护理、精神慰藉、社会交往和临终关怀等基本生活照料及医疗护理于一体的综合性服务。老年人长期护理服务的目的是满足老年人的生活需求,提高其生活质量,维护老年人的尊严,提高其生命质量。

(二)老年人长期护理服务体系的制度框架

迄今国内外对老年人长期护理服务体系还没有达成统一认识,学界在此问

题上也莫衷一是。例如,有学者认为老年人长期护理服务体系是由服务主体、服务对象、服务内容以及服务方式等多种要素组成的一个系统。有学者则认为该服务体系的大框架由筹资环节、利用环节、支付环节这三个环节构成,每个环节由多个主体组成,而三个环节的众多主体相互作用就形成了错综复杂的关系。此外,还有学者认为老年人长期护理服务体系是由服务提供者、服务内容、服务提供者、服务场所、服务费用筹措、服务方式、服务标准与规范、管理监督体制这八大要素按照一定关系构成的一个有机系统。

本研究认为,老年人长期护理服务体系与长期护理服务、养老服务以及医疗服务存在诸多交叉,应从多角度多层次把握老年人长期护理服务体系的界定。总体而言,老年人长期护理服务体系应当回答"为谁服务""怎样提供服务""谁来提供服务"等几大问题,老年人长期护理服务体系的制度框架如图1所示。

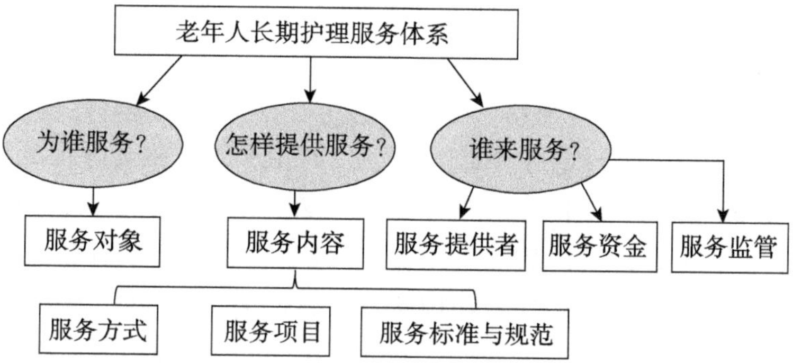

图1 老年人长期护理服务体系的制度框架

具体而言,服务对象是失能老人;服务内容包括服务方式、服务项目、服务标准与规范;服务提供者包括家庭成员、亲属朋友、社区护工或者机构的专业护理人员;服务资金是指失能老人接受长期护理服务的费用来源;服务监管是指建立制度完善、高效运行的管理机构,确保整个长期护理服务体系的建设过程从起步到全面推动有一个强有力的组织者和实施者。

换言之,老年人长期护理服务体系是指由服务对象、服务内容(服务方式、服务项目、服务标准与规范)、服务提供者、服务资金、服务监管这五大要素组成,以居家、社区和机构服务为基础提供长期护理服务的一个有机系统。

四、老年人长期护理服务体系的政策实践现状

近年来,我国关于老年人长期护理服务体系建设的政策相继出台,但存在条款分割,部门各自为政的情况,包括国家卫生健康委、国家医保局和民政部门的三个部门均有针对失能老人的照护政策出台,但政策间缺乏合理衔接,形成"三

龙治水"的局面,在一定程度上导致政府公共资源的浪费,同时也影响到了失能老年人长期护理服务的有效获得。

(一)国家卫生健康委推行的"家庭医生"和"家庭病床"制度

我国"家庭医生"制度肇始于上海。2011年上海市在长宁、闸北等十个区域率先开展了家庭医生制度的试点。在总结试点经验的基础上,2016年国务院原医改办、原卫生计生委、国家发展和改革委、民政部、财政部、人力资源社会保障部、中医药局联合印发《推进家庭医生签约服务指导意见》,开始在全国范围内推广家庭医生制度。2018年国家卫生健康委、中医药局出台《关于规范家庭医生签约服务管理的指导意见》,进一步明确了家庭医生签约的主体、对象和服务内容,旨在提升家庭医生签约服务规范化管理水平,促进家庭医生签约服务提质增效。2022年国家卫生健康委、财政厅(局)、人力资源社会保障厅(局)、医保局、中医药局六部门联合出台《关于推进家庭医生签约服务高质量发展的指导意见》,要求扩大服务供给、丰富服务内容、优化服务方式,进一步加快推动家庭医生签约服务发展。家庭医生制度归属于基本医疗卫生保障制度,最早起源于英国,通过首诊签约、双向转诊等做法,促进医疗服务资源在全国范围内充分、合理、公平地使用。在我国慢性病高发叠加人口老龄化的背景下,家庭医生制度成为深化医改、推进分级诊疗的重要手段,是一种通过契约服务的形式提供医疗卫生服务和健康管理的服务模式,旨在构建社区首诊的有序医疗服务供给模式,实现合理利用医疗资源、科学分级诊疗的目标。在2022年的《关于推进家庭医生签约服务高质量发展的指导意见》中,明确提出了开展上门服务的要求,即对行动不便、失能失智的老年人、残疾人等确有需求的人群,要结合实际提供上门治疗、随访管理、康复、护理、安宁疗护、健康指导及家庭病床等服务,加强医疗质量监管,确保医疗安全。

"家庭病床"是在家庭医生开展基础上推行的一项新制度。所谓家庭病床服务,是指对需要连续治疗,但因本人生活不能自理或行动不便,到医疗机构就诊确有困难,需依靠医护人员上门服务的患者,在患者家中或长期居住场所设立病床,由指定医护人员按照预约时间定期查床、治疗、护理的一种医疗卫生服务形式。不可否认的是,老年患者是家庭病床的主要服务对象,这类患者的主要疾病为呼吸系统、心脑血管疾病及慢性病。家庭病床本质是一种"家庭住院"制度,医疗保险基金承担部分费用的报销。

(二)国家医保局推行的长期护理保险制度

我国一直在积极探索建立长期护理保险制度。从2006年到2016年的10年间是长期护理保险制度的萌芽期。2006年12月,中共中央、国务院《关于全面加强人口和计划生育工作统筹解决人口问题的决定》明确提出“探索建立长期护理保险等社会化服务制度”。2011 年 12 月，国务院办公厅发布《社会养老服务体系建设规划(2011－2015 年)》(已失效)，其中号召“有条件的地方，可以探索实施老年护理补贴、护理保险，增强老年人对护理照料的支付能力”。2013 年 7 月 1 日修订并实施的《老年人权益保障法》(已被修改)首次提出，国家逐步建立长期护理保险制度保障老年人的长期护理需求。

自 2016 年起，我国长期护理保险制度正式步入试点探索阶段。2016 年 7 月，人力资源社会保障部印发《关于开展长期护理保险制度试点的指导意见》，在全国 15 个地级城市开始试点推行长期护理保险制度。2019 年政府工作报告指出，“扩大长期护理保险制度试点”。2020 年 9 月，国家医保局和财政部联合颁布《关于扩大长期护理保险制度试点的指导意见》，决定在全国新增 14 个城市试点长期护理保险制度，目前已经有 49 个地区开展了长期护理保险的试点工作，我国长期护理保险试点“扩面”驶上了快车道。以重庆市为例，重庆是长期护理保险的首批试点城市，长期护理保险试点工作于 2019 年正式启动，从四个区县起步，即大渡口、巴南、垫江、石柱，截至 2019 年年底，参保人数大概是 50 万人，享受待遇的人数大概是 1000 人，主要参保人员是城镇职工医保参保人员。2021 年 11 月，重庆市医疗保障局和财政局联合出台《关于扩大长期护理保险制度试点的实施意见》，决定自 2022 年将长期护理保险试点扩大到重庆全域。

长期护理保险结合了具有分摊风险功能的保险的特质和长期护理的内容，实现让更多人满足长期护理的需求，是对该群体社会层面的保障，因此长期护理保险在我国也被称为“第六险”。长期护理保险的资金主要源于长期护理保险基金，其服务对象包括因疾病、伤残需要长时间照料的所有人，实践中，具有长期护理需求的大多为失能老人。

(三)民政部门推行的机构照护、社区照顾和“家庭养老床位”

促进养老服务可持续、健康发展是民政部门的重要工作内容。新中国成立之初，单纯的国家养老救济逐步被养老福利所取代，主要表现为城市社会福利院和农村敬老院的出现，分别接收城镇“三无”老人和农村“五保”老人，究其本质为政府针对特殊困难老人的“残补型”养老。在 2000 年我国尚未步入老龄化社会之前，对失能老人的照料并没有成为社会关注的焦点问题，“反馈模式”的传统家庭养老模式还能发挥较大作用，但新世纪随着老年人口的激增以及所伴随的家庭老年照料风险不断外溢至社会，如何有效满足失能老人的照料刚需成为政府不得不面对的全新挑战。2013 年国务院《关于加快发展养老服务业的若干意见》提出“符合标准的日间照料中心”等服务设施覆盖所有城市社区；2016 年国务院办公厅《关于全面放开养老服务市场提升养老服务质量的若干意见》首次提及养老资源“向失能、半失能老年人倾斜”“进一步扩大护理型服务资源”；2017年国务院办公厅印发的《关于制定和实施老年人照顾服务项目的意见》，提出“重点关注高龄、失能、贫困、伤残、计划生育特殊家庭等困难老年人的特殊需求”“全面建立针对经济困难高龄、失能老年人的补贴制度”；2019年国务院办公厅《关于推进养老服务发展的意见》明确提出“将失能老年人家庭成员照护培训纳入政府购买养老服务目录”；自2021年国家开始大力推动各地积极试点“家庭养老床位”，将专业机构的照护服务延伸至失能老人的身边和床边；2022年国务院《“十四五”国家老龄事业发展和养老服务体系规划》提出了到2025年养老机构护理型床位占比达到55%的发展目标。

五、我国老年人长期护理服务政策体系的主要问题解析

诚如前述，我国老年人长期护理服务体系的制度框架可解构为服务对象、服务内容、服务提供者、服务资金、服务监管五大板块，囿于篇幅，本文主要从服务对象、服务内容、服务资金三个方面进一步展开讨论。

(一)服务对象政策缺陷

尽管家庭病床、长期护理保险和养老护理服务指向的服务对象都包括失能老人，但在实践操作中，这三项制度对失能老人的划定标准却具有较大的差异性，直接导致政策执行效果的“厚此薄彼”，即部分老人可能重复享受待遇，而另一部分老人却被遗忘在政策的罅隙里。

1. 服务对象认定的规则差异

(1)家庭病床服务对象的具体规定——“疾病种类和程度”为划定标准

家庭病床的服务对象通常是指需要连续治疗，但因其生活不能自理或行动不便，到医疗机构就诊确有困难，需依靠医务人员上门服务的患者，例如长期卧床不起、行动不便，处于中风瘫痪康复期、恶性肿瘤晚期、骨折需要进行牵引和卧床治疗期间的患者或者符合住院条件但有特殊情况需要(如安宁疗护)在家里照护的高龄老人。这类患者往往需要提供定期更换药、定期更换尿管、胃管、肌肉注射、皮下注射、口服化疗等服务，但到医疗机构有困难，更适宜居家诊疗、护理和康复。例如，课题组在调研中接触到一个患有阿尔茨海默病、脑梗死、帕金森病需要长期留置胃管的老人，在设立家庭病床之前，每两个月家属就要通过救护车送他到医院，进行胃管更换。申请设立家庭病床后，基层签约医生就可以上门提供居家医疗服务。

目前有少数省市通过出台正式文件，对家庭病床的服务对象进行了明确的

规定。例如，根据2019年《上海市家庭病床服务办法》第7条的规定，家庭病床服务对象应当是诊断明确、病情稳定，适合在居家、居住的养老服务机构为主的条件下进行检查、治疗和护理的患者。具体包括：①诊断明确，需连续治疗的慢性病患者，因行动不便，到医疗机构就诊确有困难，并经医师评估后经所在医疗机构审核病情稳定适合家庭病床治疗的。②经住院治疗病情已趋稳定，出院后仍需继续观察和治疗，并经医师评估后经所在医疗机构审核适合家庭病床治疗的。③其他诊断明确、病情稳定的非危、重症患者，需连续观察和治疗，并经医师评估后经所在医疗机构审核适合家庭病床治疗的。④处于疾病终末期需姑息治疗或安宁疗护，并经医师评估后经所在医疗机构审核适合家庭病床治疗的。浙江省湖州市2023年3月发布地方标准《城市医联体家庭病床服务规范》，作为全国首个城市医联体家庭病床服务相关系列地方标准，该标准明确了城市医联体家庭病床服务的术语和定义、基本要求、服务机构与人员、服务内容、服务程序等。在家庭病床服务对象界定上与上海的规定基本类似。

从本质上看，家庭病床的病人就是在家的“住院病人”，[①]因此，家庭病床服务对象没有年龄的限制，也不需要失能等级的评估认定，通常只与患者的疾病种类和患病程度相关，程序上需患者本人或其监护人选择好签约医疗机构后提出建床申请，并在提交相关病史资料后方可建床，之后由确定的家庭责任医生定期提供上门医疗护理服务。

（2）长期护理保险服务对象的具体规定——“险种类别”与“失能程度”为划定标准

长期护理保险作为一项社会保险，一般以因年老、疾病、伤残等原因，导致生活不能自理，长期处于失能状态的参保人员为保障对象，主要通过两项标准加以确定：参保对象以及保障范围。在2020年国家医保局、财政部联合发布的《关于扩大长期护理保险制度试点的指导意见》中，提出了“试点阶段从职工基本医疗保险参保人群起步，重点解决重度失能人员基本护理保障需求，优先保障符合条件的失能老年人、重度残疾人”的底线要求。故从地方政策实践看，梳理49个试点地区政策，不难发现，受制于经济条件、政策理念等原因，大部分地区仍以城镇职工为主要参保对象，少部分地区逐渐扩展到城镇居民，而养老设施建设落后、医疗条件较差、长期护理需求大的农村地区的长期护理保险试点尚处于比较匮乏的状态。具体情况见表1。

---

① 参见洪鸣鸣、陈国生等：《家庭病床在失能老年人社区养老服务中的实践与思考》，载《老龄科学研究》2016年第12期。

表 1　长期护理保险 49 个试点地区参保对象模式归类

试点地区	参保对象
山东省烟台市、山东省淄博市、山东省枣庄市、山东省德州市、山东省东营市、山东省济宁市、山东省潍坊市、山东省临沂市、山东省菏泽市、山东省泰安市、山东省聊城市、山东省滨州市、吉林省珲春市、辽宁省盘锦市、黑龙江省齐齐哈尔市、河北省承德市、山西省晋城市、陕西省汉中市、天津市、浙江省宁波市、安徽省安庆市、重庆市、福建省福州市、湖南省湘潭市、云南省昆明市、广西壮族自治区南宁市、贵州省黔西南布依族苗族自治州、甘肃省甘南藏族自治州	城镇职工基本医疗保险参保人员
吉林省松原市、吉林省梅河口市	城镇职工基本医疗保险参保人员、城镇居民基本医疗保险参保人员
吉林省长春市、吉林省吉林市、吉林省通化市、山东省济南市、山东省青岛市、山东省威海市、北京市石景山区、上海市、江苏省苏州市、江苏省南通市、江西省上饶市、湖北省荆门市、广东省广州市、河南省开封市、四川省成都市、新疆生产建设兵团石河子市、内蒙古呼和浩特市、新疆维吾尔自治区乌鲁木齐市	城镇职工基本医疗保险参保人员、城乡居民基本医疗保险参保人员
山东省日照市	城乡居民基本医疗保险参保人员

就保障范围而言,各地在试点阶段多以保障重度失能人员为主,如天津市、齐齐哈尔市、重庆市等地,少数地方也逐步扩大到中度失能人员,如青岛、苏州等城市。此外,为满足社会特殊需求,上饶市、成都市、青岛市和广州市将部分失智人员纳入考虑范围,其中上饶市、成都市和青岛市的参保标准是达到重度失智的水平,广州市要求达到中度失智水平。

(3)养老护理服务对象的具体规定——"经济状况"与"失能程度"为划定标准

我国养老服务的供给经历了"政府垄断—政府缺位—政府主导"的演变过程。新中国成立初期,我国并没有"养老服务"这个概念,国家通过城镇的社会福利院和农村的敬老院垄断社会养老资源,不仅养老服务对象较少而且服务水平较低。20 世纪 90 年代在"福利多元主义"的影响下,"社会福利社会办"的理念应运而生,国家开始借助市场力量弥补"单位制"瓦解和家庭照护能力下降所带来的养老福利不足的问题。民办养老机构开始迅速崛起,公办养老机构也从纯粹的公益性机构演变为兼具"公益"和"市场"性质的特殊主体。在整个"十一五"和"十二五"期间,国家通过不断发文以及修法取消了养老服务机构行政许可等措施,大力推动养老服务市场的全面放开,"放水养鱼"鼓励更多的养老机构进入市场，为全体老年人提供多元化的养老服务。但是在这一过程中，养老服务的准公共物品性质被较大程度地遮蔽，市场被推到前台，国家福利角色不断后撤，在一定程度上忽视了经济困难等弱势老人养老服务需求的满足。故从"十三五"开始，我国开始探索政府、市场、社会、家庭等多元主体责任共担的养老福利供给模式，政府角色开始合理回归。在"十四五"时期，"基本养老服务"的概念被响亮提出，强化对弱势老人，特别是失能困难老年人的兜底保障成为重中之重。换言之，在养老服务领域，只要是有照护需求的老年人均可以从"政府 + 市场 + 社会"的多层次养老服务体系获得相应的养老照护服务。而养老照护服务资源的配给与老年人的经济状况和生活状况密切相关。具体而言，经济困难（特困、低保、低收入等）的失能、重残等特殊困难老年人通常能获得政府提供的基本养老服务，包括集中供养、优先入住公办养老机构、养老补贴、护理补贴、居家上门服务、家庭养老床位等，经济收入一般的老年人可以获得政府指导下的普惠性养老服务，而高收入老年人则可以通过养老服务企业获得较高品质的养老照护服务。

2. 评析

综上所述，不难得出结论，三项政策的服务对象均涵盖老年人，且失能老人为主要覆盖人群，但老年人护理服务对象界定标准却有天壤之别，家庭病床侧重"疾病种类和程度"、长期护理保险侧重"重度（中度）失能的参保人"、养老护理服务则侧重"经济状况和失能程度"。在当前长期护理保险试点主要覆盖职工医保参保人员的背景下，极易产生"福利叠加"和"福利真空"并存的不公平现象。举以下两个案例进行说明：

案例一：

2023 年 4 月课题组走访了重庆市某区 86 岁的郭爷爷。郭爷爷长期卧床，属于重度失能。政府将其纳入家庭养老床位服务对象，为其免费提供居家养老服务设施，包括医疗床、报警器、生命体征检测仪等。郭爷爷和老伴都是退休职工，家庭条件较好，住房为复式跃层，家中有保姆进行照护。由于郭爷爷参加的是职工医保，除了能够享受民政部门的家庭养老床位服务待遇外，还能成为长期护理保险的服务对象，享受每月 1000 多元的长期护理保险待遇。在调研中，郭爷爷老伴认为现有服务已经较好地满足了需求，没有其他更多需要。

案例二：

2023 年 5 月课题组走访了重庆市某区重度失能的 76 岁的张婆婆。张婆婆患有严重的帕金森病，长期卧床，生活不能自理。张婆婆和老伴一起生活，没有子女同住，平时主要由老伴照顾。老伴年龄已 78 岁了，每天晚上还要多次扶张婆婆起床去卫生间，整晚睡不好觉，本身也有包括糖尿病在内的多种基础性疾病。两人领取的是农转非养老金,每人1300元左右,买完药之后也仅够生活,没有钱住养老院。由于两人参加的是城乡居民基本养老保险,不符合长期护理保险的享受条件,故不能享受长期护理保险待遇。

从上述案例可以看出,目前的政策实施效果对部分困难老人是“不友好”的。

建立老年人长期护理保障体系应当优先保障社会最基本的照护需求,政策的基本导向应当是“雪中送炭”,而非“锦上添花”。就长期护理保险而言,由于目前长期护理保险所保障的群体大多数还只是停留在参加城镇职工医保的职工,城乡居民医保人员没有参保资格,这就势必造成一个问题——城镇职工群体往往具有较为稳定的工资收入,抵抗失能风险的能力相对较强,但是对于城乡居民医保人员来说,他们往往不太具有较为稳定的工资收入,一场病、一次失能,就很有可能造成“一人失能,全家失衡”的局面,相对于职工,他们购买长期护理保险其实是十分有必要的,但恰恰是抗风险能力最弱的这部分人却没有获得保障的机会。换言之,从现实条件看,本身物质条件优越的城镇居民从政府得到的公共资源应当是呈递减状态的,而非“福利叠加”。相反,物质条件更差的城镇居民、农村居民(特别是一些不具有民政部门基本养老服务享受资格的居民)应该得到政府公共政策的倾斜保护,特别是农村地区老人对长期护理的需求实际更多,但在目前的政策框架内,这部分失能人群却被排挤到了长期护理公共资源之外,农业居民由于户籍和参保原因难以享受长期护理保险待遇,另外,由于农村地区上门服务成本较高,家庭病床“签而不约”的情况也较为突出,这也直接导致城乡之间的老年人照护服务水平进一步拉大,同时也凸显了一个社会公平的问题,现阶段的制度设计与老年人长期护理保障体系建立的宗旨和原则背道而驰。

退一步假设,即使长期护理保险将服务对象范围扩大到所有基本养老保险的参保人,这里仍然有两个问题需要解决:

第一,没有参加任何基本医疗保险的城乡老年失能居民如何获得长期护理保障?在我国,长期护理保险遵循“跟随医疗保险”的原则,而家庭病床也主要为参保人员提供服务。根据国家医保局的最新数据,2018年至2022年我国人口参保率稳定在95%左右,但仍有5%的社会成员,约7000万人没有参加任何医疗保险,这仍然是一个较为庞大的数字,这部分人大多是经济条件较差的城乡居民,一旦出现老年照护风险,往往难以应对。

第二,我国目前对失能老人的评估标准并不统一。在对老年人的失能评估上,存在民政、卫生、医保等部门老年照护评估各成体系、标准不一、缺乏有效衔接的问题。例如,一方面,2013年民政部出台行业标准《老年人能力评估》(MZ/

T 039—2013),但由于这一行业标准已经无法满足当前养老服务行业发展的需要,2022 年国家出台《老年人能力评估规范》(GB/T 42195—2022)加以替代,其评估结果为发放基本养老服务待遇、规范养老服务机构运营等提供基本依据。另一方面,2021 年 7 月 16 日,国家医保局会同民政部出台了《长期护理失能等级评估标准(试行)》。失能等级评估是享受长期护理保险待遇的必需的前置程序,其结果作为长期护理保险服务对象的确定和待遇发放的依据。后者虽然并不完全针对失能老人,但失能老人无疑占比巨大。两个评估标准的目标人群大致相同,但二者在评估指标、评估流程、评估结果的设置上差异较大。在实践中,可能会造成两个方面的混乱:如果同属于长期护理保险和养老服务照护服务的服务对象,是否需要经过两次评估?是否会出现一方评估为失能而另一方评估为非失能的情况?

(二)服务内容政策缺陷

1. 服务给付形式

老年人长期护理保险的待遇给付一般分为现金给付、实物给付和混合给付三种形式。现金给付指给服务对象发放一定数额的津贴;实物给付是通过政府直接或从符合资质要求的第三方机构处购买护理服务,让服务对象享受护理服务;混合给付即结合两种方式,根据具体情况和需要各予以部分的补贴和服务,通过增加现金给付来弥补服务给付的不足。在实物给付方式上,又分为三种:居家护理、社区护理和机构护理,其中居家护理又包括居家自行护理和居家上门护理,机构护理包括医疗、养老和专业护理服务机构护理。几种护理形式各有优势,机构护理设备齐全,工作人员专业度高,护理水平成熟,服务项目丰富,可满足不同层次的护理需求;居家护理对失能老人来说环境更熟悉,心理压力较小,支出成本少;社区护理结合了前面二者的优势,比居家护理有更专业、完善的设施,比机构护理有更便利的地理优势。目前多数试点城市采取"居家护理 + 医疗机构护理 + 养老机构护理"的护理服务模式。从制度设计上,有两个问题可加以讨论。

第一,长期护理保险"现金给付"规则是否存在道德风险?如何保障居家个人护理的质量?

从上述分类看,居家护理包括居家自行护理和居家上门护理两类,其中居家自行护理由家里的子女、亲戚或指定的个人对老人进行护理,同时发给护理人现金待遇的模式。在实践中,有部分长期护理保险的试点城市采用了这一待遇给付模式。以重庆市为例,2021 年重庆市医疗保障局、重庆市财政局《关于扩大长期护理保险制度试点的实施意见》规定,长期护理保险参保人员经评估符合待遇享受条件的,可根据其失能状况、护理需求和家庭情况,自愿选择居家个人护理、居家上门护理和机构集中护理三种形式之一,其中居家个人护理是指长期护理保险待遇享受人员选择居家,由本人或监护人指定的个体服务人员,在委托承办机构的管理和指导下,提供符合政策规定的护理服务。从待遇标准上看,居家个人护理的长期护理保险护理费用标准为 40 元/(日 · 人),机构集中护理、居家上门护理的长期护理保险护理费用标准为 50 元/(日 · 人),前者直接支付给居家个人(占比 80%),后者支付给服务提供方。在医保局调研的过程中,负责人强调目前主要是通过两种方式保障服务质量:一是通过定期组织的护理培训提升居家护理人员的护理技能和水平;二是采取一定措施,如对失能人员进行询问,了解其护理情况以及满意度。但不可否认的是,要保证"现金给付"的有效性,即保证待遇支付真正做到了专款专用,势必会大大增加政府的监管成本,如何在二者之间找到平衡是值得进一步思考的。

第二,民政部门针对困难失能老人的护理补贴是否能真正发挥作用?

实际上,对于护理服务补贴的功能问题,无论是实务界还是学术界都未达成一致共识。如根据北京市 2019 年 10 月 1 日施行的《北京市老年人养老服务补贴津贴管理实施办法》的规定,发放困难老年人养老服务补贴、失能老年人护理补贴、高龄老年人津贴三类养老服务补贴津贴旨在"提高老年人消费能力";杨立雄教授则将其视为褒扬性津贴,其目的在于鼓励长寿,形成敬老、尊老的社会风气;①邓大松教授则认为,老年津贴是普惠型福利模式的选择。② 而在《老年人权益保障法》中,相关表述为"对生活长期不能自理、经济困难的老年人,地方各级人民政府应当根据其失能程度等情况给予护理补贴",将其列在"保障老年人的护理需求"的规则框架下。本文认为,要回答这一问题,需要回到问题的原点,即厘清困难失能老人的护理补贴的功能究竟是什么?毋庸置疑,设置该项补贴的初衷是想提升困难失能老人的护理费用支付能力,但由于政府资金相对有限,因此实际发放的数额并不多。如果该项补贴仅是满足老年人养老福利的获得感、幸福感,倡导敬老尊老的社会风气,那么现行补贴机制可以实现这一功能。但如果发放护理补贴是为了解决失能老人的照护问题,那么每月几百元的护理服务补贴,对于这类人群来说,"杯水车薪"的服务补贴很难转化为实际的养老消费,大多数情况下将其作为生活补贴就消费掉了。那么究竟应该采用怎样的

① 参见杨立雄:《高龄老年津贴制度研究》,载《中州学刊》2012 年第 2 期。

② 参见邓大松、吴振华:《"高龄津贴"制度探析与我国普惠型福利模式的选择》,载《东北大学学报(社会科学版)》2011 年第 3 期。

补贴方式更为合理呢？是否可以转换思路，将其直接作为对实际服务消费的补贴呢？

2. 服务项目设置

比照三大体系的护理服务项目设置，不难发现，其提供服务的类型和侧重点是不一致的，服务内容并不能完全重合、相互替代。

家庭病床服务以2019年《上海市家庭病床服务办法》为例，该办法一共设置了上门服务、检查项目、基础护理项目、康复项目、中医项目、药品服务项目、指导评估服务项目、安宁疗护服务项目八大类服务项目。其中，上门服务包括上门评估建床、上门出诊、常规上门查床诊疗、上门检查、护理、治疗、换药、拆线、导尿等服务；检查项目一般有血常规、尿常规、粪常规等常规检查，心电图、B超，血糖监测、肝肾功能、血脂等项目；基础护理项目包括肌肉注射、皮下注射、压力性损伤护理、吸氧、雾化吸入、静脉输液、静脉注射、慢性伤口护理、普通造口护理、疑难造口护理、特殊造口护理等；中医项目提供针刺、灸法、推拿等临床安全有效、适宜在家庭病床中开展的中医非药物疗法；药品服务项目则是根据患者病情并按照相关规定合理开具西药、中成药、中药饮片；指导评估服务项目主要包括按照患者病情，提供慢病健康指导、护理指导、肢体康复指导、功能康复指导、康复辅助器具使用指导、康复评定、中医养生指导等；安宁疗护服务项目主要是定期进行居家探访，提供不同的支持治疗，减轻患者痛楚、舒缓不适，维护患者的尊严，让患者安静、安详地走向生命的最后阶段等。

长期护理保险以重庆市的做法为例。根据2021年重庆市医保局出台的《重庆市长期护理保险服务项目和标准暂行办法》，重庆市长期护理保险基本护理服务项目分5大类共24项，结合长期护理保险待遇保障水平和失能人员护理服务基本需求，将长期护理保险基本护理服务项目按照“8+4+3”组合模式形成居家个人护理和机构集中护理服务项目包、按照“6+3”组合模式形成居家上门护理服务项目包。其中“8”属于基础服务项目，除此之外的其他项目属于自选项目。具体项目包括整理床单位、协助更衣、口腔清洁、手足部清洁、头面部清洁梳理、帮助进食/水、帮助如厕、会阴清洁、床上使用便器、鼻饲、协助翻身叩背排痰、失禁护理、洗发、人工取便、指/趾甲护理、压力性损伤（压疮）预防和护理、温水擦浴、沐浴、精神慰藉、留置尿管护理、借助器具移动、人工肛门便袋护理等。

民政部门的老年人护理内容一般以日常生活照料为主，医疗护理欠缺。例如，服务内容围绕“六助”展开，即“助餐、助浴、助洁、助行、助医、助急”等，具体包括：上门为老年人做饭做菜、为老年人送餐、为老年人清理床边卫生、为老年人更换被褥、为老年人清洗衣服、为老年人家庭做清扫房间等，换洗窗帘等普通保洁,为失能老人洗澡,为老年人在床上擦浴,陪同老年人外出办事、上下楼、购物、参加活动等,为老年人外出代购生活物品,协助老年人早中晚服药,为老年人喂饭、喂水、鼻饲等,协助老年人大小便等,为老年人上门修剪指甲、洗头、理发剃须、褥疮防治、尿道口护理、口腔护理、翻身更衣等,为老年人洗脸、刷牙、穿衣、梳头、脱衣、洗脚、会阴清洁等,为老年人建立健康档案、用药提醒、营养指导、常规生理指数监测、体温、血压、心率、血糖、体脂、血氧饱和量等,为老年人进行上肢、下肢或其他部位的肌力训练,或者为老年人提供视觉、触觉、听觉等方面的感官训练,生日关怀,节日关怀,为老年人提供生日、节日等重要时刻的精神慰藉服务等。

仔细考察上述服务项目,可以得出结论,三个部门提供的老年人长期护理服务可以分为两类,卫生健康部门提供的主要是"医疗护理",而医保局和民政部门对老年人的护理均以日常生活照料为主要内容,有意愿且有条件开展医疗护理的占比很小,只在少部分地区进行,失能老人的护理需求不能完全得到满足。究其原因,在于医疗服务机构可以借助专业化医疗设备、仪器和人员,提供专业的医疗服务,但是对于长期护理保险而言,其签约的长期护理协议机构多为养老服务机构、养老服务中心、护理服务站或类似机构,其提供的护理服务医疗专业性有限,而民政部门下属养老服务机构提供医疗护理服务的能力则更为薄弱。此外,现实的医护人员一直处于短缺的状态,无法实现日常生活照料与医疗护理并行,且医疗护理导致的事故容易产生争议,如何定责、由谁担责,都存在较大的隐患,目前全面推行医疗护理的条件似乎也尚未成熟。

然而,一个不可回避的问题也由此产生,究竟老年人需要怎样的服务?失能老人相对于一般老人,身体机能的损害更大,且大多需要卧床或者坐轮椅,除了能弥补生活自理能力丧失的日常生活护理外,针对个体疾病差异而提供的医疗护理待遇也是极有必要的。如前所述,《长期护理失能等级评估标准(试行)》将长期护理界定为"在持续一段时间内给失能人员提供一系列基本生活照料和与之密切相关的医疗护理"。显然,长期护理的内容由两个部分构成:生活照料和医疗护理。现行长期护理服务主要体现为生活照料的做法,不符合政策制定的初衷,也与世界其他国家的通行做法脱轨。

(三)服务资金政策缺陷

我国老年人长期护理服务一直呈现"三龙治水"的局面,这也同时意味着,三个部门都要为共同的服务对象筹集资金,这在一定程度上引发了公共财政资金的浪费。那么应当怎样从根本上去解决这个问题呢,哪个部门应当真正承担老年人长期护理服务的资金筹集责任呢?这就需要从理论上去深入探究我国老年人长期护理服务的产生发展与制度功能。

溯源长期护理制度在全世界的产生，荷兰是世界上第一个通过社会保险制度解决护理需求的国家。尽管荷兰是位于欧洲西北部的一个面积很小的国家却是世界上人口密度最高的国家之一，且历史上老龄化程度比较严重。由于老年人口长期占用住院床位且大幅推高住院费用，迫使荷兰国会从 1962 年开始重视医疗成本控制的问题，并认为医院及长期护理机构的照料护理费用应考虑其他筹资方式。1968 年 1 月 1 日，荷兰正式实施《特殊医疗费用支出法》，旨在在医疗保险制度之外构建针对老年人和残疾人的长期护理服务发生费用的社会保险分担机制，成为当代长期护理保险制度的雏形。德国作为长期护理保险制度的世界典范，其建立长期护理保险制度的动因与荷兰相似。在 1994 年《德国社会护理保险法》出台以前，对于生活不能自理、需要照顾的老年人，在德国主要是通过医疗保险和社会救济来进行支持，但引发了“社会性住院”的泛滥、医疗费用的高涨和社会救济费用的持续攀升，同时也对地方财政形成了巨大的压力。基于此，自 20 世纪 70 年代中期，德国国内展开了对护理保险需求的大讨论，开始寻求建立医疗保险制度的替代品，即通过建立独立的长期护理保险来满足社会成员的护理需求。在经过 17 次的立法失败之后，终于在 1994 年通过《德国社会护理保险法》，并于 1995 年 1 月 1 日施行。

基于上述内容，不难发现，长期护理保险制度是在人口老龄化程度持续加深，长期护理需求不断从家庭向社会流动并推动医疗住院费用不断上涨，医疗保险制度日益偏离其原有目标的背景下，为了保障全体社会成员，特别是老年社会成员的照护权益而进行的社会保险制度创新。这项制度设立的初衷是为老年照护服务的顺利开展提供资金支持。诚如养老保险是为老年人的基本生活提供资金保障，长期护理保险同样也是一种筹资安排，是为长期护理服务提供资金支持。应该注意的是，资金提供和服务保障应该泾渭分明，医保部门作为长期护理保险的资金筹集和管理部门可以通过政府购买的方式为服务对象发放实物待遇，但承担服务待遇保障的机构应当是医疗服务机构和养老服务机构。现阶段医疗服务机构和养老服务机构的主管部门（卫生健康部门和民政部门）通过自有资金来为老年人提供长期护理服务，实则是三方职能职责边界不清的一种表现，极易造成政策的割裂、待遇享受的不公平，以及公共服务资源的浪费。

另一个深层次的原因是我国现阶段长期护理保险仍处于试点阶段，独立筹集资金的能力偏弱，基金池规模偏小，且相应的法律保障机制滞后。首先，长期护理保险独立筹资渠道受限，对医保基金的依赖性较大。多数试点地区都是将医保基金转移支付作为资金来源的主要渠道，一方面是从基本医疗保险统筹基金中划转;另一方面是从医保基金个人账户中划转来代替个人缴费。如果仅靠医保基金转移维持,没有独立来源的自有基金支撑,很容易面临资金失衡的风险,不利于长期护理保险的长远发展。其次,长期护理保险独立筹资缺乏正式制度保障。尽管实践中采用"护理保险跟随医疗保险"的原则,但长期护理保险实施仅是依据中央部委发布的政策性规范性文件而实施的,并没有具有法律效力的相关规定,变相的"强制参保"在实质上造成了对个人医疗保险权益的侵害。最后,由于特殊原因,我国城乡基本医疗保险采用的是"自愿参保"的原则,如果将长期护理保险扩大到城乡基本医疗保险,极有可能在原有"自愿参保"的路径依赖下,对长期护理保险的扩面造成潜在的法律风险,在很大程度上限制了长期护理保险基金的扩容和基金池的增大。

六、老年人长期护理服务的国外制度模式

(一)典型制度模式

进入 20 世纪以后,随着医疗卫生条件的普遍提高、人口预期寿命的延长,老龄化正逐渐成为一个世界性的发展趋势,随着这一趋势的不断深化,与老年人有关的诸多问题也都逐渐凸显出来。人口快速老龄化带来的老年人长期护理问题不仅是我国面临的严峻挑战,也是全世界关注的社会焦点问题。受政治、经济、文化、历史传统因素的影响,以及受社会结构转变等因素的制约,不同国家选择的老年人护理保险模式不尽一致。按照保障对象、缴费责任、供给主体等的不同,可以大致将世界各国老年人长期护理划分为三种模式:国家税收模式、社会保险模式和商业保险模式。传统欧洲福利国家普遍采用国家税收模式,而德国、日本等国较为青睐社会保险模式,美国则是商业保险模式的典型国家。

1. 国家税收模式

国家税收模式以英国、瑞典、丹麦、西班牙、奥地利等国为代表。上述国家深受《贝弗里奇报告》中"福利国家"理念的影响,倾向于为老年人提供全覆盖、水平高的老年护理服务。换言之,上述国家推行的"普遍福利政策"决定了其老年人长期护理制度的主要特征是:在税收筹资的基础上,为有照护需求的老年人提供"普享"型的老年人长期护理服务,由公共服务部门提供包括医疗护理和生活照料在内的全部护理服务。例如,在英国,维持老年人长期护理体系运转的资金来源于地方财政补助以及地方政府成立的基本医疗信托基金。[①] 地方政府、志愿

① 参见周坚、韦一晨、丁龙华:《老年长期护理制度模式的国际比较及其启示》,载《社会保障研究》2018 年第 3 期。

者和私人机构均可为老年人提供长期护理服务，英国政府对每一个老年申请者进行照护需求的评估，获得资格的老年人按照重度、次重度、中度和轻度的评估结果享受相应待遇，包括实物和现金两种形式。前者包括日间照护、送餐、上门服务、改善居住条件及专业护理支持等内容，后者体现为“护理津贴”，老年人可根据自身需要、在政策限定范围内购买照护服务。[①] 瑞典、丹麦、西班牙、奥地利等国的制度模式与英国类似，值得一提的是，上述所有国家均遵循“需求优先”原则，即服务获得仅与老年人的护理需求相关，与其收入状况无关，无须进行收入和财产核查，每一个有护理需求的老年人均能获得所需的护理服务。

2. 社会保险模式

社会保险模式以德国、荷兰、日本等国为代表。荷兰 1968 年《特殊医疗费用支出法》是世界上老年长期护理保险制度的开端，德国沿袭荷兰的做法，于 1994 年出台《德国社会护理保险法》。尽管在该法出台之前经历了长达 20 年的大讨论，但该法一经施行，便广受欢迎，并成为其他国家纷纷效仿的对象。日本于 2000 年开始引入长期护理保险制度，并通过不断完善立法形成了较为成熟的老年人长期护理保险制度体系。上述国家以“社会连带主义”思想为理论基础，倡导社会成员之间的互助互济，在社会保险制度能够正常运转的时候，政府财政是无须介入的。将长期护理保险纳入社会保险体系同时也意味着长期护理保险制度与医疗保险制度之间泾渭分明。长期护理保险基金通过与社会服务机构签订协议购买老年人的护理服务，政府则主要扮演需求评估、价格指导和监督管理的角色，促进护理服务提供者之间的有序竞争和市场发展。在服务给付的方式上，德国长期护理保险主要采取现金给付和实物给付相结合的方式，而日本则仅提供护理服务，不存在现金给付方式，即主要是直接提供居家护理服务和机构护理服务作为保险标的的给付。值得借鉴的是，上述国家均强调“居家护理优于机构护理”的基本原则，为家庭非正式护理人员的护理服务提供法律认可和政策支持，促进居家护理的优先选择，支持方式包括提供现金支付、为满足特定时长的非正式家庭护理人代为缴纳养老保险费、各种灵活就业和“喘息服务”等假期制度等。

3. 商业保险模式

美国是商业保险模式的突出代表。美国的福利制度模式为“补缺型”制度模式，远不如欧洲福利国家慷慨大方。在美国，老年人的照护风险被视为“个人风险”，而非“社会风险”，其既没有建立常态化的老年人长期护理保险制度，也没

---

① 参见张盈华：《老年长期照护：制度选择与国际比较》，经济管理出版社 2015 年版，第 64～65 页。

有设立专门的老年人长期护理基金或津贴,而是鼓励老年人购买商业长期护理保险产品来应对个人的护理风险。该模式需要市场本身拥有提供长期护理产品的能力和居民愿意购买的意愿,但因保费高昂、保障责任有限等原因,美国商业长期护理保险市场规模较小。美国在1965年《社会保障法》(修正案)中建立了老年和残障健康保险制度,与此对应,长期以来在这一领域真正发挥作用的是针对低收入老年人的"医疗照顾计划"和"医疗救助计划"。前者的受益群体主要为65岁以上的老年人、残疾人,该计划为这类人群提供基本医疗性护理服务,资金主要来源于工资税及联邦财政。后者主要为低收入的老年人、残疾人、儿童等群体提供基本的医疗护理和日常护理,通过联邦和州两级筹款。在服务提供上,美国主要采取实物给付的待遇支付方式,即通过机构、社区和居家护理等形式向被保险人提供护理服务,后两者是最主要的服务方式。

(二)模式比较与启示

1. 模式比较

(1)国家税收模式采用"普遍福利"原则,其优势在于完全由政府财政出资,个人不需要缴费,是一种全民免费的保险模式。但国家税收模式也有天然的缺陷,主要体现为筹资渠道单一,完全依赖公共财政支出,政府财政压力较大。

(2)社会保险制度模式的优势在于强制收费实现社会范围的互助共济,资金筹集多元化,能够在参保人群中实现一定的调节收入再分配的作用,体现了社会互助和社会公平,同时也能在很大程度上减轻国家的财政负担。这种制度模式比较适合起点较低的发展中国家,目前我国的长期护理保险制度模式便是遵循该模式进行的制度设计。

(3)商业保险模式的优势在于可以提供多种长期护理保险产品,满足市场化的多元需求,政府的财政责任较少。但不足之处在于完全由个人缴费,个人承担较大的经济压力,社会共济性较差。

2. 启示

(1)制度完善是推行老年长期护理制度的重要保证。从三种典型制度的发展进程来看,相关政策和法律的出台是老年人长期护理制度得以发展和完善的前提与保障。例如,《英国社区照护白皮书》、《美国联邦健康保险可转移与说明责任法案》和《美国长期护理保险示范法规》、《德国社会护理保险法》以及《日本护理保险法》等,这些法律法规的制定,对上述国家的老年人长期护理制度的发展起到了巨大的推动作用。

(2)居家护理和社区护理是老年人长期护理服务方式的普遍选择。在老年人长期护理的服务形式方面,大多数国家采用了"以居家护理和社区护理为主,机构护理为辅”的护理模式,“去机构化”趋势比较明显。一方面,老人更倾向于在家或者在像家一样的环境中安享晚年,因为这样有利于身体护理和精神赡养;另一方面,相对于机构护理,居家护理和社区护理的成本会更低,有利于减少政府开支、减轻家庭及个人的负担。因此,各国政府从政策上对选择居家护理和社区护理的人员给予支持,使得居家护理和社区护理逐渐成为主流的服务提供方式。

(3)政府承担筹资责任和管理责任。从前述分析可知,老年人长期护理制度的运营资金主要来自政府财政拨款、单位缴费和职工缴费三个渠道,虽然政府在不同模式下的筹资责任有所不同,但没有一个国家的政府推卸筹资责任。其中,福利国家型模式中的政府筹资责任最大,社会保险型次之,商业保险型最小。

(4)老年人长期护理服务的给付方式以实物为主,较少采取现金给付的方式,如果采用现金给付的方式一般会辅以严格的资格审查。例如在德国,针对居家个人护理,通常会有不定期的上门抽查,抽查的结果与待遇的给付密切相关。

七、我国老年人长期护理服务政策体系优化路径

(一)建立老年人长期护理服务的政策整合机制

民政部门是养老服务的主管部门,但养老服务是一项重大民生事业和社会系统工程,涉及多部门共同参与,为老年人提供护理服务同样需要民政部门、医保部门和卫生健康部门的通力合作。老年人护理工作的高效推进必须注重老年人护理资源的整合,实现养老服务资源的优化配置。

从根本上讲,失能老人之所以需要得到来自家庭、社会、市场、政府更多的关爱与照护,原因在于其身体机能的严重下降,在生活上处于极为窘迫和尴尬的境地,极具特殊性与脆弱性。相对于一般老人而言,这类群体往往患有严重的慢性病或身体机能受损的疾病,对医疗护理和康复保健的需求更为迫切。根据课题组的调研,这类老人对医疗护理的需求占比高达70%。正是在这样的需求背景下,老年人长期护理服务体系的建立不能仅依靠民政部门,还需要专业医疗机构和护理人员的介入,同时,为了减轻医疗保险系统的压力,避免医疗资源被长期占用,杜绝“社会性住院”现象的产生,也有必要通过单独构建长期护理保险为其提供资金支持。

故老年人长期护理服务体系是基于失能老人的特殊护理需求,在“医养结合”框架下构建的一个全方位、多层次、多部门参与的服务体系。“医养结合”是在“健康老龄化”观念的深刻影响下,医疗服务向养老服务延伸,医疗资源和养老资源有机结合的一种养老服务模式,失能老人这类刚需人群是其主要的覆盖对象。尽管早在2013年国务院《关于促进健康服务业发展的若干意见》已经正

式提出这一概念,《“十四五”国家老龄事业发展和养老服务体系规划》和《关于进一步推进医养结合发展的指导意见》等文件也都在强调其重要性,但在实践中,我国“医养结合”却一直处于徘徊发展的过程,面临许多现实问题,具体失能老人的长期护理,则需要从多个方面进行路径完善。

(二)建立跨部门高效协同推进机制

目前在失能老人养老服务的供给方式上,存在“家庭医生”“家庭病床”“居家个人照护”“居家上门照护”“机构集中照护”“家庭养老床位”等多种形式,一个重度失能的老人可能需要和卫生健康部门、医保协议机构、民政养老服务机构分别签订相关服务协议,而同一个养老服务机构可能在不同的服务系统框架下和不同的部门签订服务提供协议,这不仅增加了事务成本和管理成本,还在一定程度上造成了公共服务资源的浪费和公共服务供给的不公平。从政策效果上看,每一个部门提供的服务均不能涵盖这类人群的“生活照料 + 医疗护理”的全部需求,只能满足失能老人的部分照料需求。其根本原因在于各部门间的涉老工作缺乏有效衔接,职责不明晰,各部门政策之间缺少一致性与协调性,“条块分割”问题明显,养老服务工作没有形成有效合力,缺乏有力的统筹协调机构。造成这种局面的原因可以概括为观点和政策的原因,一方面,在传统观念下,民政部门是老年群体养老的主管部门,老年群体对卫生健康部门和医保部门推行的医疗护理和长期护理保险均缺乏了解;另一方面,现行政策大都停留在战略和宏观层面,处于试点发展的前期阶段。尽管国家已经注意到医养深度融合发展的重要性,但是由于先前缺乏医疗护理与养老服务相结合的经验,因此政策仅停留在规划等宏观层面,缺乏可操作性的指导意见。

美国著名的政策科学家和政治学家约翰·金登于 1984 年在其著作《议程、备选方案与公共政策》中首次提出“多源流理论”。他认为,一个项目被提上议程是在特定时刻汇合在一起的多种因素共同作用的结果,而非它们中的一种或另一种因素单独作用的结果。[①] 共同作用实际上就是现实问题、政策法律以及政治影响等源流之间的交互交融。将“多源流理论”运用到老年人长期护理服务体系的完善,应当建立多部门协同推进工作机制,完善整合型医养结合的老年人长期护理服务体系。对于跨部门的老年人长期护理问题,应当激发相关部门的内在动力,推动持久性合作关系的建立,创新方式方法,产出更具协同性的公共政策和更有效的公共服务供给方式。建议在市级层面组建养老服务推进工作团

① 参见霍鑫一:《多源流理论视角下我国家庭教育政策变迁研究》,载《赤峰学院学报(汉文哲学社会科学版)》2022 年第 5 期。

队,同时建立由民政部门牵头、卫生健康部门和医保部门等多部门统筹协同推进的工作机制,明确各部门在老年人长期护理领域的工作职责,即国家医保局、卫生健康委和民政部门在长期护理资金、医疗护理和生活照料等提供方面各司其职,同时加强相关部门间的沟通衔接,建立信息共享机制和重大问题协商机制,及时解决瓶颈问题和突出问题,增强政策工具的协调性和衔接性。

(三)建立统一的老年人照护等级评估制度

2013年民政部制定印发了《关于推进养老服务评估工作的指导意见》(民发〔2013〕127号)和《老年人能力评估》等推荐性行业标准,但规定过于原则,评估标准也相对简单。部分地方为了进一步完善评估制度,出台了更为细致的评估规定,旨在通过评估,实现补贴精准化。例如,武汉市出台《武汉市养老服务对象评估办法(试行)》,对老年人的经济状况、居住状况、身体状况、养老服务需求等进行全面调查评估,形成评估意见,作为购买服务,享受专项补贴、护理等级、奖惩制度的依据。从2016年开始,我国试点长期护理保险制度,在总结试点经验的基础上,2021年8月,国家医保局会同民政部联合印发了《长期护理失能等级评估标准(试行)》,明确规定新增试点城市评估工作参照适用《长期护理失能等级评估标准(试行)》的内容,在此之前的试点城市则以此标准为指引完善地方评估标准,逐步在两年内将内容统一。2022年12月30日,国家正式颁布老年人能力评估的国家标准《老年人能力评估规范》,替代了2013年民政部出台的行业标准。由于长期护理保险的覆盖对象主要是老年人,这也意味着,目前在老年人能力评估方面,存在两个评估标准,那么以何为准呢?

从理论上讲,《老年人能力评估规范》是正式出台的国家标准,效力等级高于《长期护理失能等级评估标准(试行)》。《老年人能力评估规范》中主要评估指标包括一级指标和二级指标,一级指标包括自理能力、基础运动能力、精神状态、感知觉与社会参与4个方面;二级指标包括进食、穿脱衣物、平地行走、上下楼梯、记忆、理解能力、视力、听力、社会交往能力等26个方面。《老年人能力评估规范》将老年人能力分为能力完好、能力轻度受损(轻度失能)、能力中度受损(中度失能)、能力重度受损(重度失能)、能力完全丧失(完全失能)5个等级。《长期护理失能等级评估标准(试行)》设置日常生活活动能力、认知能力和感知觉与沟通能力3个一级指标,下设17个二级指标,最后评估结果包括0级(基本正常)、1级(轻度失能)、2级(中度失能)、3级(重度失能Ⅰ级)、4级(重度失能Ⅱ级)、5级(重度失能Ⅲ级)6个级别。

在处理两类标准的关系上,目前有两种模式,一种是"互认模式",即长期护理保险的能力评估结果可以作为养老服务开展的依据;另一种是"统一模式",

即综合国家医保局、民政部、卫生健康委等部门关于老年人能力评估和护理需求评估标准,充分借鉴建立了地方统一的老年人护理需求评估指标体系,例如广州、天津、上海目前采用的便是这种模式。

本文较为赞成第二种模式。尽管相对于2013年的标准,2022年的《老年人能力评估规范》与2021年的《长期护理失能等级评估标准(试行)》在内容上已经具有较大的匹配度,例如《老年人能力评估规范》一级指标中的两项"自理能力、基础运动能力"基本可等同于《长期护理失能等级评估标准(试行)》中的一级指标"日常生活活动能力";《老年人能力评估规范》第3项一级指标"精神状态"基本等同于《长期护理失能等级评估标准(试行)》中的一级指标"认知能力";《老年人能力评估规范》第4项一级指标"感知觉与社会参与"也可以与《长期护理失能等级评估标准(试行)》中的一级指标"感知觉与沟通能力"基本画等号。但两项标准同时也存在互通互认的制度障碍,即认定结果的等级设置是不相同的。如前所述,《老年人能力评估规范》的认定结果为能力完好、能力轻度受损(轻度失能)、能力中度受损(中度失能)、能力重度受损(重度失能)、能力完全丧失(完全失能)5个等级;《长期护理失能等级评估标准(试行)》的最后评估结果包括0级(基本正常)、1级(轻度失能)、2级(中度失能)、3级(重度失能Ⅰ级)、4级(重度失能Ⅱ级)、5级(重度失能Ⅲ级)6个级别,即在重度失能的等级设置上,《老年人能力评估规范》是两个等级,而《长期护理失能等级评估标准(试行)》是3个等级,《老年人能力评估规范》的重度失能(仅设置一级)和《长期护理失能等级评估标准(试行)》的重度失能(设置三级)之间的对应性如何理解呢?《老年人能力评估规范》的完全失能和《长期护理失能等级评估标准(试行)》的重度失能之间的关系又是怎样的呢?恰巧"重度失能"这个板块是老年人长期护理服务最为关注的环节,如果这些关键性的问题不能厘清,评估结果的互通互认便无从谈起。基于此,本文认为,第二种模式能在更大程度上避免制度安排的硬伤,能更好地解决老年人因申请项目不同而需要重复评估的问题,同时也能统一评估的程序规范、建设统一的评估人员库,并进行统一的技术培训、评估的质量管控,对评估结果进行统一应用,更具有可操作性。

(四)加强老年人长期护理服务体系的顶层设计

从国外的制度经验来看,扎实的顶层设计是保证制度有效运行和实施的重要举措,通过建立健全机制体制和完善的政策及法律制度解决老年人长期护理服务运行中的各种问题。目前,国家层面关于老年人长期护理服务缺乏体系化的制度支撑,仅有零散的由国务院办公厅、卫生健康委、医保局、民政部发布的政策文件、行政法规等规范性文件,内容主要包括推动养老服务产业的发展、加快养老服务体系构建及强化机构许可等方面。地方层面则更多由当地政府聚焦当地社会、经济水平出台贯彻落实中央或部委的文件、推进养老服务的实施意见文件、发展医养结合服务文件、建设养老服务体系文件等。此外,各试点地区和长期护理保险政策不一,尚未达成统一的制度规范,这也加大了长期护理与养老服务措施之间的衔接难度。

面对我国老龄化加深的严峻挑战,需要创新老年人的长期护理体系、完善医养结合政策体系,基于部门协调、城乡统筹的视角破除制度壁垒,打破条块分割,加强市场引导与扶持,加快建立老年人长期护理服务制度,进一步推进养老和医疗的深度结合,并在更大范围内跨地区使用。通过出台具体的配套性文件提升老年人照护服务水平和质量,完善老年人长期护理服务的监督管理机制,使服务内容、需求评估、质量评价有明确的标准与规范。

此外,值得一提的是,在时机较为成熟的时候,也应当积极推动长期护理保险入法。目前我国老年人长期护理服务呈现多部门分治的格局,根本原因还是在于长期护理保险的发展尚处于稚嫩期,缺乏正式法律文件的支撑,无论是资金筹集、覆盖范围、服务内容还是服务监管方面都存在较大问题和争议,这也决定了这项制度在现阶段尚难以担当有效解决失能老人护理问题的重任。同样是由于长期护理保险暂未立法,长期护理和养老服务的工作内容界限不够明确,且由不同的部门负责,各部门间权责划分不明确,彼此不协调。在实际的老年人护理中,涉老部门各自开展工作,长期护理和养老服务存在重叠的护理内容,且由部门花费资金和物质去开展,大大降低了护理资源配置效率,对满足条件的老人而言,存在重复享受的同时其他需求又未得到满足,造成了有限护理资源的浪费。故建议推进立法,作为我国社会保险的"第六险"建立独立险种,这也是完善老年人长期护理服务机制的重要环节。本文秉持医疗保险和长期护理保险功能严格区分的观点立场,认为国家医保局《医疗保障法(征求意见稿)》中将长期护理保险制度作为多层次医疗保障中的一项内容是极为不妥的。长期护理保险与医疗保险的运行机理和制度目标存在差异,长期护理保险解决的是参保人员失能的基本护理保障需求问题,并非一般疾病医疗行为,其制度属性并不属于医疗保险制度。且随着医保统筹层次的提高以及调剂幅度的加大,医保基金划转筹资模式的不可持续性越发凸显。因此,长期护理保险的可持续发展依赖于相对独立的政策法律机制的建立。建议修改《社会保险法》,长期护理保险设专章加以规定。此外,建议国家卫生健康委、医保局、民政部适时联合出台有关老年人长期护理服务领域的政策文件,协调三部门工作机制,统一标准,加强衔接,形成合力,共同推动老年人长期护理服务工作高效开展。

互助养老"时间银行"公共信用塑造的法治路径*

杨复卫　黄圣丹**

摘　要:"时间银行"作为积极应对人口老龄化的新型养老模式,在我国尚处发展阶段。类似于商业银行对公共信用的追求,公共信用同样塑造了"时间银行"的生命力。一方面,公共信用是"时间银行"运行的法治根基;另一方面,公共信用为"时间银行"运行提供了法治激励。从实践历程上看,"时间银行"经历了萌芽时期、探索时期与发展时期。当前,塑造"时间银行"公共信用虽已上升到法治层面,但仍然存在诸多制约环节,如参与主体权利义务不明、信用担保制度缺失等。法治塑造"时间银行"公共信用需以保障参与者的期待权与养老权为中心,明确软硬法相结合的塑造方法,进而构建主体权利义务、信用担保、监管等具体制度措施,以期实现塑造其公共信用的法治目标,为积极应对人口老龄化战略提供参考思路。

关键词:互助养老　时间银行　公共信用　法治路径

一、问题提出

党的二十大报告提出"实施积极应对人口老龄化国家战略"。我国60岁以上老年人口达2.8亿,占总人口19.8%,"十四五"时期占比将超过20%。[①] 互助养老"时间银行"正是人口老龄化背景下积极应对人口老龄化国家战略的新模式。正如习近平总书记所言"要把老有所为同老有所养结合起来,研究完善政策措施,鼓励老年人继续发光发热,充分发挥年纪较轻的老年人作用,推动志愿

---

* 本文系国家社科基金项目"机构养老发展的法治保障研究"(22BFX120)阶段性研究成果。

** 杨复卫,西南大学法学院教授;黄圣丹,西南大学社会政策与法律研究中心研究助理。

① 参见何毅亭:《全国人民代表大会常务委员会专题调研组关于实施积极应对人口老龄化国家战略、推动老龄事业高质量发展情况的调研报告——2022年8月30日在第十三届全国人民代表大会常务委员会第三十六次会议上》,载《中华人民共和国全国人民代表大会常务委员会公报》2022年第5号。

者在社区治理中有更多作为”[1]。通过互助养老“时间银行”建设,既解决了人口老龄化衍生的家庭养老问题,又满足了老人对美好养老生活的愿景,还减轻了社会整体养老压力。互助养老“时间银行”作为一种新型养老模式,针对低龄老人在身体健康、有余力时为高龄老人提供各类养老服务,并由“时间银行”进行统计、核实、折算并记录服务时长,提供养老服务的志愿者或者其家人在年老后需要养老服务时,即可兑换相应时长的养老服务。互助养老“时间银行”以“时间”为桥梁,推动社会形成一种代际的低龄老人帮扶高龄老人的良性循环,是对基本养老服务的重要补充。“时间银行”鼓励社会成员加入养老服务志愿者大军,老年人在互帮互助中获得尊重和照顾,彰显了社会的人文关怀。目前,我国上海、南京、遵义等地区均引入了互助养老“时间银行”模式,取得了一些有益的经验。

现代社会个人间的互助行为通常是以基本的信任为纽带的。[2]“时间银行”作为一个中介机构,只有获得公共信用才具有生命力。“时间银行”作为一个新兴事物,缺乏完善的法律制度护航,导致对“时间银行”公共信用的塑造还缺乏社会共识。我国互助养老“时间银行”的地方实践呈现出的志愿服务参与者不足、参与意愿不高等问题便是例证。[3] 实际上,受制于风险意识的影响,“时间银行”短时间内难以取得大众信任。可见,在“时间银行”依然遵循商业银行制度赖以建立的信用基础之上,公共信用是“时间银行”建立的最底层逻辑。因此,对“时间银行”公共信用的塑造应当建立在法治的思维下,提升“时间银行”在公众心中的可信任度。遗憾的是,当前法学研究均避开了公共信用对“时间银行”生命力影响的话题,忽视了公共信用塑造互助养老“时间银行”所依循的法治路径,导致对“时间银行”的研究仍停留在简单对策层面,难以深入事物的本质。基于此,本文从互助养老“时间银行”公共信用塑造的法治视角出发,探讨法治塑造“时间银行”公共信用的基本逻辑,从“时间银行”当前地方实践现状出发,厘清其现存困境,并探究纾困之道,以期推导出“时间银行”公共信用塑造的法治方案,确保互助养老“时间银行”行稳致远。

二、法治塑造“时间银行”公共信用的基本逻辑

从词源意义上说,“信用”的原意是“我给予信任”,可进一步引申为相信、信

---

① 陈功:《以时间银行开发利用我国老年人力资本》,载《人民论坛·学术前沿》2021 年第 24 期。

② 参见吴飞:《从单向志愿到网络互惠:“时间银行”可持续发展的现实选择》,载《理论导刊》2021 年第 12 期。

③ 参见王焕、魏培晔:《时间银行能否带来可持续志愿参与?——基于一项混合研究》,载《中国行政管理》2021 年第 10 期。

任、信誉,是通过遵守诺言,实践成约,从而得到他人的信任。[①] 而对于公共信用的含义,学界当前尚未达成共识,有观点认为公共信用特指政府等公权力的信用,也有观点认为公共信用是指政府机构在发行债券过程中的举债能力等信用状况,其偿还债务的承诺来自政府机构。[②] 上述观点对公共信用主体的认定过于狭隘,公共信用的主体不应该只局限于政府等公权力主体。依本文之见,公共信用是指社会主体能够获得社会公众信任的能力,可以理解为一种公信力。"时间银行"作为一种具有"银行"特性的舶来物,"公共信用"的塑造对其发展举足轻重。

(一)公共信用是"时间银行"运行的法治根基

一方面,公共信用是银行赖以生存的基础。"时间银行"虽不是传统意义上的银行,但是作为在商业银行基础上发展而来的产物,其有着与商业银行相似的运作模式,[③]具有传统银行吸收"存款"负债经营的共性,这种共性便是银行的核心法学特征,[④]也决定了"时间银行"的运行必须建立在高度的公共信用的基础之上。此外,相较于传统银行,公共信用在"时间银行"运行的过程中更加彰显了其必要性。首先,"时间银行"实际上是以信用为基础,供需双方以时间币为媒介进行跨时间的代际服务交换,服务提供方所获得的回报具有一定的延迟性,只有在其由低龄老人变为高龄老人时,其时间积分才得以兑换。然而,由低龄老人变为高龄老人是一个相对较长的周期,服务提供者是否愿意在未取得回报的条件下持续提供服务很大程度上取决于该"时间银行"是否具有良好的公共信用。其次,"时间银行"的服务提供者和服务接收者之间并不是一对一的关系,这种代际间错位提供服务的模式更加剧了"时间银行"的信用风险。"时间银行"区别于传统银行的上述特点,均对其公共信用提出了较高要求,只有塑造更高的公共信用才能消除公众加入"时间银行"的后顾之忧。

另一方面,从实质上看,"时间银行"的本质是社会交换。[⑤] 其中信任是社会交换的基础。根据社会信任理论,信任可以分为不同类型。有学者将信任分为产生于人际关系中的保障性信任及基于体系制度信任而形成的对人的广泛

---

① 参见孙智英:《信用问题的经济学分析》,中国城市出版社2002年版,第7页。

② 参见林钧跃:《社会信用体系原理》,中国方正出版社2003年版,第25页。

③ 参见李海舰、李文杰、李然:《中国未来养老模式研究——基于时间银行的拓展路径》,载《管理世界》2020年第3期。

④ 参见刘少军:《〈商业银行法〉改为"银行业法"的总体构想》,载《中国政法大学学报》2016年第6期。

⑤ 参见杨帆、曹艳春:《基于社会交换理论的我国时间银行养老服务模式影响因素分析》,载《东北大学学报(社会科学版)》2019年第4期。

信任。[①] 在此基础上，马克斯·韦伯将人际信任分为特殊信任和普遍信任。特殊信任意指对自己所熟悉的或与自己有亲密互动的他者所产生的积极预期，普遍信任是指对于自己不熟悉的或者与自己不直接互动的他者的积极预期。中国传统社会的信任通常是建立在私人关系上的特殊信任。[②] 然而，在现代化进程中，传统的熟人社会逐步被陌生人社会所取代。[③] 传统互助养老模式得以实现的基础是基于血缘、姻亲关系带来的特殊信任，显然，在陌生人社会，这种信任模式难以再发挥作用。理想类型的“时间银行”需要强有力的普遍信任作为依托。[④] 然而，信任与信用本身就是两个相互依存的概念，信任以信用为前提，信用赢得信任，失信颠覆信任，社会公众对“时间银行”的信任建立在其良好的公共信用基础之上。

（二）公共信用为“时间银行”提供法治激励

公共信用通常与声誉挂钩，狭义的金融信用是声誉机制的一种形态，而广义的信用与声誉机制并无不同。[⑤] 声誉是市场经济中的一种信号机制，良好的声誉可以增加承诺的可信度，同时声誉也是一种无形资本，能够给其载体带来更多潜在的信任。[⑥] 对于“时间银行”平台而言，良好的公共信用能够为“时间银行”带来较高的市场声誉。其所享有的声誉越高，用户黏性就会越高，不仅能维持现有参与者，还会吸引更多潜在参与者加入。[⑦] 因此，“时间银行”为了吸引更多参与者以维持其稳定运行必然会不断维持和提高其声誉。以目前运行较为成功的南京市“时间银行”为例，南京市“时间银行”由市区政府主导，民政部门会同相关部门负责，属于典型的政府主导模式，具有较高的公共信用。数据显示，截至2020年9月24日，南京市“时间银行”共有注册志愿者2.4万人；截至2022年，南京市“时间银行”已申请志愿者超过5.7万人，其中4.2万人已通过审核正式成为时间银行志愿者。两年内南京市“时间银行”注册志愿者的数量增加了近乎1倍，一方面体现出市民参与“时间银行”志愿服务的积极性不断提升，另一

---

① See Shinrai, *The Structure of Trust*: *The Evolutionary Games of Mind and Society*, Tokyo University Press, 1998, p. 36 – 37.

② 参见[德]马克斯·韦伯：《儒教与道教》，洪天富译，江苏人民出版1995年版，第261页。

③ 参见万谊娜：《社区治理视角下互助养老模式中社会资本的培育——基于美国“村庄运动”的经验》，载《西北大学学报（哲学社会科学版）》2019年第4期。

④ 参见郑诗琪、韦嘉嘉等：《逻辑置换与信任链接：时间银行本土化现状与困境探究——以G市N区时间银行为例》，载《中国志愿服务研究》2021年第3期。

⑤ 参见戴昕：《理解社会信用体系建设的整体视角　法治分散、德治集中与规制强化》，载《中外法学》2019年第6期。

⑥ 参见党生翠：《慈善组织的声誉受损与重建研究》，载《中国行政管理》2019年第11期。

⑦ 参见王伟：《信用法治视角下的共享经济监管》，载《法学论坛》2022年第3期。

方面也反映出南京市“时间银行”公共信用建设取得良好效果,已经在群众间建立起了较高的声誉,才能够在维持现有志愿者的同时又能够不断吸引新的志愿者加入。

此外,较高的公共信用能够为“时间银行”带来诸多便利。2019 年国务院办公厅《关于推进养老服务发展的意见》提出要“加快推进养老服务领域社会信用体系建设”,“时间银行”作为缓解老龄化压力的有效举措,其公共信用建设自然应当包括在社会信用体系建设范围内,社会信用体系运行的核心机制便在于守信激励和失信惩戒机制。其中守信激励是指国家行政机关、法律法规授权组织以及受委托组织严格按照守信激励法律规范中设定的运行程序要求,给予合乎要求的行政相对人物质或精神奖励的管理制度。“时间银行”在运行过程中若能够按照诚实守信原则及时履行为客户兑换时间币、提供安全保障等义务必然会提升自身信用资本,从而获得一定的利益请求权。例如,列入守信联合激励名单;公共服务(如政府采购、财政税收支持等使用公共资金的领域)优先对待;给予行政管理便利(绿色通道、降低监管频次、减少日常检查等);给予荣誉奖励(授予荣誉称号、提高信用等级、守信情况被政府宣传推介等)。当前我国“时间银行”多是通过政府购买等形式委托给企业、社会组织等社会主体运行,良好的公共信用无疑会给其带来巨大利益。

三、“时间银行”公共信用塑造实践

(一)“时间银行”公共信用塑造的实践历程

在我国古代社会,和“时间银行”类似的互助互惠思想和实践便已经存在。①先秦时期,诸子百家就已经提出了各家的“互助观点”:儒家学派倡导社会互助论,认为有余力余财的人应当帮助无劳动能力或贫困或遭受突发事件的社会成员。孟子在描述井田制时就强调“乡里同井,出入相友,守望相助,疾病相扶持,则百姓亲睦”,是儒家互助思想的重要体现。道家也提出“物者,中和之有”,即社会中的财富是社会共有的。因此,“天道助弱”,人们必须互助友爱才能实现社会和谐。墨家提倡“有力者疾以助人,有财者勉以分人,有道者劝以教人。若此,则饥者得食,寒者得衣,乱者得治”,即主张有能力者帮扶身处困境者。以上各家互助互利或济世助人的思想与“时间银行”倡导成员内部互相帮助的理念实际上并无二致。从实践中看,我国古代宗族之间早已存在互助实践,民间人情

① 参见陈功、黄国桂:《时间银行的本土化发展、实践与创新——兼论积极应对中国人口老龄化之新思路》,载《北京大学学报(哲学社会科学版)》2017 年第 6 期。

往来式实践亦是体现了互助思想，为“时间银行”在我国的萌芽和发展奠定了坚实的基础。从“时间银行”首次在我国提出开始，本文将“时间银行”在我国的实践分为萌芽时期、探索时期和发展时期。

1. 萌芽时期（1998年至2007年）

20世纪90年代末期，上海市虹口区提篮桥街道开始推行“时间银行”的试点工作，标志着“时间银行”进入了我国的地方实践。该“时间银行”以时间存折的形式记录参与者服务时长与服务内容，待参与者年老时便可凭时间存折兑换相应的养老服务。其一经成立便吸引了全国许多地区的效仿与学习，北京、太原、南京等地都曾派人赴沪取经。遗憾的是，仅经过5年，该“时间银行”就因为人口迁移、计量标准不统一、账本丢失等原因开始举步维艰并最终走向“破产”，国内首家“时间银行”探索以失败告终。在虹口区“时间银行”设立后，北京、广州、重庆等地方也纷纷开始了“时间银行”的实践，但是虹口区“时间银行”运行过程中所面临的风险、管理等困难后续“时间银行”同样面临。这一阶段的“时间银行”主要是依赖社区力量运行，尚未受到政策制定者的关注。

2. 探索时期（2008年至2016年）

在人口老龄化程度加深和志愿服务事业蓬勃发展的双重影响下，我国“时间银行”迈入探索时期。这一阶段“时间银行”数量激增，根据相关数据统计，2008年至2016年有超过31家“时间银行”试点在全国各地成立，“时间银行”的组织架构和管理规范日趋完善，涌现出了诸如广东南沙“时间银行”、淄博张店社区“时间银行”、南京兆园社区“时间银行”等典型案例，政府层面也开始给予支持，逐步开始建立起支持“时间银行”发展的政策，例如2014年武汉市便出台了志愿服务“时间银行存取制度”①，同时，在这一时期，“时间银行”的运行主体不再局限于社区，政府、企业、社会组织纷纷加入“时间银行”的管理运行中，《中国时间银行发展研究报告》显示，参与调查的54家“时间银行”中，27家“时间银行”由政府管理，7家“时间银行”由公司（企业）管理，12家“时间银行”由社会组织（社区组织）管理，8家“时间银行”由其他组织管理，可见，这一时期社会力量在“时间银行”运行过程中发挥着重要作用。“时间银行”的试点范围也不再仅限于大城市，而是拓展到中西部地区，北京、上海等地更是出现“时间银行”机构聚集性发展，各机构之间逐渐建立起相互联系。

① 《首部〈中国时间银行发展研究报告〉在京发布》，载中国红十字基金会官网2021年9月26日，https://www.crcf.org.cn/article/21869。

3. 发展时期(2017 年以后)

2017 年以后,国家逐步重视"时间银行"在积极老龄化战略中发挥的重要作用,在这一阶段,中央出台了相关政策肯定了"时间银行"的合法性,2017 年《志愿服务条例》正式施行,明确指出要记录志愿者服务时间、服务情况等方面的信息,促进了"时间银行"互助服务机制的建立。2019 年 3 月,"时间银行"被纳入居家社区养老服务改革试点的范围,同年 4 月,国务院在《关于推进养老服务发展的意见》中明确提到要加快建立志愿服务的记录制度,培养老年志愿服务队伍,探索"时间银行"互助养老模式的发展,2020 年民政部发布的《志愿服务基本术语》将"时间银行"纳入其中。从地方来看,2019 年开始,北京、上海、青岛等地便纷纷出台了"时间银行"方案,多地养老服务条例中也多有提及发展"时间银行",可以看出,这个阶段"时间银行"已不仅是作为社区内部的养老模式而出现,而是被上升到了国家层面,开始探索通过各项方针政策保障其发挥社会养老的重要作用。

(二)"时间银行"公共信用塑造的法治实践

我国"时间银行"多是依托社区而发展,是一种自下而上的互助养老模式探索机制。[①] 随着老龄化程度的不断加深,"时间银行"互助养老模式逐步受到重视。2018 年《政府工作报告》首次明确提出要发展互助式养老,国务院办公厅《关于推进养老服务发展的意见》等多部法律文本也提出要建立与完善"时间银行"互助养老机制。同时期,民政部将"时间银行"纳入全国居家社区养老改革试点范围。但遗憾的是,我国至今尚未出台一部专门的法律法规将"时间银行"运行规范化。多数法律文件仅简单提及要发展"时间银行",未对其进行过多规定,当前,仅部分地区的"时间银行"方案规定相对详细,基于此,本文主要以各地"时间银行"方案为对象,梳理总结"时间银行"面临的困境并提出解决方案,为法治塑造"时间银行"公共信用奠定基础。

1. 尚未明确"时间银行"参与者权利义务

"时间银行"具有社会性,本质上是人与人的互动,其运行依赖源源不断的参与者的加入,保障其权利是塑造"时间银行"公共信用的必然选择。目前,北京、上海、南京等地均出台了"时间银行"实施方案,但该方案主要侧重于对政府职责进行规定,尚未对"时间银行"参与者权利义务进行明确规定。"时间银行"作为一个新生事物目前法律法规、相关政策文本尚未明确规定应该由哪一部门法予以规制,这也是导致参与者权利义务不明的原因。2020 年民政部发布的

① 参见纪春艳:《农村"时间银行"养老模式发展的优势、困境与应对策略》,载《理论学刊》2020 年第 5 期。

《志愿服务基本术语》列入了志愿服务"时间银行"的概念,但在具体制度设计上也并未以志愿服务行为为基准明确参与者权利义务。此外,南京、上海、郑州等地均提及时间积分的兑换标准,广州提出允许时间积分兑换实物,上海也提出在满足一定条件后,时间积分可以兑换实物。换言之,各地均认可了"时间银行"模式下服务的可交换性,在此基础上,南京市《养老服务时间银行实施方案(试行)》提到"志愿者因户籍迁离本市等原因需注销账户时,按照最新公布的非全日制小时工工资标准的10%给予一次性补助",其首次以工资的形式对"时间银行"服务进行衡量,一定程度上也肯定了"时间银行"模式下服务的"劳动"属性,遗憾的是,当前劳动法领域内也并未纳入"时间银行"相关概念。

2. 监督制度有待完善

"时间银行"公共信用的塑造除明确参与者的权利义务外,也离不开有效的监管。监管对于一项机制顺利运行的影响不言而喻。当前各地"时间银行"方案虽然均规定了对"时间银行"进行监管,但是多是在保障措施方面简单提及,尚未形成系统性规定。监管主体上,监管主体并不明确,各地方案对监管主体表述并不一致。南京规定由市、区两级建立监管机制;广州、青岛、郑州仅在保障措施方面提及要加强对"时间银行"的监督管理,并未明确监督主体;北京明确由民政局进行监管。监管内容方面,各地规定的监管内容碎片化,仅涉及内部监管方面内容,如对服务质量与时间积分的监管。例如,青岛、郑州侧重于对服务本身进行监管;南京除要求在服务方面进行监管外,还强调要对订单真实性、重点发放时间对象等方面进行监管;北京、广州则主要强调对时间积分数据进行监管抽查,在"时间银行"运行、资金管理合规性等涉及外部监管的事项鲜有被提及。监管方式上,当前各地时间银行方案只是提及对"时间银行"进行事中、事后监管,忽略了事前准入对防范"时间银行"运行风险的重要性。

3. 信用担保制度缺失

当前我国各地"时间银行"方案尚未对其信用担保作出明确规定,上海等地的"时间银行"方案虽提及"担保"二字,但仅涉及政府资金层面的担保,"时间银行"作为一种复杂的信用产品,又属于新生事物,政府仅在资金层面进行担保显然不够。一方面,虽然目前我国的"时间银行"由政府主导,但实际运营者大多是社会组织或社区,相较于政府而言,这些社区和社会组织由于各方面资源和条件的限制,远没有那么强的公信力来为"时间银行"提供信用保障。再加上社会组织面临领导者更换,社区居委会面临换届等现实问题,"时间银行"公共信用更加难以保障。另一方面,从各地实践来看,当前我国"时间银行"的资金大部分源于政府,[①]南京市“时间银行”运行伊始,政府就投入了 1000 万元资金用以预防“时间银行”风险,后续资金也基本源于政府;广州南沙“时间银行”虽然也有公益基金捐助,但每年还是以政府拨款为主。“时间银行”的运行固然离不开资金支持,但是全部依托政府的资金支持无形之中也加大了财政压力,同时也增加了“时间银行”的运行风险。无论是国外的“时间银行”还是国内的“时间银行”都是一种典型而复杂的信用产品,其实质是服务时间的延迟支付,类似于金融行业货币的延期支付,如果缺乏完善的信用担保机制,必将在未来可预期的时间范围内爆发信用危机。就此而言,政府仅在资金层面进行担保远远不够。

四、“时间银行”公共信用塑造:理念、方法与制度的体系设计

随着社会不断发展,法律作为调整社会利益和矛盾的手段越发受到人们的关注与重视,对“时间银行”公共信用塑造来说,法治的作用不言而喻,通过法治塑造其公共信用需要从以下几个方面着手:首先,明确以权利保护为中心的法治理念,充分尊重并保护老年人的期待权与养老权;其次,发挥软硬法优势,探寻软硬法相结合的立法方式;最后,确定恰当的制度设计,从权利义务设计、监督制度与信用担保制度构建等方面打造具备可行性的“时间银行”法治路径。

(一)坚持以权利保护理念为中心

“时间银行”作为一种纯信用产品,参与者加入“时间银行”最大的顾虑在于其存入的时间币在未来能否顺利兑换,以及其在服务过程中的安全保障问题。从法律视角来看,“时间银行”公共信用的缺乏实质上是对参与者权利保护的缺乏,在当下这个“走向权利的时代”,对参与者权利的保障是塑造“时间银行”公共信用的基本前提。因此,“时间银行”公共信用的塑造必须以保护参与者权利为中心,通过“法律赋权”从制度上给予参与者权利保障。塑造“时间银行”公共信用至少需要对参与者的期待权利和养老权利进行保护。

“期待权作为一项权利,是对未来权利取得的一种期望”[②]。期待权的确切含义在学理上莫衷一是,除《德国遗产税法》第 2 条及第 6 条提及继承人之期待权外,至今尚未有任何国家在成文法中正式使用这一概念。[③] 德国学者所讨论的期待权通常与附条件的民事法律行为相联系。[④] 从国内看,我国学者王泽鉴认

---

① 参见《首部〈中国时间银行发展研究报告〉在京发布》,载中国红十字基金会官网 2021 年 9 月 26 日,https://www.crcf.org.cn/article/21869。

② 杨丰菀:《论基本养老金期待权的保障》,载《江汉论坛》2016 年第 9 期。

③ 参见王睿:《期待权概念之理论源流与界定》,载《北方法学》2017 年第 2 期。

④ 参见张静:《论条件的溯及效力与即时效力》,载《中外法学》2021 年第 5 期。

为,期待权是需要法律给予支持和保护的,要想获得法律保护就需要具备权利的部分成立因素,进而获取更多条件,促使它进一步转化为权利,获得法律地位。[①]史尚宽教授认为,当权利的成立条件已经进入拥有的状态,但是成立的条件还没有完全得到满足时,受到法律的相关制度保护,就可以被认为是一种期待权。[②]可见,国内外学者定义期待权时都倾向于将其与达到一定“条件”联系。作为一种权利实现周期较长的养老模式,“时间银行”服务提供者要想转变为服务接受者需要达到一定年龄,以满足一定的“等待期间”为条件,例如北京市“时间银行”实施方案规定老年人达到62岁后便可使用时间积分换取养老服务,由此,“时间银行”参与者的期待权便应运而生。“时间银行”参与者期待权就是在“时间银行”服务关系成立后,换取养老服务的条件成就之前参与者的权利状态。在发生“时间银行”倒闭、参与者迁移等情形时,参与者往往会丧失应得服务给付的期待权,阻碍其在年老丧失劳动能力时从国家获得养老保障。

养老权是指公民在年老时享有要求家庭和子女提供赡养与扶助,以及要求国家和社会提供基本养老保障的权利。家庭养老是我国传统养老模式之一,也是我国目前最主要的养老模式,然而,在多年来计划生育政策的影响下,“四二一”的家庭结构使得家庭养老压力陡增。[③] 家庭养老已然不能适应快速发展的经济社会的需求。但是应当注意到,实现公民养老权不应当只是家庭义务,更是国家义务,我国《宪法》第45条第1款第1句规定:“公民在年老、疾病或者丧失劳动能力的情况下,有从国家和社会获得物质帮助的权利。”《老年人权益保障法》第4条规定:“国家保障老年人依法享有的权益。老年人有从国家和社会获得物质帮助的权利,有享受社会服务和社会优待的权利,有参与社会发展和共享发展成果的权利。禁止歧视、侮辱、虐待或者遗弃老年人。”这些法律规范均表明,养老权是每个公民都应当享有的权利,保障公民养老权是国家的应然义务。然而,在如今生育率持续走低,人口老龄化不断加深的形势下,若全然依靠国家养老,势必给国家财政带来巨大压力。“时间银行”正是在家庭养老、国家养老双双面临困境的情况下的产物,这种养老模式并非由国家直接提供养老服务,而是居民以服务换服务的一种自我养老方式,但这并不意味着国家养老义务的消失,而是由直接给付义务转为担保义务,通过资金支持、构建保障制度等方式确保“时间银行”能够长久运行。

---

① 参见王泽鉴:《民法学说与判例研究·第七册》,北京大学出版社2009年版,第193~195页。

② 参见史尚宽:《民法总论》,中国政法大学出版社2000年版,第26页。

③ 参见李海舰、李文杰、李然:《中国未来养老模式研究——基于时间银行的拓展路径》,载《管理世界》2020年第3期。

(二)丰富塑造方法:软法与硬法的一体构造

塑造“时间银行”公共信用,关键在于参与者的权利保护,在现代社会,法律是权利保护的重要手段,法律包括硬法与软法两种具体规范形式。塑造“时间银行”公共信用可从软硬法两方面出发,将参与者权利制度化、规范化,从应然权利转变为实然权利。其中硬法是指国家强制性的法律、法规、规章等,主要由国家机关按法定职权负责实施。软法则为社会组织章程、自律规则、公司章程等规范,一般由社会力量自己执行,法律、法规、规章中没有明确法律责任的条款因不具有法律强制力也被归为软法。[①] 相较于软法,硬法具有更高的权威性,[②]“时间银行”作为一个缺乏信任基础的新生事物,决定了其公共信用的塑造必须以具有高度权威性、以国家强制力作为保障的硬法为基础构建其制度框架。在参与者权利义务设计、“时间银行”运行的监督、兜底制度设计等涉及参与者权利保护的基础性方面应当用硬法予以强制性规制。但同时应当注意到,“时间银行”作为一种参与者多元的养老模式,单靠纯粹的强制性方式予以规制不免捉襟见肘,塑造“时间银行”公共信用并非软硬法二者择其一,而应当是刚柔并济、软硬法兼施,发挥硬法强制性作用的同时,也需重视软法拾遗补阙的功能,填补强制性规则的法律适用真空。[③]

随着社会的不断发展,公共治理正在取代国家管理模式,社会管理越来越强调企业、社会组织、公民个人等多元化主体的参与。[④] 早在2013年中共中央《关于全面深化改革若干重大问题的决定》就指出要“加快形成科学有效的社会治理体制,确保社会既充满活力又和谐有序”,“发挥政府主导作用,鼓励和支持社会各方面参与,实现政府治理和社会自我调节、居民自治良性互动。……激发社会组织活力。”“时间银行”正是在这种背景下应运而生的,其强调企业、社会组织与个人等多元化社会主体的充分协作,这种多元化管理模式也为软法奠定了适用基础。相较于硬法,软法更能够适应主体和诉求多元、决策自主、规制自律、成果自享的治理环境。根据罗豪才教授的观点,软法规范主要包括如下几类:(1)法律、法规和规章中旨在描述法律事实或具有宣示性、号召性、鼓励性、促进性、协商性、指导性的法规范;(2)国家机关依法创制的诸如纲要、指南、标准、规划、办法等规范性文件;(3)各类政治组织创制的旨在解决执政、参政、议政等政

---

① 参见姜明安:《软法的兴起与软法之治》,载《中国法学》2006年第2期。

② 参见侯欢:《软法与硬法之治:税收优惠规范化的模式选择》,载《西南政法大学学报》2017年第2期。

③ 参见李安安:《收入分配改革中的金融政策工具及其法律配置》,载《现代法学》2015年第1期。

④ 参见沈岿:《“为了权利与权力的平衡”及超越——评罗豪才教授的法律思想》,载《行政法学研究》2018年第4期。

治问题的自律规范;(4)社会共同体创制的自治规范。[1] "时间银行"公共信用塑造的软法治理不仅需要从国家层面制定一系列软法性规范,也需要重视第三方力量,通过内部章程、制度等形式将"时间银行"予以规范化。

(三)互助养老"时间银行"公共信用的制度塑造

在明确了以权利保护为中心的公共信用塑造理念和以软硬法组合为主线的公共信用塑造方法之后,具体制度的设计问题便凸显出来。这种制度设计既需要充分发挥政府职能,又要给予其他社会主体自治空间。

1."时间银行"权利主体制度塑造

在"时间银行"运行过程中,尚未明确其参与者权利义务是未实现权利保护的根源,也是"时间银行"缺乏公共信用的重要原因。从长远来看,明确"时间银行"参与者权利义务是塑造其公共信用的必然选择。参与者权利义务的明确可从"时间银行"模式最关键的服务行为的性质入手,对于该问题,当前学界并未形成通说,主要存在"劳务关系说"和"劳动关系说"。"劳务关系说"认为,"时间银行"与服务提供者、服务接受者之间的合同属于两种不同的合同,是一种联立合同,"时间银行"与服务提供者之间属于雇佣合同关系,与服务接受者之间属于委托合同关系。[2] "劳动关系说"认为"时间银行"与服务提供者之间应当属于劳动合同关系,而"时间银行"与服务接受者之间则不属于独立的合同关系,应当是前期劳动合同的衍生合同。[3] 参与者的权益保障是塑造"时间银行"公共信用的关键,现代劳动法的基本目的即实现对劳动者的充分保护,使其人格权益得到充分彰显。因此以劳动关系为蓝本对"时间银行"主体关系进行调整更加符合"时间银行"公共信用塑造的诉求。

"时间银行"互助养老服务法律关系与劳动关系存在实质上的内在契合性。一方面,"时间银行"互助养老服务符合一方为公民,一方为组织的劳动关系构成特点;另一方面,其符合以提供一定劳动行为和劳动成果为给付标的的基本原理。[4] 因此,将"时间银行"互助养老服务纳入劳动法调整范围,据此明确参与者权利义务具备一定合理性。然而,"时间银行"法律关系与一般意义上的劳动关系有所差别,与当前劳动法律规定具有不完全适应性,全然依照劳动法进行调整

---

① 参见罗豪才、宋功德:《软法亦法:公共治理呼唤软法之治》,法律出版社 2009 年版,第 5 页。

② 参见侯丽琴:《"时间银行"模式下互助养老服务合同法律关系研究》,天津商业大学 2014 年硕士学位论文。

③ 参见王笑寒:《社会法视域下"时间银行"互助养老机制中服务合同性质定位分析》,载《法学论坛》2020 年第 5 期。

④ 参见王笑寒、郑尚元:《"时间银行"公益互助养老服务机制之法律关系界定与构造》,载《山东大学学报(哲学社会科学版)》2020 年第 6 期。

不免过于僵化。因此,可在《劳动法》《劳动合同法》等相关硬法性劳动法律规范层面加入“时间银行”养老模式的相关内容,给予“时间银行”参与者特殊劳动者的身份,赋予其合法性,同时,为灵活适应“时间银行”参与者的特殊性,还可以通过制定办法、规划等政策性、规范性文件对此类特殊劳动者进行系统性规定。对“时间银行”参与者来说,其最担忧的问题也是其最重要的权利便是取得劳动报酬的权利与获得劳动安全卫生保护的权利,最主要的义务是给付劳动。当前我国多地均出台了“时间银行”方案,但在积分兑换保障方面与参与者安全保障方面均未进行明确规定。将“时间银行”纳入劳动法的调整范围,给予参与者劳动报酬取得权硬性保障,并明确“时间银行”组织的安全保障义务,规定其违反安全保障义务应当承担的损害赔偿责任,一定程度上能够消除参与者的后顾之忧。

2.“时间银行”法律监督制度塑造

要建立完善的“时间银行”监管制度,除上文提及的制定专门性的政策性、规范性文件外,还需要在各类相关的法律、行政法规之间形成完善的监管体系,“时间银行”除涉及《劳动法》《老年人权益保障法》的内容外,在实践中还可能涉及《慈善法》《税法》《民法典》等法律规范的相关内容,为形成监管合力,应对在实践中出现的各类问题,还需要在其他相关部门法中增加“时间银行”养老模式的有关内容,同时,为激发“时间银行”活力,形成完整监管链,应当鼓励各“时间银行”以内部章程等形式明确其内部监管规定。

就监管主体看,从以往情况来看,由于政府拥有更加完备的制度保障、雄厚的资金基础,得到政府支持更有利于志愿服务发展,政府往往会指定专门部门履行监管职能。[①] 当前,“时间银行”未像商业银行一样构建起专门的监督机构与总行,而民政部门作为养老服务事业的总管部门,对于“时间银行”事务较为熟悉,可将民政部门作为“时间银行”的主要监管部门,街道、社区等机构协同监管。监管内容方面,“时间银行”的监管应当包括两个方面,一方面是对“时间银行”本身的监管,包括管理人员行为合规、资金使用情况等方面的监管;另一方面则是对“时间银行”参与双方的监管,包括服务提供者完成服务的质与量、服务订单真实性、时间积分数据情况等方面的监管。“时间银行”作为服务供需双方之间的纽带,对于双方信息获取更加便利,因此,可以考虑以“时间银行”为支点,首先,由民政部门对“时间银行”本身行为的合规性进行监管,其次,在“时间银行”内部设立专门的监管机构,负责对用户服务、积分数据真实性等方面进行监管,构建起“政府—‘时间银行’平台—用户”的层级监管模式。监管方式方面,应

① 参见刘海军:《嵌入信用的志愿服务制度:何以可能与如何有效?》,载《中国行政管理》2023年第8期。

当建立事前、事中、事后的全面监管体系。当前各地只规定了事中、事后监管,尚未注意到事前监管的重要性,相较于事中事后监管,事前监管更像是监管者针对每个经营者所做的一项"全面体检",考察市场主体是否具备作为特定行业的经营者所需的合格的能力。通过事前监管的方式要求设立"时间银行"的主体与服务供需双方具备相应的资质条件,一定程度上可以降低"时间银行"的运行风险。

3."时间银行"信用担保制度塑造

"时间银行"虽说不是真正的银行,但与一般银行一样均具有"延期支付"的特点,尤其是"时间银行"尚处于新生事物阶段,参与者不免会担忧其倒闭了怎么办?为避免信用危机的发生,我国已经以资金支持的方式对其运行进行担保。但诚如前文所述,此种担保并不足以支撑"时间银行"平稳运行。政府接管是政府担保责任实现的终极手段,也是担保责任中担保属性的本质要求,[①]是一种区别于行政处罚、行政强制措施、行政征收等传统行政行为的新型行政行为,已然成为政府化解公共危机,维护公共利益的有效手段。[②]"时间银行"作为一项公益事业,政府理应为其承担第一信用担保责任,除以资金支持的形式进行信用担保外,还应当构建政府接管制度作为"时间银行"的最后一道防线。当前学界已注意到接管责任对于"时间银行"的重要性,提出若是"时间银行"倒闭则由政府以提供养老服务代金券或其他物质奖励的方式承担接管责任,但是相关规定仍未细化。构建"时间银行"的政府接管制度需明确接管主体、条件、程序以及接管责任的终止等方面的内容。

"时间银行"政府接管制度的构建,首先,需要明确主体,鉴于目前"时间银行"并无专门监督管理机构,而民政部门是养老服务事业的行政主管部门,故本文建议由民政部门担任"时间银行"的接管主体。其次,需明确接管的条件和时机,政府接管需要符合"比例原则"的要求,银行不能满足存款人随时或按期支取本金或利息的需求是实行行政接管的决定性因素。[③]"时间银行"也一样,就"时间银行"而言,实行接管的情况可以考虑:"时间银行"志愿者资源严重不足或财务状况不足以支撑"时间银行"继续运转;"时间银行"组织严重违反法律、法规或者行政规章;在主管部门的评估考核中多次不合格;"时间银行"依靠自身能力无法继续经营而主动申请接管且经监管机构认可等。再次,需要规范政府接管的程序。政府须严格依据"正当程序原则"对"时间银行"进行接管。[④]政

① 参见邢鸿飞:《论政府购买公共服务的保证责任》,载《法商研究》2022年第1期。

② 参见应松年、冯健:《论行政接管的法律性质》,载《学习与实践》2020年第10期。

③ 参见李玫、刘涛:《我国银行行政接管的法律诠释与制度完善》,载《法学杂志》2012年第7期。

④ 参见高俊杰:《公用事业临时接管的行政法规制》,载《行政与法》2014年第1期。

府接管的程序可以包括以下三个环节:第一,启动环节,可以考虑分为两种情况,一是“时间银行”主管部门依职权启动;二是依“时间银行”承接主体或利害关系人的申请启动。第二,决定环节,“时间银行”的接管应由民政部门做出,决定应当载明接管理由、接管组织、接管期限等内容,将接管决定送达被接管人和利害关系人,并由民政部门予以公告。此外,在做出接管决定前应举行听证会等充分听取被接管人申辩意见。① 第三,执行环节。决定对“时间银行”进行接管后,民政部门应当采取必要措施进行接管,其主要职责是保证“时间银行”的持续运行。最后,对政府接管责任的终止予以明确。“时间银行”接管终止的情形包括:接管期限届满;接管期限届满前,该“时间银行”已经恢复正常经营能力;接管期限届满前,该“时间银行”被其他“时间银行”合并。

五、结语

在老龄化形势如此迅猛的今天,老年人所依赖的传统养老模式——家庭养老在“四二一”家庭结构的冲击下给年轻一代家庭成员增加了前所未有的养老压力,全然依托国家养老又不免给国家财政带来巨大负担,互助养老就是在这样一种困境下,为缓解国家养老和家庭养老的压力而产生的社会养老模式,以“互助”为理念的“时间银行”正是互助养老的典型模式,无疑是我国老龄事业和社会养老服务工作开展的重要机制与手段。与商业银行一样,“时间银行”最显著的特点便是具有延期支付性,这一特性也决定了“时间银行”的发展与良好的公共信用密不可分,公共信用决定着互助养老“时间银行”能否持续运行,既是“时间银行”的生命力所在,也是“时间银行”顺利运行的基础并为其运行提供激励。然而信用本身就是制度的化身,“时间银行”公共信用的塑造须以完善的法律制度作为支撑。“时间银行”法治化不仅回应了公众的切实需求,也是助力我国老龄事业发展,积极践行服务型政府理念的必然要求。但从当前实践来看,国家尚未出台专门法律规范对“时间银行”加以规定,提及“时间银行”的法律规范多笼统抽象,“时间银行”的发展面临参与者权利义务不明,缺乏完善的监督制度,尚未构建完善的信用担保制度等方面的困境。为塑造“时间银行”公共信用,推动我国老龄事业顺利发展,构建以保护参与者养老权和期待权为中心、以软硬法相结合为方式的制度体系,从权利义务关系塑造,构建监督制度与信用担保制度等方面进行展开不失为一套行之有效的法治方案。

① 参见杨彬权:《我国国家接管责任法律制度之重构——以基础设施供给行政为例》,载《法治研究》2016 年第 2 期。

第三次分配视域下个人求助型网络众筹的规制路径研究

蓝　滢*

摘　要:个人求助型网络众筹在发挥第三次分配作用的同时,其发展也受到了求助人投机行为、平台责任缺位以及法律规制滞后的制约。个人求助型网络众筹介于民事赠与和慈善募捐之间,该法律属性决定了其需要更具有针对性的规制方案。在具体规制内容的设计上,一方面,在承认个人求助的权利属性的同时,应当通过求助方义务的设定确保各方利益的平衡;另一方面,为实现求助平台公益与商业属性的融合,应当在把握其角色定位的基础上设定相应的义务。此外,应当构建政府、行业、社会的多方联动监管机制,助推个人求助型网络众筹的高质量发展。

关键词:个人求助　网络众筹　慈善法

引言

党的二十大报告将第三次分配纳入基础性的制度安排,强调其在推进共同富裕中的地位和作用。第三次分配最初由厉以宁先生提出,是指在道德力量的作用下,通过个人自愿捐赠等非强制方式进行分配,①包括以募集、捐赠、资助、义工等慈善、公益方式对资源和财富进行分配。

互联网技术的发展为第三次分配开辟了新的方式与渠道,个人求助型网络众筹即这一时期的成果。随着互联网技术和移动支付手段的成熟,个人求助型网络众筹的数量、捐赠人和筹款规模呈现爆发式增长。《个人大病求助互联网平台研究报告(2022)》显示,据不完全统计,2014 年 9 月至 2021 年年底,累计超过 500 万人次大病患者通过个人大病求助互联网服务平台(以下简称个人求助平

* 蓝滢,西南政法大学经济法学院社会法学硕士研究生。

① 参见厉以宁:《股份制与现代市场经济》,江苏人民出版社 1994 年版,第 8 页。

台)发布求助信息,超过20亿人次通过"水滴筹"等个人求助平台捐赠资金,筹款规模超过800亿元。可见,个人求助型网络众筹作为一种"互联网+"社会帮扶模式,一定程度上弥补了我国社会保障体系的不足,在防止因病致贫、返贫上发挥着重大作用。然而,法律的滞后性决定了新兴事物的发展必然要经历相关政策无法完全匹配的阶段。当前,个人求助型网络众筹正处于缺乏规制的野蛮生长阶段,不论是求助平台还是求助人的行为都缺乏针对性规制,成为众筹乱象滋生的土壤。现实中,"高薪演员众筹百万""替父筹款女子晒车炫富"等丑闻不断暴出,公众对于个人求助型网络众筹的信任正在瓦解。如何有效规制个人求助型网络众筹,保障其良性、可持续发展,已成为"互联网+公益"领域亟待解决的难题。本文拟从实践角度出发对个人求助型网络众筹的现状进行检视,进而以问题为导向逐一展开理论探讨,最后基于前述分析提出个人求助型网络众筹的法律规制建议。

一、个人求助型网络众筹的实践检视

(一)信任危机:诈捐、骗捐乱象丛生

互联网的迅速发展带动了个人求助方式的转变,使之能够克服传统个人求助的地域限制,通过熟人圈层向陌生人圈层扩散,实现个人困难的快速解决。与此同时,求助人与捐赠人、求助平台之间的信息不对称在网络虚拟空间中被进一步放大,使个人求助平台成为部分"求助人"敛财的工具。尽管个人求助型网络众筹从严格意义上来说并不属于慈善募捐的范畴,但事实上社会公众并未明确区分个人求助与慈善募捐,对绝大多数捐赠人而言,向求助人捐款就是在做慈善。因此,近年来不断爆出的"诈捐""骗捐"等事件在打击捐赠人善举的同时,也引发了网络慈善领域的信任危机。

具体而言,个人求助型网络众筹中的机会主义行为主要包括以下三类:一是虚构求助事由。发起人发布的求助信息主要由求助事由和经济状况两部分构成,求助事由指的是求助人本人或其家庭所遭遇的重大疾病、意外事故等困难。实践中,发起人发起求助时通常需要对其求助事由提交佐证材料,包括医院病历和身份证明等材料,在通过平台审核之后方可发布。然而,平台审核过滤效果有限,实践中网购病历、证实声明造假、个人情况说明代写的情况屡禁不止。如在"乌鲁木齐唐某诈捐案"中,唐某即通过购买"急性淋巴细胞白血病"及"一氧化碳中毒"的假病历,先后多次在"水滴筹""轻松筹"平台上发起求助筹款,合计骗取捐款6000余元。二是隐瞒财产状况,包括对相关财产信息不予列明以及列明的财产信息不实。个人求助系个人在本人或其家庭遭遇困难时向社会寻求帮助

的行为，捐赠人伸出援手的目的在于“救急难”，因而求助人的经济状况也成为热心人士考量是否捐款的重要因素。通常来说，个人财产状况包括工作收入情况、住房状况、存款情况、投资情况等，鉴于当前个人求助型网络众筹以大病众筹为主，部分医疗费用可以被基本医疗保险、商业保险、低保、医疗救助等所覆盖，故求助人的相关医疗保障情况也应当纳入其财产状况予以说明。实践中，求助人的财产状况往往依托发起人或求助人的自我申报，只要不出现被投诉的情况，都能顺利通过审核，[①]这也为求助人的“资产作假”留下了空间。部分求助人为了获得高额筹款以减轻自身压力，并未将其资产状况如实托出，在隐瞒医疗保障情况的同时也夸大了众筹款项。例如“德云社吴某臣百万众筹事件”中，吴某臣家人在增信补充中填写的财产状况为无房产，并勾选了“建档贫困户”选项，后遭网友爆料其在北京有两套房、一辆车，且父母退休金过万，在有医保的情况下仍发起百万众筹，众筹目的令人怀疑。三是滥用众筹款项，包括将众筹款项挪作他用和将剩余款项据为己有。个人求助型网络众筹中，捐赠人赠与的目的在于将其款项用于求助人发布求助时所称事由，这也就决定了求助人不得擅自挪用救助款项，对于求助事由消失后的剩余款项也不得任意支配。然而现实中，款项使用环节往往依靠求助人自律，缺乏相应监管，善款能否真正用于难处难以保证。如在“全国首例网络个人大病求助案”中，被告莫某即以为儿子治疗为由发起众筹，在提现后却未将筹集款项用于医疗费，而是用于偿还所欠债务。从结果上看，无论是求助信息不实，还是众筹款项的滥用，都将削弱大众对于公益事业的参与热情，破坏公益慈善的信任基础。

（二）责任缺位：公益、商业界限模糊

当前，我国个人求助型网络众筹平台基本由营利法人所运营，带有明显的商业属性，与此同时，个人求助型网络众筹行为本身又具备一定的公益属性，这也就导致对个人求助型网络众筹平台的性质存在一定的争议。实践中，求助平台往往会选择回避这一问题，将自身定位为网络服务提供者，如“水滴筹”平台的《用户协议》即指出“平台为发起人、求助人与赠与人之间，为了特定大病求助项目达成附义务的赠与合同提供网络空间和技术服务”。公益、商业界限的模糊成为求助平台利益的“遮羞布”，部分平台在监管空白下无序扩张，助长了个人求助型网络众筹的发展乱象。

具体而言，目前个人求助型网络众筹平台在招揽客户、众筹审核、资金监管等多个环节过度商业化，逐渐偏离行为本质。第一，地推模式增加流量。个人求

① 参见李喜燕：《论众筹平台对个人求助信息的审核义务》，载《社会科学战线》2022 年第 9 期。

助平台多由营利法人运营,该营利法人旗下往往还设有保险业务,个人求助服务并非其主要盈利来源,常见模式为通过个人求助服务占据下沉市场为其保险业务吸引流量。以“水滴筹”平台为例,“水滴筹”所属北京水滴互保科技有限公司(以下简称水滴公司)旗下设有“水滴保”业务。相关数据显示,2021 年“水滴保”首年保费中来自内部流量(“水滴筹”和“水滴互助”)的占比达到 50.4%,而当年保险相关收入占到水滴公司净营业收入的 95.8%。因此,个人求助平台的客户流量对于其所属企业的盈利来说尤为重要,平台流量与求助真实性之间的矛盾也日渐凸显。2019 年,“水滴筹”“扫楼事件”爆出,报道指出,水滴筹在超过 40 个城市的医院派驻地推人员,通过医院“扫楼”的方式寻找生病的“客源”,引导患者发起筹款,模式化撰写求助故事,以“拉人头”的方式完成绩效考核。在这样的推广模式下,求助人的病情、家境已不是重点,个人求助已然变味。第二,求助环节审核不严。捐赠人目的的实现一定程度上依赖于求助信息的真实,求助平台的审核则是保障求助真实性的“第一道防线”。然而实践中,出于审核成本与客户流量的双重考虑,平台往往在审核环节放松标准,表现为审核内容不全面、不到位,审核流于形式、审核缺位等问题。[①] 有媒体曾向“水滴筹”“轻松筹”“爱心筹”三个平台分别提交一张像素较差、存在 PS 痕迹的诊断证明,“水滴筹”“爱心筹”两平台在 2 分钟内即审核完毕,“轻松筹”则在添加疾病名称后即获通过,三条求助链接均可正常接收捐款,其审核效果可见一斑。第三,款项使用环节监管缺失。捐赠人赠与的善款附有特定的使用目的,要确保款项真正用于求助事由不能完全依靠求助人的自律,也需要一定的监管。然而款项使用的监管也意味着运营成本的提高,从平台盈利的角度考虑,往往不会在此环节花费较多的心力。从“水滴筹”“轻松筹”的个人求助界面也可以看出,目前个人求助的善款使用情况基本由款项接收者自行发布,多以概括的文字形式呈现,缺乏相应的证明和明细,给滥用善款带来可乘之机。第四,平台主导协议减轻责任。个人求助型网络众筹中,发起人、求助人、捐赠人与求助平台之间的协议内容由平台单方拟定,发起人、求助人、捐赠人一旦选择使用平台服务即视为知情并完全接受,没有任何协商的余地。在此背景下,平台为了将自身风险降到最低,往往选择在协议中作出一些加重发起人、求助人责任,减轻或免除自身责任的约定。如“水滴筹”《用户协议》中即指出平台不因审核行为“对求助信息承担任何责任,求助信息发布者应对所发布的信息承担全部法律责任”。可以看出,个人求助平台在运作过程中实际上将天平倾向了商业的一边,在扩张市场的同时规避

① 参见李喜燕:《论众筹平台对个人求助信息的审核义务》,载《社会科学战线》2022 年第 9 期。

责任,行业乱象有待整治。

（三）法律漏洞:定位、规则路径依赖

个人求助型网络众筹基于其筹款的高效性和公众大病求助的庞大需求,在短时间内快速发展,成为我国医疗保障体系的有益补充。然而,个人求助型网络众筹迅速扩张的背后,信息披露不实、平台责任缺位、黑灰产业滋生等问题也逐渐暴露,现行法律不予匹配的法律漏洞亟待填补。

第一,全国性的专门立法尚未出台。我国首部《慈善法》于 2016 年颁布实施,彼时的大病众筹正处于起步阶段,尚无纳入规制的必要。2023 年 12 月完成修改的《慈善法》虽然关注到了对个人求助型网络众筹规制的必要性,但囿于个人求助本身与作为《慈善法》核心的“公益原则”之间的不契合性,最终只能以单个条文的形式呈现在“附则”一章第 124 条中,并非《慈善法》规制的重点。从条文内容上看,新修改的《慈善法》主要涉及求助人和信息发布人的信息真实义务以及个人求助平台的信息查验义务,而对于具体的管理办法则授权国务院民政部门会同有关部门另行制定,可见当前个人求助型网络众筹的高位阶针对性立法仍处于空缺状态。第二,地方性立法规则不一。目前已出台的地方慈善法规中,湖北、江苏、浙江等 13 个省份都在其慈善法规中纳入了个人求助的有关规定,包括其定义、求助人义务、发布媒介的义务以及相应法律责任等。但存在的问题是,各地立法规定不一,部分还停留在传统个人求助阶段,对于个人求助型网络众筹缺乏适配性。以求助平台的审核义务为例,湖北、山东、浙江、重庆等 8 地明确规定“网络服务提供者应当对求助信息的真实性进行核实”,江苏、安徽两地则是将平台的审核义务限定在“以宣传报道的形式为个人求助提供帮助”的范围内,陕西、吉林两地所规定的负有审核义务的主体仅包括“慈善组织或者求助人所在单位、城乡社区组织等单位”,而福建、北京两地的慈善立法对于求助平台的审核义务则没有规定。第三,相关法律法规缺乏针对性。由于个人求助中求助人与捐赠人之间的法律关系符合赠与的构成要件,实践中因个人求助引发的纠纷多通过赠与合同的有关规定加以解决。如前文提到的“全国首例网络个人大病求助案”中,法院即依据原《合同法》追究了莫某挪用、隐瞒等违约行为的法律责任。然而《民法典》关于赠与合同的规定中涉及个人求助的主要是赠与人撤销权、受赠人义务以及违约责任,对于信息披露、余款处理等则缺乏相应的解决方案。此外,与个人求助型网络众筹相关的法律还包括《网络安全法》《个人信息保护法》等,但这些法律侧重于从用户信息安全的角度予以保障,与个人求助的监管症结并不相符。在软法治理的层面上,民政部于 2018 年至 2020 年曾先后两次引导几大个人求助平台订立行业自律公约,意图通过行业自律约束机制的建立弥补现行法律规制的缺失,维护网络慈善领域的规范秩序,但公约参与主体有限,且不具有法律的强制效力,没有硬法的托底难以完全发挥其作用。因此,在个人求助型网络众筹无序发展的背景下,针对性立法的构建已然成为当务之急。

二、个人求助型网络众筹的理论透析

(一)慈善募捐与民事赠与的共通与相斥

个人求助型网络众筹的法律属性自其诞生之时起便争论至今,有学者将其定性为一般的民事赠与行为,进而适用《民法典》予以规范;[①]也有学者将其定性为具有私益慈善和公益慈善双重属性的混合型慈善行为;[②]还有学者认为个人求助介于非慈善性民事赠与和慈善募捐之间,主张募捐概念的"二分法",将个人求助归入私益募捐予以专项规制。[③]《公开募捐平台服务管理办法》虽然明确了个人求助不属于慈善公开募捐,但并未予以进一步界定,新修的《慈善法》同样也避开了对个人求助法律性质的界定。当前个人求助型网络众筹法律规制的缺失很大程度上源于其法律属性的模糊,有待对其进一步分析以形成针对性规制。

首先,从法律关系上看,个人求助中求助人与捐赠人之间的关系符合赠与的构成要件。代入个人求助型网络众筹的流程进行分析,求助人在平台上发布求助信息实际上是在向潜在捐赠者发出要约邀请,当捐赠人点击捐款按钮完成捐赠后双方的赠与合同即告成立。进一步来看,捐赠人将款项无偿赠与求助人的目的在于将其用于缔约时所称的求助事由,求助人也就相应地负有实现捐赠目的的义务。故而个人求助中求助人与捐赠人之间的关系不同于一般的民事赠与,属于一种附义务的赠与关系。《民法典》第 661 条规定:"赠与可以附义务。赠与附义务的,受赠人应当按照约定履行义务。"当求助人未将救助款项用于约定用途时,捐赠人可以请求其履行约定义务,亦可根据《民法典》第 663 条之规定行使法定撤销权。然而民法上的赠与规定无法解决的问题是,在求助人的众筹事由实现以后,若存在剩余款项应该如何处理?从受赠人履行义务的角度出发,求助人将捐助款项用于众筹事由以后,其义务即履行完毕,捐赠人无法再行使法定撤销权要求返还剩余款项,但这并不符合捐赠人的价值取向。此外,个人

---

① 参见王丽:《浅析慈善募捐与个人求助》,载上海锦天城律师事务所官网 2022 年 1 月 24 日,https://www.allbrightlaw.com/CN/10475/9a3df07abc5ce80a.aspx。

② 参见宫蒲光:《慈善法修订中的几个重要问题研究》,载《社会治理》2023 年第 1 期。

③ 参见李德健:《后〈慈善法〉时代的私益募捐及其法律规制——以求助型网络众筹为切入点》,载《学习与实践》2022 年第 1 期。

求助型网络众筹中求助人与捐赠人之间的亲疏关系也不同于一般赠与合同中赠与人与受赠人的关系。“水滴筹”平台2021年的数据报告显示，在所有捐款人次中，求助人直接好友仅占10.9%，而平台助推所达到的陌生爱心人士比例占到了70.1%，陌生爱心人士在捐款金额中的占比也达到了63.1%。[①] 也就是说，个人求助型网络众筹中，半数以上筹款来自与求助人不存在亲友关系的陌生人，捐赠人往往只能依靠求助人发布的求助信息进行判断，双方之间存在明显的信息不对称，这决定了个人求助型网络众筹相比于普通民事赠与在信息披露上具有更高的要求。因此，虽然个人求助从单个法律关系上可以归入民事赠与的范畴，但只依靠合同规则并不能很好地解决相关纠纷。

其次，从行为模式上看，个人求助型网络众筹与慈善募捐具有相似之处，都是通过唤起不特定对象的利他心以获得捐赠。具体而言，个人求助型网络众筹中，求助人通过平台向不特定公众发出求助信息，捐赠人往往基于对求助人的同情、怜悯而施以援手。慈善公开募捐中，慈善组织同样面向公众开展募捐，捐赠人亦是基于善心而捐赠款物。据此，在面向对象的角度上，个人求助型网络众筹与慈善公开募捐都具有公共性这一属性。也正因如此，个人求助型网络众筹中诈捐、骗捐等不良事件的发生对于公共信任的破坏力不容小觑，个人求助与慈善募捐同样有着保护捐赠人知情权、不得骗捐等需求。但与此同时，个人求助与慈善募捐也存在一定的区别。其一，在发起主体上，不同于慈善募捐的主体资格限定，个人求助中不需要慈善组织的参与，仅由个人自行发起；其二，在发起目的上，慈善募捐的开展是基于公益目的，受益对象具有不特定性，而个人求助通常是为了解决求助人本人或其家庭的困难，受益对象特定，这是个人求助与慈善募捐的最根本区别。现行《慈善法》所规制的慈善活动明确要求具备公益属性，其中即包括受益对象的不特定性，个人求助也因此被排除在适用范围之外，无法适用慈善募捐的相关规则。另外，《慈善法》基于慈善组织和募捐活动的双重规制所设计的规则也较为严格，与个人求助便捷高效的特性并不匹配。因此，虽然个人求助型网络众筹基于其面向对象的公共性而与慈善募捐存在共通的规制需求，但受益对象的特定性决定了其不能直接适用慈善募捐的有关规定，需要更具有针对性的规制方案。

（二）求助权利与道德风险的冲突与平衡

虽然当前学界对于个人求助型网络众筹的法律属性存在争议，但其行为合法性毋庸置疑。从本质上看，个人求助属于生存权的延伸，既是自然权利也是法

① 参见谢琼：《中国网络慈善的创新价值与未来发展》，载《社会保障评论》2022年第3期。

定权利。生存权是一切人权之起点，贯穿人权发展的始终，其基于人类的生存本能而产生，是一种自然权利。① 作为个体人权的生存权，是指在一定社会关系和历史条件下，人应当享有的能够维持正常生活所必需的基本条件的权利。②《世界人权宣言》第25条第1款规定："人人有权享受为维持他本人和家属的健康和福利所需的生活水准，包括食物、衣着、住房、医疗和必要的社会服务。"《经济、社会及文化权利国际公约》第11条第1款同样规定："本公约缔约各国承认人人有权为他自己和家庭获得相当的生活水准，包括足够的食物、衣着和住房，并能不断改进生活条件。"因而生存权事实上等同于个人获得相当生活水准的权利。关于生存权的具体标准，日本学者大须贺明教授将其划分为三个层次：第一层次为生活的最低限度，即拥有一定数量的食物、衣物和居室等物质性条件，以维持生命和生活延续；第二层次为健康的最低限度，是指在维持生命存续的基础上，保持肉体和精神方面具有一定的健康水平；第三层次为文化的最低限度，要求人们在维持健康的最低限度的基础上，具有一定的文化性。③ 这三个层次与个人求助的事由恰好对应。个人求助是个人在其本人或家庭遭遇困难时向社会发起求助的行为，这里的"困难"既可能是在物质方面存在温饱的困难，也可能是在健康方面接受医疗的困难，还可能是在文化方面接受教育的困难。从这个角度，个人求助实际上是个人出于维持生存的需要向社会寻求帮助。此外，虽然我国国内法没有关于"生存权"的明确规定，但《宪法》第45条第1款所规定的物质帮助权通常被归入生存权的范畴。根据这一条文，我国公民在年老、疾病或丧失劳动能力的情况下，有从国家和社会获得物质帮助的权利，而个人求助正属于公民从社会获得帮助的情形，这同样证明了个人求助的生存权属性。

然而承认个人求助的权利属性的同时，也要认识到，任何权利都有其行使边界。根据权利边界理论，权利是自由的表现，而自由的边界则是由权利的限制所确定的。任何权利都应该存在限制，此种限制也是对行为自由的限制，因而需要通过权利的边界加以确认。④ 具体而言，个人权利首先要受到来自他人权利的限制。人人生而平等，每个人都平等地享有基本权利，没有人拥有可以侵犯他人基本权利的特权，因而他人的权利自然就是"我"权利的边界，也就是说，个人行使权利时不得妨害他人的权利。个人权利的行使也要受到公共利益的限制。人作为一种社会性动物，无法离开社会而独自生活，这决定了每一个个体的利益与社

① 参见姜颖主编：《劳动关系法治化探索》(上)，法律出版社2019年版，第435页。

② 参见谷春德：《中国特色人权理论与实践研究》，中国人民大学出版社2013年版，第7页。

③ 参见[日]大须贺明：《生存权论》，林浩译，法律出版社2011年版，第293～294页。

④ 参见王利明：《论相邻关系中的容忍义务》，载《社会科学研究》2020年第4期。

会的公共秩序、环境、资源等都密不可分，对公共利益的漠视也将使个体权利无法实现。因此，为了更好地实现个体的权利，维护个体的利益，在某些情形下公共利益也将成为限制个体权利的边界。① 然而，在法律规制缺失的背景下，个人求助的开展事实上处于无序状态，求助人的机会主义行为频发。如前文中提到的虚构求助事由、隐瞒财产状况、滥用众筹款项等行为，正是在互联网信息不对称的基础上，个人出于逐利动机所引发的道德风险。这类行为一方面，损害了捐赠人的知情权与财产权；另一方面，由于个人求助涉及对象的广泛性，虚假求助事实上也将影响公共秩序。据此，无论从维护捐赠人权利还是保障公共秩序的角度，都必须明确个人求助权利的边界。从个人求助的目的出发，求助人发起众筹的目的在于激发他人的利他心理从而帮助自己渡过难关，公布自己的有关状况即具有增信效果，而捐赠人则是希望通过自己的善举能够真正帮到他人，这同样依赖于求助信息的真实。在这一层面上，双方对于信息公开的需求达成了一致，进而，课以求助人信息公开义务不但不会过度限制权利，反倒有利于各方利益的实现。

(三)商业属性与公益属性的互斥与融合

长期以来，个人求助型网络众筹平台身处公益与商业的模糊地带，既享受了公益事业的美名，又拥有了转化营利的内部流量。按照既定的目标，个人求助平台的公益与商业属性应当相互促进，以商业运作助力公益开展，以公益流量促进商业循环。然而现实是，求助平台无法摆脱其逐利本质，在运作过程中无所顾忌地选择了商业一边，这也就导致了前文中所提到的地推引流、放松审核、不当免责等行为的发生。对此，有学者认为，以商业机制从事个人求助信息发布服务既无法有效抑制机会主义行为，又不能吸引秉承价值理性的投资者和从业者加入，最终只能走向与其初心相悖的方向，进而主张个人求助业务的运营应当采取非营利组织的形式。但这样的观点也存在两个问题：其一，忽视了商业模式的运作优势。个人求助型网络众筹之所以能够在短时间内迅速兴起，除了公众庞大的求助需求外，更关键的是，平台众筹相比公益项目申请所节省的时间和精力成本。对于困难群体来说，一方面是能否联系到慈善机构，另一方面公益项目需要通过严格的评估审核，流程更为烦琐，相比之下，平台众筹这种短时高效的方法显然更契合求助者的需求。同时，个人求助型网络众筹项目的活跃度越高，其能够帮助的群体规模也越大，这种商业运作模式所隐含的经济激励，也能够填补现

① 参见田广兰：《权利的边界》，载《哲学动态》2014年第5期。

有社会保障体系和慈善事业的不足。[①] 其二,非营利组织本身存在其内在局限,实践中也因此出现“志愿失灵”的现象,产生了受助群体无法有效获得帮助以及一些群体得到过剩帮助而另一些群体未得到帮助等问题,“郭美美事件”“吴花燕事件”等负面事件的发生即印证了这一点。更进一步说,人们对于个人求助型网络众筹平台的选择在某种层面上也是“志愿失灵”所造成的结果,故采取非营利组织的运营方式并不能从根本上解决问题。事实上,目前个人求助型网络众筹平台责任的缺位相当程度上要归因于其角色定位的模糊,若能通过角色的明晰引导平台履行相应的义务定能更好地实现公益与商业的优势互补。

首先,从商业角度来看,求助平台的角色定位存在一定的争议。有观点认为,个人求助型网络众筹在行为表征上与信托关系具有相似性,捐赠人基于对平台的信任无偿赠与财产,再由平台按照捐赠人的意愿将款项交给求助者,故平台属于信托关系的受托人。但信托关系的核心在于财产管理,个人求助中捐赠人显然不具有使财产保值增值的目的。也有观点认为,个人求助型网络众筹是互联网时代大众筹资的一种新业态,求助人、捐赠人与平台三者之间形成的既不是居间关系,也不是信托关系,而是一种新型法律关系,不能类推适用现有规则。[②] 这样的说法虽然适应了事物发展的新形态,但并不是应对新生事物的首要选择。实际上,平台在个人求助型网络众筹中扮演着类似于中介人的角色。《民法典》第 961 条规定:“中介合同是中介人向委托人报告订立合同的机会或者提供订立合同的媒介服务,委托人支付报酬的合同。”根据这一规定,民法上的中介人分为两类,一类是向委托人报告订约机会的报告中介人,另一类是斡旋于双方之间促成双方订立契约的媒介中介人。在个人求助型网络众筹中,求助人通过平台发布求助信息,爱心人士基于平台提供的信息决定予以捐赠,平台实际上是通过信息的发布为双方提供缔约机会。实践中,平台往往还为求助人提供筹款指导等服务以提高缔约可能。客观来看,平台在个人求助型网络众筹中发挥着媒介中介人的作用。同时,求助平台也通过收取服务费、内部流量转化等方式或明或暗地获取利益,符合有偿性的特征。因此,平台与求助人、捐赠人之间的关系符合中介合同的特性,可以适用中介合同的有关规定。根据《民法典》第 962 条的规定,中介人负有如实报告合同事项的义务,且在媒介型中介中,中介人对双方均负有此义务。[③] 而平台要向捐赠人据实报告相关事项,就要求其对求助信息进

① 参见刘赫男:《私益救助型众筹法律问题研究》,吉林大学 2020 年博士学位论文。
② 参见刘赫男:《私益救助型众筹法律问题研究》,吉林大学 2020 年博士学位论文。
③ 参见史尚宽:《债法各论》,中国政法大学出版社 2000 年版,第 468 ~469 页。

行必要的审核,这也更有利于个人求助的有序开展。

其次,从公益角度来看,求助平台基于个人求助型网络众筹的开展特性也相应地带有公益属性。通常情况下,认定公益性往往将其拆分为两个部分——公共性和有益性,只有二者皆具才能够认定为法律中的慈善行为。这里的公共性是从受益对象上说,要求受益对象具有不特定性,而不能是特定的个体。有益性则是从效用来说,要求行为能够带来客观可辨的利益。[①] 虽然个人求助型网络众筹所带来的客观利益无可争辩,但在受益对象上显然不具备这里要求的公共性。然而换个角度来看,立法上之所以以受益对象的不特定性作为公益性的判断标准,原因在于只有这样才能够避免捐赠人与受益人之间的关联交易,确保慈善捐赠获得税收优惠具备法理上的正当性。[②] 这里的关联交易主要是指捐赠人将财产捐赠给具有情感关联或利益关联的相对人。前文提到,个人求助型网络众筹通过网络空间实现跨地域传播,超越了传统个人求助的关系网络,陌生人士的捐赠已成为大病筹款的主要来源。而陌生人士与求助人之间显然不存在情感和利益关联,在这一层面上,可以说,个人求助型网络众筹已经具备了部分公益属性,求助平台相应地也应承担起其公益角色。在个人求助型网络众筹中,除了求助信息的真实性外,同样重要的是善款使用的监管。对于处于陌生关系的捐赠人来说,其只能通过平台发布的信息了解求助人,对后续款项如何使用更是缺乏了解途径,而平台作为中间人,负责救助款项的收集、管理以及发放,对于款项的支配力远远高于捐赠人,同时也具备与相关机构对接的能力,由平台来负责款项使用的监管并不会过分加重其负担,反而能够增强捐赠人对于求助平台的信任,有助于个人求助型网络众筹的长远发展。

三、个人求助型网络众筹的规制路径探讨

(一)《慈善法》修订背景下规制方案的选择

近年来,个人求助型网络众筹在法律规制缺失的背景下引发了一系列社会问题,对其进行必要的监管与规制已成为必然趋势。前文提到,个人求助型网络众筹事实上介于慈善公开募捐与普通民事赠与之间,行为的公共属性决定了其需要比民法更为严格的规制规则,而基于发起主体和受益对象的特殊性,其无法适用现有慈善募捐的规定,需要更具有针对性的规制方案。

目前,学界对于个人求助型网络众筹的法律规制方案主要有两类:一类是通

① 参见吕鑫:《法律中的慈善》,载《清华法学》2016 年第 6 期。

② 参见宫蒲光:《慈善法修订中的几个重要问题研究》,载《社会治理》2023 年第 1 期。

过修订《慈善法》,将个人求助活动纳入其规制范围。首部《慈善法》虽然排除了个人发起慈善募捐的主体资格,但并未明确禁止个人求助行为,这也为个人求助纳入慈善法体系留下了立法空间。[①] 对于具体修订方式,有学者提出,可以参考《民法典》对于无因管理与不当得利这类准合同行为的分编选择,在《慈善法》中设立专章规制个人求助型网络众筹这类"类慈善"行为。[②] 然而,随着2023年《慈善法》修改的通过,在《慈善法》体系内对个人求助型网络众筹进行专门规制的方案短期内已很难成为现实。另一类规制方案则是在慈善法体系外对个人求助型网络众筹进行专门立法。个人求助型网络众筹的规制内容涉及求助人、求助平台、捐赠人各方的权利义务,活动监管机制以及相应法律责任等,对其单独立法既不会破坏《慈善法》的体系性,也更能保证内容的完整性。2023年修订的《慈善法》也通过委任性规范的形式,授权民政部门会同网信、工业和信息化等部门另行制定具体管理办法,体现了国家的立法导向。在具体规制模式的选择上,有学者认为可以借鉴P2P网络借贷的立法规制历程,由民政部、国家网信办等相关部委共同制定"私益救助型众筹中介机构业务活动管理办法"。[③] 但需要认识到的是,个人求助型网络众筹行业乱象的产生,除了求助平台的监管角色缺位以外,也离不开求助方的机会主义行为倾向。因此,个人求助型网络众筹良好秩序的形成同样要求对求助方法律义务、相应责任及处理机制的细化。未来在规制方案的选择上,可以考虑由相关部门联合,制定一部专门针对个人求助型网络众筹的部门规章,对各方主体的权利义务、法律责任、监管内容等进行具体明晰,以全方位全流程管控助力个人求助型网络众筹的规范发展。

(二)权利边界理论下求助方义务的厘定

个人求助虽然属于求助人生存权的范畴,但其开展不得侵害他人的权利,也不应破坏公共秩序,是故,有必要通过义务的分配划定求助人的权利边界。信任是个人求助型网络众筹的基础,作为个人求助中的信息优势方,首先,求助人一方负有信息公开的义务,这里的义务主体不仅包括求助人本人,还包括求助的发起人。在个人求助型网络众筹中,求助人一方要发起求助先要对个人的相关情况予以说明,由平台予以审查发布,再推送到潜在捐赠者面前,在此过程中,求助信息的真实性与完整性显得尤为重要。进入款项提现、使用阶段后,款项的具体流向也是捐赠人关注的重点,同样应保证这一阶段的信息公开。据此,信息公开

---

① 参见侯宇锋:《网络个人求助的法律规制问题研究——以水滴筹为例》,载《南方论刊》2020年第6期。

② 参见石顺、刘君玮:《个人求助型网络众筹问题的慈善法修订建议》,载《文化学刊》2023年第1期。

③ 参见刘赫男:《私益救助型众筹法律问题研究》,吉林大学2020年博士学位论文。

义务贯穿个人求助型网络众筹的各个阶段，要求求助人一方应及时、完整、真实、准确地公开相关信息，以确保个人求助的真实性与透明度。具体而言，求助方的信息公开义务体现在以下几方面：第一，求助方在发起众筹时，应当向平台全面披露求助人的身份信息、陷入困难的情况以及自身经济状况，并提供相关证明材料。以大病众筹为例，发起方应当向平台提供姓名、身份证号、联系方式等身份信息，疾病诊断证明、此前支出凭证等困难情况证明。对于求助人的经济状况，由于该部分信息可能涉及求助人的隐私，从维护求助人人格尊严的角度出发，该部分所要求的信息披露程度不宜过高，以必要的资产情况、相关社会保障情况、商业保险情况以及其他平台筹款情况等为限。第二，求助方在申请提现时，应当对其预期用途予以说明。要确保善款的合理使用，需要从预期用途开始追踪。若后期求助人拟将善款用于预期用途以外的其他合理用途，同样应当予以说明，以便后续款项流向的监管。第三，求助方在使用善款过程中，应当及时披露款项的具体使用情况并提交相应证明材料，实现款项流向全流程透明化。而当求助人一方违反上述信息公开义务时，亦要承担相应的法律责任。若求助方通过夸大求助事由、故意隐瞒财产状况等行为来获取救助款项，构成民事欺诈行为，捐赠人可以通过行使撤销权要求求助方返还财产；若求助方通过伪造求助事由、冒充他人发起众筹等方式获取求助款项，在发起众筹时已经具有非法占有目的，且骗取数额较大，此时则构成诈骗罪，需要追究相应的刑事责任。

其次，鉴于个人求助中求助人与捐赠人之间构成附义务的赠与关系，求助人一方还相应地负有妥善用款的义务。一方面，妥善用款义务要求求助方将捐赠款项用于约定的求助用途，并在用途变更时征求捐赠人意见；另一方面，妥善用款义务也要求在存有剩余款项时，求助方不得滥用，而应将其交给平台处理。捐赠人决定赠与的根本目的在于帮助求助人摆脱困境，多余的获利超出了捐赠人的目的范围，也不符合个人求助的生存权取向，因而剩余款项的所有权不应归属于求助人。在剩余款项的具体处理上，可以参考《慈善法》第 58 条对于慈善项目终止后剩余捐赠财产的处理方式，由平台通过事前协议或事后征询的方式征求捐赠人的意见，在捐赠人同意或剩余款项数额较小时，将剩余款项交由慈善组织或成立基金会进行管理，用于与求助人具有近似需求的困难群体。同样地，若求助方违反妥善用款义务，也应承担相应的法律责任。具体而言，在求助方将款项用于不符合众筹目的的其他不合理用途时，若能够证明其在发起众筹时即存在不法意图，则其行为构成民事欺诈，捐赠人可以相应地行使撤销权；若无法证明，则其行为构成不履行赠与所附义务的违约行为，捐赠人亦可通过行使撤销权或追究违约责任的方式获得救济。

(三)"公益+商业"模式下平台义务的明晰

在个人求助型网络众筹中,求助平台基于其营利模式和运营业务而具备商业与公益双重角色,相应地其义务的设定也应符合其角色定位。

首先,平台作为求助人与捐赠人之间的中介,对双方都负有据实报告的义务,而要确保捐赠人所获信息的真实,就要求平台承担一定的审核义务。具体来说,在审核内容上,平台应当负责对求助信息真实性、必要性和紧迫性的审核。信息真实是个人求助发起的前提,若发起人提供的求助信息自始不具备真实性,求助项目也就不具有面世的正当性。必要性和紧迫性审核则是出于对个人求助发起条件的考量。个人求助是个人在本人或家庭陷入困境时向社会求助的行为,以维持生存需要为目的,具有生存权的属性。同时,社会帮扶的资源有限,不必要的求助不但透支公众爱心,也是对真正需要帮助的人的资源的占用。因此,个人求助型网络众筹的发起应当满足必要性或紧迫性的要求。必要性即要求求助人应当处于通过家庭及社会保障等方式仍无法解决困难的境况,以大病众筹为例,求助人应当在家庭经济困难,且通过医保报销、商业保险赔付、政府救助等方式仍无力负担医疗费用时方可发起求助。紧迫性则是指求助人面临的情况紧急,暂时无法通过自力或公力的救济方式解决,大病众筹中求助人急需救治而家庭资产来不及变现即属于此种情形。在审核方式上,求助平台应当采取形式审核与必要的实质审核相结合的方式。形式审核是指求助平台只对求助方提供的资料进行审查,在其能力范围之内尽可能地排除虚假材料。实质审核则要求平台对求助方提供的材料的真实性进行调查取证,此种审核方式对于平台的能力要求更高,审核成本也相应提升,故将其用于全部信息的审核并不现实。从平台效率和实现可能性的双重角度考虑,可以根据信息的重要程度进行分级审核,对于求助人身份信息、众筹事由这类直接影响求助真实性的求助信息,应当采取实质审核的方式;而对于求助人的财产状况这类信息,由于涉及金融、不动产管理、车辆管理等多个领域,进行完全的实质审核实属耗时耗力,可以考虑在初审时采取形式审核的形式,若发生用户投诉或平台产生怀疑的情况,再将其转为实质审核。

其次,平台作为公益业务的运营者,还应当承担资金监管义务。个人求助的捐助款项作为一笔附有特定目的的善款,一旦缺乏监管,极易引发道德风险。求助平台作为资金的收集、管理、发放者,在资金监管上具有相对优势,从各方利益平衡的角度来看,由其承担监管义务是最佳选择。具体而言,对于资金的监管涉及资金管理、提现审核、余款处理各个环节,需要平台逐一落实。第一,在资金管理上,由于个人求助型网络众筹涉款巨大,且筹集和提现之间存在一定的时间差，若沉淀资金管理不当，可能引发“跑路”风险。为保障众筹款项的安全透明，平台应将众筹资金与平台其他板块资金进行分账管理，并引入第三方资金托管机构进行托管，这样既可以避免众筹款项与平台自有资金混同，也可以保证资金流向的透明。第二，在提现审核方面，平台可以考虑与相关机构对接，通过对公打款的方式确保款项的用途，不过此种方式对相关机构的要求较高，目前还无法大规模推广。相对而言，平台也可以采取分期提现的方式，要求求助方自第二次提现时起均需提供相应证明材料以覆盖前序提取款项，这样既能满足求助方的资金使用需求，又能在一定程度上降低款项滥用的风险。第三，在众筹事由消失或实现后款项仍有剩余的，平台还应承担起余款处理的责任。如前文所述，平台应当根据捐赠人意见及余款数额对剩余款项进行处理，并将处理结果予以公示，确保捐赠人知情权的实现。

最后，平台作为各类信息的收集者，还应当承担信息处理和纠纷协助义务。一方面，求助方发起众筹时需要提交相关证明材料以证明求助的真实性，其中相当一部分信息涉及求助人的个人隐私，为实现捐赠人知情权与求助人隐私权的平衡，平台应当发挥“过滤器”作用，对于求助人的私密信息不予公开或经模糊处理后公开。同时，平台还应当加强对存储信息的保护，防止用户个人信息的大规模泄露。另一方面，在个人求助型网络众筹项目发生纠纷时，平台作为信息优势者，应当主动作为，积极协助当事人解决纠纷。尤其是考虑到个人求助型网络众筹捐赠人多且数额较小的特点，在发生欺诈行为时捐赠人往往选择放弃追究，此时平台应当承担其相应责任，代为行使权利，这既是平台社会责任的表现，也有利于强化平台赖以发展的信任基础。

（四）主体联动机制下监管责任的落实

个人求助型网络众筹涉及求助人、求助平台及不特定的捐赠人等多方主体，且基于行为的类慈善属性，不规范的开展必然影响公共秩序，因而对于个人求助型网络众筹的规制不仅要依靠相关主体对义务性规定的履行，还需要政府、行业、社会多方主体进行联动监管。

首先，在政府监管层面，必须明确监管主体和监管内容以保证监管责任的落实。个人求助型网络众筹涉及网络、慈善、资金和信用治理等多个方面，这意味着对其进行行政监管需要多行政主体的分工配合。从目前实践情况来看，民政部承担起了个人求助型网络众筹的绝大部分监管职责，新修改的《慈善法》进一步明确了从事个人求助网络服务的平台应当由民政部指定，可见由民政部进行监管既是其职责所在，也有利于推进政府救助、慈善帮扶与个人求助的有效衔接。因此，在监管机制的设计上，可以考虑构建以民政部门为主导、其他相关政府部门联动协作的监管机制,对求助平台的准入退出、义务履行及资金管理等进行全方位监管。针对诈捐、骗捐等不法筹款行为,一方面,在推进社会信用体系建设的大背景下,可以参照慈善事业的信用治理机制,将虚假筹款等失信行为纳入失信范围,加强信用信息共享互通,提高筹款人违法违规失信成本;另一方面,从提高求助平台审核能力的角度,可以考虑由民政部门牵头,联合金融、房管、车管等相关职能部门,共同打造一个信息共享管理平台,推动求助平台与政府部门的数据合作,从源头上防范诈骗发生。

其次,个人求助型网络众筹的规范发展也需要行业自身加强自律,积极发挥协会自治共治作用。前文提到,虽然目前个人求助型网络众筹领域已经发布了行业自律公约,但自律公约仅由几大平台自发签署,参与主体数量有限,加上自律公约的履行依靠参与成员的自觉行为,缺乏外在监督机制,实际呈现出的规制效果有限。行业协会作为由业内平台企业组成的自治组织,既能通过成员之间的横向协调形成内部自发秩序,实现行业内部力量的自我协调与平衡,又能通过纵向沟通架起政府与企业沟通的桥梁,克服政府外部监管的异化风险。因而未来可以考虑由相关主管部门牵头,引导各大个人求助型网络众筹平台成立行业协会,根据个人求助型网络众筹的特点制定更为精细化、更具指引性和执行性的行业管理规范。同时,行业协会有权对求助平台实施行业管理规范的情况进行检查评估,并采取相应的奖惩机制,以促进内部成员强化自我要求。此外,还可以探索行业协会与行政部门的内外联动机制,由行业协会将监督中发现的存在严重运行问题的平台提交给相关行政部门,助力"红灯"退出机制的落实。

最后,社会监督也是构建良好的网络慈善秩序所不可或缺的元素。在求助平台审核缺位的情况下,社会公众的监督在一定程度上发挥了替代作用,如"吴某臣百万众筹事件"中的相关信息即是由网友发现并爆料。当然,社交审核也存在其局限性,过度的社交审核可能导致"人肉搜索"对求助方隐私权的侵犯。因而要在合法合规范围内充分发挥公众监督的作用,一方面,要求平台做好信息披露和信息处理工作,及时披露求助方的相关信息及审核情况,定期公布资金监管情况,并对其中涉及的关键个人隐私信息进行模糊处理,在保障公众知情权的同时避免求助人信息的过度暴露;另一方面,平台应当健全举报受理处置机制,在接到群众举报线索时,第一时间开展调查,核实认定为诈骗的应及时报案,申请警方介入调查,并及时向公众反馈处理结果,避免舆情过度发酵。

结语

在当前社会救助"福利捆绑"的背景下,个人求助型网络众筹能够有效发挥第三次分配的作用,帮助低保边缘群体、支出型贫困群体摆脱困境。然而规制的缺失与求助人、众筹平台利己属性的结合,也促成了个人求助领域各类乱象的发生。要确保个人求助型网络众筹的可持续健康发展,首先要明确个人求助型网络众筹的行为属性以确定规制方案的选择,进而通过相关主体的角色定位填补规制内容的空白,本文即以此为逻辑主线展开探讨。个人求助型网络众筹介于普通民事赠与和慈善募捐的中间地带,有必要通过专门立法的构建增强规制的实效性与可行性。针对求助平台公益属性与商业属性的冲突,必须通过平台义务的明晰实现双重属性的平衡互促。同时,还应当厘定求助人权利的边界以防范诈捐骗捐的道德风险,最后通过联动监管机制的打造形成个人求助型网络众筹的治理闭环。

【青年法苑】

养老机构性骚扰防治义务的立法构造*

龙雨帆**

摘　要:老年人性骚扰问题长期以来都未得到社会和学界应有的关注,而养老机构在其中扮演的角色至关重要。审视现有立法体系,其围绕学校、单位分别从公、私法层面构建性骚扰防治义务,但养老机构性骚扰防治义务仍然存在私法解释、公法适用之困境,其源于文化、场景和经验主义立法三个层次的原因。相较维持现有立法,职权和从属关系难以涵盖养老机构性骚扰场景、身体接触非正当难以契合老人与护工之间的关系、公法义务的空缺难以提供行政执法所需的授权决定了特别规定养老机构性骚扰防治义务尤为必要。为此,应从保护性义务和管理性义务两方面厘定养老机构性骚扰防治义务的内容,并在此基础上以《老年人权益保障法》为中心进行立法构造。

关键词:养老机构　性骚扰　性骚扰防治义务　老年人权益　照护关系

引言

《民法典》第 1010 条第 2 款积极回应了近些年在职场、学校场景下频繁发生的基于职权、从属关系的性骚扰行为。《妇女权益保障法》更是在 2022 年修订后进一步细化了学校与用人单位的性骚扰防治义务。与之迥异,养老机构内性骚扰事件虽层出不穷,但仍未受到应有的关注,老年人在养老机构内遭受性骚扰的问题成为“隐秘的角落”。美国有线电视新闻网曾调查全美负责监管看护中

* 本文系国家社科基金项目“中国特色基本养老服务制度立法完善研究”(基金号:22BFX117)、中国法学会 2024 年度部级法学研究重点课题“问题金融机构处置中地方政府的法律职责研究”课题号 CLS(2024)B05 的阶段性成果。

** 龙雨帆,西南政法大学经济法学院研究生。

心的机构以及卫生部门的数据，发现伊利诺伊州自2013年以来共收录386起养老院老人性侵案件，其中201起与看护有关，却仅有59起维权成功。[①] 国内类似的事件也不少，郑州大学退休教师王某遭受郑州市某养老院男护工性骚扰事件中，加害护工对入住老人的性骚扰依赖老人家属安装监控得以发现，案涉养老院仅将入住老人可能遭受虐待的情况告知家属，并未采取任何有效措施。[②] 养老机构在性骚扰事件中所负义务成为亟待厘清的问题，这也是在构建老年友好型社会之政策的号召下，为老年人提供全方位立体式权益保护的应然之举。

一、养老机构性骚扰防治义务的立法审视

（一）性骚扰防治义务规范体系中的养老机构防治义务

《民法典》构造了以机关、企业和学校为典型的“单位性骚扰防治义务”，能够一定程度上涵盖养老机构，第1010条第2款规定：“机关、企业、学校等单位应当采取合理的预防、受理投诉、调查处理等措施，防止和制止利用职权、从属关系等实施性骚扰。”不同于发生在公众场合的性骚扰行为，职场内部上司对下属、学校内部教师对学生的性骚扰行为更为隐蔽，加之施害人与受害人之间往往处于权利地位不对等的压制状态，导致在职场和学校中发生的性骚扰事件更难以被发现，难以保护受害人的合法权利。故《民法典》将机关、企业、学校作为典型，强调并明确三者所负有的性骚扰防治义务。考虑到现实生活中可能发生性骚扰事件的场景绝不仅限于上述三种环境，根据最高人民法院《对十三届全国人大三次会议第1808号建议的答复》的规定，“等单位”也应理解为“等外等”以扩大本条文的适用范围，无论公私所有者性质、组织形态等其余单位都负有性骚扰防治义务。在此文义解释下，无论是事业单位型养老机构，还是私营养老院、民办养老院，都能够纳入“等单位”的范畴，当然负有性骚扰防治义务，保护入住老年人免受养老机构内部职工、外来护工的侵害。

在《民法典》之外，《妇女权益保障法》对学校和用人单位的性骚扰防治义务进行了细化：第23条规定禁止对妇女实施性骚扰行为并指明受害妇女的救济途径，第24条、第25条分别细致规定学校、用人单位在预防和制止对妇女的性骚扰方面应当采取的措施，针对性地指出学校、用人单位在妇女权益保护维度上的性骚扰防治义务。由于养老机构内多存在对老年女性的性骚扰行为，因此，基于

---

① 参见木棉姐姐：《84岁老太太被性侵：关于老人性侵事件，我们知道的太少》，载微信公众号“木棉说”2020年9月6日，https://mp.weixin.qq.com/s/MR1-aif0N6Z8zVphLKOQ1g。

② 参见《无嗣继承：90多岁郑大退休教授养老院遭强制猥亵 惨遭护工长期虐待！》，载微信公众号“深度揭谜”2023年8月15日，https://mp.weixin.qq.com/s/1KWCdnepdtyFcQUd1wh6dQ。

《妇女权益保障法》之立法宗旨,学校、用人单位的性骚扰防治义务可以一定程度上类推适用于养老机构内对老年女性的性骚扰行为。

对于负有性骚扰防治义务的单位未履行义务之责任承担,已然初步形成了公私法协作体系。在单位未能履行性骚扰防治义务时,不再是承担完全替代责任或补充责任,受害人可以选择追究其独立民事侵权责任或共同起诉直接侵权人与单位。[①] 虽然《民法典》提供的民事救济途径以金钱形式弥补受害者损失,但由于这些特定场景下性骚扰行为的隐蔽性和权力压制性,受害人提起诉讼的比例较低,且即使受害人顺利提起民事诉讼,也会因举证难而败诉,震慑力度有限。[②] 而《妇女权益保障法》规定了单位违法应承担的行政责任,以行政权保障性骚扰防治义务的履行,弥补了私法责任的不足。同时,《妇女权益保障法》第77条明确:检察机关可以依法对此提起公益诉讼。无论是公法责任和私法责任的协同,还是民事公益诉讼的介入,均表明性骚扰防治义务所保护的不仅是私人领域的民事私权,也涉及社会利益的维护,这一权利属性体现出私法与公法交织的特征,[③]性骚扰防治义务呈现出公法与私法合作以共同保护特定利益之关系。

(二)养老机构性骚扰防治义务的适用困境

1. 私法上的解释困境

虽然按照文义解释,养老机构能够适用《民法典》第1010条的规定,作为主体承担性骚扰防治义务,但继续分析该条所谓"防止和制止利用职权、从属关系等实施性骚扰",其表明在性骚扰行为发生之原因是利用职权、从属关系的场景下,该条才得以适用。从义务主体的变迁上也可看出这一倾向,《妇女权益保障法》与《民法典》均遵循了相似的路径。《民法典》人格权编草案最初确立的是"行为人+用人单位"的反性骚扰条款模式,但最终《民法典》第1010条选择进一步细化反性骚扰场景,将用人单位特定化为"机关、企业、学校等"。[④] 2022年《妇女权益保障法》修订时,在细化原有反性骚扰条款的基础上,增设学校与用人单位应承担的性骚扰防治义务,二者处于并列地位。简言之,性骚扰防治义务的场景均被特定化于职场、学校等存在基于职权、从属关系而生的性骚扰防治中。对于单位内发生的非基于职权、从属关系的性骚扰行为,单位也应承担相应

① 参见曹艳春、刘秀芬:《职场性骚扰雇主责任问题研究》,北京大学出版社2016年版,第265页。

② 参见卢杰锋:《职场性骚扰案件证明问题研究》,载《妇女研究论丛》2019年第5期。

③ 参见胡敏洁:《从融合到尊让:民法典时代的公法与私法》,载《法治现代化研究》2023年第3期。

④ 参见曹相见:《〈民法典〉禁止性骚扰条款释论》,载《东方论坛》2021年第2期。

的义务，但此时依据的就并非这两条条款。[①] 换言之，单位性骚扰防治义务针对的是基于职权、从属关系而生的性骚扰行为。而养老机构场景下，入住老年人为“客户”的身份，养老机构及其工作人员需提供护理服务，二者间身份地位平等，难以解释为职权、从属关系。

退一步来说，即便养老机构不能完全匹配《民法典》第1010条的规定，似乎还可以诉诸第1198条安全保障义务条款，其主体为“经营场所、公共场所的经营者、管理者”，养老机构当然位列其中。但倘若以此为依据，则会存在两重问题。第一，“安全保障义务”是否包含“性骚扰防治义务”。按照广义上的理解，安全保障义务要求养老机构采取防范措施避免第三人使他人人身或财产权益受到伤害，[②]在此语境下的“安全保障义务”可以包含“性骚扰防治义务”。但由于安全保障义务本质上仍属于一般注意义务，[③]其范围不能因解释而无限扩大，需要警惕其泛化的问题。司法实践同样遵循了这一倾向，最高人民法院指导案例第140号、第141号均试图解决安全保障义务泛化问题。正是出于此缘由，《民法典》没有选择以安全保障义务涵盖单位性骚扰防治义务，而是由第1010条第2款进行特别规定。因此，选择将养老机构性骚扰防治义务解释进安全保障义务反而是重走义务泛化的老路，不符合规范体系。第二，从功利角度考量，安全保障义务对应的补充责任难以压实养老机构在性骚扰防治中应尽的义务。按照《民法典》第1198条第2款之规定，养老机构未尽到安全保障义务时，承担相应的补充责任。相较于性骚扰防治义务对应的独立责任，[④]补充责任使养老机构对未尽到应尽之义务所承担的赔偿责任存在更大的不确定性。无论是对单次性骚扰受害者之权益保护，还是对未来可能出现的性骚扰行为之预防，都将削弱其应有的效果。

2. 公法上的适用困境

为通过行政权力保障养老机构义务之履行，公法上应当明确行政管理部门对养老机构履行义务进行监督管理的权力。倘若以《妇女权益保障法》为依据，除其受限于职权、从属关系这一特定场景要求外，更为关键的是，其存在适用对象上的局限性，即入住养老机构的男性老年人的合法权益并不在其保护之列。

---

① 参见张新宝：《性骚扰的法律责任与单位反性骚扰义务》，载微信公众号“中国民商法律网”2021年8月14日，https://mp.weixin.qq.com/s/7HZIH5tNMwmGzaRLlvj9tw。

② 参见杨立新：《侵权责任法》，北京大学出版社2014年版，第245页。

③ 参见汪倪杰：《论〈民法典〉视域下安全保障义务的边界——对第140、141号指导案例的理论回应》，载《法商研究》2022年第6期。

④ 参见张新宝：《新宝看法（五十六）|《民法典》规定的单位反性骚扰义务与相关侵权责任》，载微信公众号“教授加”2022年6月1日，https://mp.weixin.qq.com/s/PMu5MpkUqvVuAJmZz07CYA。

事实上,对男性老年人的性骚扰行为同样存在,只是由于文化观念等原因而更为隐蔽化。正如郑州大学退休教师王某遭受郑州市某养老院男护工性骚扰事件中,被性骚扰一方即为男性老人,这种情景下《妇女权益保障法》便无法发挥作用。与之相比,《民法典》则选择抽象提炼出无性别指向的“性骚扰行为”,[①]对于男性遭受性骚扰的情况也对机关、企业、学校等单位课以防治义务。因此,对于养老机构性骚扰防治义务之公法依据更多应从作为老年人权益保护基本法的《老年人权益保障法》中找寻。

但《老年人权益保障法》和《养老机构管理办法》都未明确规定养老机构负有性骚扰防治义务,二者均以原则性、概括性和抽象性的“人身权益”为中心内容,[②]即便有配套的责任条款,其适用前提也均为养老机构及其工作人员“亲自”侵害老年人的人身权益,而非养老机构作为性骚扰中负有防治义务之第三方予以介入。依据行政处罚法定原则,行政机关不能任意解释行政相对人的违法行为及应受的处罚,而应由法律、法规、规章予以事先确定。[③] 在现行规范并未授权对养老机构未履行性骚扰防治义务予以处罚的情况下,行政机关不能轻易据此处罚养老机构。更为重要的是,性骚扰防治不仅重在事后追责,更在于事前和事中的防范、制止,这些都依赖养老机构建设相应规章制度和具体机制。在未对养老机构课以这些具体义务的情境下,民政部门也缺乏据此对其实施监督管理的法律依据,难以确保养老机构全链条式地对性骚扰行为进行防治。

(三)养老机构性骚扰防治义务适用困境的成因

对老年人的“性”予以排斥的社会文化背景导致养老机构性骚扰防治义务出现适用困境。在我国传统观念的影响下,“性”这一话题充满禁忌色彩,人们往往谈性色变。性的功能分为生育功能与愉悦功能。前者将性行为视作繁衍后代的工具,后者回归性行为本身所附带的快乐。在“禁欲”文化的影响下,生育功能与愉悦功能呈现失衡状态,虽然人们对性持越发开放的态度,但生育功能仍然处于主导地位,性的愉悦功能被隐藏,代之以繁衍后代的光荣使命,赞美性的生育功能。[④] 在这种文化背景下,只有拥有生育能力的年轻人才拥有讨论“性”的正当权利,而无须承担繁衍后代责任的老年人则因性衰老意味着性消失的观念而被打上“性绝缘体”的标签。他们在性方面的需求和欲望被视为不正当的,对其性权利的保护自然也成为“死角”。但实质上,老年人即使因衰老减少了性需

---

① 参见王显勇:《民法典时代工作场所性骚扰的法律规制》,载《法学》2021 年第 1 期。

② 《老年人权益保障法》第 79 条、《养老机构管理办法》第 46 条。

③ 参见吴锦标:《行政处罚法定原则及其法律价值》,载《法律适用》2005 年第 9 期。

④ 参见陈筱芳:《中国传统性文化的特点》,载《西南民族大学学报(人文社科版)》2005 年第 7 期。

求或欲望，性权利也不会因此而减损，反而因为年龄增长、身体机能下降，作为弱势群体的老年人在面对性骚扰侵害时，更需要特殊保护。而在这种社会文化背景下，对性骚扰防治义务的立法也受其影响而未单独考虑到老年人性骚扰问题，造成当下适用上的困境。

养老机构性骚扰隐蔽化，导致此类问题曝光度不足，公众关注度较低，造成性骚扰防治义务的立法构造未能考虑到养老机构场景。养老机构这一特定环境下的性骚扰存在特殊性，施害人挑选的性骚扰对象多存在脆弱、无抵抗能力这一共同特征，[①]他们往往无法寻求或立即寻求帮助。且大多数老人因为传统保守观念影响，在遭受性骚扰后很可能对此闭口不谈，养老机构工作人员也会对此进行无意识地忽略，甚至持质疑等否定性的态度，导致越发难以发现并处理这类事件。事实上，与学校性骚扰、职场性骚扰相比，养老机构内设房间数量更多、空间更小，加之更频繁且合理的肢体接触，机构内性骚扰也更具隐蔽性。正是由于养老机构内性骚扰的高隐蔽性，社会公众和立法者对其的关注度均不高，因而立法未能充分考虑到养老机构内性骚扰的特殊性而予以调适。

基于经验路径构建性骚扰防治义务的立法模式造成养老机构内性骚扰等非职权、从属关系场景未能被涵摄。反性骚扰条款的确立离不开全球范围内兴起的“Me Too”运动之影响，学校、职场中发生的性骚扰事件不断被媒体报道，引发公众热议。因此，为回应这一社会问题，立法机关针对性骚扰行为频发且具有隐蔽性的学校与职场环境确立了学校和用人单位的性骚扰防治义务。但此种立法模式更多依赖于经验路径，并未贯彻法律应有的指导性、预见性，难免带来不周全的后果。[②] 从理性化、体系化视角观之，现行性骚扰防治规范仅强调学校和用人单位，不符合全周期性骚扰防治之要求：前者为教育阶段，学校应当开展性教育，加强师风师德建设，保护学生免遭教师性骚扰；后者为工作阶段，单位需要营造良好工作环境，构建预防处理机制，避免员工受到领导性骚扰；而全周期性骚扰防治义务体系中的最后场景——老龄阶段却被忽略。这种基于经验路径的立法模式缺乏系统性构造，造成现行立法难以涵盖养老机构内性骚扰场景，致使出现适用上的困境。

二、特别规定养老机构性骚扰防治义务的必要

为回应养老机构性骚扰防治义务之适用困境，有两种模式可供选择：一是维

① 参见栾文敬、郭少云：《养老机构中老年人的性与保护》，载《老龄科学研究》2018 年第 12 期。
② 参见蔡定剑：《20 年人大立法的发展及历史性转变》，载《国家行政学院学报》2000 年第 5 期。

持现有立法,通过法律解释的方法类推适用;二是修改现行立法,对养老机构性骚扰防治义务予以特别规定。但维持现有立法难以回避职权和从属关系难以涵盖养老机构性骚扰场景、身体接触非正当难以契合老人与护工之间的关系、公法义务的空缺难以提供行政执法所需的授权的问题,因此,特别规定养老机构性骚扰防治义务尤为必要。

(一)职权和从属关系难以涵盖养老机构性骚扰场景

职权关系指的是处于权力高位的上级领导能够通过其职权对处于权力低位的职员发出命令,后者服从并执行该命令,该关系依赖于职场环境中职员对用人单位的依附性,作为用人单位事务执行之代表的上级领导便能够通过用人单位赋予其的职权支配职员对用人单位的依附性。从属关系指的是一方基于资源、能力、权力等优势处于有利地位,而另一方因缺乏或弱于前者的优势而处于劣后地位,导致劣后一方依附于优势一方,并接受其管理或指导,学校教师与学生之间明显体现出这类关系。教师负责教学、管理学生,学生需理解教学内容、接受教化,这种管理与被管理、教育与被教育的关系导致学生对教师具有服从性。一旦教师对学生实施性骚扰行为,学生往往会因这种从属关系而陷入恐惧或被欺骗,导致其被动接受教师的性骚扰行为,最终导致性骚扰行为更加隐蔽化。职权关系与从属关系并非泾渭分明,二者存在交叉,处于职权关系中的领导或上级必然在资源、权力上优于下级职员,处于从属关系中的学校教师基于管理地位必定会对学生发出指令,要求其服从并执行。究其根本,职权关系与从属关系均是试图描摹权力支配场景下的性骚扰行为,相比公共场合或不存在明显权力支配关系的性骚扰行为,由于权力支配下被骚扰方更难以与之对抗,处于强权的一方往往会借助制度所带来的权力优势,通过给予对方好处或者以不利相威胁,换取所谓的“性同意”。[①] 因此,这种权力支配场景下的性骚扰行为更具隐蔽性,这就需要赋予作为第三方的用人单位和学校性骚扰防治义务。

但养老机构内性骚扰行为与之殊异,并非能由职权、从属关系所涵盖。入住老人及其家人与养老机构签订《养老机构服务合同》,养老机构需为入住老人提供生活照料,虽然养老机构的工作人员、护工与入住老人之间因身体机能相差悬殊而体现出体力上的强弱不对等,但入住老人作为“客户”与养老机构的工作人员、护工之间并不存在基于职权的上下级关系,并非基于职权上的不对等而受职场利益之威胁从而服从于提供服务的工作人员、护工,也并非基于规章制度赋予的权力强弱而形成从属关系,也即职权、从属关系根本上的权力支配关系并不能

---

① 参见谢海定:《性骚扰概念在中国法上的展开》,载《法制与社会发展》2021年第1期。

准确描述养老机构内发生性骚扰的关系基础。倘若依据体力上的强弱不对等关系便应课以第三方更重的性骚扰防治义务，那么几乎大多数性骚扰行为发生地的经营者、管理者都须负这一义务了，不免带来义务泛化之隐忧。根本上来说，性骚扰防治义务的确立是为了借助第三方在信息、资源、能力等方面的优势对处于隐蔽状态的性骚扰行为予以预防、制止和处置，因此，权力支配关系并非必要条件，隐蔽性才是其中的关键。而养老机构内性骚扰虽然并非权力支配关系，但隐蔽性反倒远胜学校和用人单位场景，因此也应赋予养老机构性骚扰防治义务。

确切地说，养老机构与入住老人之间形成的是照护与被照护关系，养老机构及其工作人员对入住老人负有照护职责。依据《刑法》第236条规定的负有照护职责人员性侵罪中照护职责的内涵，照护职责的核心不仅在于照护者应对被照护者的人身安全、正常生活负责，而且在思想发展、心理健康中起到监督引导作用。[①] 养老机构内老人与工作人员之间的关系便是工作人员通过对入住老人起居、生活、娱乐等院内活动的安排，保障入住老人的身体安全、心理健康，从而形成入住老人依附于工作人员的照护与被照护的关系。虽然《刑法》第236条保护对象为14周岁至16周岁的未成年女性，但其关于照护职责的内涵界定同样可以类推到养老机构内老人与工作人员的关系之中。因此，养老机构内性骚扰行为的关系基础已然超出职权关系、从属关系所涵盖的范围。

（二）身体接触非正当难以契合老人与护工之间的关系

性骚扰行为认定的重要因素之一为身体接触的非正当化，《深圳市防治性骚扰行为指南》便明确肢体形式的性骚扰包括：不受欢迎的肢体接触、要求发生不正当的性关系、使用与工作相关的威胁或奖励要求性支持、对他人作出猥亵动作裸露性器官等，偶然不经意的身体接触自然排除在性骚扰行为之外。[②] 这远非个例，自《民法典》反性骚扰条款出台后，各部门、各地、各单位均陆续出台了反性骚扰的具体规则，其中无一例外，均将肢体形式的性骚扰作为性骚扰行为的典型予以界定。换言之，在认定性骚扰行为时，肢体接触被认作是非正当化的，只有“偶然不经意的身体接触”才能被排除在外，这种界定方式也切合职场和学校场景下性骚扰行为的特点。职场环境中的上下级之间因工作关系引发的交流互动都应保持合理社交距离，几乎不会产生肢体接触。学校环境中的教师与学生之间主要以课堂教学、品德教育、规范行为等活动为主，尤其是在立法禁止教师体

---

① 参见赵冠男：《中德负有照护职责人员性侵罪中“照护职责”之规范比较分析》，载《环球法律评论》2022年第4期。

② 《深圳市防治性骚扰行为指南》，深妇通〔2021〕1号，2021年3月24日发布。

罚或变相体罚学生后,教师能够对学生实施的正当身体接触范围进一步缩小,教育部等部门也出台了《新时代高校教师职业行为十项准则》《关于加强和改进新时代师德师风建设的意见》等规范性文件以防治校园性骚扰行为。也就是说,在用人单位和学校环境中,禁止抚摸、搂抱等非正当身体接触是常态,允许正当身体接触是例外,因而在具体的规则设计时都对存在肢体接触行为进行了严格约束。

但在养老机构场景下,入住老人除了自我护理外,还会接受护工等其他工作人员的护理服务,[①]尤其针对失能失智、患有疾病无法自理的老人,护工需要提供协助洗漱、擦拭、排泄、更换衣物等服务以保持个人卫生,相较于用人单位与学校,养老机构工作人员与入住老人之间不可避免地存在更加频繁且合理的身体接触,拍、捏、抚摸、搂抱、触摸敏感部位等行为,此时不属于“不受欢迎的肢体接触”,反而属于养老机构有义务提供的护理服务。此时允许正当身体接触是常态,禁止非正当身体接触为例外。虽然可以证明抚摸、搂抱等行为经过老人许诺以排除性骚扰嫌疑,但若照护人员以护理为由进行身体接触进而强行实施性骚扰行为,非正当身体接触便披上了合理性外衣,被照护老人又因思想保守或者失能失智而难以用语言表达,最终常态化身体接触使得照护人员对入住老人的性骚扰行为更加隐蔽化,难以察觉正在或已经发生的非正当身体接触。

在与学校、职场环境下身体接触逻辑完全相反的养老机构照护场景下,以学校性骚扰、职场性骚扰为典型场景预设的反性骚扰规则难以与之适配。无论是在性骚扰行为的认定标准和模式上,还是在承担性骚扰防治义务方所需履行的具体义务内容上,养老机构内性骚扰与学校性骚扰、职场性骚扰都有着极大的不同。因此,仍然维持现行立法不足以回应这一根本性差异,通过特别规定养老机构性骚扰防治义务并充分结合养老机构场景下性骚扰行为自身的特点设定细化规则,实属必要。

(三)公法义务的空缺难以提供行政执法所需的授权

现有性骚扰防治体系呈现出公法与私法相互配合保护共同法益的状态,二者运用不同的技术方法:私法义务以内部途径通过侵权责任的设定解决性骚扰问题,为受害一方当事人提供诉讼这一救济途径,救济权利交由当事人,矛盾也由当事人双方自行解决,以恢复原有状态;公法义务以第三方调停性骚扰所引发的不安社会状态来解决问题,通过赋予行政部分监督管理的权力、设定行政处罚等行政责任的方式提供公权力介入私人纠纷的路径以全面保障性骚扰的受害方

① 参见李海燕:《科学、情感与经验:医疗机构养老的多重照护逻辑》,载《社会科学研究》2023 年第 6 期。

或可能的受害者的合法权益。性骚扰行为不仅侵害了他人的人身权、人格尊严，且违背公序良俗，施害人的行为不仅是对被性骚扰方合法权益的侵害，更是形成了对社会中不特定多数人的威胁，将产生显著的负外部效应。正如学校性骚扰场景下教师对学生的性骚扰，对于该校其他学生而言便形成了一种显著的威胁，使之陷入恐惧之中；职场性骚扰场景中上级对下级的性骚扰，对于该用人单位的其他职工而言也形成了一种显著的威胁。更为关键的是，性骚扰本身不仅是一种行为，其背后更潜藏着结构性的歧视，无论是基于性别差异的结构性歧视而生的性骚扰，还是基于社会地位差别的结构性歧视而生的性骚扰，抑或是养老机构场景下基于对老年人歧视而生的性骚扰，都远超出了性骚扰行为本身，已然映射到对某类群体的歧视和压迫上。

因此，性骚扰行为绝不能仅视作性骚扰方和被性骚扰方双方的事情，而是需要第三方介入，对性骚扰行为予以预防、制止和处置。这也就是为何需要对学校、用人单位和养老机构课以性骚扰防治义务。但仅有私法上的义务是不够的，从公法维度来看，此种义务的履行需要得到公权力的保障。也正是由于性骚扰行为超越私人间权益侵害的负社会效应，政治国家在此时不能再处于消极冷漠的中立人地位，而应积极走向规制舞台。为实现其作用，就须依赖于公法赋予公权力的合法规制手段和规制权力，通过强制性的监督管理和设定行政处置等行政责任减少负有性骚扰防治义务方行为的不利偏好，增强其做出正确选择的行动能力，[①]从而压实学校、用人单位、养老机构等的性骚扰防治义务。

为发挥这种公权力的作用，就必须依赖公法义务的明确。但当下养老机构在公法领域中的性骚扰防治义务也呈现空缺状态，维持现行立法并予以解释的方式无法提供行政执法所需的授权，阻碍公权力的合理介入。在《妇女权益保障法》、《老年人权益保障法》和《养老机构管理办法》均未明确授权的情况下，一方面，从推动公权力积极作为的维度来讲，依法行政原则要求行政机关作出行政行为，尤其是在导致行政相对人权益贬损时，应当有明确的事实和法律依据，[②]保证行政行为具有合法性，当行政相对人——养老机构不存在性骚扰防治义务时，行政机关无须也无法律依据追究其行政责任，最终养老机构保持其“自由身”而对入住老人受到性骚扰情况视而不见；另一方面，从控权的维度来讲，公法义务上的控权对于行政机关来说也意味着程序性约束和比例原则约束的空缺，即便行政机关可以通过变通解释的方式对养老机构进行监督管理和处罚，也会带来

① 参见朱虎：《规制法与侵权法》，中国人民大学出版社2018年版，第31页。

② 参见蔺耀昌：《行政行为说明理由制度比较研究》，载《行政论坛》2005年第3期。

自由裁量权过大的隐忧,模糊公权与私权间的界限。因此,相比维持现行立法,通过特别规定养老机构性骚扰防治义务为行政机关提供合理限度的授权对于养老机构内性骚扰防治更为合理、有效。

三、养老机构性骚扰防治义务的规范构造

《民法典》解释适用的不确定性与《妇女权益保障法》保护对象的局限性,致使养老机构性骚扰防治义务处于云雾迷蒙之中,正如前文已详细论证的养老机构性骚扰防治义务的特殊性,因此义务内容便不能遵循"拿来主义"直接套用学校、职场性骚扰防治义务的内容模板,而需要重新厘定。在厘定其内容的基础上应选择以《老年人权益保障法》为中心的立法构造路径,以适配养老机构反性骚扰的特殊场景。

(一)养老机构性骚扰防治义务的内容厘定

养老机构性骚扰防治义务涉及事前预防、事中制止、事后处置等多个层面的内容,[①]但此种依照行为时态进行划分的方式仍囿于私法义务的讨论语境,无法为立法构造提供公私法义务协同的平台。因此,养老机构性骚扰防治义务的内容应基于保护性义务和管理性义务的区分予以分明。具体而言,保护性义务的履行是对当事人权利的直接保护,当事人能够依此追究民事责任;而管理性义务则以行政管理为目的,未履行义务并不会直接损害当事人利益而属于公法责任范畴。[②] 此种义务内容的区分为后续公私法义务内容的衔接提供了理论的桥梁,着实必要。

1. 养老机构的保护性义务

无论学校还是用人单位,承担性骚扰防治义务建立完善反性骚扰制度,最终目的都是保护学生、职工免受性骚扰行为侵害,最终落脚点在于合法权益的保护。但学校作为青少年心智健康发展的责任主体,在反性骚扰议题中负有更多的教育义务,帮助学生提高自我保护的意识与能力。申言之,学校所负有的反性骚扰教育义务相比于用人单位的反性骚扰培训义务更具有特殊性,二者对潜在受害人的保护义务因保护对象——学生与职工这二者的思维、行为能力差异而不同,故在厘清养老机构保护义务时不能一概而论,应着眼于入住老人作为保护对象的特殊性。具体而言,养老机构的保护义务包括安全保障、心理疏导、隐私保护、证据收集。

---

① 参见张新宝:《单位的反性骚扰义务与相关侵权责任研究》,载《中国法学》2022 年第 3 期。

② 参见朱虎:《规制法与侵权法》,中国人民大学出版社 2018 年版,第 110 ~ 117 页。

第一，提供安全保障措施。首先，在不侵犯入住老人隐私权的前提下，在入住老人活动的公共区域、休息就寝区域加装监控，且监控设备应具有足以辨认频繁身体接触下正当与非正当身体接触的清晰度，既可以实时关注老人的身体状态，做好基本安全保障工作，也能起到一定威慑作用降低行为人施害可能。其次，在入住老人床位附近添加警报按键，或提供入住老人便携式蓝牙按键，以便老人遭受侵害时能够及时发出警报，避免造成进一步伤害。最后，及时制止侵害行为。养老机构凭借完备的监控设备、实时警报系统能够及时掌握受害老人的情况，在性骚扰行为发生后，公权力机关无法第一时间介入时，养老机构作为有制止能力的在场当事人理应负有制止义务。

第二，及时针对受害人开展心理疏导工作。因传统保守文化的影响，加之老年人在养老机构中处于绝对弱势地位，入住老人受到性骚扰后极易产生"寒蝉效应"，①即入住老人因在生活上依赖于养老机构工作人员，行为及思想受到系统化管理，工作人员的护理态度和方式无论好坏，入住老人都要照单全收，否则入住老人的反抗很有可能招致更恶劣的行为。此种害怕受到压制或惩罚的心理导致入住老人难以向外界求助，只能以顺从行为换取短暂的安稳时光，进而加深心理创伤，故养老机构应负有通过购买专业心理咨询中心的服务或自行组建心理咨询队伍对受害老人及时开展专业心理疏导的义务。

第三，保护受害者个人隐私。通常，性骚扰事件中个人隐私泄露引发的外界舆论会让受害者一次次陷入曾经受到性骚扰的场景，不断审视、检讨自身过错，给自己施以沉重的思想负担，以此造成的二次伤害相比于性骚扰行为对受害者造成一次伤害更加持久、广泛且严重。② 故为了保护受害老人免于遭受二次伤害，养老机构应负有保护受害者个人隐私的义务，做好保密措施，防止受害老人身份信息、有关性骚扰监控视频或图像、性骚扰事件细节、心理疏导工作内容等涉及受害老人个人隐私的文件泄露。

第四，证据收集义务。举证难一直影响着性骚扰诉讼当事人合法权益的保护，而在肢体接触常态化的养老机构中，老年人在遭受性骚扰后，若没有养老机构及时介入调查并保存相关证据，受害老人的一面之词难以满足证明责任标准，最终会承担败诉的不利后果。因此，性骚扰事件发生后，养老机构应负有证据搜集义务，通过调取机构内监控、工作人员考勤表、护工提供护理服务表等载有施害人与受害人接触的记录，与双方当事人进行及时沟通交流并做好文字或者视

① 参见周小李:《学术性骚扰中的寒蝉效应分析》，载《山西师大学报(社会科学版)》2016 年第 2 期。

② 参见靳文静:《我国高校性骚扰的特征和原因》，载《中华女子学院学报》2019 年第 5 期。

频记录,将有关证据加以固定和严密保存。

2.养老机构的管理性义务

性骚扰防治义务不仅指向对实际或潜在遭受性骚扰的受害人之保护义务,通过构造负有性骚扰防治义务之主体在其内部管理中的管理性义务,亦能实现对性骚扰行为的防治,只不过此种义务相比直接性的保护义务而言更为间接,但不妨碍该种义务之必要性。当然,所谓的“内部管理”更多的是基于行政管理的目的而形成的内部管理要求,是行政机关通过课以内部管理义务而实现养老机构行政管理之目的。因此,学校与用人单位的性骚扰防治义务都将重点放置于应对潜在施害人的出现及后果,无论是将反性骚扰制度纳入单位规章,还是强调师风师德建设,都是凭借内部管理实现反性骚扰目标。① 与之相同,养老机构性骚扰防治义务同样包含着这一管理义务的内涵,需要构建包括专项规章、员工反性骚扰培训、受理投诉机制、惩戒施害员工在内的机构管理规范,约束员工行为并完善事件应对措施。

第一,将反性骚扰制度纳入机构规章。在安全制度中,养老机构主要义务为通过安装监控、配备保安、职工巡查等方式,维护机构内安定和谐的环境,在约束工作人员的同时,明确入住老人应遵纪守法,服从合理安排。但治安管理制度难以满足养老机构落实履行性骚扰防治义务的需要,安全制度所要求的安保措施、机构内人员规范行为仅是反性骚扰制度中的一部分,故有必要构建更全面的反性骚扰制度,同时贯彻去性别化原则、保持中立人原则、受害人保护原则这三大原则。②

第二,开展入职员工反性骚扰培训。养老机构应向其招聘的工作人员,尤其是向护工开展反性骚扰培训教育,这不仅是提高员工自我防范避免遭受性骚扰的意识和能力,更是要认识到养老机构内部可能存在针对入住老人的性骚扰行为,表现为以动作、语言等方式在照顾老人更衣、洗漱等日常护理工作中,实施违背入住老人性意愿的行为。

第三,受理性骚扰投诉。养老机构不但要对入住老人、机构内工作人员的性骚扰投诉做出及时回应,当家属发现入住老人受到性骚扰、遭受性侵害而向养老机构反映相关情况时,养老机构也要及时受理、查证。另外应考虑到难免存在入住老人或其亲属对工作人员或护理服务不满而虚假投诉的情形,应采取合理措

---

① 参见张夏子:《〈民法典〉反性骚扰条款的制度检视与规范再造——以2022年修订的〈妇女权益保障法〉为分析背景》,载《法商研究》2024年第2期。

② 参见X-Right小组:《校园反性骚扰制度建设工具包发布啦!》,载微信公众号“Rainbow RnE彩虹社”2022年2月17日,https://mp.weixin.qq.com/s/cq-xmjbKbUgompvzjF1x8Q。

施以应对。当查明不存在性骚扰行为时，应与入住老人及其亲属进行充分沟通，了解投诉背后是否另有隐情，并告知已查明事实、保留相关证据，在尽到性骚扰防治义务的同时，也减少机构承担民事、行政责任的风险。同时，养老机构可以根据入住老人及其亲属的合理诉求，更换护理人员、床位等，并将调查过程、处理结果在机构内公示，削减其他入住老人及工作人员的紧张情绪，也起到预防养老机构工作人员或入住老人利用投诉机制实现非正当目的。

第四，养老机构应根据性骚扰行为情节轻重对违法违规员工施以不同程度的惩戒，如警告、公告批评、罚款、降薪、降职等措施，情节严重的可以依据《劳动合同法》规定认定其严重违反规章制度而解除劳动合同，以防止性骚扰行为再次发生，降低入住老人遭受性骚扰的风险。养老机构也应保存好调查记录、涉案证据、公开处理结果及依据，并告知当事人以便后续法律责任的追究。

（二）以《老年人权益保障法》为中心的立法构造

在养老机构性骚扰视域下，保护对象为所有入住老人，并不区分女性或男性，即要求无性别差异的保护，《妇女权益保障法》此类具有明确性别指向的法律法规便难以作为养老机构性骚扰防治体系的中心。而《老年人权益保障法》在性质上属于特殊群体保护法，与国家在社会法领域的立法范围吻合，[①]带有公私交融的特征，能够同时采取私法引导手段与公法规制手段，有向外链接至其他法律规范的法理基础。另外，其作为保障老年人合法权益的专项法律，保护对象涵盖女性与男性老年人，在"社会服务"一章规定了养老机构的建设、服务、管理、监管等内容，"法律责任"章节明确了养老机构及其工作人员的民事、行政、刑事责任，已有条文基础便于后续立法修改时增添养老机构性骚扰防治义务条款。故应当建立以《老年人权益保障法》为中心的养老机构性骚扰防治体系。

当前，《老年人权益保障法》与养老机构有关的规定仍以纵向行政管理关系为重点，对于养老机构与入住老人之间的横向关系调整关注较少。1996 年颁布的《老年人权益保障法》仅在第 33 条涉及养老机构，以促进鼓励的立场支持社会组织或个人建立老年福利院、敬老院、老年公寓等设施，未规定各类养老机构的职责及法律责任。2012 年《老年人权益保障法》全面修订，"老年福利院、敬老院、老年公寓"的表述被"养老机构"所替代，有关养老机构的 7 项条文归属于新设的"社会服务"章节，同时针对养老机构违法设立、侵害老年人人身及财产权益设置责任条款。虽然该法规定入住老人与养老机构应签订服务合同明确权利义务，禁止养老机构以任何方式损害入住老人权益，以期调整横向民事主体关

① 参见赵红梅主编：《社会法学前沿问题研究》，中国政法大学出版社 2020 年版，第 32 页。

系,但侧重点仍在于调整政府及相关部门与养老机构之间的纵向行政管理关系。而性骚扰防治义务虽然也涉及纵向行政管理关系,但关键仍在于横向上如何调整养老机构与入住老人之间的关系,如何通过合理的义务界定和权力赋予确保养老机构能够有效防治性骚扰行为。以此观之,2012年《老年人权益保障法》忽略了保护型义务,入住老人何种权利受到保护、如何受到保护并不明晰,这一模糊性在2015年、2018年修正版本中仍然存在。

因此,适当修改《老年人权益保障法》中直接涉及养老机构义务与法律责任的条款,有助于明确养老机构义务体系中的性骚扰防治义务。该法第48条属于养老机构与老年人权利义务关系条款,正如前文所述,作为该法在养老服务法律关系中主要规范的社会服务提供主体——养老机构来说,其与老年人形成的养老服务法律关系中的权利、义务并未具体化,故应当增添养老机构保障老年人身体权甚至性自主权的内容。虽然性骚扰的表现方式有言语、文字、图片、行为,但在照护关系下护工与入住老人之间存在更加频繁且合理的肢体接触,加之养老机构本就应保障入住老人的身体健康,养老机构不论负有安全保障义务还是性骚扰防治义务,保障身体权都是必不可少的一部分。进言之,性自主权的设定更契合性骚扰防治义务,即"受到法律和道德限制的,公民享有的不受他人强迫和限制地进行性行为、满足性欲望的权利"①,任何违背当事人性意愿的行为都损害其性自主权。相比于身体权来说,性自主权更加具有针对性。② 在此基础上,应当明确规定养老机构对入住老人负有性骚扰防治义务或反性骚扰义务,具体义务内容包括前述保护性义务和管理性义务,可以采用"概括 + 列举"的方式予以规定。通过此种明文规定,能够以此为基础进一步细化公法义务、衔接私法义务。

在公法义务的细化完善方面,《养老机构管理办法》作为民政部门制定的对养老机构管理进行规范的部门规章,应当承担对《老年人权益保障法》设定的养老机构性骚扰防治义务之公法规范予以细化的任务。为保障现有章节的体系性,又基于前文对养老机构性骚扰防治义务内容的梳理,其不属于向入住老人提供生活照料、文化娱乐等服务,而属于因保障入住老人权利应构建的管理处置制度,养老机构性骚扰防治义务应当通过向各义务对应的条款增设相关内容来实现。具体而言,第一,将"性骚扰防治"作为《养老机构管理办法》第25条所规定

① 郭卫华:《性自主权研究——兼论对性侵犯之受害人的法律保护》,中国政法大学出版社2006年版,第23页。

② 参见杨立新:《民法典人格权编草案逻辑结构的特点与问题》,载《东方法学》2019年第2期。

的养老机构规章制度中的组成部分。第二,虽然职业道德教育必然要求机构内工作人员应坚守服务本心,杜绝违纪违法行为的发生,但性骚扰防治义务所要求开展的预防性骚扰培训具有特殊性和专项性,应在《养老机构管理办法》第26条第1款规定中增添这一培训项目。第三,新增性骚扰事件受理、处理机制条款。另外,即便补充专门规章制度、预防性骚扰培训条款可以落实大部分管理性义务,但针对性骚扰事件的受理、处理机制无法借以补充或修改现有条款的,需要通过新设条文实现。

在私法义务的衔接层面,应当将《民法典》第1010条的内容与《老年人权益保障法》的内容相衔接。公法强制性义务的全面铺开因其时滞性、范围广、成本高致使立法机关设定管制规范时持高谨慎态度,而私法所具有的容错率高、可选择性等特点能够给予受规制对象缓冲空间以转变行为方式,借以克制性行为规制逐步促进管制规范成熟化。[①] 因此,只是在《老年人权益保障法》增设养老机构性骚扰防治义务难以一步到位实现最终效果,需要私法义务作为"试点"引导养老机构作出理性化选择判断,具体可借以司法解释、转介条款,通过公私法义务协同实现反性骚扰目标。

首先,法律之稳定性、可预期性要求其不能轻易变动修改,故而养老机构性骚扰防治义务可以通过司法解释的形式落实。应在反性骚扰条款解释中增设养老机构这一主体,与机关、企业、学校并列作为采取反性骚扰措施的义务主体,并补充利用"照护关系"实施性骚扰的相关规定,对应《民法典》第1010条中的"职权、从属关系等"的内容。

其次,通过设置转介条款衔接公私法义务。一般来说,为实现公法与私法的协作,往往需要通过设置转介条款或引致条款来实现。简单来说,转介条款体现为公法上的义务能够通过某一条款实现私法效果,[②]通过设置转介条款既能避免司法适用时直接越过《老年人权益保障法》援引《民法典》的规定,又能为责任认定提供可参考的义务范围、过错认定标准等内容。[③] 退一步讲,即便回到《民法典》第1010条第2款之规定,其含糊性的表述也未能区分保护性义务与管理性义务,能否产生民事侵权责任效果交由司法机关判断。因此,为实现《老年人权益保障法》与私法的对接,便需要在其中补充转介条款,明确养老机构性骚扰防治义务履行应符合法律、行政法规以及国务院养老机构管理部门的规定,否则应

① 参见刘恩志:《经营者风险预防义务的证成与边界以AED配置义务为重点》,载《中外法学》2024年第2期。

② 参见朱虎:《规制法与侵权法》,中国人民大学出版社2018年版,第118~121页。

③ 参见刘志伟:《违反金融业行为监管规范的私法责任体系优化》,载《法学评论》2024年第2期。

承担相应的赔偿责任。在具体司法适用上，参考前述关于保护性义务和管理性义务的区分，只有在养老机构违反保护性义务的情况下才承担侵权责任，即未能履行安全保障、心理疏导、隐私保护、证据收集这四类保护性义务时，应当向受害老人承担赔偿责任。

公共服务均等化视域下农村长期护理保险制度研究

应思杰[*]

摘　要:为应对失能人口长期护理保障问题,我国于 2016 年在多个城市开始进行长期护理保险试点工作,截至目前,全国已有 49 个城市开展了长期护理保险试点,试点工作取得了相当的成效。但通过梳理现状,发现目前农村居民的长期护理权益保障还不够,需要进一步完善制度构建。本文以公共服务均等化为研究视角,明确农村居民应当具备与城镇居民同样的护理保障权益,针对农村地区的特性,从立法模式和具体制度两个方面,聚焦参保人群、资金筹集、待遇给付等几个方面,对农村长期护理保险制度构建做初步的设想。

关键词:公共服务均等化　长期护理保险　失能失智　乡村振兴

一、农村长期护理保险制度与公共服务均等化的内在逻辑

(一)公共服务均等化的核心内涵与价值追求

1. 公共服务均等化的核心内涵

经历改革开放后的高速发展,我国在经济、文化、民生等多个领域的实力都有了较大的提升。但是由于我国作为人口大国,地域宽广,公共服务建设在取得重大成就的同时,仍然存在不平衡、不全面的问题。2006 年“十一五”规划纲要中提到“完善中央和省级政府的财政转移支付制度,理顺省级以下财政管理体制,有条件的地方可实行省级直接对县的管理体制,逐步推进基本公共服务均等化”,这是我国首次明确提出“公共服务均等化”的概念。自提出以来,公共服务的内涵不断完善,通过民生相关政策法规的出台,均等化的目标也在不断深化。

---

* 应思杰,西南政法大学经济法学院 2020 级硕士研究生。

目前,涵盖教育、医疗卫生、养老等内容的公共服务体系框架总体建成,大致实现了公共服务的均等化。

根据"十三五"规划的要求,公共服务均等化是指全体公民都能公平可及地获得大致均等的公共服务,其核心是促进机会均等,其重点是保障人民群众得到公共服务的机会,而不是简单的平均化。[①] 可见,公共服务均等化的核心内涵是促进机会均等、维护公平正义。公共服务均等化促进机会均等的核心内涵包括两个层面,一是公民不受城乡、年龄、性别、职业、户籍等因素而影响享受生存生活基本需要的权利平等、机会平等;二是除了考虑各地经济水平的差异,提供公共服务能力有限,允许各区域的服务水平不完全相同,但"均等化"要求必须要保证所有公民至少能享受到最低标准的公共服务,满足基本生存保障水平。即便是在欠发达地区,该区域的公共服务仍要保证能满足人民的最低需求。要实现公共服务的均等化,既不能固步自封,也不可能一蹴而就,需要充分考量政府承载能力、社会发展需求与市场主体参与的具体情况,不断稳中求进实现长效可持续发展。[②]

2. 公共服务均等化的价值追求

(1)保障生存

生存权是基本人权,指在一定社会关系中和历史条件下,人们应当享有的维持正常生活所必需的基本条件的权利。生存权分为狭义和广义两个内涵,限缩解释的生存权,仅指简单的生命权,生命权是生存权的首要内容,还是生存权的体系基础。而广义的生存权包括尊严权、获得必要的生活资料的权利(包括食物、衣着、住房、医疗和必要的社会服务等)、劳动并获得报酬的权利、提高生存质量的权利(发展的权利)。[③] 生存权是每个人与生俱来,自然拥有的权利,无须积极主张,也无须特别提醒。生存权的保障是社会正义实现的体现,而社会正义要求对经济资源与负担做合理的重新分配,使人民有机会凭借其个人力量,在社会中与他人进行公平竞争。[④] 推动公共服务均等化,则是以政府为主体,通过国家对物质、财务资源的调控,以此保障全体公民医疗、养老、住房等生存发展能够得到满足,提供较为优良的生存生活条件。另外,公共服务均等化的深刻内涵除了日常衣食住行,还应该包括维护尊严,提高生活质量,才能实现个人更好水平、更高层次的发展。

---

① 国务院:《关于印发"十三五"推进基本公共服务均等化规划的通知》(国发〔2017〕9 号),载中华人民共和国中央人民政府网,http://www.gov.cn/zhengce/content/2017-03/01/content_5172013.htm。

② 参见袁威:《基本公共服务均等化的政策逻辑与深化:共同富裕视角》,载《中共中央党校(国家行政学院)学报》2022 年第 4 期。

③ 参见李步云主编:《人权法学》,高等教育出版社 2005 年版,第 121 页。

④ 参见谢荣堂:《社会法治国之社会安全法制》,载《月旦法学教室》2003 年第 10 期。

(2)促进平等

人人生而自由,在尊严和权利上一律平等,《世界人权宣言》第25条第1款规定"人人有权享受为维持他本人和家属的健康和福利所需要的生活水准,包括食物、衣着、住房、医疗和必要的社会服务"。我国《宪法》第33条[①]明确中华人民共和国公民在法律面前一律平等,也就是说,此处的平等权包含两个方面:一是个人无论年龄、性别、健康状况等,我国公民在法律权利层面都是平等的,并且不因年老而被歧视,反而要对其基本权利加以物质保障,维护老年人权益是理所应当。二是区域之间,虽然我国实行城乡二元的体制,但农村人口与城镇人口在法律地位上是平等的,没有尊卑之分,拥有同等的身份。平等是法律的基本要求,全国范围内的公共服务应平等地为全国范围的城乡居民提供保障,而不应仅为城镇居民甚至只为城镇职工提供保障,不能因逆向重分配而导致了新的不公平。[②] 城乡居民平等地享有政府提供的公共服务,群体理应得到同等的保障,在农村地区建立相应的公共服务体系是必然的要求。

(3)体现国家义务

对涉及人民生存照顾之事项,首先,应当由公民个人对自己负责,通过主张自由权的方式予以实现;其次,当个人无力承担时,由家庭或慈善机构之类的小集体加以应对;最后,个人或所在较低层级的团体都无从满足基本生存需求时,国家应当责无旁贷地肩负起积极支援、协助以及承接之义务。[③]《宪法》第45条第1款规定:"中华人民共和国公民在年老、疾病或者丧失劳动能力的情况下,有从国家和社会获得物质帮助的权利。国家发展为公民享受这些权利所需要的社会保险、社会救济和医疗卫生事业。"公民有在特殊时期享受国家提供的帮助的权利,对应地,在公民有需要的时候,国家有为其提供生活必备的物质条件的给付义务。在市场经济体制下,商品由金钱价值衡量流通,不同经济条件的人会获得不同水平的商品,涉及公民基本生存需要的教育、就业、社会保障等方面的公共产品必须由国家来调控,以确保每个人都能得到相应的公共服务。因此,国家为保障公民基本生存需求,促进公共服务均等化是履行国家义务的重要体现。

(二)公共服务均等化下推进农村长期护理保险建设的制度诉求

1. 长期护理保险定义

长期护理保险(long-term care insurance),国内学者认为,长期护理保险,是

① 《宪法》第33条第1款、第2款、第3款:"凡具有中华人民共和国国籍的人都是中华人民共和国公民。中华人民共和国公民在法律面前一律平等。国家尊重和保障人权。"

② 参见庞永红、肖云:《再分配"逆向调节"之分配正义考量》,载《伦理学研究》2014年第1期。

③ 参见陈新民:《公法学札记》,法律出版社2010年版,第44~46页。

指被保险人因为年老、疾病、意外伤残等导致全部或部分丧失身体某些机能,基本生活无法自理,需要入住机构接受长期康复治疗和支持护理或在家中接受他人护理时支付的各种支出给予补偿的一种健康保险。[①] 国际上不同国家对长期护理保险的建立存在不同的形式,主要是长期护理商业保险、长期护理社会保险和长期护理津贴。我国立足于基本国情,采取长期护理社会保险的形式并进行了试点。长期护理保险结合了具有分摊风险功能的保险特质和长期护理的内容,实现让更多人满足长期护理的需求,是对该群体社会层面的保障,因此长期护理保险也被称为"第六险"。长期护理保险的受众包括因疾病、伤残需要长时间照料的所有人,具体实践中,产生长期护理需求的大多为失能老人,本文也主要以老人作为农村长期护理保险制度构建的讨论对象。

2. 长期护理保险制度

制度,是指为维持正常运行秩序,出于特定目的制定的有关事项的规则,具有一定的指导性和约束性,是国民共同遵守的办事规程或行动准则。长期护理保险制度即以保障失能失智群体,尤其是失能老人的生存需要,提供日常照料和医疗护理为目的,将长期护理保险作为中心内容,包括覆盖对象、资金筹集、失能等级评估、待遇给付、人才培养、监督与管理等板块在内的规定。目前我国长期护理保险的实施还处于试点阶段,自2016年试点以来,多地出台了对应的规则、条例等规范,作为本区域长期护理保险试点的行为指导,但尚未在全国形成正式统一的长期护理保险制度。

3. 公共服务均等化理论为农村长期护理保险制度构建提供指导

本文研究农村长期护理保险制度的构建,是以城镇相应制度的试行产生的城乡差异作为出发点,着眼于城乡协调发展,维护农村居民的合法权益。我国经济高速发展的同时综合国力不断提升,城镇化进程加快,由于长期以来的二元体制,加之农村财政落后、经济薄弱,导致城市和农村之间产生了较大差距,而城乡差异是公共服务非均等化的体现之一。尽管我国目前已经打赢脱贫攻坚战,消除了绝对贫困,公共服务体系得到了加强,区域城乡差距明显缩小,但从宏观角度来看,农村地区的发展仍存在很多不足。城乡一体的问题始终是国家工作的重要任务,中共中央《关于制定国民经济和社会发展第十三个五年规划的建议》中指明要通过公共服务均等化的战略,实现协调发展,尤其是城乡协调发展,健全城乡发展一体化体制机制,推进城乡要素平等交换、合理配

① 参见荆涛:《长期护理保险——中国未来极富竞争力的险种》,对外经济贸易大学出版社2006年版,第23页。

置和公共服务均等化。公共服务均等化要求公民能够实现机会均等、权利均等。

所处生活环境不同，可能导致不同地区、城乡、群体之间的公共服务需要不一，但整体来看，无论城乡居民，公共服务需求的重合点在于：①基本生存需要，如养老、就业等生活保障和医疗卫生等健康保障。②尊严和个人能力的维护，要求政府提供基本的教育和文化；随着经济发展和物质生活的进步，公共服务的内涵会逐步丰富，水平也会逐渐提高。长期护理保险制度旨在满足失能群体的正常生活和护理需要，根据失能失智的风险与年纪呈正相关的特点，我国失能人口逐渐攀升，老龄人口普遍面临长期护理的需求。但由于个体局限性，通常存在短视、有限理性、风险意识较低等共同弊端，以日常收入、普通储蓄、购入保险等方式通常难以抵御护理需求带来的高昂支出和风险。[①] 城镇化不断吸引着年轻劳动力，农村空心化、老龄化程度逐渐加深，失能老人不在少数，产生了相应的长期护理需求，对公共服务提出了新的愿景，在农村地区建立相应的长期护理保险制度是公共服务均等化的必然要求。加快农村长期护理保险制度构建，提升农村公共服务水平，是促进城乡发展平衡、维护公平正义的重要手段。

二、我国农村长期护理保险制度实践探索

（一）我国长期护理保险制度试点现状概述

早在全国层面提出开展长期护理保险试点之前，山东青岛分别于 2012 年和 2014 年颁布了《关于建立长期医疗护理保险制度的意见（试行）》（已失效）和《青岛市长期医疗护理保险管理办法》（青人社发〔2014〕23 号）（已废止），领先全国步伐，进行了长期护理保险试点。在生育率持续下降与人口老龄化程度不断加深的背景下，为应对失能人口护理问题，人力资源社会保障部在 2016 年发布了《关于开展长期护理保险制度试点的指导意见》，国家医保局和财政部在 2020 年发布《关于扩大长期护理保险制度试点的指导意见》，在首批长期护理保险制度试点基础之上，新增至 49 个试点城市，涉及北京、上海、广东、内蒙古、山西、新疆等多个省市，横跨东中西部城市、发达与欠发达地区，在试点地区的选择上考虑到了不同的发展水平，为制度建立提供的参考样本类型丰富，同时兼具代表性和普适性。

从政策文件概况来看，各试点城市颁布关于长期护理保险政策的形式主要采取“办法”“意见”“细则”“方案”四类形式，如《上海市长期护理保险试点办法》、《重庆市长期护理保险实施细则（试行）》（已失效）等。法律价值位阶普遍

① 谢冰清：《论中国长期护理保险制度中国家责任之定位》，载《云南社会科学》2019 年第 3 期。

较低,多为地方性法规或政府规章,大部分还称不上"法"。一是地方立法权受限,试点具体到市,无法制定高级别的法规;二是目前长期护理保险处于试点阶段,需要完善的内容还较多,先以政策为基础,便于根据实践中的反馈作出调整,回应社会需求。

据了解,截至2020年,我国长期护理保险参保人数总计达10,835.3万人,享受待遇人数83.5万人,基金收入196.1亿元,基金支出131.4亿元,服务定点机构4845个,护理服务人员达19.1万人。[①] 由于当前我国关于长期护理保险没有法律层面的规定统筹全国,而是各试点地区参照自身的具体情况来确定条例内容,因此不同的试点城市对长期护理保险的内容做了不同的规定,导致相关政策呈现出碎片化的特征,体系庞大,给全国建立统一的长期护理保险制度带来了一定的困难。

(二)农村地区长期护理保险试点制度现状及不足

1.覆盖对象范围狭窄

自试点以来,随着试点城市数量的增加,长期护理保险的覆盖对象范围在拓建扩宽。在试点初期,大多城市都以城镇职工为对象率先试行长期护理保险,再根据具体情况把城乡居民和灵活就业人员纳入长期护理保险试点对象范围。据国家医保局待遇保障司司长樊卫东介绍,长期护理保险试点以来,全国已覆盖1.45亿人,累计待遇享受人数约172万人,人均报销水平约每年1.6万元,基金支付占到个人基本护理费用负担的70%左右。[②]

基于经济条件、社会理念等原因,在49个试点地区中,以城镇职工为主要参保对象,逐渐扩展到城镇居民,而养老设施建设落后、医疗条件较差、长期护理需求大的农村地区的长期护理保险试点尚处于比较匮乏的状态,享受到待遇的农村人口比例过低。同时,这也导致对农村地区开展实施存在的问题和侧重点掌握不全面,距在居民间推广还远远不够,覆盖范围过于狭窄对长期护理保险的社会保险性质来说也是不足的。并且按照当前试点情况中参保人员的分配,长期下去会导致经济条件较好、收入稳定的城镇职工,在享受较高基本医疗保险待遇的基础上,还享受了长期护理服务,产生福利叠加,而收入低下、条件落后的城乡居民原本的基本医疗保险待遇次级,在长期护理保险试点中仍被忽略,导致福利分配严重不平衡,加剧了城乡间社会保障水平的差异。即便是在长期护理保险

① 参见《"十四五"全民医疗保障规划一问一答》,载国家医疗保障局,http://www.nhsa.gov.cn/art/2021/9/30/art_105_6578.html。

② 参见《长护险:49个城市试点　保障更多失能老人》,载新华网2022年7月21日,https://baijiahao.baidu.com/s?id=1738952684896795505&wfr=spider&for=pc。

试点已经较为成熟,也是最早覆盖到农村居民的青岛市,2021年享受待遇人数达到4.2万人,包含农村参保居民1.8万人,占比不到一半。因此,往后的试点过程乃至制度建立中,一项主要的任务是要扩大覆盖面,让更多人能够从制度中受益,才能够推动建立全国适用的长期护理保险制度。

2.筹资机制缺乏独立性

(1)筹资渠道

根据各地实施政策,试点城市中资金筹集渠道有所丰富,但基本都以医保基金作为基础。而当长期护理保险作为一个独立的险种进行立法确定实施之后,目前大量资金依靠医疗保险基金划拨的做法并非长久之计,医保统筹资金本身会因为老龄化导致就医人数、花费金额持续增多,再负担长期护理需求扩大并随之增长的支出,只会不断地加重医保基金的负担,不仅不利于长期护理保险的持续运作,甚至会影响医疗保险系统的稳定运行。此外,城乡居民参加长期护理保险费用除了医保基金划转,剩余部分主要还是集中在个人承担和财政补助两个方面,对于农村居民而言,物质水平低,无法加以太重的缴费义务,筹资目标有限。同时,对于政府在制度推行中的义务,中央政府与地方政府应该在合理分权的基础上确定各自在资金筹集中承担的责任。实际操作中,部分试点地区通过政策确立了地方政府应当履行的筹资义务,但并不涉及划分明确中央与地方在筹资方面的职责。[①] 因此,必须在试点过程中结合地区特色,不断改进资金筹集的方式和渠道,建立长期护理保险独立的筹资模式,作为制度运行的物质保障基础。

(2)筹资标准

在覆盖城乡居民试点实践中,长期护理保险筹资主要存在按比例筹资和定额筹资两种方式。定额筹资顾名思义,即征收标准为固定的缴费金额,如吉林省长春市规定,起步阶段城乡居民长期护理保险标准为每人每年12元,其中个人缴费10元,财政补助2元。比例筹资即在某基数上,设定缴纳保费百分比,如新疆乌鲁木齐市参加城乡居民基本医疗保险的参保人员,通过个人缴费和财政补助进行筹资,其2021年长期护理保险年度筹资总额中个人缴费部分按上一年度城乡居民人均可支配收入40,938元的0.1%进行筹资,每人每年40元,同其基本医疗保险缴费按年度征收。

而比例筹资中的基数如何确定,主要存在几种情况:一是以地区上一年度居民收入情况为依据。如湖北省荆门市按照该市上一年度居民人均可支配收入的

① 参见黄丽娟、罗娟:《长期护理保险的理论指引与体系建构》,载《华东政法大学学报》2020年第5期。

0.4%，个人承担 0.15%，医保基金划拨 0.1% 以及财政补贴 0.15%。此外，为了提高居民参加长期护理保险的积极性，荆门市实行缴费年限与待遇水平关联的做法，累计缴费时间越长，可享受的保险待遇就更好。二是按照当年医保缴费基数比例确定。如广州市规定，对居民参保人员，年满 18 周岁的在校学生个人缴费和财政补助各为 0.03%；年满 18 周岁的其他城乡居民个人缴费和财政补助各为 0.12%。

从筹资标准来说，筹资水平高低的设置与参保人员经济水平离不开。试点中农村地区参保人员的筹资标准大多采取定额筹资的方式，且保费数额都比较低，普遍在 100 元以下，即便是在经济发达的城市，最高也不超过 200 元，比如北京石景山区扩大试点阶段筹资标准暂定为 180 元/人·年，财政补助和个人缴费各承担 90 元。可见，覆盖农村居民的长期护理保险试点中总体筹资水平都并不高，居民个人缴费额数也设置得比较少。

3. 失能等级评估标准不统一

(1) 评估标准

失能等级评估是享受长期护理保险待遇必需的前置程序，依据评估标准体系，对评估对象的日常生活活动、认知、感知觉与沟通等方面的能力丧失程度进行分级评估，内容涵盖穿衣、吃饭、人物定向、记忆、听力和与人沟通等多个方面。试点城市根据各自的特点和实际情况，在失能等级评估方面，制定了不同的评价体系。有的城市通过对国际标准的改良，因地制宜，转换成一套涉及日常生活、健康状况和精神状况等内容的评估标准。多个试点城市均以国际通行的 Barthel 指数评定量表作为评估标准，综合评分低于 40 分的为重度失能，介于 40 分到 60 分的为中度失能，60 分到 100 分的为轻度失能，比较笼统，缺乏精确性。其中，上海市和成都市吸收实践经验，建立了相对完善、成熟的失能等级评估体系。

(2) 评估流程

试点城市评估流程大多设定了初审和复审。初次评估程序为提出申请—受理审核—现场评估—复核结论—公示送达，都明确包括受理审核、现场评估、公示签约等基本工作流程。现场评估还可邀请长期护理保险相关管理部门、行业协会等第三方机构及相关专业人士共同参与。评估结论一般在申请受理之日起 20～30 个工作日内作出，特殊原因可再相应延长。申请人对评估结论有异议的，自收到评估结论时起可向经办机构申请复评。整个流程时限较短，合理得当能够较为及时地作出评定，让失能老人享受到长期护理服务。上海市主张特事特办，对符合长期护理保险规定条件，处于骨折、脑血管意外等疾病稳定期，生命体征平稳，但家庭无法满足继续治疗、护理需求，最近 6 个月内在定点医院出院的老人特别规定了“绿色通道”快速评估，评估机构应在接到受理信息后的3个工作日内出具评估报告。此外，部分城市接受了长期护理服务的老人还需要进行定期评估，《吉林省长期护理保险失能等级评估管理暂行办法》（吉医保联〔2022〕20号）规定失能等级评估结论出具后满6个月，参保人员因失能状况发生变化影响评估结论的，可提出再评申请，程序与初评一致。

在长期护理保险失能等级评估方面，农村地区与城镇地区采用的标准和存在的问题基本一致。各试点城市的评估体系不一，评估结果各异，导致能享受到的长期护理保险待遇也参差不齐。为了推动长期护理保险制度试点，协同促进养老服务体系建设，国家医保局办公室和民政部办公厅在2021年发布了《长期护理失能等级评估标准（试行）》，出台了统一适用的失能等级评估标准，通过3个一级指标和17个二级指标的评估，将长期护理分为基本正常、轻度失能、中度失能、重度失能Ⅰ级、重度失能Ⅱ级、重度失能Ⅲ级共6个等级。试点城市可参考自身特色情况，对文件标准进行完善落实。虽然该标准主要集中于生理健康状况的分级，还没有涉及心理健康状况等方面，评估标准尚且不全面，但标准的出台有助于建立全国普遍适用的评估标准体系，推进地区互认，为主管机构确定长期护理保险待遇提供评定基础，提高办事效率，调整资源配置，给参保人员享受待遇提供便利，使同级别的失能人员能够得到同等的长期护理保险待遇。

4. 待遇给付规则不合理

（1）待遇给付的实质要件

享受待遇给付除了要参保和主动申请之外，必须满足两个条件：参保年限和失能评估结果。针对参保年限，基本养老保险目前要求缴费满15年的才可以享受养老保险待遇，长期护理保险也对缴费年限做了要求。根据试点地区的要求，大多数规定除了参加医疗保险满15年之外，还要求参加长期护理保险满24个月或2年。如成都市要求申请长期护理保险待遇的参保人员，应满足已连续参保2年，并处于基本医疗保险待遇享受期内。针对失能等级要求，试点阶段以保障重度失能人员为主，保障其基本生活照料和与之密切相关的专业护理等所需费用问题。关于享受待遇的资格，经医疗机构或康复机构规范诊疗、失能状态持续6个月以上，有的城市规定经评估在中度失能二级以上的参保人员才可有享受长期护理保险待遇的资格。

（2）待遇给付的内容

长期护理保险的待遇给付一般分为现金给付、实物给付和混合给付三种形式。现金给付指给参保人员发放一定数额的津贴；实物给付是通过政府直接提供或从符合资质要求的第三方机构处购买长期护理服务，让参保人员享受护理服务;混合给付即结合两种方式,根据具体情况和需要各予以部分的补贴和服务。现金给付主要是作为服务给付的补充,在次要的地位。根据试点城市的政策,大部分是采取现金给付和实物给付结合的混合给付模式,参照当地的经济水平,给付的现金数额各异,从整个长期护理待遇的情况来看,对符合规定的护理服务费用,基金支付水平总体控制在 70% 左右。

在实物给付方式上,我国长期护理服务模式有三种:居家护理、社区护理和机构护理,其中居家护理又包括居家自行护理和居家上门护理,机构护理包括医疗、养老和专业护理服务机构护理。几种护理形式各有优劣,满足不同层次的需求,目前多数试点城市采取"居家护理 + 医疗机构护理 + 养老机构护理"的护理服务模式,护理服务包括基本生活照料和相关基础医疗护理两个方面。成都等城市着重为重度失能人员提供基本生活照料服务;石河子等地主要为重度失能人员提供医疗护理服务;而荆门、苏州以及上海等地为重度失能人员提供生活和医疗护理服务。多个地区都采取护理服务项目包的形式,向需要的居民提供,例如上海市为长期护理保险服务对象提供 27 项基本生活照料,鼻饲、压疮伤口换药等 15 项常用临床护理。

在实际试点中,就现金给付而言,同时覆盖城镇职工和城乡居民的,存在不同的支付标准,如吉林省吉林市,同样是对机构服务的支付,对城镇职工补偿 70%,城乡居民补偿 60%,每缴满 5 年增加 1%,最高分别不超过 80%、70%,城乡居民享受到支付水平明显低于城镇职工。就服务给付而言,除了个别城市服务项目完备多样,能满足不同失能老人的需求,基于服务金钱成本、人力成本都偏高,农村居民长期护理多是居家护理,项目多集中于日常娱乐活动,长期护理服务所包含的日常照料如喂饭、穿衣、清洁、如厕、下楼,血糖检测、生命体征检测之类的专业医疗护理和协助肢体活动类的康复治疗以及精神慰藉等服务尚处于较为匮乏的状态。[①] 另外,受经济条件的影响,我国农村老年人购买照护服务时更倾向于满足生活需求的服务,这种服务价格相对低廉,利润也更低。相较于提供公益性和道德性的廉价照护服务,市场更乐意提供昂贵的高端服务,以获取更多利润。[②] 在供需之间产生了矛盾,靠市场机制调节的可行性较低。整体上,农村居民的待遇给付水平需要从国家层面予以确定,尽量保证与城镇人口水平一致,甚至可以给予倾斜性的优待政策,避免因长期护理保险待遇享受的差距将城

① 参见陈玫、孟彦辰:《我国农村长期护理保险制度的构建研究》,载《中国全科医学》2020 年第 21 期。

② 参见姬飞霞、王永梅、张航空:《老年照护服务市场化供给:理论基础、制约因素与优化路径》,载《社会建设》2019 年第 6 期。

乡公共服务水平的失衡进一步扩大,这与建立农村长期护理保险制度的目的背道而驰。

三、我国农村长期护理保险制度构建之完善

(一)我国农村长期护理保险的立法模式

1. 将长期护理保险内容嵌入《社会保险法》中

农村失能老人的长期护理权益属于长期护理保险体系的一部分。关于长期护理保险制度的立法模式,国外多数国家都是将其专门立法,颁布长期护理保险法典,作为制度实施的基础。国内学者的研究中大致分为两种途径:一是单独立法,以"长期护理保险"为名,颁布单行法;二是将长期护理保险作为章节内容,嵌入《社会保险法》中。本文比较同意第二种做法。目前我国长期护理保险制度的相关内容还不完善,尚处于建设初期,还有诸多问题需要补充,待具体实践操作中不断总结完善,还不具备单独立法的条件,仍需由《社会保险法》进行统领。同时,长期护理保险作为"第六险",理应成为与其他"五险"并列的社会保险分支,将其立法规范纳入《社会保险法》的章节中,既能实现立法先行的目的,作为试点、推广实施的行动指南和基准,也能明确长期护理保险的法律地位。

2. 配套出台"长期护理保险条例"

按照目前我国《社会保险法》的内容,各社会保险的章节分为保险费用的征缴、保险基金的管理、经办监督部门和法律责任几个板块进行统一规定。由于长期护理保险制度内容繁杂,体系庞大,在《社会保险法》的法律层面无法一一详尽,对具体的参保对象、资金筹集、等级评估、待遇给付、监管主体等内容需要附带制定颁布"长期护理保险条例"加以补充,进行规范性立法,设立"总则""资金筹集""保险待遇""保险管理""法律责任"等章。否则,法律层面规定过于宽泛、粗放,实际操作中仍然会存在混乱现象。现阶段,着眼于城乡之间的现实差距,先尝试建成适合全国推广的农村长期护理保险基本制度体系,对农村居民长期护理保险制度作出安排,在长期护理保险得到大范围推广之后,再逐步将城乡制度合二为一,改变二元状态,统筹为同一制度体系,是未来制度建设改进的方向。

(二)我国农村长期护理保险的制度构造

尽管我国目前的工作任务是呼吁并实践缩小城乡差距,逐步改善二元社会体制,但这是一个漫长的过程,对农村长期护理保险制度构建的研究还需建立在当下确实存在城乡二元对立的基础上,承认农村地区经济文化环境的特性,才能够建立适合的制度基础。长期护理保险制度内容丰富,涉及众多,篇幅所限本文

主要从资金筹集、失能等级评估、待遇给付和制度运行等几个方面对农村长期护理保险制度的安排做一个浅显的构想。

1.建立全民参保的制度模式

日本的参保对象为40岁以上,以65岁为界线分为两类,确定不同的缴费义务和待遇。德国、韩国则为全民参保模式,无论是否为老年人口,参与医疗保险的人员均要参与长期护理保险。对此,本文认为从我国的国情出发,应当实行全民参保的模式。一方面,长期护理保险制度建立的目标之一是推动养老社会化,长期护理保险和基本养老保险在代际性方面是共通的,二者都需要通过后辈承担前辈的扶养义务;另一方面,参保人员足够多,才能保证长期护理保险基金的充足,为失能人口提供高质量的护理服务。因此,不以年龄为界,全民参保更符合当下制度建设的目的,可以采取明确规定参加"新农合"的居民都要参加长期护理保险的方式,尽可能地让农村居民加入长期护理保险的开展中。

2.构建独立多元的筹资机制

(1)筹资标准

定额筹资和比例筹资的概念和特点前文已作对比,此处不再赘述,倘若实行比例筹资,对有稳定收入、抗风险能力高的职工人员来说没有缴费压力,但农村居民务农平均收入水平低且不稳定,本身对新兴保险的信赖度更低,时常变动的缴费标准也不利于长期护理保险制度的宣传。为保障长期护理保险制度的推广实施和良性运行,本文认为采取定额筹资形式更为合适。另外,在保障居民长期护理权益的同时必须要考虑到地区和个人实力的差异,如在长三角、珠三角区域,就业人口密集,筹资能力强,而失能人少占比少,支出少;反之,外出务工为主的地区,人口老龄化严重,筹资能力弱但负担重。① 因此,本文建议可在建立最低筹资标准的基础之上设置不同层次的缴费标准,居民个人可根据自身情况选择缴费档次,满足不同人的需求,提升居民的参保意愿,扩大长期护理保险的覆盖范围,让更多人的长期护理需求得到满足。对于最低生活保障人员、特困供养人员等特殊群体,由政府替代承担其缴费义务,保障其享受长期护理待遇。

确定了采取定额筹资的筹集方式,随之而来的这个"额"如何确定。对于具体如何确定征收的保费数额,要根据各地的数据,科学地定准居民缴费水平。如2020年重庆市长期护理保险基金收入0.75亿元,结余0.63亿元,结余远超支出,需要进一步测算资金需求规模,合理厘定筹资水平,既要保证长期护理保险

---

① 参见徐银波:《论我国长期护理保险制度试点中的争议问题与理论回应》,载《西南政法大学学报》2021年第2期。

基金收支平衡，又要充分考虑居民的负担能力。[①] 要做到准确测算必然需要各地先从居民护理服务项目需求、平均可支配收入、待遇支付水平、老龄化趋势等多个方面进行全面的调研，以以支定收、以收定支、收支平衡、略有结余的原则筹集，维护制度的稳定。有学者借鉴德日护理保险费率征收比例，计算得到我国长期护理保险的保险费率估值为0.75%，但考虑到长期护理保险基金的承担能力及我国人口老龄化程度日渐加深的趋势，最终将计算出来的费率定为1%。[②] 结合我国社会发展不充分、不平衡的现状，农村居民缴费标准的测算，既要保持基准，又要具有灵活性，可以由长期护理保险专章或条例以农村地区上年度人均可支配收入为基准，规定合适的费率，各地在此基础上浮动设定与本地实际符合的保险费率，确定保费缴纳数额。

(2)筹资渠道

由国内外实践的经验可知，要建立多元的筹资渠道才能最大限度地保证制度的持续性和稳定性，农村居民与城镇职工相比，没有单位作为缴费义务的主体之一，筹资能力相对较弱。有效筹资是福利共享与权责对等原则下农村失能老人长期护理的多方分担，只有政府、社会、村集体和个体等不同主体共同参与筹资，才能有效共担农村失能老人的护理风险。同时，必须考虑到欠发达地区的政府财政实力也有限，中央财政可视情况而定，加大对欠发达地区的转移支付力度，维护长期护理保险制度的正常运转。

此外，农村地区也需要政府积极倡导发挥社会救助、慈善事业等主体的支持和帮助，解决不同层面的护理需求。鼓励社会慈善力量加入农村长期护理保险的筹资主体中，通过福利彩票等形式，扩充护理保险基金池，最终形成"政府主导、个人缴费、社会力量作补充"的多元筹资机制，实现给失能老人家庭减负的目的，让更多的老人愿意参保、乐于参保，享受长期护理待遇。

(3)缴费年限

若采取全民参保的模式，那么年轻人按本科毕业22～23周岁进入社会工作岗位开始缴纳保费，直至其年老失能，其间至少有30多年，如果持续缴费，显然年限过长。目前享受基本养老保险的缴费年限为15年，并且未来改革的趋势是逐渐将缴费年限提高到25年，长期护理保险同样以老年人口作为主要服务群体，可参考基本养老保险的年限和变化趋势，将缴费年限初步设定为25年，之后缴费凭居民意愿，缴费越久，能享受到的护理服务级别越高。

---

① 参见谭睿：《重庆市长期护理保险试点政策、成效经验与优化发展》，载《卫生经济研究》2022年第4期。

② 参见戴卫东：《中国长期护理保险制度构建研究》，人民出版社2012年版，第207～208页。

3. 设置科学规范的失能等级评估体系

(1)评估标准

失能评估指标是失能老人获得长期护理待遇的重要基础,因此必须要建立全面、完善的失能等级评估制度。长期护理制度最重要的问题并不必然是成本问题,而是资源的配置问题。[①] 一个完善的失能等级评估标准能够做到公正、客观,划分不同失能程度老人的具体需求,精准提供护理服务,能够让本不充足的农村护理资源得到有效配置,提高护理效率。目前国家医保局和民政部共同印发的《长期护理失能等级评估标准(试行)》为全国试点提供了较为全面、系统的评估标准,试点地区根据该标准进行细化、调整,对农村地区失能等级评估也同样有效。

(2)评估流程

制定了体系化的失能等级评估标准,还需要设计失能等级评估的评估机构和流程。综合考虑各长期护理保险试点地区的做法,为了尽可能避免在该环节发生贪污受贿、滥用职权等权力寻租的情况,评估结果不能由一方判定,具体实施流程可以此前印发试行的统一评估标准为基准,参考日本评估体系以及多地试点的政策,流程设置为“申请—初审—复核—确定”四个步骤。由失能居民本人或家属向管理机构提出申请,机构秉承“就近便利原则”派遣专业医护人员在评估对象居住地或所在养老服务机构、医疗机构对失能老人进行等级评估,作出初次的评估结果,报送上一级机关进行复审,由专业的医师组成评估委员会,确实符合标准的,最终确定失能等级,进行公示和送达,给予相应的长期护理保险待遇。关于整个流程的最终期限,可参考南通市的规定,常规自受理申请之日起,在 20 个工作日内出具失能等级评估结论。有特殊情形的,评估时限可延长至 25 个工作日,战线不宜过长,以便能够尽快地让有护理需求的老人得到帮助。经评估确认失能等级也不意味着一劳永逸,经过一段时间的护理,老人身体状况可能得到好转也可能失能等级加重,都是存在变动的,所以除了初次享受护理待遇需要评估,正在享受长期护理的失能老人也需要定期(半年或一年)对其失能等级重新进行评估。

完善的权利保障还需要规定权利救济的途径,确有护理需求的失能老人或家属经申请评估,最终不予认定为待遇给付对象,如对结果不服,申请人可以向管理部门的上一级机关申请行政复议,也可以按照《行政诉讼法》及相关规定通

---

① See Naoki Ikegami, *Financing Long-Term Care: Lessons from Japan*, 8 International Journal of Health Policy and Management8(2019).

过司法途径救济自己的权利。

4. 形成公平合理的待遇给付机制

(1)待遇给付的实质要件

第一个实质要件为长期护理保险待遇给付的条件,存在缴费年限和失能等级两个方面的内容。对于缴费年限,由于长期护理保险试点实施年限不久,目前的需求人口不可能满足连续缴费 25 年的要求,因此对现如今享受长期护理待遇做了单独的规定,目前试点城市多以 2 年(24 个月)作为长期护理保险的年限基准,本文认为是科学的、合理的,农村地区政策可以参照推广适用。社会保险本质是参保人之间风险共担、互助共济,享受待遇不能单纯利己,不能由他人履行筹资义务,自己享受护理服务。而过短的年限会产生道德风险,如预见到风险必然发生之后才加入保险中,过长的年限又会影响参保人员在需要的时候不能及时享受到护理待遇,违背了保险设置的初衷。因此,以 2 年作为享受长期护理保险待遇的门槛比较适宜,合乎制度设计的主旨,也能规避掉一些风险。

第二个实质要件则为失能等级,首先是已经明确规定的基本生活不能自理、失能状态持续 6 个月以上的长期护理保险参保人员。由于目前护理资源和护理需求等因素的限制,多数试点城市都将享受长期护理服务的对象的门槛设置在中度失能,包括"试点意见"也提出对重度失能人员的基本护理需求保障是工作的重点,轻度失能的老人普遍不在待遇给付的对象范围内。本文认为,在长期护理保险的试点过程和制度建设初期,可以先向中度失能及以上的老人提供长期护理服务,但长期护理服务的制度构建务必为了满足所有失能老人的护理需求。因此,在长期护理保险制度的给付条件上,应面向所有失能老人,而无论失能等级的轻重,提供与自理能力和智力水平相适应的护理服务。

(2)待遇给付形式

缴纳保费之后的待遇给予包括现金给付和提供服务两种形式,通常来说,我国社会保险的待遇给付都是现金给付,但是针对农村失能老人的长期护理保险待遇应该考虑情况的特殊性。在农村地区提供长期护理服务,存在成本高、路途远、安全性等众多问题,如果采取现金给付,因为总体保障水平不够高,给付的现金远不能够满足农村老人购买长期护理服务,直接采取实物给付更为合适。

就护理模式而言,长期护理保险服务给付可划分为居家护理、社区护理和机构护理,受经济条件限制和情感上的归属,农村居民大多不愿在机构养老,仍然是家庭养老的传统观念。根据调查,82.2%的农村失能老年人选择家庭照护,愿意接受社区照护和机构照护的分别仅为 6.5%和 11.3%,可见家庭照护方式仍然在农村占据主体地位,[①]因此对失能老人大多采取上门服务较为适宜。对提供服务确有不便或辅之补贴的参保对象,可以予以现金给付,但现金给付的方式存在一定的道德风险,给付的现金用途缺乏监管,可能会被家庭成员侵吞、挪用,不一定能用于失能老人的长期护理,须对给付的现金用途作出明确、严格的限制,最好是通过医疗、养老机构发放,起到监督的作用。此外,还可以借鉴日本、广州市和成都市等的长期护理服务内容,除了提供具体护理项目,还可以向有需要的对象提供出借医疗辅助器械、个人护理辅助产品等设备使用服务,可以满足担心护理费用过高,或失能等级评估结果无法享受长期护理待遇又确有相关需求的居民,也能一定程度帮助失能老人的日常照料。

因此,本文认为,农村长期护理保险制度中的待遇给付应以提供服务为主,现金给付为辅,二者并行的混合模式,对不同失能等级的老人提供差异化的护理服务,可以考虑将现金补贴向提供护理的家庭成员或帮助照料邻里基本生活需要的居民发放,作为激励,既可以促进居民间互助,也可以减轻服务人员不足的压力。

(3)护理服务内容

为了合理地配置护理资源,向失能老人提供的长期护理服务要具有针对性,就需要精准地捕捉老人的护理需求,事先对护理服务的直接接受者——失能老人做一个广泛的、具有代表意义的调研,以求定供,通过调研结果确定失能老人的主要护理项目。例如肖云、随淑敏"我国失能老人多元需求分析与长期护理服务体系的构建"课题小组通过问卷和实地走访的形式在全国 100 多个县(市、区和村居委会)开展为期两个月的失能老人护理需求实地调研。该课题组的调研结果显示,各方面服务的需求度比例从高到低排列依次为生活照料、康复护理、精神慰藉、临终关怀。[②] 针对这几项大的种类,又可以细分到具体的护理内容。徐晓君、李强、薛兴利课题组对山东省的农村失能老人护理需求做了实地问卷调查,生活照料服务中,占比最高的前三项分别是个人照料、家政服务和上门探视;康复护理服务中陪同就医、住院陪护和康复保健是最多的几项选择;而精神慰藉类服务中,农村失能老年人更喜欢聊天解闷、定期上门看望和文娱活动,对临终关怀的需求仅占 10% 左右。[③] 性别、年龄、婚姻状况等都是会对失能老人照护需

① 参见徐晓君、李强、薛兴利:《农村失能老年人长期照护意愿及影响因素分析——基于山东省的问卷调查》,载《人口与发展》2018 年第 4 期。

② 参见肖云、随淑敏:《我国失能老人机构养老意愿分析——基于新福利经济学视角》,载《人口与发展》2017 年第 2 期。

③ 参见徐晓君、李强、薛兴利:《农村失能老年人长期照护意愿及影响因素分析——基于山东省的问卷调查》,载《人口与发展》2018 年第 4 期。

求造成影响的因素，城乡老人的护理需求也存在一定的差异，农村地区由于有限的物质基础和居民相对偏低的学历层次，对长期护理的需求不高，普遍集中在基本的生活保障和年老之后对他人的心理依赖。医养康养结合是养老服务工作中的大趋势，也是老年人长期护理的重点诉求。长期护理的内容应当尽可能地满足失能老人的护理需求，因此，应包括日常照护和部分医疗护理。考虑到农村地区资源有限，可先充分将镇卫生院、村卫生所等利用起来，参考青岛市巡护方式，充分利用乡镇卫生院和村卫生室的医护人员，根据失能老人的不同情况，对有护理需求的失能老人进行不定期、不定时的巡护。同时，青岛在2021年深化改革，实施“农村护理保险提升计划”，规定失能等级为三级、四级、五级或重度失智的农村居民，可以享受与城区参保职工一样的护理服务，是农村居民提供长期护理服务政策的一大进步，契合长期护理保险持续开展的方向。

尽管目前对农村居民长期护理的开展还主要落脚在生存自理上，但在制度设计上，我们必须重视失能老人的精神需求，农村“空巢老人”现象突出，群体的心理健康特别是临终关怀更需要得到重视。因此，农村长期护理保险制度构建的服务内容上，还应该涵盖精神慰藉的内容。在具体的政策实施中，可以先将农村失能老人的长期护理服务集中在生活照料上，之后再随着支付水平的提高以及服务供给主体的完善，渐进式地增加医疗护理服务和心理慰藉等项目，逐步丰富长期护理服务内容，使失能老人最终能够得到质量较高的长期护理。

四、结语

养老服务工作一直是我们国家近些年来的工作重点，以失能老人为重点人群的长期护理保险制度也有诸多学者进行了研究。而农村地区人口权益保障无论是政策制定上还是学术研究方面，一直以来都处于容易被忽略或着墨较少的状态，城乡之间的发展水平存在较大的不平衡，农村地区无论是经济地位还是政治地位，都处于弱势地位，更需要在民生保障上予以重点关注。长期护理保险制度的建立和开展是社会保障水平提升的表现，也是文明社会的标志，根据我国地区条件差异大的特殊国情，在农村地区制度构建的同时必须充分考虑到地区的特色，因地制宜，立法先行，循序渐进，再逐步推广，在个性中抽象出共性，争取能够满足最大多数农村失能人口的护理需求，不断缩小城乡居民之间的福利鸿沟，最终实现全民共享长期护理保险权益，辅助养老工作的开展，让失能老人过上有尊严、高质量的生活，安享晚年。